金融数学丛书



# 信用风险估值的数学模型与案例分析

任学敏　魏　嵬　姜礼尚　梁　进　著

XINYONG FENGXIAN GUZHI DE SHUXUE MOXING YU ANLI FENXI

高等教育出版社·北京

内容简介

本书是《金融衍生品定价的数学模型与案例分析》的续篇，全书同样由两部分组成：理论篇与案例篇。

理论篇主要通过对公司债券的定价来全面介绍研究信用风险的两个基本方法：结构化方法和约化方法。在对两种方法比较的基础上，阐明了它们之间的关系，并进一步介绍了马氏链方法的理论基础及其应用。特别在考虑交易对手风险的环境下，建立一些信用风险产品（如利率互换、CDS 等）定价的随机模型以及相应的偏（常）微分方程（组）定解问题。

案例篇针对一些含有信用风险的金融产品（如公司债、衍生产品、信用衍生产品），通过对具体实施条款的分析，建立数学模型并求出显式解或数值解，并对产品的定价以及所面临的信用风险进行估值分析，其中不少案例涉及违约的相关和传染性及交易对手风险的度量。

本书可作为金融数学专业和金融管理等领域的参考用书。

**图书在版编目(CIP)数据**

信用风险估值的数学模型与案例分析/任学敏等著. --北京:高等教育出版社,2014.4

ISBN 978-7-04-038889-3

Ⅰ.①信… Ⅱ.①任… Ⅲ.①贷款风险管理—定价模型—数学模型—案例 Ⅳ.①F830.5

中国版本图书馆 CIP 数据核字(2013)第 279930 号

策划编辑 赵天夫　　责任编辑 赵天夫　　封面设计 张　楠　　版式设计 王艳红
责任校对 杨凤玲　　责任印制 朱学忠

| | | | |
|---|---|---|---|
| 出版发行 | 高等教育出版社 | 咨询电话 | 400-810-0598 |
| 社　　址 | 北京市西城区德外大街 4 号 | 网　　址 | http://www.hep.edu.cn |
| 邮政编码 | 100120 | | http://www.hep.com.cn |
| 印　　刷 | 高教社（天津）印务有限公司 | 网上订购 | http://www.landraco.com |
| 开　　本 | 787mm × 960mm　1/16 | | http://www.landraco.com.cn |
| 印　　张 | 21.75 | 版　　次 | 2014 年 4 月第 1 版 |
| 字　　数 | 400 千字 | 印　　次 | 2014 年 4 月第 1 次印刷 |
| 购书热线 | 010-58581118 | 定　　价 | 49.00 元 |


物 料 号　38889-00

# 序　言

信用风险是由协议一方的信用质量的潜在变化 (违约或信用等级下降) 而使对方蒙受损失的概率分布.

经典的信用质量分析方法基于静态历史数据, 采用传统的统计方法, 预估未来可能发生的违约概率和造成的损失分布. 自 1974 年 R. Merton 发表了公司债券定价的著名论文以来, 随着 Black-Scholes-Merton 未定权益的定价理论的建立和发展, 研究者开创了一个通过市场变量 (公司资产、股价、利率 ……) 的动态演化过程直接估计未来信用事件发生的概率以及所造成损失概率分布的新思路. 随着信用衍生产品的不断发展, 这个新的研究方法得到了前所未有的蓬勃发展.

众所周知, 信用衍生产品开发的初衷是为了转移和分散信用风险, 实现信用风险管理的目的. 但由于它与其他金融衍生产品一样具有极大的杠杆比, 因此它自然成为金融市场的新宠, 受到广大投资者青睐, 成为他们逐利的手段. 但是物极必反, 盲目吹捧、过度开发信用衍生产品, 终于在 2007 年、2008 年由于美国利率上升, 导致房价大跌, 酿成一场灾难性的后果! 由次贷危机引发的这场金融海啸席卷全球, 并进一步蔓延到实体经济. 信用衍生产品成为造成这场金融危机的众矢之的, 广受人们的责难. 处于后危机时代的今天, 人们都在进行认真的反思, 总结危机发生和蔓延的原因, 吸取应有的经验教训.

信用衍生产品与其他所有金融衍生产品一样是一把双刃剑, 它既是风险管理的重要工具, 又是吸引投资的重要金融产品. 恰当地使用信用衍生产品必将有效地提高金融市场的效率, 对活跃金融市场、化解金融风险起到积极的作用, 但在缺乏有效监管的情况下, 过度开发和盲目滥用, 必将带来难以估量的严重后果.

因此简单地把引发这场金融危机的根源归结于信用衍生产品的开发实在是有失公允. 针对当前中国的金融市场现状: 市场比较缺乏活力, 投资品种比较有限, 风险管理办法比较缺乏, 特别是中小企业融资比较困难, 缺乏有效的渠道, 因此强调金融创新, 加强信用缓释工具的开发, 重视信用风险度量和管理等应该仍是当前中国金融界亟须解决的重要课题. 为了增加市场的透明度, 使每个发行者、经营者、投资者以及监管人员都能对所从事的信用衍生产品的风险有一个清晰的了解, 有必要使每个相关的从业人员知晓所经营的信用衍生产品估值的模型、方法和原理, 这将有助于他们能根据市场的变化, 做出及时的判断和决策. 因此, 培养一支高素质的精通信用衍生产品设计、开发和风险管理的专业队伍, 对当前中国金融界来说是刻不容缓的大事. 本书的编著者希望本着这个目标做一点微薄的贡献.

本书与我们在 2008 年出版的专著《金融衍生产品定价的数学模型与案例分析》采用相同的编写风格, 希望从理论与应用两个层面上, 阐明基于 Black-Scholes-Merton 未定权益的定价理论, 建立使用风险估值研究的数学模型、方法、原理和应用. 力图体现理论与实践相结合, 数学与金融相呼应, 以及数学各分支 (特别是随机分析、偏微分方程与计算方法等分支) 之间的相互交叉和渗透. 本书分成两大篇: 理论篇与案例篇. 前者可以作为《金融衍生产品定价的数学模型与案例分析》理论篇的延伸和发展. 众所周知, 信用风险估值的关键在于对公司违约风险的刻画, 常用的方法有两大类:

1. 结构法 (Structure Approach), 把公司违约看成是一个内在过程. 以公司资产为标的, 根据它的债务状况设置违约 “门槛”, 以资不抵债为违约准则, 在此基础上建立信用风险估值的数学模型, 对此, 人们称之为结构法.

2. 约化法 (Reduced Form Approach), 把公司违约看成是一个外生过程. 对导致公司违约的一切因素和经济背景进行约化, 把违约的发生看成是一个不可预测的概率事件, 直接通过违约发生的危险率 (Hazard Rate) —— 违约强度来刻画, 在此基础上建立信用风险估值的数学模型, 对此, 人们称之为约化法.

在理论篇, 我们首先以随机分析观点深入介绍结构法和约化法的理论基础, 并结合两个典型的含信用风险的金融产品 —— 公司债券和信用违约互换 (Credit Default Swap, CDS), 建立它们定价的结构法随机模型和约化法随机模型, 然后进一步利用倒向 Kolmogorov 方程和 Feynman-Kac 公式导出相应的偏微分方程 (组) 的终值问题或终 – 边值问题.

在案例篇, 我们介绍 20 个具有信用风险的实际案例, 分别在结构化框架或约化框架下建立它们定价和风险分析的数学模型, 并通过求解和数值计算, 求出它们的数值解, 分析它们的金融意义. 我们希望通过这些具体案例的建模、求解和分析过程, 显示应用信用风险估值的原理, 研究和解决金融实际问题的基本思路和方法, 以期通过举一反三, 对读者 —— 特别是研究金融数学的师生和金融业界的有关从业人员有所启示.

本书的理论篇是魏嵬在他的学位论文基础上经过扩充和整理写成的. 他在导师姜礼尚的推荐下, 曾以此为蓝本, 于 2012 年夏先后两次在苏州大学与同济大学举办的讨论班上做了 20 小时的系统演讲, 深得听众的欢迎, 取得了良好的教学效果. 本书的案例篇主要是由任学敏负责编撰的, 这里主要包括他本人以及他指导下的研究生所写的论文, 此外亦包含了梁进与她指导下的研究生所写的五篇论文, 以及姜礼尚、徐承龙与他们的研究生所写的论文. 姜礼尚和任学敏共同负责了本书的全面审稿、校订和编辑加工等工作.

本书可以作为金融数学专业和金融工程专业的教学用书和参考教材, 适用于这两类专业的教师、研究人员以及攻读这两类专业的本科生和研究生. 本书同时可以作为金融、保险、管理以及应用数学等领域的参考用书, 适用于这些领域的从业人员和教师, 特别是正在从事信用风险分析和衍生产品设计的金融 (保险) 分析师、金融 (保险) 机构和决策人员以及相关的研究工作者.

本书得到国家重点基础研究发展计划 (973 计划) 子课程 “信用风险分析和信用衍生产品定价” 课题组的支持, 并资助出版. 此外, 还得到了高等教育出版社赵天夫编辑的热忱关心和支持. 研究生耿利芳、施林嵩、许蔚雯等做了大量文字输入、编辑工作. 为此, 我们表示深切的感谢.

姜礼尚
同济大学风险管理研究所
2013 年 3 月

# 目　录

## 理　论　篇

# 案 例 篇

# 理　论　篇

# 第 1 章

# 信用风险简介

---

信用风险 (Credit Risk), 狭义地讲, 就是违约风险 (Default Risk), 即合约的交易对手没有履行金融合约中所规定的义务的可能性. 一旦交易对手没有履行义务, 我们就说违约事件发生. 更一般的, 信用风险指所有和信用相关的事件 (例如: 信用等级的转移, 信用质量的变化或违约事件的发生等) 发生的可能性. 在信用风险中, 我们需要弄清参考方信用风险 (Reference Credit Risk, 或称参考方风险) 和对手信用风险 (Counterparty Credit Risk, 或称对手风险) 的概念. 在一些合约中, 虽然合约双方没有违约风险, 但是由于合约的特殊性质, 这张合约涉及第三方 (即参考方) 的信用风险. 参考方风险指的就是这种风险. 换句话说, 参考方风险是合约风险的一部分, 它和合约中涉及的第三方的信用质量密切相关. 典型的涉及参考方风险的金融产品是信用违约互换 (Credit Default Swap), 即 CDS. 和参考方风险不同, 对手风险指的是合约双方 (Bilateral Counterparty Credit Risk) 或合约一方 (Unilateral Counterparty Credit Risk) 没有履行合约义务的风险. 在实际中, 对手风险大量存在于场外交易的金融产品中. 合约双方一般通过信用估值 (Credit Valuation Adjustment, CVA) 评估交易对手风险. 目前, 由于对手风险被认为是导致 2007 年次贷危机的罪魁祸首之一, CVA 的计算已经成为一个热门话题.

## 1.1　公司债券

在这一部分中, 我们简要介绍公司债券定价的基本方法. 公司债券是最简单的金融产品之一, 也是许多复杂信用衍生品定价的基础. 我们希望通过对公司债券定价的介绍, 使读者对含有信用风险的金融产品定价有一个初步认识.

引入完备带流概率空间 $(\Omega, \mathcal{G}, \mathbb{P}, \mathbb{G}=\{\mathcal{G}_t\}_{t\geqslant 0})$. 其中, $\mathcal{G}_t$ 为 $t$ 时刻的所有信息. 定义在这个概率空间上的一个非负随机变量 $\tau$ 为违约时间, 一般的, $\tau$ 是关于 $\mathbb{G}$ 的停时, 即 $\{\tau \leqslant t\} \in \mathcal{G}_t$.

对于一个购买了一张含有信用风险的债券的投资者来说,

- 在债券发行方违约时间 $\tau$ 以及债券到期日 $T$ 之前以息票率 $c_t \in \mathcal{G}_t$ 接收息票;
- 当债券到期时, 接收债券本金 $L$;
- 当债券违约时, 债券买方接收 $R \times L$, 其中, $R \in [0, 1)$ 为回收率;

则在 $t < T$ 时刻, 这张含有信用风险的债券的价格过程 (贴现现金流) 为

$$V_t = \int_t^T I_{\tau > s} c_s e^{-\int_t^s r_\theta \, d\theta} \, ds + I_{t<\tau\leqslant T} R L e^{-\int_t^T r_\theta \, d\theta} + I_{\tau > T} L \times e^{-\int_t^T r_\theta \, d\theta} \tag{1.1}$$

其中 $r_t \in \mathcal{G}_t$ 为无风险利率.

含有对手信用风险的债券价格定义为

$$v_t = \mathbb{E}[V_t | \mathcal{G}_t] \tag{1.2}$$

**注释 1.1**　在这里, 我们要问, 为什么把价格过程 (贴现现金流) 的条件期望作为债券的价格呢? 答案就在条件期望的一个性质之中.

**定理 1.1**　设 $Y \in L^2(\Omega, \mathcal{G}, \mathbb{P}), \mathcal{F}$ 是 $\mathcal{G}$ 的一个子 $\sigma$ 域, 则

$$\mathbb{E}|Y - \mathbb{E}[Y|\mathcal{F}]|^2 = \min\{\mathbb{E}[Y - Z]^2, \quad \forall Z \in L^2(\Omega, \mathcal{F}, \mathbb{P})\} \tag{1.3}$$

**证明**　对 $\forall Z \in L^2(\Omega, \mathcal{F}, \mathbb{P})$,

$$\begin{aligned}
\mathbb{E}|Y - \mathbb{E}[Y|\mathcal{F}]|^2 &= \mathbb{E}|Y - Z + Z - \mathbb{E}[Y|\mathcal{F}]|^2 \\
&= \mathbb{E}|Y - Z|^2 + \mathbb{E}|Z - \mathbb{E}[Y|\mathcal{F}]|^2 + 2\mathbb{E}[(Y - Z)(Z - \mathbb{E}[Y|\mathcal{F}])] \\
&= \mathbb{E}|Y - Z|^2 + \mathbb{E}|Z - \mathbb{E}[Y|\mathcal{F}]|^2 + 2\mathbb{E}[\mathbb{E}[(Y - Z)|\mathcal{F}](Z - \mathbb{E}[Y|\mathcal{F}])] \\
&= \mathbb{E}|Y - Z|^2 - \mathbb{E}|Z - \mathbb{E}[Y|\mathcal{F}]|^2 \leqslant \mathbb{E}|Y - Z|^2
\end{aligned}$$

□

通过上述定理, 我们可以看到条件期望是在二阶误差的意义下, 利用当前信息对债券的贴现现金流的最优估计. 这就是我们为什么利用债券的贴现现金流的条件期望作为债券价格的原因.

## 1.2 含有信用风险的衍生品的一般模型

通过公司债券的定价公式 (1.2), 我们可以看到一张含有信用风险的合约含有如下几个部分:

- 到期日 $T$;
- 息票收益 $c_t dt$;
- 到期收益 $M$;
- 违约收益 $R_t$;
- 违约时间 $\tau$.

假设含有信用风险的合约价值为 $V_t$, 利率为 $r_t$, 那么对于合约持有者来说, 这张含有信用风险的合约价值可用下式表示:[①]

$$V_t = \mathbb{E}\left[\int_t^T I_{\tau>s} c_s e^{-\int_t^s r_l dl} ds + I_{t<\tau\leqslant T} e^{-\int_t^\tau r_s ds} R_t + I_{\tau>T} M e^{-\int_t^T r_s ds} | \mathcal{G}_t\right] \quad (1.4)$$

其中 $\mathcal{G}_t$ 表示当前信息.

## 1.3 数学方法

通过式 (1.4), 不难看出对于含有信用风险的衍生品定价来说, 关键是对违约时间 $\tau$ 进行刻画. 根据对 $\tau$ 的描述方法不同, 定价方法主要分为以下三种: 约化方法 (Reduced Form Approach), 结构化方法 (Structure Approach) 和马氏链方法 (Markov Chain Approach).

在约化方法中, 违约被看作一个完全不可预测事件 (totally unaccessible event), 因此无法对违约的机制进行充分刻画. 在这个框架下, 违约由风险系数 (hazard rate) 刻画, 通过对风险系数的建模, 刻画违约概率. 这种方法把影响违约的因素同风险系数联系起来, 因此有很强的灵活性. 在实际计算中, 只要根据历史数据求出风险系数, 定价就可以顺利进行. 因此, 不管在工业界还是学术界, 这种方法都有十分广泛的应用. 关于约化方法的文献, 可参考: Pye (1974), Ramaswamy,

① 在本书中, 规定当 $a<b$ 时, $\int_a^b = \int_{(a,b]}$, 当 $a=b$ 时, $\int_a^b = 0$.

Sundaresan (1986), Litterman, Iben (1991), Jarrow, Turnbull (1995), Duffie et al (1996), Lando (1997, 1998), Monkkonen (1997), Mandan, Unal (1998).

和约化方法不同, 在结构化方法的框架下, 违约对于参考信息 (主要指公司资产) 来说是一个可观测事件. 具体来说, 一旦当公司资产小于某个边界时, 违约发生. 这条边界称为违约边界. 和约化方法相比, 结构化方法的金融意义更加明确, 所以, 当公司资产和违约边界的信息十分清晰时, 结构化方法是一个不错的选择. 关于结构化方法参考文献, 我们推荐: Black, Cox (1976), Leland (1994), Leland and Toft (1996), Mella-Barral, Perraudin (1997), Anderson and Sundaresan (1996).

马氏链方法主要通过转移矩阵描述各个状态的转移概率. 这种方法是约化方法的扩展. 在马氏链的框架下, 到达各个状态同样是完全不可预测事件, 主要通过转移概率密度描述各个状态之间的转移概率. 和约化方法以及结构化方法不同, 马氏链方法还可以描述信用等级的变换. 更重要的是, 马氏链方法可以刻画公司间信用质量的传染. 这使得马氏链方法具有约化方法和结构化方法没有的优势. 但是, 由于马氏链中参数较多, 给反求参数带来了很多困难. 关于马氏链方法的文献, 可参考: Anderson et al (1993), Israel et al, (2001), Kuchler, Sorensen (1997), Gill (1999), Lando, Skodeberg (2002), Rogers, Williams (2000).

## 1.4　小结

本章通过公司债券的定价介绍了一般含有信用风险的金融衍生品的定价方法. 根据对违约时间的不同刻画, 信用风险模型大致可分为约化方法, 结构化方法以及马氏链方法. 通过本章的介绍, 含有信用风险的金融衍生品定价可分为以下几个步骤:

**第一步** 现金流分析, 即写出信用衍生品的贴现现金流;
**第二步** 决定相关信息, 对贴现现金流取条件期望作为该产品价格;
**第三步** 对违约时间进行建模;
**第四步** 计算条件期望.

# 第 2 章

# 结构化方法

在本章中, 我们主要介绍结构化方法. 结构化方法大致可分为两种, Merton 模型和首次跃出模型.

## 2.1 Merton 模型

考虑一张某公司发售的零息票债券, 这张债券在到期日之前不向持有者支付息票, 只在到期日向持有者支付债券面值 $L$ ($L$ 为正常数). 设公司的资产过程 $S_t$ 服从几何布朗运动, 即

$$\frac{dS_t}{S_t} = (r-q)dt + \sigma dW_t \tag{2.1}$$

其中 $W_t$ 为标准布朗运动, $r > 0$ 为无风险利率, $q$ 代表公司资产的支出率 (若 $q > 0$) 或资金流向公司的流入率 (若 $q < 0$), $\sigma > 0$ 表示公司资产的波动率. 假设公司的违约只与到期日 $T$ 时需要偿还的债务 $L$ 有关, 当公司资产小于应偿还债务时, 公司违约发生, 即

$$\tau = TI_{ST<L} + \infty I_{ST\geqslant L} \text{①} \tag{2.2}$$

①在本书中, 规定 $\infty \times 0 = 0$.

在一般含有信用风险的衍生品定价模型 (1.4) 中, 令 $c_t = 0, r_t = r, M = L, R_t = S_t$, 我们有公司债券在 Merton 模型下的价格 $V_t$

$$V_t = \mathbb{E}[I_{\tau=T}e^{-r(T-t)}S_T + I_{\tau>T}Le^{-r(T-t)}|\mathcal{G}_t]$$

即

$$V_t = \mathbb{E}[e^{-r(T-t)}(\min(S_T, L))|\mathcal{G}_t]$$

其中 $\mathcal{G}_t = \sigma\{S_s, s \leqslant t\}$.

由马氏性, 债券价格 $V_t$ 可表达为

$$V(S,t) = \mathbb{E}[e^{-r(T-t)}(\min(S_T, L))|S_t = S] \tag{2.3}$$

## 2.2　PDE (偏微分方程) 方法

我们在第 1 章中提到, 对含有信用风险的金融产品定价分为四步, 即, 现金流分析, 决定信息流, 刻画违约时间, 计算条件期望. 现在我们已经完成了前三步, 在这一节中, 我们主要讲述怎样计算条件期望 (2.3).

关于计算 (2.3), 大致有两种方法, 随机分析方法和偏微分方程方法. 在本书中主要介绍后一种方法.

不难发现, $e^{-rt}V$ 是一个鞅, 对 $e^{-rt}V$ 用 Itô 公式,

$$\begin{aligned} d(e^{-rt}V) &= -re^{-rt}V dt + e^{-rt}dV \\ &= \left(-re^{rt}V + e^{-rt}\left(\frac{\partial V}{\partial t} + (r-q)S\frac{\partial V}{\partial S} + \frac{1}{2}\sigma^2 S^2\frac{\partial^2 V}{\partial S^2}\right)\right)dt + (r-q)S\frac{\partial V}{\partial S}dW_t \end{aligned}$$

由于鞅的 $dt$ 项为 0, 我们可得债券价格 $V$ 满足的偏微分方程为

$$\frac{\partial V}{\partial t} + (r-q)S\frac{\partial V}{\partial S} + \frac{1}{2}\sigma^2 S^2\frac{\partial^2 V}{\partial S^2} - rV = 0 \tag{2.4}$$

在 (2.3) 中令 $t = T$, 可得终值条件,

$$V|_{t=T} = \min(S, L) \tag{2.5}$$

通过计算偏微分方程问题 (2.4), (2.5), 我们就可以得到在 Merton 模型下公司债券的定价公式. 关于偏微分方程的计算方法, 我们推荐参考文献 [1].

## 2.3 首次通过模型

在 Merton 模型中, 违约只在到期日发生. 这显然与真实情况不符. 为了克服 Merton 模型的这一缺点, Black 和 Cox [13] 于 1976 年提出了首次跃出模型 (First Passage Time Approach). 在这种模型中, 一旦公司资产小于某个事先确定的阈值, 公司违约. 下面我们介绍在首次跃出模型的框架下, 含有信用风险的一般衍生产品的定价方法.

设公司资产 $S_t$ 服从几何布朗运动, 即

$$S_t = \exp(X_t) \tag{2.6}$$

其中,

$$dX_t = \left(r - \frac{1}{2}\sigma^2\right) dt + \sigma dW_t \tag{2.7}$$

$r$ 为无风险利率, $\sigma$ 为公司资产波动率, $r, \sigma$ 为正常数, $W_t$ 为标准布朗运动.

下面我们回忆一下一个含有信用风险的衍生产品的现金流.

- 在违约时间 $\tau$ 和到期日 $T$ 之前以利率 $f(X_t, t)$ 接收红利或支付息票;
- 当公司违约先于到期日时, 合约持有者在违约时刻接收 $h(X_\tau, \tau)$;
- 当公司违约发生在合约到期日后, 持有者在到期日接收 $l(X_T)$.

所以, 在 (1.4) 中, 令 $R_t = h(X_t, t)$, $c_t = f(X_t, t)$, $M = l(X_T)$, 我们就可以得到这张含有违约风险的合约在 $t$ 时刻的价值为

$$u_t = \mathbb{E}\left[\int_t^{T\wedge\tau} f(X_s, s)e^{-r(s-t)}ds + I_{t<\tau\leqslant T}h(X_\tau, \tau)e^{-r(\tau-t)} + I_{\tau>T}l(X_T)e^{-r(T-t)}|\mathcal{G}_t\right] \tag{2.8}$$

其中 $\mathcal{G}_t = \sigma\{X_s, s \leqslant t\}$.

与 Merton 方法不同, 在首次跃出模型中, 违约时间是由下面的停时描述的,

$$\tau = \inf\{t|X_t \leqslant \log b(t), t \in (0, T]\} \tag{2.9}$$

其中, $b(t)$ 称为违约边界, 即违约时间 $\tau$ 就定义为 $S_t$ 首次等于 $b(t)$ 的时间.

**注释 2.1** 为了防止合约价值变为 $\infty$, 我们假设

$$\mathbb{E}\left[\int_t^T (|f(x, s)| + |h(x, s)|)ds + |l(x)||\mathcal{G}_t\right] < \infty \tag{2.10}$$

在本章中, 我们总假设 (2.10) 满足.

为方便讨论, 我们设 $l, h, f, b$ 均为光滑函数.

在 $\{\tau > t\}$ 上, 利用强马氏性, 我们可得

$$u_t = \mathbb{E}\left[\int_t^{T\wedge\tau} f(X_s, s)e^{-r(s-t)}ds + I_{\tau\leqslant T}h(X_\tau, \tau)e^{-r(\tau-t)} + I_{\tau>T}l(X_T)e^{-r(T-t)}|X_t\right] \tag{2.11}$$

即 $u_t$ 可以表示成 $(X_t, t)$ 的函数 $u(X_t, t)$.

利用和 Merton 模型中推出偏微分方程同样的方法, 我们对 $(\int_0^t f(X_s, s)e^{-r(s-t)}ds + u(X_t, t))e^{-rt}$ 运用 Itô 公式, 利用 $dt$ 项为 0, 可得 $u(x, t)$ 满足下列偏微分方程边值问题,

$$\frac{\partial u}{\partial t} + \frac{1}{2}\sigma^2\frac{\partial^2 u}{\partial x^2} + \left(r - \frac{1}{2}\sigma^2\right)\frac{\partial u}{\partial x} - ru = -f(x, t) \tag{2.12}$$

$$u|_{x=\log b(t)} = h(\log b(t), t), \quad t \in [0, T] \tag{2.13}$$

$$u|_{t=T} = l(x), \quad x \in (\log b(T), \infty) \tag{2.14}$$

通过计算上述偏微分方程边值问题, 我们就可以得到在首次跃出模型下, 一个含有信用风险的金融产品的价格.

## 2.4　小结

本章介绍了两种常见的结构化方法, Merton 模型和首次通过模型. 我们按照现金流分析, 决定信息流, 刻画违约时间, 推导偏微分方程的步骤得到了在这两种模型下, 一个含有信用风险的金融衍生品的定价方法. 在下面的章节中, 我们将重点介绍约化方法 (Reduced Form Approach). 随后我们可以看到, 结构化方法 (首次通过模型) 是一种特殊的约化模型.

# 第 3 章

# 约化方法

在上一章中, 我们主要介绍了结构化方法. 在结构化方法中, 违约完全由参考信息 (Reference Information, 在结构化方法中指公司资产) 决定, 具体来说, 当公司资产低于某一个阈值时, 违约发生. 这种方法的不足主要有以下两点: 第一, 公司资产难于直接观测, 这对收集数据提出了很大的挑战. 第二, 这种方法不够灵活, 难以刻画一些易于观察的宏观经济变量 (利率, 汇率等) 对违约的影响. 这些宏观变量虽然不能像公司资产一样完全决定违约是否发生, 但是可以对公司的信用质量产生积极或消极的影响, 这些影响都是结构化方法不能描述的. 为了克服这些缺点, 人们提出了约化方法 (Reduced Form Approach). 在这种方法下, 违约不能由参考信息完全决定, 但是参考信息可以为人们预测违约提供帮助. 所以, 在约化方法框架下, 怎样利用参考信息刻画违约时间以及怎样把参考信息分离出来就成了约化方法的两大基本任务. 在这一章中, 我们主要介绍在约化框架下处理违约时间以及分离参考信息的一些数学方法.

## 3.1 单个违约时间

### 3.1.1 风险过程 (Hazard Process)

引入完备概率空间 $(\Omega, \mathcal{G}, \mathbb{P})$. 定义在这个概率空间上的一个非负随机变量 $\tau$ 为违约时间. 引入一个跳过程 $H_t = I_{\tau \leqslant t}$, 并用 $\mathbb{H}$ 表示这个跳过程产生的信息流, 即 $\mathbb{H} = \{\mathcal{H}_t\}_{t\geqslant 0}$, 其中 $\mathcal{H}_t = \sigma\{H_s, s \leqslant t\}$. 定义参考信息流为 $\mathbb{F} = \{\mathcal{F}_t\}_{t\geqslant 0}$, 市场全部信息所产生的流为 $\mathbb{G} = \{\mathcal{G}_t\}_{t\geqslant 0}$. 假设整个市场的信息由违约时间和参考信息组成, 即, $\mathcal{G}_t = \mathcal{F}_t \bigvee \mathcal{H}_t$. 直观上, 参考信息表示投资者到 $t$ 时刻为止所掌握的信息. 一般来说, $\mathbb{F}$ 由一些宏观经济变量及违约强度 (例如利率, 汇率等) 生成. 在约化框架下, 一般不满足 $\mathcal{H}_t \subset \mathcal{F}_t$, 这表明仅仅依靠参考信息投资者不能完全确定违约是否发生. 此时, 我们说违约对于投资者来说是一个完全不可预料的事件 (totally unexpected event).

为了利用参考信息描述违约事件, 引入风险过程的概念:

**定义 3.1** 我们说 $\{\Gamma_t\}_{t\geqslant 0}$ 是一个风险过程, 当且仅当 $\Gamma_t$ 满足

$$\mathbb{P}(\tau > t|\mathcal{F}_t) = e^{-\Gamma_t} \tag{3.1}$$

其中, $\Gamma_t$ 是 $\mathcal{F}_t$ 可测的绝对连续的非负增过程.

通常情况下, 我们假设 $\Gamma_0 = 0, \Gamma_\infty = \infty$, 并具有如下积分形式, 即 $\Gamma_t = \int_0^t \lambda_s ds$, 其中, $\lambda_t$ 是一个非负 $\mathbb{F}$ 循序可测过程. $\lambda_t$ 通常被称为风险系数 (Hazard Rate), 并且在约化方法中扮演着至关重要的角色.

**注释 3.1** $\Gamma_0 = 0$ 表示在定价开始时刻违约没有发生, $\Gamma_\infty = \infty$ 表示在有限时间内违约一定会发生.

### 3.1.2 违约时间的构造

当我们进行计算的时候, 我们往往只用到风险过程或者风险系数而不直接利用违约时间. 那么给定一个风险过程或者风险系数, 是否有一个概率空间, 在这个概率空间上有一个随机变量 $\tau$, 使得已知风险过程是 $\tau$ 的风险过程呢? 在这一节, 我们回答这个问题.

首先, 我们假设有定义在概率空间 $(\Omega_1, \mathbb{F}^1, \mathbb{P}^1)$ 上的 $\mathbb{F}$ 适应的绝对连续增过程 $\{\Gamma_t\}_{t\geqslant 0}$. 并且, $\Gamma_t$ 满足 $\Gamma_0 = 0, \Gamma_\infty = \infty$. 设 $\eta$ 为定义在概率空间 $(\Omega_2, \mathcal{F}^2, \mathbb{P}^2)$ 上的 $0-1$ 均匀分布. 考虑乘积空间 $(\Omega = \Omega_1 \times \Omega_2, \mathcal{G} = \mathcal{F}^1_\infty \times \mathcal{F}^2, \mathbb{P} = \mathbb{P}^1 \times \mathbb{P}^2)$, 对任意集合 $A \in \mathcal{F}^1_\infty, B \in \mathcal{F}^2$, 我们有 $\mathbb{P}(A \times B) = \mathbb{P}^1(A) \times \mathbb{P}^2(B)$. 为方便起见, 我们定义 $\mathbb{F}$ 为信息流 $\mathbb{F}^1$ 在乘积空间上的自然延拓. 定义随机变量 $\tau : \Omega \to \mathbb{R}_+$

$$\tau = \inf\{t \in \mathbb{R}_+ : e^{-\Gamma_t} < \eta\} \tag{3.2}$$

则

$$\mathbb{P}(\tau > t|\mathcal{F}_\infty) = \mathbb{P}(\eta < e^{-\Gamma_t}|\mathcal{F}_\infty) = \mathbb{P}^2(\eta < e^x)|_{x=-\Gamma_t} = e^{-\Gamma_t} \tag{3.3}$$

所以, 我们有

$$\mathbb{P}(\tau > t|\mathcal{F}_t) = \mathbb{E}_{\mathbb{P}}[\mathbb{P}(\tau > t|\mathcal{F}_\infty)|\mathcal{F}_t] = e^{-\Gamma_t} \tag{3.4}$$

所以 $\Gamma_t$ 为 $\tau$ 在 $\mathbb{P}$ 下的 $\mathbb{F}$ 风险过程. 从现在开始, 我们假设所有的违约时间 $\tau$ 都是通过这种方法得到的.

### 3.1.3 违约时间的模拟

对于 $\tau$ 的构造不仅证明了满足约化方法假设的违约时间的存在性, 而且给出了模拟违约时间的方法. 这对于实际计算是十分有帮助的. 在这一节我们简要介绍违约时间的模拟. 假设参考信息 $\mathcal{F}_t$ 由下列随机过程生成,

$$dX_t = \mu(X_t, t)dt + \sigma(X_t, t)dW_t \tag{3.5}$$

$$X_0 = x_0 \tag{3.6}$$

其中, $\mu, \sigma$ 为光滑函数, $W_t$ 为布朗运动.

假设 $\lambda_t$ 为 $(X_t, t)$ 的光滑函数, 即 $\lambda_t = \lambda(X_t, t)$.

模拟分为以下几步:

**第一步** 根据 (3.5), (3.6) 生成 $X_t$, 从而根据 $\lambda_t$ 与 $(X_t, t)$ 之间的函数关系生成 $\lambda_t$;

**第二步** 由数值积分方法, 由 $\lambda_t$ 得到 $\Gamma_t$;

**第三步** 生成独立于 $\{X_t\}_{t\geqslant 0}$ 的 $0-1$ 均匀分布随机变量 $\eta$;

**第四步** 利用 (3.2) 得到违约时间 $\tau$.

这样我们就完成了一次模拟. 由上一小节, 我们知道, 按照此步骤模拟出的违约时间 $\tau$ 的条件分布满足 (3.1).

### 3.1.4 重要定理

前面的内容主要讲怎样根据参考信息描述违约时间. 下面我们主要实现分离参考信息以及利用违约时间关于参考信息的条件分布去掉信用产品定价公式中的 $\tau$. 这两项任务由下面一系列定理完成.

**引理 3.1** 对任意集合 $A \in \mathcal{G}_t$, 存在 $B \in \mathcal{F}_t$, 使得 $A\{\tau > t\} = B\{\tau > t\}$.

**证明** 令 $\mathcal{G}_t^* = \{A \in \mathcal{G}_t : \exists B \in \mathcal{F}_t, A\{\tau > t\} = B\{\tau > t\}\}$.

易知 $\mathcal{G}_t^* \supset \mathcal{F}_t \cup \mathcal{H}_t$, 下面我们验证 $\mathcal{G}_t^*$ 是一个 $\sigma$ 域. 若 $A \in \mathcal{G}_t^*$, 即存在 $B \in \mathcal{F}_t$, 使得 $A\{\tau > t\} = B\{\tau > t\}$. 则对 $A^c$, 我们有 $A^c\{\tau > t\} = \{\tau > t\}\backslash A\{\tau > t\} = \{\tau > t\}\backslash B\{\tau > t\} = B^c\{\tau > t\}$. 所以 $A^c \in \mathcal{G}_t^*$.

若 $A_1, A_2, \cdots, A_n, \cdots \in \mathcal{G}_t^*$, 即存在 $B_1, B_2, \cdots, B_n, \cdots \in \mathcal{F}_t$, 使得 $A_k\{\tau > t\} = B_k\{\tau > t\}, k = 1, 2, 3, \cdots$. 则 $(\cup A_k)\{\tau > t\} = \cup(A_k\{\tau > t\}) = \cup(B_k\{\tau > t\}) = (\cup B_k)\{\tau > t\}$. 故 $\cup A_k \in \mathcal{G}_t^*$.

综上, 我们验证了 $\mathcal{G}_t^*$ 是一个 $\sigma$ 域. 由于 $\mathcal{G}_t$ 是包含 $\mathcal{F}_t$ 和 $\mathcal{H}_t$ 的最小 $\sigma$ 域, 我们有 $\mathcal{G}_t^* \supset \mathcal{G}_t$, 而 $\mathcal{G}_t^* \subset \mathcal{G}_t$ 是显然的, 这样我们就证明了此引理. □

上面的引理从集合层面上分离了参考信息和违约信息, 下面的定理实现了在定价公式中分离这两部分信息.

**定理 3.1** 若 $Y \in L^1(\mathcal{G})$, 则

$$\mathbb{E}[I_{\tau>t}Y|\mathcal{G}_t] = I_{\tau>t}\frac{\mathbb{E}[I_{\tau>t}Y|\mathcal{F}_t]}{\mathbb{E}[I_{\tau>t}|\mathcal{F}_t]} = I_{\tau>t}e^{\Gamma_t}\mathbb{E}[I_{\tau>t}Y|\mathcal{F}_t] \tag{3.7}$$

**证明** 对任意 $A \in \mathcal{G}_t$, 我们要证明

$$\int I_A\mathbb{E}[I_{\tau>t}Y|\mathcal{G}_t]\mathbb{E}[I_{\tau>t}|\mathcal{F}_t]\,d\mathbb{P} = \int I_A I_{\tau>t}\mathbb{E}[I_{\tau>t}Y|\mathcal{F}_t]\,d\mathbb{P} \tag{3.8}$$

由引理 3.1 可知, 存在 $B \in \mathcal{F}_t$, 使得 $A\{\tau > t\} = B\{\tau > t\}$.

$$\begin{aligned}\int I_A\mathbb{E}[I_{\tau>t}Y|\mathcal{G}_t]\mathbb{E}[I_{\tau>t}|\mathcal{F}_t]\,d\mathbb{P} &= \int I_A I_{\tau>t}Y\mathbb{E}[I_{\tau>t}|\mathcal{F}_t]\,d\mathbb{P}\\ &= \int I_B I_{\tau>t}Y\mathbb{E}[I_{\tau>t}|\mathcal{F}_t]\,d\mathbb{P}\\ &= \int I_{\tau>t}Y\mathbb{E}[I_B I_{\tau>t}|\mathcal{F}_t]\,d\mathbb{P}\\ &= \int \mathbb{E}[I_{\tau>t}Y|\mathcal{F}_t]\mathbb{E}[I_B I_{\tau>t}|\mathcal{F}_t]\,d\mathbb{P}\\ &= \int \mathbb{E}[I_{\tau>t}Y|\mathcal{F}_t]I_B I_{\tau>t}\,d\mathbb{P}\\ &= \int \mathbb{E}[I_{\tau>t}Y|\mathcal{F}_t]I_A I_{\tau>t}\,d\mathbb{P}\end{aligned}$$

定理得证. □

应用上面的定理, 令 $\Gamma_t = \int_0^t \lambda_u\,du$, 我们可得下面的一些推论.

**推论 3.1** 对任意 $t \leqslant s$, 有

$$\begin{aligned}\mathbb{P}(t < \tau \leqslant s|\mathcal{G}_t) &= I_{\tau>t}\frac{\mathbb{P}(t < \tau \leqslant s|\mathcal{F}_t)}{\mathbb{P}(\tau > t|\mathcal{F}_t)}\\ &= I_{\tau>t}e^{\Gamma_t}\mathbb{P}(t < \tau \leqslant s|\mathcal{F}_t)\\ &= I_{\tau>t}e^{\int_0^t \lambda_u\,du}\mathbb{P}(t < \tau \leqslant s|\mathcal{F}_t)\end{aligned}$$

**推论 3.2** 若 $Y \in L^1(\mathcal{F}_T), T \geqslant t$, 则

$$\mathbb{E}[I_{\tau>T}Y|\mathcal{G}_t] = I_{\tau>t}\mathbb{E}[e^{\Gamma_t-\Gamma_T}Y|\mathcal{F}_t] = I_{\tau>t}\mathbb{E}[e^{-\int_t^T \lambda_u\,du}Y|\mathcal{F}_t]$$

下面定理在条件期望中去掉了 $\tau$.

**定理 3.2** 令 $\{Z_t\}_{t\geqslant 0}$ 是一个有界 $\mathbb{F}$ 可料过程, 则对任意 $t<T\leqslant\infty$,

$$\mathbb{E}[I_{t<\tau\leqslant T}Z_\tau|\mathcal{G}_t] = I_{\tau>t}\mathbb{E}\left[\int_t^T Z_u\lambda_u e^{-\int_t^u \lambda_s\,ds}\,du|\mathcal{F}_t\right] \tag{3.9}$$

**证明** 我们首先假设 $Z_u=\sum_{i=0}^n Z_{t_i}I_{(t_i<u\leqslant t_{i+1})}$, 其中, $t_0=t<\cdots<t_{n+1}=T$, 我们有,

$$\begin{aligned}\mathbb{E}[I_{t<\tau\leqslant T}Z_\tau|\mathcal{F}_t] &= \mathbb{E}\left[\sum_{i=0}^n Z_{t_i}I_{(t_i<u\leqslant t_{i+1})}|\mathcal{F}_t\right]\\ &= \mathbb{E}\left[\sum_{i=0}^n Z_{t_i}(F_{t_{i+1}}-F_{t_i})|\mathcal{F}_t\right] = \mathbb{E}\left[\int_t^T Z_u\,dF_u|\mathcal{F}_t\right]\end{aligned}$$

其中, $F_t=\mathbb{E}[I_{\tau\leqslant t}|\mathcal{F}_t]$.

结合定理 3.1, 我们有,

$$\mathbb{E}[I_{t<\tau\leqslant T}Z_\tau|\mathcal{G}_t] = I_{\tau>t}e^{\int_0^t \lambda_u\,du}\mathbb{E}[I_{t<\tau\leqslant T}Z_\tau|\mathcal{F}_t] = I_{\tau>t}\mathbb{E}\left[\int_t^T Z_u\lambda_u e^{-\int_t^u \lambda_s\,ds}\,du|\mathcal{F}_t\right]$$

当 $Z_t$ 为一般有界可料随机过程时, 可用上述方法逼近, $Z_\tau$ 的有界性保证了收敛性. □

综上, 对于含有信用风险的金融产品的定价公式 (1.4), 我们有如下定理:

**定理 3.3** 设 $V_t$ 如 (1.4) 定义, 其中 $\mathcal{G}=\mathcal{H}_t\bigvee\mathcal{F}_t$, 并且 $c_t, R_t, r_t$ 为 $\mathcal{F}_t$ 循序可测过程, $M$ 为 $\mathcal{F}_T$ 可测随机变量, 则

$$V_t = I_{\tau>t}\mathbb{E}\left[\int_t^T e^{-\int_t^s(r_\theta+\lambda_\theta)\,d\theta}(c_s+\lambda_s R_s)\,ds + Me^{-\int_t^T(r_\theta+\lambda_\theta)\,d\theta}|\mathcal{F}_t\right] \tag{3.10}$$

**证明** 不难看出, 公式 (1.4) 可分为三部分, 即息票收益部分、违约收益部分和到期收益部分. 下面我们分别对这三部分进行推导. 对于息票收益部分, 由

定理 3.1, 我们有

$$
\begin{aligned}
&\mathbb{E}\left[\int_t^T I_{\tau>s}c_s e^{-\int_t^s r_\theta d\theta}ds|\mathcal{G}_t\right]\\
&= I_{\tau>t}e^{\int_0^t \lambda_\theta\, d\theta}\mathbb{E}\left[\int_t^T I_{\tau>s}c_s e^{-\int_t^s r_\theta d\theta}ds|\mathcal{F}_t\right]\\
&= I_{\tau>t}e^{\int_0^t \lambda_\theta\, d\theta}\mathbb{E}\left[\int_t^T \mathbb{E}[I_{\tau>s}|\mathcal{F}_s]c_s e^{-\int_t^s r_\theta d\theta}ds|\mathcal{F}_t\right]\\
&= I_{\tau>t}e^{\int_0^t \lambda_\theta\, d\theta}\mathbb{E}\left[\int_t^T e^{-\int_0^s \lambda_\theta\, d\theta}c_s e^{-\int_t^s r_\theta d\theta}ds|\mathcal{F}_t\right]\\
&= I_{\tau>t}\mathbb{E}\left[\int_t^T c_s e^{-\int_t^s (r_\theta+\lambda_\theta) d\theta}ds|\mathcal{F}_t\right]
\end{aligned}
$$

同样的方法, 对于到期收益部分, 我们有

$$
\mathbb{E}[I_{\tau>T}Me^{-\int_t^T r_s ds}|\mathcal{G}_t] = I_{\tau>t}\mathbb{E}[Me^{-\int_t^T (r_\theta+\lambda_\theta)d\theta}ds|\mathcal{F}_t]
$$

对于违约收益部分, 在定理 3.2 中, 令 $Z_\tau = R_\tau e^{-\int_t^\tau r_\theta d\theta}$, 我们有

$$
\mathbb{E}[I_{t<\tau\leqslant T}e^{-\int_t^\tau r_s ds}R_t|\mathcal{G}_t] = I_{\tau>t}\mathbb{E}\left[\int_t^T e^{-\int_t^s (r_\theta+\lambda_\theta)\, d\theta}\lambda_s R_s\, ds|\mathcal{F}_t\right] \qquad \square
$$

在公式 (3.10) 中, 我们可以定义违约前价格 (Pre-default Price) $w_t$, 其中

$$
w_t = \mathbb{E}\left[\int_t^T e^{-\int_t^s (r_\theta+\lambda_\theta)\, d\theta}(c_s+\lambda_s R_s)\, ds + Me^{-\int_t^T (r_\theta+\lambda_\theta)\, d\theta}|\mathcal{F}_t\right] \tag{3.11}
$$

### 3.1.5 PDE (偏微分方程) 方法

下面, 我们利用偏微分方程方法计算违约前价格表达式 (3.11).

假设参考信息 $\mathcal{F}_t$ 由下列随机过程生成,

$$
dX_t = \mu(X_t,t)dt + \sigma(X_t,t)dW_t \tag{3.12}
$$

其中, $\mu,\sigma$ 为光滑函数, $W_t$ 为布朗运动.

假设 $\lambda_t, c_t, R_t, r_t$ 为 $(X_t,t)$ 的光滑函数, 即 $\lambda_t=\lambda(X_t,t), c_t=c(X_t,t), R_t=R(X_t,t), r_t=r(X_t,t)$, $M$ 为 $(X_T,T)$ 的光滑函数, 即 $M=M(X_T,T)$.

利用马氏性, 我们有

$$w_t = \mathbb{E}\left[\int_t^T e^{-\int_t^s (r_\theta+\lambda_\theta)\,d\theta}(c_s+\lambda_s R_s)\,ds + Me^{-\int_t^T (r_\theta+\lambda_\theta)\,d\theta}|X_t\right] \tag{3.13}$$

由上式看出, $w_t$ 是 $(X_t, t)$ 的函数 $w(X_t, t)$, 下面的定理推出了 $w(x, t)$ 满足的偏微分方程问题.

**定理 3.4** 如 (3.13) 式定义的 $w$ 是下列偏微分方程问题的解,

$$\frac{\partial w}{\partial t} + \mathcal{L}w - (r(x,t)+\lambda(x,t))w + \lambda(x,t)R(x,t) + c(x,t) = 0 \tag{3.14}$$

$$w(x,T) = M(x,T) \tag{3.15}$$

其中, $\mathcal{L} = \frac{1}{2}\sigma^2(x,t)\frac{\partial^2}{\partial x^2} + \mu(x,t)\frac{\partial}{\partial x}$.

**证明** 由 (3.13) 式不难发现,

$$\int_0^t e^{-\int_0^s (r_\theta+\lambda_\theta)\,d\theta}(c_s+\lambda_s R_s)\,ds + e^{-\int_0^t (r_\theta+\lambda_\theta)\,d\theta} w(X_t, t)$$

是一个鞅, 对此鞅利用 Itô 公式, 我们有

$$\begin{aligned}
&d(e^{-\int_0^t (\lambda(X_s,s)+r(X_s,s))ds} w(X_t,t) \\
&\quad + \int_0^t e^{-\int_0^s (r(X_\theta,\theta)+\lambda(X_\theta,\theta))\,d\theta}(c(X_s,s)+\lambda(X_s,s)R(X_s,s))\,ds) \\
&= -e^{-\int_0^t (\lambda(X_s,s)+r(X_s,s))ds}(\lambda(X_t,t)+r(X_t,t))w(X_t,t)dt \\
&\quad + e^{-\int_0^t (\lambda(X_s,s)+r(X_s,s))ds} dw(X_t,t) + e^{-\int_0^t r(X_\theta,\theta)+\lambda(X_\theta,\theta)\,d\theta}(c(X_t,t) \\
&\quad + \lambda(X_t,t)R(X_t,t))dt \\
&= (-(\lambda(X_t,t)+r(X_t,t))w(X_t,t)dt + \left(\frac{\partial w}{\partial t} + \mathcal{L}w\right)dt + \frac{\partial w}{\partial x}\sigma(X_t,t)dW_t \\
&\quad + (c(X_t,t)+\lambda(X_t,t)R(X_t,t))dt)e^{-\int_0^t (\lambda(X_s,s)+r(X_s,s))ds}
\end{aligned}$$

其中, $\mathcal{L} = \frac{1}{2}\sigma^2(x,t)\frac{\partial^2}{\partial x^2} + \mu(x,t)\frac{\partial}{\partial x}$.

由于鞅的 $dt$ 项为 0, 在上式中令 $dt$ 项为 0, 我们就得到了 (3.14) 式.

在 (3.13) 式中令 $t = T$, 我们就可以得到定理中的终止条件, 即

$$w(x,T) = M(x,T)$$ □

**注释 3.2**　在推导偏微分方程的过程中, 我们构造了一个鞅. 利用鞅的漂移项为 0 得到了偏微分方程. 其实, 我们也可以利用 Feynman-Kac 公式[50] 从 (3.13) 式直接得到偏微分方程 (3.14). 在后面的文章里, 我们将直接利用 Feynman-Kac 公式得到偏微分方程, 而不再构造鞅. 当然, 构造鞅的方法同样适用.

## 3.2　多个违约时间

在对某些含有信用风险的金融产品进行定价时, 会涉及多个违约时间的情况, 例如, 在对一张含有对手信用风险的 CDS 定价时, 违约方涉及参考公司和 CDS 卖方. 在这个部分, 我们讨论多个违约时间的情况.

### 3.2.1　准备工作

定义 $n$ 个违约时间 $\tau_1, \tau_2, \cdots, \tau_n$ 为完备概率空间 $(\Omega, \mathcal{G}, \mathbb{P})$ 上的非负随机变量. 设 $\tau_i$ 生成的 $\sigma$ 域流为 $\mathbb{H}$, 其中, $\mathbb{H} = \{\mathcal{H}_t^i\}_{t\geqslant 0}, \mathcal{H}_t^i = \sigma\{H_s^i, s \leqslant t\}, H_s^i = I_{\tau_i\leqslant s}$. 设参考信息流为 $\mathbb{F} = \{\mathcal{F}_t\}_{t\geqslant 0}$, 市场全部信息为 $\mathbb{G} = \{\mathcal{G}_t\}_{t\geqslant 0}, \mathcal{G}_t = \mathcal{H}_t^1 \bigvee \mathcal{H}_t^2 \bigvee \cdots \bigvee \mathcal{H}_t^n \bigvee \mathcal{F}_t$. 这表明, 市场上的全部信息由 $n$ 个违约时间和参考信息组成. 和单个违约时间的情况一样, 我们的主要任务是将违约信息和参考信息分离以及从定价公式中消去违约时间. 在执行这两项任务之前, 我们还需要一些其他准备. 其中比较重要的就是条件独立假设.

### 3.2.2　条件独立

条件独立是处理多个违约时间的重要假设, 这里我们首先引入条件独立的概念.

**定义 3.2**　我们说随机变量 $\tau_1, \tau_2, \cdots, \tau_n$ 关于 $\mathbb{F}$ 条件独立, 当且仅当下列条件满足: 对 $\forall T > 0, \forall t_1, t_2, \cdots, t_n \in [0, T]$, 有

$$\mathbb{P}(\tau_1 > t_1, \cdots, \tau_n > t_n | \mathcal{F}_T) = \prod_{i=1}^{n} \mathbb{P}(\tau_i > t_i | \mathcal{F}_T) \tag{3.16}$$

条件独立假设具有明显的金融意义. 它表示在参考信息已知的情况下, 所有的违约是相互独立的, 即违约之间不会相互传染. 所以, 一般说来, 在条件独立假设下, 是没有办法处理违约之间的相互影响的. 在这里, 我们需要强调的是, 条件独立并不能推出独立, 反之亦然. 尽管我们假设违约之间相互条件独立, 但

并不代表它们之间没有相关性. 事实上, 两个相互条件独立的随机变量相关性可能是 1. 比如对随机变量 $X$ 来说, 当条件域流取 $\sigma(X)$ 时, $X$ 和它本身条件独立.

在这一章中, 对多个违约时间的情况, 我们总是假设条件独立假设成立.

### 3.2.3 违约时间的构造

根据在单个违约情况下的讨论, 为了利用参考信息描述违约时间, 我们对每个违约时间 $\tau_i$ 安排一个风险过程 $\Gamma^i$ ($\Gamma^i$ 满足的假设见定义 3.1). 那么我们要问, 给出了这一系列风险过程, 是否在底层概率空间存在一系列条件独立的违约时间呢? 答案是肯定的. 下面我们就利用这些风险过程构造一系列关于参考信息条件独立的违约时间.

令 $\Gamma^i, i=1,\cdots,n$ 为给定的定义在概率空间 $(\Omega_1,\mathbb{F},\mathbb{P}_1)$ 上的 $\mathbb{F}$ 适应的连续非负增过程. 我们假设 $\Gamma^i_0=0,\Gamma^i_\infty=\infty,i=1,2,\cdots,n$, 令 $(\Omega_2,\mathcal{F},\mathbb{P}_2)$ 为辅助概率空间. $\xi_i,i=1,2,\cdots,n$ 为这个概率空间上一列相互独立的 $0-1$ 均匀分布随机变量. 我们考虑乘积空间 $(\Omega,\mathcal{G},\mathbb{P})=(\Omega_1,\mathcal{F}_\infty,\mathbb{P}_1)\times(\Omega_2,\mathcal{F},\mathbb{P}_2)$. 设

$$\tau_i=\inf\{t\in\mathbb{R}_+:\Gamma^i_t>-\log\xi_i\},\quad \forall i=1,2,\cdots,n \tag{3.17}$$

在 $(\Omega,\mathcal{G},\mathbb{P})$ 装配上流 $\mathbb{G}=\mathbb{F}\bigvee\mathbb{H}^1\bigvee\mathbb{H}^2\bigvee\cdots\bigvee\mathbb{H}^n$, 对任意 $t,\sigma$ 域 $\mathcal{G}_t$ 表示到 $t$ 时刻为止所有信息, 即 $\mathcal{G}_t=\mathcal{F}_t\bigvee\sigma\{\{\tau_1\leqslant t_1,\cdots,\tau_n\leqslant t_n\},t_1\leqslant t,t_2\leqslant t,\cdots,t_n\leqslant t\}$. 下面的定理证明了这样构造出的违约时间关于参考信息条件独立.

**定理 3.5** 对于一族 $\mathbb{F}$ 适应的绝对连续非负增过程 $\Gamma^i,i=1,2,\cdots,n$, 根据上述方法构造出的随机时间 $\tau_1,\tau_2,\cdots,\tau_n$ 满足下列等式,

$$\mathbb{P}(\tau_1>t_1,\tau_2>t_2,\cdots,\tau_n>t_n|\mathcal{F}_T)=\prod_{i=1}^n e^{-\Gamma^i_{t_i}}=e^{-\sum\limits_{i=1}^n\Gamma^i_{t_i}} \tag{3.18}$$

其中 $T\geqslant\max(t_1,t_2,\cdots,t_n)$. 即 $\tau_1,\tau_2,\cdots,\tau_n$ 关于 $\mathbb{F}$ 条件独立.

**证明** 注意到 $\{\tau_1>t\}=\{\Gamma^i_t<-\log\xi_i\}=\{e^{-\Gamma^i_t}>\xi_i\}$, 我们有

$$\begin{aligned}\mathbb{P}(\tau_1>t_1,\tau_2>t_2,\cdots,\tau_n>t_n|\mathcal{F}_\infty)&=\mathbb{P}(e^{-\Gamma^1_{t_1}}>\xi_1,\cdots,e^{-\Gamma^1_{t_n}}>\xi_n|\mathcal{F}_\infty)\\&=\mathbb{P}(e^{-x_1}>\xi_1,\cdots,e^{-x_n}>\xi_n|\mathcal{F}_\infty)_{x_1=\Gamma^1_t,\cdots,x_n=\Gamma^n_t}\\&=\prod_{i=1}^n\mathbb{P}\{e^{-x_i}>\xi_i\}_{x_i=\Gamma^i_{t_i}}=\prod_{i=1}^n\mathbb{P}_2\{e^{-x_i}>\xi_1\}_{x_i=\Gamma^i_{t_i}}\end{aligned}$$

$$
\begin{aligned}
&= \prod_{i=1}^{n} e^{-\Gamma^i_{t_i}} = e^{-\sum\limits_{i=1}^{n}\Gamma^i_{t_i}} \\
\mathbb{P}(\tau_1>t_1,\tau_2>t_2,\cdots,\tau_n>t_n|\mathcal{F}_T) &= \mathbb{E}_{\mathbb{P}}(\mathbb{P}(\tau_1>t_1,\tau_2>t_2,\cdots,\tau_n>t_n|\mathcal{F}_\infty)|\mathcal{F}_T) \\
&= \mathbb{E}_{\mathbb{P}}(e^{-\sum\limits_{i=1}^{n}\Gamma^i_{t_i}}|\mathcal{F}_T) \\
&= e^{-\sum\limits_{i=1}^{n}\Gamma^i_{t_i}}
\end{aligned}
$$

证明完毕. □

在本章中, 我们假设所涉及的违约时间均由上述方法构造. 可以看出, 由上述方法构造出的违约时间还满足以下条件,

$$\mathbb{P}(\tau_i > u|\mathcal{F}_T) = \mathbb{P}(\tau_i > u|\mathcal{F}_u) \tag{3.19}$$

其中, $T \geqslant u$. 我们同样可以对每一个 $\tau_i$ 引入风险系数 $\lambda^i_t$, 即

$$\Gamma^i_t = \int_0^t \lambda^i_u \, du \tag{3.20}$$

### 3.2.4　违约时间模拟

和单个违约时间的情况类似, 在这一部分中, 我们以上一节违约时间的构造为基础, 根据风险系数, 构造出满足条件分布的违约时间 $\tau_i$. 假设参考信息 $\mathcal{F}_t$ 由下列随机过程生成,

$$dX_t = \mu(X_t,t)dt + \sigma(X_t,t)dW_t \tag{3.21}$$

$$X_0 = x_0 \tag{3.22}$$

其中, $\mu,\sigma$ 为光滑函数, $W_t$ 为布朗运动.

假设 $\lambda^i_t$ 为 $(X_t,t)$ 的光滑函数, 即 $\lambda^i_t = \lambda^i(X_t,t), i=1,2,3,\cdots,n$.

模拟分为以下几步:

**第一步** 根据 (3.21),(3.22) 生成 $X_t$, 从而根据 $\lambda^i_t$ 与 $(X_t,t)$ 之间的函数关系生成 $\lambda^i_t, i=1,2,3,\cdots,n$;

**第二步** 由数值积分方法, 由 $\lambda^i_t$ 得到 $\Gamma^i_t, i=1,2,3,\cdots,n$;

**第三步** 生成 $0-1$ 均匀分布随机变量 $\xi_i$, 其中 $\xi_i, i=1,2,3,\cdots,n, \{X_t\}_{t\geqslant 0}$ 相互独立;

**第四步** 利用 (3.17) 得到违约时间 $\tau_i, i=1,2,3,\cdots,n$.

这样我们就完成了一次模拟. 由上一小节, 我们知道, 按照此步骤模拟出的违约时间 $\tau_i, i=1,2,3,\cdots,n$ 的条件分布满足 (3.18).

### 3.2.5 重要定理

和单个违约时间一样, 我们需要分离信息流和消去违约时间. 下面的定理实现了信息流分解, 证明和单个违约时间的情况类似, 故证明省略.

**定理 3.6** 对可积随机变量 $Y \in \mathcal{G}$, 有

$$\mathbb{E}[I_{\tau_{(1)}>t}Y|\mathcal{G}_t] = I_{\tau_{(1)}>t}\frac{\mathbb{E}[I_{\tau_{(1)}>t}Y|\mathcal{F}_t]}{\mathbb{E}[I_{\tau_{(1)}>t}|\mathcal{F}_t]} = I_{\tau_{(1)}>t}e^{\sum\limits_{i=1}^{n}\Gamma_t^i}\mathbb{E}[I_{\tau_{(1)}>t}Y|\mathcal{F}_t] \tag{3.23}$$

其中, $\tau_{(1)} = \min\{\tau_1, \tau_2, \cdots, \tau_n\}$.

有时候, 我们不但要处理首次违约的情况, 而且还要处理第 $i$ 次违约的情况. 下面的定理在处理第 $i$ 次违约时是十分重要的. 在介绍这个定理前, 为了方便, 我们先引入一些符号.

令 $i, j \in \{1, 2, \cdots, n\}, \Pi^{(i,j)}$ 定义了集合 $\{1, 2, \cdots, n\}$ 的一个分划. 即, 如果 $\pi \in \Pi^{(i,j)}$, 那么 $\pi = \{\pi_-, \{j\}, \pi_+\}$, 其中, $\pi_- = \{k_1, k_2, \cdots, k_{i-1}\}, \pi_+ = \{l_1, l_2, \cdots, l_{n-i}\}$, 并且, $j \notin \pi_-, j \notin \pi_+, \pi_- \cap \pi_+ = \phi, \pi_- \cup \pi_+ \cup \{j\} = \{1, 2, \cdots, n\}$.

我们应该这样理解 $\pi = \{\pi_-, \{j\}, \pi_+\}$: 指标 $j$ 是指第 $i$ 个违约的公司是公司 $j$, $\pi_-$ 表示在第 $i$ 个违约公司 $j$ 之前违约公司的集合, $\pi_+$ 表示在第 $i$ 个违约公司 $j$ 之后违约公司的集合.

对任意 $i, j \in \{1, 2, \cdots, n\}$ 和任意 $\pi \in \Pi^{(i,j)}$, 我们令 $\tau(\pi_-) = \max\{\tau_k : k \in \pi_-\}, \tau(\pi_+) = \min\{\tau_l : l \in \pi_+\}$. 通常, 我们令 $\max\phi = -\infty, \min\phi = \infty$. 可以看出, $\tau(\pi_-)$ 表示第 $i-1$ 个公司违约的时间; $\tau(\pi_+)$ 表示第 $i+1$ 个公司违约的时间.

**定理 3.7** 令 $\{Z_t^j\}_{t\geqslant 0}$ 是一个有界 $\mathbb{F}$ 可料过程, 则对任意 $t < T \leqslant \infty$,

$$\begin{aligned}
&\mathbb{E}\left[I_{\tau_{\{1\}}>t}Z_{\tau_j}^j\sum_{\pi\in\Pi^{(i,j)}}I_{\{\tau(\pi_-)<\tau_j<\tau(\pi_+),\tau_j\leqslant T\}}|\mathcal{G}_t\right] \\
&= I_{\tau_{\{1\}}>t}\mathbb{E}\left[\int_t^T Z_u^j\left(\sum_{\pi\in\Pi^{(i,j)}}\left[\prod_{k\in\pi_-}(1-e^{-\int_t^u\lambda_s^k\,ds})\right.\right.\right. \\
&\quad \left.\left.\left.\times[e^{-\sum\limits_{l\in\pi_+}\int_t^u\lambda_s^l\,ds}]\right)\lambda_u^j e^{-\int_t^u\lambda_s^j\,ds}\,du|\mathcal{F}_t\right]
\end{aligned}$$

**证明**

$$\mathbb{E}\left[I_{\tau_{\{1\}}>t}Z^j_{\tau_j}\sum_{\pi\in\Pi^{(i,j)}}I_{\{\tau(\pi_-)<\tau_j<\tau(\pi_+),\tau_j\leqslant T\}}|\mathcal{G}_t\right]$$

$$=I_{\tau_{\{1\}}>t}e^{\sum\limits_{i=1}^{n}\Gamma^i_t}\mathbb{E}\left[I_{\tau_{\{1\}}>t}Z^j_{\tau_j}\sum_{\pi\in\Pi^{(i,j)}}I_{\{\tau(\pi_-)<\tau_j<\tau(\pi_+),\tau_j\leqslant T\}}|\mathcal{F}_t\right]$$

$$=I_{\tau_{\{1\}}>t}e^{\sum\limits_{i=1}^{n}\Gamma^i_t}\mathbb{E}\left[\mathbb{E}\left[I_{\tau_{\{1\}}>t}Z^j_{\tau_j}\sum_{\pi\in\Pi^{(i,j)}}I_{\{\tau(\pi_-)<\tau_j<\tau(\pi_+),\tau_j\leqslant T\}}|\mathcal{F}_T\right]|\mathcal{F}_t\right]$$

$$=I_{\tau_{\{1\}}>t}e^{\sum\limits_{i=1}^{n}\Gamma^i_t}\mathbb{E}\left[\int_t^T Z^j_u\left(\sum_{\pi\in\Pi^{(i,j)}}\left[\prod_{k\in\pi_-}\mathbb{P}(t<\tau_k<u|\mathcal{F}_T)\right]\right.\right.$$

$$\left.\left.\times\left[\prod_{l\in\pi_+}\mathbb{P}(\tau_l>u|\mathcal{F}_T)\right]\right)d\mathbb{P}(\tau_j\leqslant u|\mathcal{F}_T)|\mathcal{F}_t\right]$$

$$=I_{\tau_{\{1\}}>t}e^{\sum\limits_{i=1}^{n}\Gamma^i_t}\mathbb{E}\left[\int_t^T Z^j_u\left(\sum_{\pi\in\Pi^{(i,j)}}\left[\prod_{k\in\pi_-}(e^{-\Gamma^k_t}-e^{-\Gamma^k_u})\right]\right.\right.$$

$$\left.\left.\times\left[\prod_{l\in\pi_+}e^{-\Gamma^l_t}\right]\right)\lambda^j_u e^{-\Gamma^j_u}\,du|\mathcal{F}_t\right]$$

$$=I_{\tau_{\{1\}}>t}\mathbb{E}\left[\int_t^T Z^j_u\left(\sum_{\pi\in\Pi^{(i,j)}}\left[\prod_{k\in\pi_-}(1-e^{-\int_t^u\lambda^k_s\,ds})\right]\right.\right.$$

$$\left.\left.\times[e^{-\sum\limits_{l\in\pi_+}\int_t^u\lambda^l_s\,ds}]\right)\lambda^j_u e^{-\int_t^u\lambda^j_s\,ds}\,du|\mathcal{F}_t\right]$$ □

**推论 3.3** 当我们计算首次违约时，有以下结果:

$$\mathbb{E}\left[I_{\tau_{\{1\}}>t}Z^j_{\tau_j}\sum_{\pi\in\Pi^{(1,j)}}I_{\{\tau_j<\tau(\pi_+),\tau_j\leqslant T\}}|\mathcal{G}_t\right]$$

$$=I_{\tau_{\{1\}}>t}\mathbb{E}\left[\int_t^T Z^j_u e^{-\sum\limits_{l=1}^{l=n}\int_t^u\lambda^l_s\,ds}\lambda^j_u\,du|\mathcal{F}_t\right]$$

**证明** 在定理 3.7 中, 令 $i=1$ 即可得到这个推论. □

## 3.3 含有对手信用风险的 CDS 定价 —— 约化方法应用

在这一节中, 我们将利用约化方法解决信用风险中的一个热门问题 —— 含有对手信用风险的衍生产品定价和 CVA (Counterparty Credit Valuation Adjustment, 对手信用风险估值) 计算. 在此, 我们再重复一遍解决信用风险问题的基本步骤:

**第一步** 现金流分析, 即写出信用衍生品的贴现现金流;

**第二步** 决定相关信息, 对贴现现金流取条件期望作为该产品价格;

**第三步** 对违约时间进行建模;

**第四步** 计算条件期望.

所以, 我们首先了解一下含有对手信用风险的衍生品的现金流.

### 3.3.1 含有对手信用风险的衍生品的一般模型

一张含有对手信用风险的合约含有如下几个部分:

- 到期日 $T$;
- 息票收益 $c_t dt$;
- 到期收益 $M$;
- 违约收益 $R_t$;
- 违约时间 $\tau$.

当计算违约收益 $R_t$ 时, 根据合约价值的正负又分为两种情况:

- 当违约时合约价值对于合约持有者为正时, 持有者只能接收原合约价值的一部分;
- 当违约时合约价值对于合约持有者为负时, 持有者将付给交易对手合约的全部价值.

假设含有对手信用风险的合约价值为 $V_t$, 不含对手信用风险的合约价值为 $U_t$, 回收率为 $R$, 利率为 $r_t$, 那么对于合约持有者来说, 这张含有对手风险的合约价值可用下式表示:

$$V_t=\mathbb{E}\left[\int_t^T I_{\tau>s}c_s e^{-\int_t^s r_l dl}ds+I_{t<\tau\leqslant T}e^{-\int_t^\tau r_s ds}(RU_\tau^+-U_\tau^-)+I_{\tau>T}Me^{-\int_t^T r_s ds}|\mathcal{G}_t\right] \tag{3.24}$$

其中 $\mathcal{G}_t$ 表示当前信息.

如果读者想进一步了解对手信用风险, 我们推荐参考文献 [2, 30, 62].

下面, 我们就一张含有对手信用风险的 CDS 合约展示约化方法在对手信用风险评估中的应用.

### 3.3.2 不含对手信用风险的 CDS 定价

从含有对手信用风险的衍生产品的现金流中, 我们看出, 要想计算含有对手信用风险的衍生品价格, 需要计算不含对手信用风险的该产品的价格. 所以, 在这一节中, 我们将计算一张不含对手信用风险的 CDS 价格.

设参考债券的面值为 1. 对于一张无对手信用风险的 CDS 的购买者来说,

- 在债券到期日 $T$ 之前以保费率 $k_t \in \mathcal{F}_t$ 支付保费;
- 当参考公司在 CDS 到期日之前违约时, CDS 买方获得 $(1-R_1)$, 其中, $R_1 \in [0,1)$ 为参考债券的回收率;
- 当 CDS 合约到期时, 合约结束.

设无风险利率为 $r_t \in \mathcal{F}_t$, 则在 $t \leqslant T$ 时, 这张不含对手信用风险的 CDS 合约的价值过程为

$$U_t = -\int_t^T I_{\tau_1 > s} k_s e^{-\int_t^s r_\theta\, d\theta} ds + I_{t<\tau_1 \leqslant T}(1-R_1)e^{-\int_t^{\tau_1} r_\theta\, d\theta} \tag{3.25}$$

这张 CDS 的价格为

$$u_t = \mathbb{E}[U_t | \mathcal{G}_t^1] \tag{3.26}$$

其中, $\mathcal{G}_1 = \mathcal{H}_t^1 \bigvee \mathcal{F}_t, \mathcal{H}_t^1 = \sigma(\tau_1 \leqslant s, s \leqslant t)$.

在 (3.10) 式中, 令 $c_t = -k_t, R_t = 1 - R_1, M = 0, \lambda_t = \lambda_t^1$, 我们有

$$u_t = I_{\tau_1 > t}\mathbb{E}\left[\int_t^T e^{-\int_t^s (r_\theta + \lambda_\theta^1)\, d\theta}(-k_s + \lambda_s^1(1-R_1))\, ds | \mathcal{F}_t\right] \tag{3.27}$$

### 3.3.3 含有对手信用风险的 CDS 定价

对于一个购买了一张含有对手信用风险的 CDS 的投资者来说,

- 在参考公司违约时间 $\tau_1$,CDS 卖方违约时间 $\tau_2$, 以及 CDS 到期日 $T$ 之前以息票率 $k_t \in \mathcal{F}_t$ 支付保费;
- 当参考公司违约先于 CDS 卖方违约时间和到期日时,CDS 买方接收卖方赔付 $1 - R_1$;
- 当 CDS 卖方违约先于参考债券违约时间以及到期日时, 若 CDS 合约价值为正, 则买方只能得到这张合约价值的一部分; 当 CDS 合约价值为负, 买方将全部价值支付给卖方;
- 当 CDS 到期时合约终止.

设 CDS 合约的回收率为 $R_2$, 则在 $t<T$ 时刻, 这张含有交易对手风险 CDS 的价值过程为

$$V_t=\int_t^T I_{\tau_1>s}I_{\tau_2>s}(-k_s)e^{-\int_t^s r_\theta\,d\theta}\,ds+I_{t<\tau_1\leqslant T}I_{\tau_2>\tau_1}(1-R_1)e^{-\int_t^{\tau_1} r_\theta\,d\theta}$$
$$+I_{t<\tau_2\leqslant T}I_{\tau_1>\tau_2}(R_2u_{\tau_2}^+-u_{\tau_2}^-)e^{-\int_t^{\tau_2} r_\theta\,d\theta}$$

含有交易对手风险的 CDS 价格为

$$v_t=\mathbb{E}[V_t|\mathcal{G}_t] \tag{3.28}$$

其中, $\mathcal{G}_t=\mathcal{H}_t^1\bigvee\mathcal{H}_t^1\bigvee\mathcal{F}_t,\mathcal{H}_t^i=\sigma\,(\tau_i\leqslant s,s\leqslant t),i=1,2.$

根据推论 3.3, 我们有

$$v_t=I_{\tau_1>t}I_{\tau_2>t}\mathbb{E}\left[\int_t^T e^{-\int_t^s(r_\theta+\lambda_\theta^1+\lambda_\theta^2)\,d\theta}(-k_s+\lambda_s^1(1-R_1)+\lambda_s^2(R_2u_s^+-u_s^-))\,ds|\mathcal{F}_t\right] \tag{3.29}$$

**注释 3.3** 细心的读者可以发现, 我们并没有讨论 $\tau_1=\tau_2$ 的情况, 即 CDS 卖方和参考公司同时违约的情况. 这是因为在条件独立的假设下, 同时违约的概率为 0. 关于同时违约的讨论, 我们将在后面章节中利用马氏链方法讨论.

### 3.3.4 交易对手风险表示定理

上一小节写出了一张含有对手信用风险的 CDS 的定价公式, 那么这张 CDS 中对手信用风险的价格是多少呢? 在这一节中, 我们将把这张 CDS 中的对手信用风险表示出来. 直观上讲, 一张衍生品合约的风险应该为这张合约无风险的价值和有风险的价值的差值. 下面我们定义这张 CDS 的对手信用风险的价值过程 [CVA (Counterparty Credit Valuation Adjustment) Process].

**定义 3.3** 一张 CDS 的对手信用风险的价值过程为,

$$CVA_t=I_{\tau_2>t}U_t-V_t \tag{3.30}$$

其中, $U,V$ 分别由 (3.25),(3.28) 定义.

我们有如下形式的交易对手风险表示定理.

**定理 3.8**

$$CVA_t=I_{t<\tau_2\leqslant T}I_{\tau_1>\tau_2}e^{-\int_t^{\tau_2} r_\theta\,d\theta}[U_{\tau_2}-u_{\tau_2}+(1-R_2)u_{\tau_2}^+] \tag{3.31}$$

**证明**

$$
\begin{aligned}
I_{\tau_2>t}U_t - V_t = &\int_t^T I_{\tau_1>s} I_{t<\tau_2\leqslant s}(-k_s)e^{-\int_t^s r_\theta\, d\theta}\, ds \\
&+ I_{t<\tau_1\leqslant T} I_{t<\tau_2<\tau_1}(1-R_1)e^{-\int_t^{\tau_1} r_\theta\, d\theta} \\
&- I_{t<\tau_2\leqslant T} I_{\tau_1>\tau_2}(R_2 u_{\tau_2}^+ - u_{\tau_2}^-)e^{-\int_t^{\tau_2} r_\theta\, d\theta}
\end{aligned}
$$

注意到

$$
\begin{gathered}
I_{t<\tau_1\leqslant T} I_{t<\tau_2<\tau_1} = I_{\tau_2<\tau_1\leqslant T} I_{t<\tau_2\leqslant T} \\
\int_t^{\tau_2} I_{\tau_1>s} I_{t<\tau_2\leqslant s}(-k_s)e^{-\int_t^s r_\theta\, d\theta}\, ds = 0
\end{gathered}
$$

我们有

$$
\begin{aligned}
I_{\tau_2>t}U_t - V_t &= I_{t<\tau_2\leqslant T} I_{\tau_1>\tau_2} e^{-\int_t^{\tau_2} r_\theta\, d\theta}\Bigg[-\int_{\tau_2}^T I_{\tau_1>s} k_s e^{-\int_{\tau_2}^s r_\theta\, d\theta}\, ds \\
&\quad + I_{\tau_2<\tau_1\leqslant T}(1-R_1)e^{-\int_{\tau_2}^{\tau_1} r_\theta\, d\theta} - (R_2 u_{\tau_2}^+ - u_{\tau_2}^-)\Bigg] \\
&= I_{t<\tau_2\leqslant T} I_{\tau_1>\tau_2} e^{-\int_t^{\tau_2} r_\theta\, d\theta}[U_{\tau_2} - (R_2 u_{\tau_2}^+ - u_{\tau_2}^-)] \\
&= I_{t<\tau_2\leqslant T} I_{\tau_1>\tau_2} e^{-\int_t^{\tau_2} r_\theta\, d\theta}[U_{\tau_2} - u_{\tau_2} + (1-R_2)u_{\tau_2}^+]
\end{aligned}
$$

证毕. □

类似的, 我们可以定义交易对手风险的价格 $cva_t$.

**定义 3.4**

$$
cva_t = \mathbb{E}[CVA_t|\mathcal{G}_t] \tag{3.32}
$$

如果我们令 $\overline{u}_t = \mathbb{E}[U_t|\mathcal{G}_t]$, 我们有如下结论:

**推论 3.4**

$$
cva_t = \mathbb{E}[I_{t<\tau_2\leqslant T} I_{\tau_1>\tau_2} e^{-\int_t^{\tau_2} r_\theta\, d\theta}[\overline{u}_{\tau_2} - u_{\tau_2} + (1-R_2)u_{\tau_2}^+]|\mathcal{G}_t] \tag{3.33}
$$

**证明**

$$
\begin{aligned}
\mathbb{E}[CVA_t|\mathcal{G}_t] &= \mathbb{E}[I_{t<\tau_2\leqslant T} I_{\tau_1>\tau_2} e^{-\int_t^{\tau_2} r_\theta\, d\theta}[U_{\tau_2} - u_{\tau_2} + (1-R_2)u_{\tau_2}^+]|\mathcal{G}_t] \\
&= \mathbb{E}[\mathbb{E}[I_{t<\tau_2\leqslant T} I_{\tau_1>\tau_2} e^{-\int_t^{\tau_2} r_\theta\, d\theta}[U_{\tau_2} - u_{\tau_2} + (1-R_2)u_{\tau_2}^+]|\mathcal{G}_\tau]|\mathcal{G}_t] \\
&= \mathbb{E}[I_{t<\tau_2\leqslant T} I_{\tau_1>\tau_2} e^{-\int_t^{\tau_2} r_\theta\, d\theta}[\mathbb{E}[U_{\tau_2}|\mathcal{G}_{\tau_2}] - u_{\tau_2} + (1-R_2)u_{\tau_2}^+]|\mathcal{G}_t] \\
&= \mathbb{E}[I_{t<\tau_2\leqslant T} I_{\tau_1>\tau_2} e^{-\int_t^{\tau_2} r_\theta\, d\theta}[\overline{u}_{\tau_2} - u_{\tau_2} + (1-R_2)u_{\tau_2}^+]|\mathcal{G}_t]
\end{aligned}
$$

□

在大多数文章中有以下假设,

**假设 3.1**

$$\overline{u}_{\tau}=u_{\tau} \tag{3.34}$$

**注释 3.4** 假设 3.1 有着非常直观的金融意义, 它表示对于一个不含对手信用风险的衍生品来说, 交易对手的违约信息是无效的.

在假设 3.1 下, 对手信用风险的定价公式可表示为

$$cva_t=\mathbb{E}[I_{t<\tau_2\leqslant T}I_{\tau_1>\tau_2}e^{-\int_t^{\tau_2}r_\theta\,d\theta}(1-R_2)u_{\tau_2}^{+}|\mathcal{G}_t] \tag{3.35}$$

结合推论 3.3, 我们有如下推论:

**推论 3.5**

$$cva_t=I_{\tau_1>t}I_{\tau_2>t}\mathbb{E}\left[\int_t^T e^{-\int_t^s(r_\theta+\lambda_\theta^1+\lambda_\theta^2)\,d\theta}\lambda_s^2(1-R_2)u_s^{+}\,ds|\mathcal{F}_t\right] \tag{3.36}$$

### 3.3.5 偏微分方程方法

下面, 我们考虑偏微分方程在对手信用风险中的应用. 和前面章节类似, 我们首先假设参考信息流的驱动变量 $X_t$ 满足以下随机微分方程,

$$dX_t=\mu(X_t,t)dt+\sigma(X_t,t)dW_t \tag{3.37}$$

其中, $\mu,\sigma$ 为光滑函数, $W_t$ 为布朗运动. 假设 $\lambda_t^1,\lambda_t^2,k_t,r_t$ 均为 $(X_t,t)$ 的光滑函数. 根据马氏性, 在 $\{\tau_1>t\}$ 上,(3.27) 可转化为

$$u_t=\mathbb{E}[U_t|X_t]=\mathbb{E}\left[\int_t^T e^{-\int_t^s(r_\theta+\lambda_\theta^1)\,d\theta}(-k_s+\lambda_s(1-R_1))\,ds|X_t\right] \tag{3.38}$$

当 $X_t=x$ 时, $u_t$ 可表示为 $u(x,t)$, 根据 Feynman-Kac 公式[50], $u(x,t)$ 是以下偏微分方程终值问题的解

$$\frac{\partial u}{\partial t}+\mathcal{L}u-(r(x,t)+\lambda^1(x,t))u+\lambda^1(x,t)(1-R_1)-k(x,t)=0$$
$$u(x,T)=0$$

其中, $\mathcal{L}=\frac{1}{2}\sigma^2(x,t)\frac{\partial^2}{\partial x^2}+\mu(x,t)\frac{\partial}{\partial x}$.

同样的, 在违约发生之前, 即在 $\{\tau_1 > t\}\{\tau_2 > t\}$ 上, 我们可以得到含有对手信用风险的 CDS 的价值 $v_t = v(x,t)$ 满足以下偏微分方程终值问题,

$$\begin{aligned}\frac{\partial v}{\partial t} + \mathcal{L}v - (r(x,t) + \lambda^1(x,t) + \lambda^2(x,t))v + \lambda^1(x,t)(1-R_1)&\\ +\lambda^2(x,t)(R_2u^+(x,t) - u^-(x,t)) - k(x,t) &= 0\\ v(x,T) &= 0\end{aligned}$$

在 $\{\tau_1 > t\}\{\tau_2 > t\}$ 上, 交易对手风险的价值 $cva_t = cva(x,t)$ 满足以下偏微分方程终值问题,

$$\begin{aligned}\frac{\partial cva}{\partial t} + \mathcal{L}cva - (r(x,t) + \lambda^1(x,t) + \lambda^2(x,t))cva + \lambda^2(x,t)(1-R_2)u^+(x,t) &= 0\\ cva(x,T) &= 0\end{aligned}$$

**注释 3.5** 从上述偏微分方程, 我们可以看出, 一张 CDS 的交易对手风险价值是无风险 CDS 和有风险 CDS 价值的差值.

## 3.4 小结

在本章中, 我们介绍了在约化模型的框架下怎样对违约时间进行建模以及怎样利用风险过程构造约化模型所描述的违约时间. 在多个违约时间部分, 我们介绍了条件独立及其金融意义, 强调了条件独立与独立的不同. 本章的核心内容是介绍了约化模型的两个基本定理. 这两个定理分别实现了信息流的分解和违约时间的消去. 这两个定理不但在定价中十分重要, 在风险管理 (例如对冲) 中也有很大作用. 如果读者想了解约化模型的对冲方法, 我们推荐参考文献 [8, 10, 11].

# 第 4 章

# 结构化方法和约化方法之间的关系

本章是一个独立章节, 主要介绍结构化方法[①]和约化方法之间的关系. 本章的讨论在完备概率空间 $(\Omega, \mathcal{G}, \mathbb{P})$ 上进行.

## 4.1 结构化方法框架下的信用风险产品 (回顾)

在结构化模型中, 违约一般由公司资产和一个固定边界决定. 当公司资产过程小于边界时, 违约发生. 我们用几何布朗描述公司资产 $V_t$, 即

$$V_t = e^{X_t} \tag{4.1}$$

其中, $X_t$ 是一个有漂移项的布朗运动,

$$dX_t = \left(r - \frac{1}{2}\sigma^2\right) dt + \sigma dW_t \tag{4.2}$$

其中, $r, \sigma$ 为大于 0 的常数, $W_t$ 为标准布朗运动. 设违约边界为 $b(t)$, 违约时间 $\tau$ 定义为 $V_t$ 首次小于 $b(t)$ 的时间, 即

$$\tau = \inf\{t | X_t \leqslant \log b(t), t \in (0, T]\} \tag{4.3}$$

一张一般的含有违约风险的合约的现金流如下:

[①] 本章中所指结构化方法主要为首次跃出模型.

- 在违约时间 $\tau$ 和到期日 $T$ 之前以利率 $f(X_t,t)$ 接收红利或支付息票;
- 当公司违约先于到期日时, 合约持有者在违约时刻接收 $h(X_\tau,\tau)$;
- 当公司违约发生在合约到期日后, 持有者在到期日接收 $l(X_T)$.

我们设参考信息流为公司资产过程生成的 $\sigma$ 域流, 即, $\mathbb{F}=\{\mathcal{F}\}_{t\geqslant 0}$, 其中 $\mathcal{F}_t=\sigma\{X_s,s\leqslant t\}$. 所以, 这张含有违约风险的合约在 $t$ 时刻的价值为

$$u_t=\mathbb{E}\left[\int_t^{T\wedge\tau}f(X_s,s)e^{-r(s-t)}ds+I_{t<\tau\leqslant T}h(X_\tau,\tau)e^{-r(\tau-t)}+I_{\tau>T}l(X_T)e^{-r(T-t)}|\mathcal{F}_t\right] \tag{4.4}$$

**注释 4.1** 为了防止合约价值变为 $\infty$, 我们假设

$$\mathbb{E}\left[\int_t^T(|f(x,s)|+|h(x,s)|)ds+|l(x)||\mathcal{F}_t\right]<\infty \tag{4.5}$$

在本章中, 我们总假设 (4.5) 满足.

为方便讨论, 我们设 $l,h,f,b$ 均为光滑函数. 在违约前的时刻 $t$, $u_t$ 可以写成 $(X_t,t)$ 的函数 $u(X_t,t)$, 并且 $u(x,t)$ 是下列偏微分终边值问题的解,

$$\frac{\partial u}{\partial t}+\frac{1}{2}\sigma^2\frac{\partial^2 u}{\partial x^2}+\left(r-\frac{1}{2}\sigma^2\right)\frac{\partial u}{\partial x}-ru=-f(x,t) \tag{4.6}$$

$$u|_{x=\log b(t)}=h(\log b(t),t),\quad t\in[0,T] \tag{4.7}$$

$$u|_{t=T}=l(x),\quad x\in(\log b(T),\infty) \tag{4.8}$$

## 4.2 约化框架下的结构化方法

在这一节中, 通过引入一个特殊的风险系数 (Hazard Rate), 我们将证明结构化方法是一类特殊的约化方法的极限. 首先, 我们在约化框架下重写上一节所述的含有违约风险的合约的定价.

在约化模型的框架下, 市场的全部信息包含两部分, 违约时间 $\tau$ 产生的信息流 $\mathbb{H}=\{\mathcal{H}_t\}_{t\geqslant 0}$, 和参考信息流 $\mathbb{F}=\{\mathcal{F}_t\}_{t\geqslant 0}$. 在这里, 我们将参考信息流取为上一节公司资产所产生的信息流. 设上一节所描述的含有违约风险的合约在约化模型中价值为 $v_t$, 我们有,

$$v_t=\mathbb{E}\left[\int_t^{T\wedge\tau}f(X_s,s)e^{-r(s-t)}ds+I_{t<\tau\leqslant T}h(X_\tau,\tau)e^{-r(\tau-t)}+I_{\tau>T}l(X_T)e^{-r(T-t)}|\mathcal{G}_t\right] \tag{4.9}$$

根据定理 3.3, 我们有

$$v_t = I_{\tau>t}\mathbb{E}\left[\int_t^T (f(X_s,s)+\lambda_s h(X_s,s))e^{-\int_t^s (r+\lambda_u)du}ds + l(X_T)e^{-\int_t^T (r+\lambda_u)du}|\mathcal{F}_t\right] \tag{4.10}$$

其中, $\lambda_t \in \mathcal{F}_t$ 满足

$$\mathbb{P}(\tau > t|\mathcal{F}_t) = e^{-\int_0^t \lambda_s ds} \tag{4.11}$$

由 (4.11) 可以看出, 在约化模型的框架下, 所有的违约信息都集中的风险系数 $\lambda_t$ 上. 粗略地说, 当 $\lambda_t$ 很大时, 违约概率就很大, 当 $\lambda_t$ 很小时, 违约概率也很小. 特别的, 当 $\lambda_t \to \infty$ 时, 违约概率趋近于 1; 当 $\lambda_t \to 0$ 时, 违约概率趋近于 0. 在这两个极端条件下, 在已知 $\mathcal{F}_t$ 中的信息时, 违约已经不是一个随机事件了, 也就是说违约完全由参考信息决定.

为了讨论结构化方法和约化方法之间的关系, 我们令约化方法中的参考信息由公司资产生成, 即, $\mathcal{F}_t = \sigma\{V_s, s \leqslant t\}$. 我们要选取一个风险系数 $\lambda_t$, 使得在资产过程大于违约边界时, 违约概率为 0; 当资产过程小于违约边界时, 违约概率很大. 所以我们选取风险系数为

$$\lambda_t = \frac{1}{\varepsilon}H_\varepsilon(\log b(t) - X_t) \tag{4.12}$$

其中 $H_\varepsilon(x) \in C^\infty$, 并且有如下形式,

$$H_\varepsilon(x) = \begin{cases} 1, & x \geqslant \varepsilon \\ \nearrow, & 0 < x < \varepsilon \\ 0, & x \leqslant 0 \end{cases}$$

由以上风险系数的形式我们可以看出, 当 $\varepsilon = 0$ 时, 违约边界 $\log(b(t))$ 将区域分成了两部分, 当 $x \leqslant \log b(t)$ 时, 违约概率为 1, 当 $x > \log b(t)$ 时, 违约概率为 0. 所以, 可以预料, 当 $\varepsilon \to 0$ 时, 相应的约化模型将收敛到结构化模型. 注意到在结构化模型中到期收益 $l(x)$ 只在 $(\log b(t), \infty)$ 上有定义, 所以, 在约化模型中, 我们要把 $l(x)$ 延拓到全空间上. 令 $l_\varepsilon(x) \in C^\infty$ 有以下形式,

$$l_\varepsilon(x) = \begin{cases} l(x), & x \geqslant \log(b(T)) + \varepsilon \\ \nearrow (\searrow), & \log(b(T)) < x < \log(b(T)) + \varepsilon \\ h(\log b(T), T), & x \leqslant \log(b(T)) \end{cases}$$

在约化框架下, 当 $t < T$ 时, 这张含有违约风险的合约的价格 $v_t = u_\varepsilon(X_t, t)$, 其中 $u_\varepsilon(x,t)$ 是下面偏微分终值问题的解:

$$\frac{\partial u_\varepsilon}{\partial t} + \frac{1}{2}\sigma^2 \frac{\partial^2 u_\varepsilon}{\partial x^2} + \left(r - \frac{1}{2}\sigma^2\right)\frac{\partial u_\varepsilon}{\partial x} - ru_\varepsilon$$

$$= \frac{1}{\varepsilon}H_\varepsilon(\log b(t) - x)(u_\varepsilon - h(x,t)) - f(x,t) \tag{4.13}$$

$$u_\varepsilon|_{t=T} = l_\varepsilon(x), \quad x \in (-\infty, \infty) \tag{4.14}$$

下面我们叙述本章的主要结果.

**定理 4.1**　在 $Q\backslash\{(\log b(T), T)\}$ 的任意紧子集上, $u_\varepsilon$ 一致收敛到 $w$, 其中, $Q = (-\infty,\infty) \times [0,T]$, 并且 $w|_{(-\infty,\log b(t))\times[0,T]\backslash\{(\log b(T),T)\}} = h(\log b(T), T)$, $w|_{(\log b(t),\infty)\times[0,T]\backslash\{(\log b(T),T)\}} = u$.

为了方便起见, 我们假设 $b(t) = 1, h(x,t) = 0$, 否则, 我们令 $z = x - \log b(t)$, 考虑 $u_1(z,t) = u(z + \log b(t), t) - h(z + \log b(t), t), u_{1\varepsilon}(z,t) = u_\varepsilon(z + \log b(t), t) - h(z + \log b(t), t)$.(注意, 此时 $f(x,t)$ 也会发生变化, 但是不依赖 $\varepsilon$.)

在证明之前, 我们需要一些准备工作. 由于 $u_\varepsilon$ 在 $\{(0,T)\}$ 是不连续的, 我们首先引入光滑化函数 $g_\rho(x,t) \in C^\infty, \rho \ll 1$, 其中

$$g_\rho(x) = \begin{cases} 0, & x^2 + t^2 \leqslant \dfrac{\rho^2}{4} \\ 1, & x^2 + t^2 \leqslant \rho^2 \end{cases}$$

为了把 $u_\varepsilon$ 限制在 $Q_M = [-M, M] \times [0,T], M \gg 1$ 上, 我们引入 $g_M(x) \in C^\infty$, 其中

$$g_M(x) = \begin{cases} 0, & |x| \geqslant M, \\ 1, & |x| \leqslant M - 1 \end{cases}$$

定义 $gu_\varepsilon$ 为 $w_\varepsilon$, 其中 $g = g_M g_\rho$.

关于 $w_\varepsilon$, 我们有如下引理,

**引理 4.1**　$\sup_{Q_M} |w_\varepsilon| \leqslant \sup_{Q_M} |u_\varepsilon| \leqslant C_0$, 其中 $C_0$ 依赖于 $M$, 但是不依赖于 $\varepsilon$.

**证明**　由 $w_\varepsilon$ 的定义, 我们有 $\sup_{Q_M} |w_\varepsilon| \leqslant \sup_{Q_M} |u_\varepsilon|$.

在 (4.10) 中, 我们有

$$u_\varepsilon(x,t) = \mathbb{E}\left[\int_t^T f(X_s, s)e^{-\int_t^s (r+\lambda_u)du}ds + l_\varepsilon(X_T)e^{-\int_t^T (r+\lambda_u)du}|X_t = x\right] \tag{4.15}$$

从而

$$u_\varepsilon(x,t)\leqslant \mathbb{E}\left[\int_t^T |f(X_s,s)|ds+|l_1(X_T)||X_t=x\right]\triangleq A(x,t) \tag{4.16}$$

其中当 $x\geqslant 0$ 时, $l_1(x)=l(x)$; 当 $x<0$ 时, $l_1(x)=0$.

由于 $A(x,t)$ 在 $Q_M$ 上是连续的, 我们有 $u_\varepsilon\leqslant A(x,t)<\infty$.

证毕. □

**引理 4.2** 对于任意固定的 $M,\rho$, 当 $\varepsilon<\frac{\rho}{2}$, 我们有

(i) $\int_{-M}^M\int_t^T[(\frac{\partial w_\varepsilon}{\partial x})^2+\frac{1}{\varepsilon}H_\varepsilon(-x){w_\varepsilon}^2]d\tau dx\leqslant C_1$,

(ii) $\int_{-M}^M\int_t^T(\frac{\partial w_\varepsilon}{\partial t})d\tau dx+\int_{-M}^M[(\frac{\partial w_\varepsilon}{\partial x})^2+\frac{1}{\varepsilon}H_\varepsilon(-x){w_\varepsilon}^2]dx\leqslant C_2$,

其中 $C_1$ 和 $C_2$ 依赖于 $M,\rho$, 不依赖于 $\varepsilon$.

**证明** (i) 把 $w_\varepsilon$ 代入 (4.13), 我们有

$$\begin{aligned}&\frac{\partial w_\varepsilon}{\partial t}+\frac{1}{2}\sigma^2\frac{\partial^2 w_\varepsilon}{\partial x^2}+\left(r-\frac{1}{2}\sigma^2\right)\frac{\partial w_\varepsilon}{\partial x}-\left(r+\frac{1}{\varepsilon}H_\varepsilon(-x)\right)w_\varepsilon\\&=-fg+\left(\frac{1}{2}\sigma^2\frac{\partial^2 g}{\partial x^2}+\left(r-\frac{1}{2}\sigma^2\right)\frac{\partial g}{\partial x}\right)u_\varepsilon+\sigma^2\frac{\partial g}{\partial x}\frac{\partial u_\varepsilon}{\partial x}\end{aligned} \tag{4.17}$$

在 (4.17) 两端乘以 $w_\varepsilon$ 并且在 $[-M,M]\times[t,T]$ 上积分,

$$\begin{aligned}&\int_{-M}^M\int_t^T\left\{w_\varepsilon\frac{\partial w_\varepsilon}{\partial t}+\frac{1}{2}\sigma^2 w_\varepsilon\frac{\partial^2 w_\varepsilon}{\partial x^2}+\left(r-\frac{1}{2}\sigma^2\right)w_\varepsilon\frac{\partial w_\varepsilon}{\partial x}-\left(r+\frac{1}{\varepsilon}H_\varepsilon(-x)\right){w_\varepsilon}^2\right\}d\tau dx\\&=\int_{-M}^M\int_t^T\left\{-fgw_\varepsilon+\left(\frac{1}{2}\sigma^2\frac{\partial^2 g}{\partial x^2}+\left(r-\frac{1}{2}\sigma^2\right)\frac{\partial g}{\partial x}\right)w_\varepsilon u_\varepsilon+\sigma^2 w_\varepsilon\frac{\partial g}{\partial x}\frac{\partial u_\varepsilon}{\partial x}\right\}d\tau dx\end{aligned} \tag{4.18}$$

而且,

$$\int_{-M}^M\int_t^T w_\varepsilon\frac{\partial w_\varepsilon}{\partial t}d\tau dx=\int_{-M}^M\frac{1}{2}((l_\varepsilon g)^2-{w_\varepsilon}^2)dx \tag{4.19}$$

$$\int_{-M}^M\int_t^T w_\varepsilon\frac{\partial^2 w_\varepsilon}{\partial x^2}d\tau dx=-\int_{-M}^M\int_t^T\left(\frac{\partial w_\varepsilon}{\partial x}\right)^2 d\tau dx \tag{4.20}$$

$$\int_{-M}^M\int_t^T\left|w_\varepsilon\frac{\partial w_\varepsilon}{\partial x}\right|d\tau dx\leqslant\frac{1}{4\delta}\int_{-M}^M\int_t^T {w_\varepsilon}^2 d\tau dx+\delta\int_{-M}^M\int_t^T\left(\frac{\partial w_\varepsilon}{\partial x}\right)^2 d\tau dx \tag{4.21}$$

$$\begin{aligned}\int_{-M}^M\int_t^T w_\varepsilon\frac{\partial g}{\partial x}\frac{\partial u_\varepsilon}{\partial x}d\tau dx&=\int_{-M}^M\int_t^T u_\varepsilon\frac{\partial g}{\partial x}\left(\frac{\partial w_\varepsilon}{\partial x}-\frac{\partial g}{\partial x}u_\varepsilon\right)d\tau dx\\&\geqslant-\left(\frac{1}{4\delta}+1\right)\int_{-M}^M\int_t^T\left(\frac{\partial g}{\partial x}u_\varepsilon\right)^2 d\tau dx\end{aligned}$$

$$-\delta\int_{-M}^{M}\int_{t}^{T}\left(\frac{\partial w_\varepsilon}{\partial x}\right)^2 d\tau dx \tag{4.22}$$

结合 (4.18)-(4.22), 我们有

$$\begin{aligned}
&\left(\frac{1}{2}\sigma^2-\delta\left(\left|r-\frac{1}{2}\sigma\right|+\sigma^2\right)\right)\int_{-M}^{M}\int_{t}^{T}\left(\frac{\partial w_\varepsilon}{\partial x}\right)^2 d\tau dx+\int_{-M}^{M}\int_{t}^{T}\left(\frac{1}{\varepsilon}H_\varepsilon(-x)\right)w_\varepsilon{}^2 d\tau dx\\
&\quad\leqslant\left(\frac{1}{4\delta}\left|r-\frac{1}{2}\sigma^2\right|-r\right)\int_{-M}^{M}\int_{t}^{T}w_\varepsilon{}^2 d\tau dx+\sigma^2\left(\frac{1}{4\delta}+1\right)\int_{-M}^{M}\int_{t}^{T}\left(\frac{\partial g}{\partial x}u_\varepsilon\right)^2 d\tau dx\\
&\qquad-\int_{-M}^{M}\int_{t}^{T}\left(-fg+\frac{1}{2}\sigma^2\frac{\partial^2 g}{\partial x^2}+\left(r-\frac{1}{2}\sigma^2\right)\frac{\partial g}{\partial x}\right)w_\varepsilon u_\varepsilon d\tau dx\\
&\qquad+\int_{-M}^{M}\frac{1}{2}((l_\varepsilon g)^2-w_\varepsilon{}^2)dx
\end{aligned} \tag{4.23}$$

由于当 $\varepsilon<\frac{\varrho}{2}$ 时, $|w_\varepsilon|\leqslant|u_\varepsilon|\leqslant C_0, l_\varepsilon g$ 不依赖于 $\varepsilon$, 所以 (4.23) 的右端不依赖于 $\varepsilon$. 令 $\delta\leqslant\frac{\frac{1}{2}\sigma^2}{|r-\frac{1}{2}\sigma^2|+\sigma^2}$, (i) 证毕.

(ii) 在 (4.17) 两端乘以 $\frac{\partial w_\varepsilon}{\partial t}$ 并且在 $[-M,M]\times[t,T]$ 上积分,

$$\begin{aligned}
&\int_{-M}^{M}\int_{t}^{T}\left\{\left(\frac{\partial w_\varepsilon}{\partial t}\right)^2+\frac{1}{2}\sigma^2\frac{\partial w_\varepsilon}{\partial t}\frac{\partial^2 w_\varepsilon}{\partial x^2}\right.\\
&\qquad\left.+\left(r-\frac{1}{2}\sigma^2\right)\frac{\partial w_\varepsilon}{\partial t}\frac{\partial w_\varepsilon}{\partial x}-\left(r+\frac{1}{\varepsilon}H_\varepsilon(-x)\right)w_\varepsilon\frac{\partial w_\varepsilon}{\partial t}\right\}d\tau dx\\
&\quad=\int_{-M}^{M}\int_{t}^{T}\left\{-fg\frac{\partial w_\varepsilon}{\partial t}+\left(\frac{1}{2}\sigma^2\frac{\partial^2 g}{\partial x^2}+\left(r-\frac{1}{2}\sigma^2\right)\frac{\partial g}{\partial x}\right)\frac{\partial w_\varepsilon}{\partial t}u_\varepsilon\right.\\
&\qquad\left.+\sigma^2\frac{\partial w_\varepsilon}{\partial t}\frac{\partial g}{\partial x}\frac{\partial u_\varepsilon}{\partial x}\right\}d\tau dx
\end{aligned} \tag{4.24}$$

我们有

$$\begin{aligned}
&\int_{-M}^{M}\int_{t}^{T}\frac{\partial w_\varepsilon}{\partial t}\frac{\partial^2 w_\varepsilon}{\partial x^2}d\tau dx\\
&\quad=-\int_{-M}^{M}\int_{t}^{T}\frac{\partial^2 w_\varepsilon}{\partial t\partial x}\frac{\partial w_\varepsilon}{\partial x}d\tau dx=-\frac{1}{2}\int_{-M}^{M}\left[\left(\frac{\partial(l_\varepsilon g)}{\partial x}\right)^2-\left(\frac{\partial w_\varepsilon}{\partial x}\right)^2\right]dx
\end{aligned} \tag{4.25}$$

$$\begin{aligned}
&\int_{-M}^{M}\int_{t}^{T}\left|\frac{\partial w_\varepsilon}{\partial t}\frac{\partial w_\varepsilon}{\partial x}\right|d\tau dx\\
&\quad\leqslant\frac{1}{4\delta}\int_{-M}^{M}\int_{t}^{T}\left(\frac{\partial w_\varepsilon}{\partial x}\right)^2 d\tau dx+\delta\int_{-M}^{M}\int_{t}^{T}\left(\frac{\partial w_\varepsilon}{\partial t}\right)^2 d\tau dx
\end{aligned} \tag{4.26}$$

$$\int_{-M}^{M}\int_{t}^{T}\left|\frac{\partial w_\varepsilon}{\partial t}w_\varepsilon\right|d\tau dx$$
$$\leqslant \frac{1}{4\delta}\int_{-M}^{M}\int_{t}^{T}(w_\varepsilon)^2 d\tau dx+\delta\int_{-M}^{M}\int_{t}^{T}\left(\frac{\partial w_\varepsilon}{\partial t}\right)^2 d\tau dx \tag{4.27}$$

$$\int_{-M}^{M}\int_{t}^{T}\frac{1}{\varepsilon}H_\varepsilon(-x)w_\varepsilon\frac{\partial w_\varepsilon}{\partial t}d\tau dx=-\frac{1}{2}\int_{-M}^{M}\frac{1}{\varepsilon}H_\varepsilon(-x){w_\varepsilon}^2 dx \tag{4.28}$$

$$\int_{-M}^{M}\int_{t}^{T}\frac{\partial g}{\partial x}\frac{\partial u_\varepsilon}{\partial x}\frac{\partial w_\varepsilon}{\partial t}d\tau dx$$
$$=\int_{-M}^{M}\int_{t}^{T}\left(\frac{\partial\left(\dfrac{\partial g}{\partial x}u_\varepsilon\right)}{\partial x}-\frac{\partial^2 g}{\partial x^2}u_\varepsilon\right)\frac{\partial w_\varepsilon}{\partial t}d\tau dx$$
$$\leqslant\frac{1}{2\delta}\left[\int_{-M}^{M}\int_{t}^{T}\left(\frac{\partial\left(\dfrac{\partial g}{\partial x}u_\varepsilon\right)}{\partial x}\right)^2+\int_{-M}^{M}\int_{t}^{T}\left(\frac{\partial^2 g}{\partial x^2}u_\varepsilon\right)^2\right]d\tau dx$$
$$+\delta\int_{-M}^{M}\int_{t}^{T}\left(\frac{\partial w_\varepsilon}{\partial t}\right)^2 d\tau dx \tag{4.29}$$

由 (4.24)–(4.29), 我们有,

$$\int_{-M}^{M}\int_{t}^{T}\left(1-\left(\left|r-\frac{1}{2}\sigma^2\right|+\sigma^2+r\right)\delta\right)\left(\frac{\partial w_\varepsilon}{\partial t}\right)^2 d\tau dx$$
$$+\frac{1}{2}\sigma^2\int_{-M}^{M}\left(\frac{\partial w_\varepsilon}{\partial x}\right)^2 dx+\frac{1}{2}\int_{-M}^{M}\frac{1}{\varepsilon}H_\varepsilon(-x){w_\varepsilon}^2 dx$$
$$\leqslant\left|r-\frac{1}{2}\sigma^2\right|\frac{1}{4\delta}\int_{-M}^{M}\int_{t}^{T}\left(\frac{\partial w_\varepsilon}{\partial x}\right)^2 d\tau dx$$
$$+\frac{1}{4\delta}\int_{-M}^{M}\int_{t}^{T}\left(-fg+\left(\frac{1}{2}\sigma^2\frac{\partial^2 g}{\partial x^2}+\left(r-\frac{1}{2}\sigma^2\right)\frac{\partial g}{\partial x}\right)u_\varepsilon\right)^2 d\tau dx$$
$$+\frac{1}{2\delta}\sigma^2\left[\int_{-M}^{M}\int_{t}^{T}\left(\frac{\partial\left(\dfrac{\partial g}{\partial x}u_\varepsilon\right)}{\partial x}\right)^2 d\tau dx+\int_{-M}^{M}\int_{t}^{T}\left(\frac{\partial^2 g}{\partial x^2}u_\varepsilon\right)^2 d\tau dx\right]$$
$$+\frac{1}{2}\int_{-M}^{M}\left(\frac{\partial\left(l_\varepsilon g\right)}{\partial x}\right)^2 dx \tag{4.30}$$

在 (i) 中, 我们有 $\int_{-M}^{M}\int_t^T(\frac{\partial w_\varepsilon}{\partial x})^2 d\tau dx \leqslant C_1$, i.e. $\int_{-M}^{M}\int_t^T(\frac{\partial g u_\varepsilon}{\partial x})^2 d\tau dx \leqslant C_1$. 用 $\frac{\partial g}{\partial x}$ 替换 $g$, 我们有 $\int_{-M}^{M}\int_t^T(\frac{\partial(\frac{\partial g}{\partial x}u_\varepsilon)}{\partial x})^2 d\tau dx$ 是有界的, 并且界不依赖于 $\varepsilon$. 由于当 $\varepsilon < \frac{\rho}{2}$ 时, $|w_\varepsilon| \leqslant |u_\varepsilon| \leqslant C_0, \int_{-M}^{M}\int_t^T(\frac{\partial w_\varepsilon}{\partial x})^2 d\tau dx \leqslant C_1, l_\varepsilon g$ 不依赖于 $\varepsilon$, 所以 (4.30) 的右端不依赖于 $\varepsilon$.

令 $\delta \leqslant \frac{1}{|r-\frac{1}{2}\sigma^2|+\sigma^2+r}$, (ii) 证毕. □

**引理 4.3** 对于任意固定 $M, \rho$, 当 $\varepsilon < \frac{\rho}{2}$, 我们有

$$|w_\varepsilon(x+\Delta x, t+\Delta t) - w_\varepsilon(x,t)| \leqslant C_3(|\Delta x|^{\frac{1}{2}} + |\Delta t|^{\frac{1}{4}})$$

其中 $C_3$ 依赖于 $M$, 但 $\rho$ 不依赖于 $\varepsilon$.

**证明** 考虑 $|w_\varepsilon(x+\Delta x, t) - w_\varepsilon(x,t)|$, 我们有

$$\begin{aligned}|w_\varepsilon(x+\Delta x, t) - w_\varepsilon(x,t)| &= \left|\int_x^{x+\Delta x}\frac{\partial w_\varepsilon}{\partial x}d\xi\right| \\ &\leqslant \sqrt{\left|\int_x^{x+\Delta x}\left(\frac{\partial w_\varepsilon}{\partial x}\right)^2 d\xi\right|}\sqrt{\left|\int_x^{x+\Delta x}1^2 d\xi\right|} \\ &\leqslant \sqrt{\left|\int_x^{x+\Delta x}\left(\frac{\partial w_\varepsilon}{\partial x}\right)^2 d\xi\right|}|\Delta x|^{\frac{1}{2}} \leqslant C_2|\Delta x|^{\frac{1}{2}}\end{aligned} \tag{4.31}$$

考虑 $\int_x^{x+\sqrt{|\Delta t|}}|w_\varepsilon(\xi, t+\Delta t) - w_\varepsilon(\xi,t)|d\xi$, 我们有

$$\begin{aligned}&\int_x^{x+\sqrt{|\Delta t|}}|w_\varepsilon(\xi, t+\Delta t) - w_\varepsilon(\xi,t)|d\xi \\ &\leqslant \int_x^{x+\sqrt{|\Delta t|}}\int_t^{t+|\Delta t|}\left|\frac{\partial w_\varepsilon}{\partial t}\right|d\tau d\xi \\ &\leqslant \sqrt{\int_x^{x+\sqrt{|\Delta t|}}\int_t^{t+|\Delta t|}\left(\frac{\partial w_\varepsilon}{\partial t}\right)^2 d\tau d\xi}\sqrt{\int_x^{x+\sqrt{|\Delta t|}}\int_t^{t+|\Delta t|}1^2 d\tau d\xi} \\ &\leqslant \sqrt{\int_x^{x+\sqrt{|\Delta t|}}\int_t^{t+|\Delta t|}\left(\frac{\partial w_\varepsilon}{\partial t}\right)^2 d\tau d\xi}|\Delta t|^{\frac{3}{4}} \leqslant C_2|\Delta t|^{\frac{3}{4}}\end{aligned} \tag{4.32}$$

从而, $\exists\xi^* \in [x, x+\sqrt{\Delta t}]$, s.t.

$$|w_\varepsilon(\xi^*, t+\Delta t) - w_\varepsilon(\xi^*,t)| = \sqrt{\frac{1}{|\Delta t|}}\int_x^{x+\sqrt{|\Delta t|}}|w_\varepsilon(\xi, t+\Delta t) - w_\varepsilon(\xi,t)|d\xi \leqslant C_2|\Delta t|^{\frac{1}{4}} \tag{4.33}$$

从而, 我们有

$$\begin{aligned}&|w_\varepsilon(x+\Delta x,t+\Delta t)-w_\varepsilon(x,t)|\leqslant|w_\varepsilon(x+\Delta x,t+\Delta t)-w_\varepsilon(\xi^*,t+\Delta t)|\\&+|w_\varepsilon(\xi^*,t+\Delta t)-w_\varepsilon(\xi^*,t)|+|w_\varepsilon(\xi^*,t)-w_\varepsilon(\xi,t)|\leqslant C_3(|\Delta t|^{\frac14}+|\Delta x|^{\frac12})\end{aligned} \tag{4.34}$$

其中, $C_3=2C_2$. □

现在我们要证明本章的主要结果, 即定理 4.1.

**证明** 由引理 4.1–引理 4.3, 我们有 $w_\varepsilon$ 一致有界而且等度连续. 所以, 存在 $\{\varepsilon_k^{(1)}\}_{k\geqslant0}$ 使得在 $[-M,M]\times[0,T]$ 上 $w_{\varepsilon_k^{(1)}}\to w_M$, 其中 $w_M$ 连续. 注意到 $w_\varepsilon|_{[-M+1,M-1]\times[0,T]\setminus\{(x,t)|x^2+t^2\leqslant\rho^2\}}=u_\varepsilon$, 令 $M\to\infty,\rho\to0$, 由对角线原理, 我们可以得到 $\{\varepsilon_k^{(1)}\}_{k\geqslant0}$ 中的一列子列 $\{\varepsilon_k^{(2)}\}_{k\geqslant0}$ 使得在 $Q\setminus\{(0,T)\}$ 的任意紧子集上, $u_{\varepsilon_k^{(2)}}\to w$ (收敛是一致的), 其中 $w$ 在 $Q\setminus\{(0,T)\}$ 的任意紧子集上连续. 由于对 $x\in[\varepsilon_k^{(2)},\infty)$, 我们有 $u_{\varepsilon_k^{(2)}}(x,T)=l(x)$, 所以, 我们有, 对任意 $x\in(0,\infty),w(x,T)=l(x)$.

对任意 $0<\delta_1\ll1,M_1\gg1$, 在 $[\delta_1,M_1]\times[0,T-\delta_1]$ 上, 应用 Shauder 内估计[26], 我们有 $\frac{\partial u_\varepsilon}{\partial t},\frac{\partial u_\varepsilon}{\partial x},\frac{\partial^2u_\varepsilon}{\partial x^2}$ 一致有界且等度连续. 和上面讨论类似, 令 $\delta_1\to0,M_1\to\infty$, 我们得到 $\{\varepsilon_k^{(2)}\}_{k\geqslant0}$ 的子列 $\{\varepsilon_k^{(3)}\}_{k\geqslant0}$ 使得在 $(0,\infty)\times[0,T)$ 的任意紧子集上 $u_{\varepsilon_k^{(3)}}\to w,\frac{\partial u_{\varepsilon_k^{(3)}}}{\partial t}\to\frac{\partial w}{\partial t},\frac{\partial u_{\varepsilon_k^{(3)}}}{\partial x}\to\frac{\partial w}{\partial x},\frac{\partial^2u_{\varepsilon_k^{(3)}}}{\partial x^2}\to\frac{\partial^2w}{\partial x^2}$. 从而 $w$ 在 $(0,\infty)\times[0,T)$ 满足 (4.6).

对 $(x,t)\in(-\infty,0)\times[0,T)$, 存在 $M$ 充分大, $\rho$ 充分小, 使得 $(x,t)\in[-M+1,0]\times[0,T-\rho)$. 利用引理 4.2, 我们有 $\int_{-M+1}^{M-1}\int_t^{T-\rho}\frac1\varepsilon H_\varepsilon(-x){u_\varepsilon}^2d\tau dx\leqslant\int_{-M}^{M}\int_t^{T}\frac1\varepsilon H_\varepsilon(-x){w_\varepsilon}^2d\tau dx\leqslant C_1$, 令 $\varepsilon\to0$, 我们有 $w(x,t)=0$, 对任意 $(x,t)\in(-\infty,0)\times[0,T)$. 因为 $w$ 在 $Q\setminus\{(0,T)\}$ 的任意紧子集上是连续的, 我们有 $w(0,t)=0$, 对任意 $x\in(0,\infty),t\in[0,T)$.

利用 (4.6)–(4.8) 解的唯一性, 对任意序列 $\{\varepsilon_k\}_{k\geqslant0}$, 在 $Q\setminus\{(0,T)\}$ 的任意紧子集上, $u_{\varepsilon_k}\to w$.

证毕. □

## 4.3 小结

本章主要介绍了结构化方法和约化方法之间的关系, 通过选取一个特殊的风险系数, 利用偏微分方程证明了结构化方法是一种特殊的约化方法, 从而建立了信用风险的统一框架. 这种方法不仅在理论上有重要意义, 而且为计算带来了方便. 它使得我们在计算结构化产生的边值问题时, 不用考虑边界的复杂性, 只要通过选取风险系数即可. 这为编写程序带来了很大的方便. 值得注意的是, 本章提出的思想不但可以把结构化方法纳入约化方法中, 也可以把金融数学中另一类重要问题 —— 最优停时问题 (见附录) 纳入到约化框架下. 不但如此, 这种思想本身也可以产生许多新的数学问题[31].

# 第 5 章

# 马氏链方法

在这一章中, 我们介绍连续时间马尔可夫链和条件马尔可夫链的一些数学结果. 这些结果, 尤其是关于鞅性质的一些结果, 在信用风险定价中起着十分重要的作用. 在本章中, 我们首先引入完备概率空间 $(\Omega, \mathcal{G}, \mathbb{P})$ 以及状态空间 $\mathcal{K} = \{1, 2, \cdots, K\}$. 由于 $K$ 是有限的, 所以, 如果我们在 $\mathcal{K}$ 上装配上 $\mathcal{K}$ 的所有子集形成的 $\sigma$ 域, 则对任意函数 $h: \mathcal{K} \to \mathbb{R}$ 都是有界可测的.

令 $C = \{C_t\}_{t \geqslant 0}$ 是 $(\Omega, \mathcal{G}, \mathbb{P})$ 上在 $\mathcal{K}$ 中取值的右连续过程. 定义 $\mathbb{F}^C$ 为这个过程生成的流. 令 $\mathbb{G} = \{\mathcal{G}_t\}_{t \geqslant 0}$ 是满足 $\mathbb{F}^C \subset \mathbb{G}$ 的某个流.

## 5.1 连续时间马尔可夫链

**定义 5.1** 如果对 $\forall h: \mathcal{K} \to \mathbb{R}$ 和 $\forall s, t \in R_+$, 我们有

$$\mathbb{E}[h(C_{t+s})|\mathcal{G}_t] = [h(C_{t+s})|C_t] \tag{5.1}$$

那么我们说 $C = \{C_t\}_{t \geqslant 0}$ 是一个连续时间的 $\mathbb{G}$ 马尔可夫链, 简称 $\mathbb{G}$ 马氏链.

特别的, 如果对 $\forall s, t, u \in \mathbb{R}_+$, $C$ 满足

$$\mathbb{E}[h(C_{t+s})|C_t] = [h(C_{u+s})|C_u] \tag{5.2}$$

那么我们说 $C = \{C_t\}_{t \geqslant 0}$ 是一个连续时间的时间齐次 $\mathbb{G}$ 马尔可夫链, 简称时齐 $\mathbb{G}$ 马氏链.

**定义 5.2** 如果对 $\forall t, s \in \mathbb{R}_+, t \leqslant s$ 有

$$\mathbb{P}(C_s = j | C_t = i) = p_{ij}(t, s), \quad \forall i, j \in \mathcal{K} \tag{5.3}$$

我们说 $\mathcal{P}(t, s) = \{p_{ij}(t, s)\}_{i,j \in \mathcal{K}}$ 是这个马尔可夫链在 $\mathbb{P}$ 下的转移概率矩阵.

### 5.1.1 时齐马尔可夫链

**定义 5.3** 对一个时齐 $\mathbb{G}$ 马氏链 $C$, 如果对 $\forall t, s \in \mathbb{R}_+$ 有

$$\mathbb{P}(C_{s+t} = j | C_s = i) = p_{ij}(t), \quad \forall i, j \in \mathcal{K} \tag{5.4}$$

则 $\mathcal{P}(t) = \{p_{ij}(t)\}_{t \geqslant 0}$ 被称为这个时齐马氏链的转移概率矩阵.

对于一个时齐 $\mathbb{G}$ 马氏链, 下列结果是显然的.

1. 对任意子集 $A \subset \mathcal{K}$, 我们有

$$\mathbb{P}(C_{t+s} \in A | C_t) = \sum_{j \in A} p_{C_t, j}(s), \quad \forall s, t \in \mathbb{R}_+ \tag{5.5}$$

2. Chapman-Kolmogorov 方程, 即

$$\mathcal{P}(t+s) = \mathcal{P}(t)\mathcal{P}(s) = \mathcal{P}(s)\mathcal{P}(t), \quad \forall s, t \in \mathbb{R}_+ \tag{5.6}$$

即,

$$p_{ij}(s+t) = \sum_{k=1}^{K} p_{ik}(t) p_{kj}(s) = \sum_{k=1}^{K} p_{ik}(s) p_{kj}(t), \quad \forall s, t \in \mathbb{R}_+ \tag{5.7}$$

3. 令 $\mu_0 = \{\mu_0(i)\}_{1 \leqslant i \leqslant K} = \{\mathbb{P}(C_0 = i)\}_{1 \leqslant i \leqslant K}$ 定义 $C$ 的初始分布, $\mu_t = \{\mu_t(i)\}_{1 \leqslant i \leqslant K} = [\mathbb{P}(C_t = i)]_{1 \leqslant i \leqslant K}$ 定义 $C$ 在 $t$ 时刻的分布, 则

$$\mu_{s+t} = \mu_0 \mathcal{P}(t+s) = \mu_t \mathcal{P}(s) = \mu_s \mathcal{P}(t), \quad \forall s, t \in \mathbb{R}_+ \tag{5.8}$$

下面我们引入一个假设, 这个假设保证了转移概率矩阵的右可微性[56].

**假设 5.1** $\mathcal{P}(t)$ 是右连续的, 即 $\lim\limits_{s \to 0} \mathcal{P}(s) = \mathcal{P}(0)$.

由 Chapman-Kolmogorov 方程, 我们有 $\lim\limits_{s \to 0} \mathcal{P}(s+t) = \mathcal{P}(t), \forall t > 0$, 即

$$\lim_{s \to 0} \mathbb{P}(C_{t+s} = j | C_t = i) = \delta_{ij}, \quad \forall i, j \in \mathcal{K}, t > 0 \tag{5.9}$$

其中

$$\delta_{ij} = \begin{cases} 1, & i = j \\ 0, & i \neq j \end{cases}$$

有了转移概率矩阵的右可微性, 我们就可以定义转移概率的密度矩阵了.

**定义 5.4** 定义时齐 $\mathbb{G}$ 马氏链 $C$ 的转移密度矩阵为 $\Lambda = \{\lambda_{ij}\}_{i,j\in\mathcal{K}}$, 其中每个元素 $\lambda_{ij}$ 如下定义

$$\lambda_{ij} = \lim_{t\to 0}\frac{p_{ij}(t)-p_{ij}(0)}{t} = \lim_{t\to 0}\frac{p_{ij}(t)-\delta_{ij}}{t} \tag{5.10}$$

由 $\lambda_{ij}$ 的定义, 不难看出, 对 $\forall i \neq j$, 有 $\lambda_{ij} \geqslant 0$ 并且 $\lambda_{ii} = -\sum_{j=1,j\neq i}^{K}\lambda_{ij}$. 由 Chapman-Kolmogorov 方程和 (5.10), 我们有下列结果

$$\frac{d\mathcal{P}(t)}{dt} = \Lambda\mathcal{P}(t), \quad \mathcal{P}(0) = Id \tag{5.11}$$

$$\frac{d\mathcal{P}(t)}{dt} = \mathcal{P}(t)\Lambda, \quad \mathcal{P}(0) = Id \tag{5.12}$$

其中 $Id$ 表示单位矩阵.(5.11) 和 (5.12) 分别称为倒向 Kolmogorov 方程和正向 Kolmogorov 方程. 下面我们介绍时齐马氏链 $C$ 的鞅性质. 鞅性质在衍生品定价中起到了十分重要的作用. 关于鞅性质的证明, 我们推荐参考文献 [55].

**定理 5.1** 过程 $C$ 是一个初始分布为 $\mu_0$, 密度矩阵为 $\Lambda$ 的时齐 $\mathbb{G}$ 马氏链, 当且仅当下列条件满足:

1. $\mathbb{P}(C_0 = i) = \mu_0(i), \forall i \in \mathcal{K}$;
2. 对任意 $h : \mathcal{K} \to \mathbb{R}$, 过程

$$M_t^h = h(C_t) - \int_0^t (\Lambda h)(C_u)\,du, \quad \forall t \in \mathbb{R}_+ \tag{5.13}$$

是一个 $\mathbb{G}$ 鞅. 其中, $(\Lambda h)(i) = \sum_{j=1}^{K}\lambda_{ij}h(j)$.

令 $h(\cdot) = I_{\{i\}}(\cdot)$, 我们有如下推论:

**推论 5.1** 过程 $C$ 是一个密度矩阵为 $\Lambda$ 的时齐 $\mathbb{G}$ 马氏链, 则

$$M_t^i = I_{\{C_t=i\}} - \int_0^t \lambda_{C_u i}\,du, \quad \forall t \in \mathbb{R}_+ \tag{5.14}$$

是一个 $\mathbb{G}$ 鞅 ($\mathbb{F}^C$ 鞅).

### 5.1.2 非时齐马尔可夫链

粗略地说, 我们说一个马氏链是非时齐的, 就是指它的转移密度矩阵是时间的函数①, 即

$$\lambda_{ij}(t) = \lim_{h\to 0}\frac{p_{ij}(t,t+h)-\delta_{ij}}{h} \tag{5.15}$$

①需要指出的是 $p_{ij}(s,t)$ 要满足一些不强的正则性条件, 详细讨论见参考文献 [55].

很显然, 我们有 $\lambda_{ij}(t) \geqslant 0, \forall i \neq j$ 并且

$$\lambda_{ii}(t) = \lim_{h\to 0} \frac{p_{ii}(t,t+h)-1}{h} = -\lim_{h\to 0} \frac{\sum_{j=1,j\neq i}^{K} p_{ij}(t,t+h)}{h} = -\sum_{j=1,j\neq i}^{K} \lambda_{ij}(t)$$

定义非时齐 $\mathbb{G}$ 马尔可夫链 $C$ 的转移密度矩阵为 $\Lambda(t) = \{\lambda_{ij}(t)\}_{i,j\in\mathcal{K}}$, 和时齐马尔可夫链的情况类似, 我们有下列结果:

1. Chapman-Kolmogorov 方程, 即

$$\mathcal{P}(t,s) = \mathcal{P}(t,u)\mathcal{P}(u,s), \quad \forall t \leqslant u \leqslant s \tag{5.16}$$

2. 倒向 Kolmogorov 方程

$$\frac{d\mathcal{P}(t,s)}{dt} = -\Lambda(t)\mathcal{P}(t,s), \quad \mathcal{P}(s,s) = Id, \quad \forall t \leqslant u \leqslant s \tag{5.17}$$

3. 正向 Kolmogorov 方程

$$\frac{d\mathcal{P}(t,s)}{dt} = \mathcal{P}(t,s)\Lambda(s), \quad \mathcal{P}(t,t) = Id, \quad \forall t \leqslant u \leqslant s \tag{5.18}$$

对于非时齐马氏链, 我们同样有以下鞅性质.

**定理 5.2** 过程 $C$ 是一个初始分布为 $\mu_0$, 密度矩阵为 $\Lambda(t)$ 的非时齐 $\mathbb{G}$ 马氏链, 当且仅当下列条件满足:

1. $\mathbb{P}(C_0 = i) = \mu_0(i), \forall i \in \mathcal{K}$;
2. 对任意 $h: \mathcal{K} \to \mathbb{R}$, 过程

$$M_t^h = h(C_t) - \int_0^t (\Lambda h)(C_u, u)\, du, \quad \forall t \in \mathbb{R}_+ \tag{5.19}$$

是一个 $\mathbb{G}$ 鞅. 其中, $(\Lambda h)(i,t) = \sum_{j=1}^{K} \lambda_{ij}(t)h(j)$.

令 $h(\cdot) = I_{\{i\}}(\cdot)$, 我们有如下推论:

**推论 5.2** 过程 $C$ 是一个密度矩阵为 $\Lambda$ 的非时齐 $\mathbb{G}$ 马氏链, 则

$$M_t^i = I_{\{C_t=i\}} - \int_0^t \lambda_{C_u i}(u)\, du, \quad \forall t \in \mathbb{R}_+ \tag{5.20}$$

是一个 $\mathbb{G}$ 鞅 ($\mathbb{F}^C$ 鞅).

### 5.1.3 与状态转移相关的鞅

这一节将介绍和状态转移相关的鞅. 由于它们在信用风险定价中的重要地位, 我们用专门一节列出这些鞅的性质.

定义 $H_t^{ij}$ 表示马氏链 $C$ 在时间 $(0,t]$ 从状态 $i$ 到状态 $j$ 的次数, 即对 $\forall i \neq j$, 我们设

$$H_t^{ij} = \sum_{0<u\leqslant t} H_{u-}^i H_u^j, \quad \forall t \in \mathbb{R}_+ \tag{5.21}$$

其中, $H_u^i = I_{C_u=i}$.

**定理 5.3** 对 $\forall i,j \in \mathcal{K}, i \neq j$,

$$M_t^{ij} = H_t^{ij} - \int_0^t \lambda_{ij} H_u^i\, du = H_t^{ij} - \int_0^t \lambda_{C_u j} H_u^i\, du, \quad \forall t \in \mathbb{R}_+ \tag{5.22}$$

是 $\mathbb{G}$ 鞅 ($\mathbb{F}^{\mathbb{C}}$ 鞅).

**证明** 我们在这里只证明定理 5.3 是如下引理的直接推论.

**引理 5.1** 对于任何 $h : \mathcal{K} \times \mathcal{K} \to \mathbb{R}_+$,

$$M_t^h = \sum_{0<u\leqslant t} h(C_{u-}, C_u) - \int_0^t \sum_{l=1, l\neq C_u}^{K} \lambda_{C_u l} h(C_u, l)\, du, \quad \forall t \in \mathbb{R}_+ \tag{5.23}$$

是 $\mathbb{G}$ 鞅.

引理 5.1 的证明见参考文献 [55].

在 (5.23) 中令

$$h(k,l) = I_{\{i\}}(k) I_{\{j\}}(l), \quad \forall k,l \in \mathcal{K}$$

我们有

$$\begin{aligned} M_t^{ij} &= \sum_{0<u\leqslant t} H_{u-}^i H_u^j - \int_0^t \sum_{l=1, l\neq C_u}^{K} \lambda_{C_u l} I_{\{i\}}(C_u) I_{\{j\}}(l)\, du \\ &= H_t^{ij} - \int_0^t \lambda_{ij} H_u^i\, du = H_t^{ij} - \int_0^t \lambda_{C_u j} H_u^i\, du \end{aligned}$$

证毕. □

在信用风险的定价中，往往涉及违约概率分布的计算. 在马氏过程中，我们往往把违约看作一个吸收状态. 当一个马氏链进入吸收状态时，它将不会转移到其他状态. 反映在密度矩阵上就是该状态所对应的转移密度为 0. 我们设吸收状态为 $K$，即 $\Lambda(t)$ 的第 $K$ 行元素为 0. 在 (5.23) 中令

$$h(k,l) = I_{\{K\}}(l) - I_{\{K\}}(k), \quad \forall k,l \in \mathcal{K}$$

我们有关于吸收状态的鞅性质:

**定理 5.4** 对 $\forall i,j \in \mathcal{K}, i \neq j$,

$$M_t^K = H_t^K - \int_0^t \sum_{i=1}^{K-1} \lambda_{iK} H_u^i \, du = H_t^K - \int_0^t \lambda_{C_u K}(1 - H_u^K) \, du \tag{5.24}$$

是 $\mathbb{G}$ 鞅 ($\mathbb{F}^{\mathbb{C}}$ 鞅).

## 5.2 连续时间条件马尔可夫链

我们将在这一节中介绍连续时间条件马氏链的一些结果. 由于许多结果和非条件马氏链相似，我们将不再赘述. 在本节中，我们把重点放在在定价中非常有用的鞅性质以及马氏链的构造上. 通过对马氏链的构造，我们可以从密度矩阵开始，模拟出我们需要的马氏链.

### 5.2.1 条件马氏链的定义和构造

在完备概率空间 $(\Omega, \mathcal{G}, \mathbb{P})$ 上装配上参考信息流 $\mathbb{F} = \{\mathcal{F}_t\}_{t\geqslant 0}$ 以及市场信息流 $\mathbb{G} = \{\mathcal{G}_t\}_{t\geqslant 0}$，满足 $\mathbb{F} \subset \mathbb{G}$. 令 $C = \{C_t\}_{t\geqslant 0}$ 是一个 $\mathcal{K} = \{1, 2, \cdots, K\}$ 取值的随机过程. 和上一节一样，我们定义 $\mathbb{F}^C$ 为由 $C$ 生成的信息流，满足 $\mathbb{F}^C \subset \mathbb{G}$. 和连续时间马氏链相似，我们有以下定义:

**定义 5.5** 如果对任意 $0 \leqslant t \leqslant s$ 和任意 $h : \mathcal{K} \to \mathbb{R}_+$ 有

$$\mathbb{E}[h(C_s)|\mathcal{G}_t] = [h(C_{t+s})|\mathcal{F}_t \vee \sigma(C_t)] \tag{5.25}$$

那么，我们称 $C$ 是一个 $\mathbb{F}$ 条件 $\mathbb{G}$ 马尔可夫链.

**注释 5.1** 当参考信息生成的流 $\mathbb{F}$ 是平凡的，条件马尔可夫链退化成马尔可夫链. 这表明马氏链是条件马氏链的一种特殊情况. 所以，本章的讨论也适合马氏链.

**注释 5.2** 由于 $\sigma(C_t) \subset \mathcal{F}_t \bigvee \sigma(C_t) \subset \mathcal{G}_t$, 不难证明, 如果 $C$ 是 $\mathbb{G}$ 马氏链, 则 $C$ 是一个 $\mathbb{F}$ 条件 $\mathbb{G}$ 马氏链.

**注释 5.3** 当 $\tilde{\mathbb{G}} \supset \mathbb{F}$, 但 $C$ 并不是 $\tilde{\mathbb{G}}$ 适应的, 定义 5.5 仍然是有意义的. 我们设 $\mathbb{G} = \tilde{\mathbb{G}} \bigvee \mathbb{F}^C$, (5.25) 变为如下形式:

$$\mathbb{E}[h(C_s)|\tilde{\mathcal{G}}_t \vee \mathcal{F}_t^C] = [h(C_{t+s})|\mathcal{F}_t \vee \sigma(C_t)] \tag{5.26}$$

在后文的条件马氏链构造上, 我们所构造的条件马氏链 $C$ 是将 (5.25) 换成 (5.26) 定义下的马氏链.

在马氏链一节, 我们从转移概率矩阵的角度定义了转移密度矩阵, 在这一节中, 我们从另一个观点定义转移密度矩阵.

**定义 5.6** 一个 $\mathbb{F}$ 循序可测的有界随机矩阵 $\Lambda_t = \{\lambda_{ij}(t)\}_{1\leqslant i,j\leqslant K}, t \in \mathbb{R}_+$ 被称为一个在 $\mathcal{K}$ 中取值的 $\mathbb{F}$ 条件 $\mathbb{G}$ 马氏链 $C$ 的密度矩阵, 如果对任意 $h: \mathcal{K} \to \mathbb{R}$, 有

$$M_t^h = h(C_t) - h(C_0) - \int_0^t (\Lambda h)(C_u)\,du, \quad \forall t \in \mathbb{R}_+ \tag{5.27}$$

是一个 $\mathbb{G}$ 鞅.

下面我们将利用转移密度矩阵构造一个连续时间的条件马氏链. 这个构造不但说明了转移密度矩阵和马氏链之间的关系, 证明了马氏链的存在性, 而且, 这个构造也暗示了模拟马氏链的方法, 为相关的计算奠定了基础. 由于在信用风险中, 人们经常需要研究违约状态, 所以在这里我们将构造一个具有吸收状态的条件马氏链.

我们固定一个完备概率空间 $(\tilde{\Omega}, \mathcal{F}, \mathbb{P}^*)$, 在这个概率空间上装配上流 $\mathbb{F}$, 假设这个流满足通常条件. 我们考虑一个有界 $\mathbb{F}$ 循序可测的 $K \times K$ 随机矩阵 $\Lambda_t$

$$\begin{pmatrix} \lambda_{1,1}(t) & \cdots & \lambda_{1,K-1}(t) & \lambda_{1,K}(t) \\ \lambda_{2,1}(t) & \cdots & \lambda_{2,K-1}(t) & \lambda_{2,K}(t) \\ \vdots & \cdots & \vdots & \vdots \\ \lambda_{K-1,1}(t) & \cdots & \lambda_{K-1,K-1}(t) & \lambda_{K-1,K}(t) \\ 0 & \cdots & 0 & 0 \end{pmatrix}$$

这个矩阵将在我们的构造中扮演密度矩阵的角色. 设 $\lambda_{ij}(t) \geqslant 0, \forall i \neq j, \lambda_{ii}(t) = -\sum_{j\neq i} \lambda_{ij}(t)$.

为了构造一个条件马氏链, 我们需要扩大底层概率空间. 我们引入两列相互独立的服从 $0-1$ 之间均匀分布的随机变量 $U_{1,k}, U_{2,k}, k=1,2,\cdots$. 我们假设它们定义在无限维概率空间 $(\Omega^U, \mathcal{F}^U, \mathbb{P}^U)$. 定义 $\tilde{\Omega}$ 中的元素为 $\tilde{\omega}$, $\Omega^U$ 中的元素为 $\omega^U=(\omega_{1,1}^U, \omega_{2,1}^U, \omega_{1,2}^U, \omega_{2,2}^U, \omega_{1,3}^U, \cdots)$, $\mathcal{K}$ 中元素为 $i$. 令 $\overline{\Omega}=\mathcal{K}$,$\mu(\mathcal{K})$ 为所有在 $\overline{\Omega}$ 上的概率分布的集合. 令 $C_0: \overline{\Omega} \rightarrow \mathcal{K}$ 是一个以 $\mu \in \mu(\mathcal{K})$ 为分布的随机变量. 我们假设 $C_0(i)=i$, 由于 $\overline{\Omega}$ 中的元素一般记为 $\overline{\omega}$, 我们也记 $C(\overline{\omega})=\overline{\omega}$.

定义 $G(t, i, \tilde{\omega})$ 有如下形式,

$$G(t, i, \tilde{\omega})=e^{\int_0^t \lambda_{ii}(v, \tilde{\omega})\, dv}=e^{-\int_0^t \lambda_i(v, \tilde{\omega})\, dv} \tag{5.28}$$

其中, $\lambda_i(v, \tilde{\omega})=-\lambda_{ii}(v, \tilde{\omega}), \forall i=1,2, \cdots, K$.

定义一个辅助映射 $\mathbb{T}: \mathcal{K} \times[0, \infty) \times[0,1] \times \tilde{\Omega} \rightarrow[0, \infty]$,

$$\mathbb{T}(i, s, u, \tilde{\omega})=\inf \left\{t \geqslant 0: \frac{G(t+s, i, \tilde{\omega})}{G(s, i, \tilde{\omega})} \leqslant u\right\} \tag{5.29}$$

或等价地,

$$\mathbb{T}(i, s, u, \tilde{\omega})=\inf \{t \geqslant 0: e^{-\int_0^{t+s} \lambda_i(v, \tilde{\omega})\, dv} \leqslant u\} \tag{5.30}$$

令 $\mathbb{C}:[0,1] \times \mathcal{K} \times[0, \infty) \times \tilde{\Omega} \rightarrow \mathcal{K}$ 为一个映射, 这个映射满足对 $\forall i, j \in \mathcal{K}, j \neq i$,

$$\iota(\{u \in[0,1]: \mathbb{C}(u, i, t, \tilde{\omega})=j\})= \begin{cases}\dfrac{\lambda_{ij}(t, \tilde{\omega})}{\lambda_i(t, \tilde{\omega})}, & \lambda_i(t, \tilde{\omega})>0 \\ 0, & \lambda_i(t, \tilde{\omega})=0\end{cases}$$

其中, $\iota(A)$ 是 $A$ 的 Lebesgue 测度. 最后, 我们定义扩大概率空间①

$$(\Omega, \mathcal{G}, \mathbb{P})=(\tilde{\Omega} \times \Omega^U \times \overline{\Omega}, \mathcal{F}_{\infty} \times \mathcal{F}^U \times 2^{\mathcal{K}}, \mathbb{P}^* \times \mathbb{P}^U \times \mu)$$

**构造第一次跳时**　令 $\tau_0=0$. 我们定义②

$$\eta_1=\eta_1(\tilde{\omega}, \omega_{1,1}^U, \overline{\omega})=\mathbb{T}(\overline{\omega}, 0, U_{1,1}(\omega_{1,1}^U), \tilde{\omega})$$

即,

$$\eta_1(\omega)=\inf \{t \geqslant 0: e^{-\int_0^t \lambda_{C_0}(v, \tilde{\omega})\, dv} \leqslant U_{1,1}\}$$

①此时子空间上的流按照平凡方式扩大到乘积空间上, 我们仍然使用子空间上的记号标记扩大到乘积空间上的流, 例如, 乘积空间上的流 $\mathbb{F}$ 实际上为子空间上的流 $\mathbb{F}\times\{\phi, \Omega^U\}\times\{\phi, \overline{\Omega}\}$.

②为方便起见, 我们将 $(\tilde{\omega}, \omega^U, \overline{\omega})$ 记为 $\omega$.

我们定义第一次跳时 $\tau_1=\tau_0+\eta_1$, 易知 $\tau_1=\tau_1(\tilde{\omega},\omega^U,\overline{\omega})$, 而且是 $(\Omega,\mathcal{G},\mathbb{P})$ 上的随机变量. 对任意 $t>0$, 我们有

$$\mathbb{P}\{\tau_1>t|\mathcal{F}_t\vee\sigma(C_0)\}(\omega)=\frac{G(t,C_0,\tilde{\omega})}{G(0,C_0,\tilde{\omega})}=e^{-\int_0^t\lambda_{C_0}(v,\tilde{\omega})\,dv}$$

因此, 我们有

$$\mathbb{P}\{\tau_1>t\}=\mathbb{E}_{\mathbb{P}}(G(t,C_0,\tilde{\omega}))=\mathbb{E}_{\mathbb{P}}(e^{-\int_0^t\lambda_{C_0}(v,\tilde{\omega})\,dv})$$

令 $t\to 0$, 我们有 $\mathbb{P}\{\tau_1=0\}=0$. 假设 $\int_0^\infty\lambda_i(t)\,dt=\infty,\forall i=1,2,\cdots,K-1$, 我们有 $P\{\tau_1<\infty\}=1$.

我们下面将要检查 $\mathbb{P}\{\lambda_i(\tau_1)=0,C_0=i\}=0,\forall i=1,2,\cdots,K-1$. 通过对 $\tau_1$ 的构造, 和约化方法类似, 我们很容易得到, 对任意有界 $\mathbb{F}$ 适应过程 $Z$, 我们有

$$\mathbb{E}_{\mathbb{P}}(I_{C_0=i}Z_{\tau_1(\omega)}(\tilde{\omega}))=\mathbb{E}_{\mathbb{P}}\left(I_{C_0=i}\int_0^\infty Z_t\lambda_i(t)e^{-\int_0^t\lambda_i(s)\,ds}dt\right)$$

令 $Z_t=I_{\tilde{B}(t)}$, 其中 $\tilde{B}=\{(t,\tilde{\omega}):\lambda_i(t,\tilde{\omega})=0\}$, 我们有

$$\mathbb{P}\{\lambda_i(\tau_1)=0,C_0=i\}=\mathbb{P}\{(\tau_1(\omega),\tilde{\omega})\in\tilde{B},C_0=i\}=0$$

**构造第一次跳** 对任意 $\omega=(\tilde{\omega},\omega^U,\overline{\omega})$, 我们定义

$$\overline{C}_1=\overline{C}_1(\tilde{\omega},\omega_{1,1}^U,\omega_{2,1}^U,\tilde{\omega})=\mathbb{C}(U_{2,1}(\omega_{2,1}^U),C_0(\overline{\omega}),\tau_1(\tilde{\omega},\omega_{1,1}^U,\overline{\omega}),\tilde{\omega})$$

易知 $\overline{C}_1$ 是 $(\Omega,\mathcal{G},\mathbb{P})$ 上的随机变量, 并且 $\overline{C}_1$ 只依赖于 $\tilde{\omega},\omega_{1,1}^U,\omega_{2,1}^U,\overline{\omega}$, 而且, 我们有

$$\mathbb{P}\{\overline{C}_1=j|\mathcal{G}_{\tau_1}^{1,0}\}(\tilde{\omega},\omega_{1,1}^U,\overline{\omega})=\frac{\lambda_{C_0,j}(\tau_1(\tilde{\omega},\omega_{1,1}^U,\overline{\omega}),\tilde{\omega})}{\lambda_{C_0}(\tau_1(\tilde{\omega},\omega_{1,1}^U,\overline{\omega}),\tilde{\omega})}$$

其中, $\mathcal{G}_t^{1,0}=\mathcal{F}_t\vee\mathcal{H}_t^1\vee\sigma(C_0),\mathcal{H}_t^1=\sigma(I_{\tau_1\leqslant s}:0\leqslant s\leqslant t)$.

**构造第二次跳时** 为了定义第二次跳时, 我们定义

$$\begin{aligned}\eta_2&=\eta_2(\tilde{\omega},\omega_{1,1}^U,\omega_{2,1}^U,\omega_{1,2}^U,\overline{\omega})\\&=\mathbb{T}(\overline{C}_1(\tilde{\omega},\omega_{1,1}^U,\omega_{2,1}^U,\tilde{\omega}),\tau_1(\tilde{\omega},\omega_{1,1}^U,\overline{\omega}),U_{1,2}(\omega_{1,2}^U),\tilde{\omega})\end{aligned}$$

即

$$\eta_2(\omega)=\inf\{t\geqslant 0:e^{-\int_{\tau_1}^{\tau_1+t}\lambda_{C_1}(v,\tilde{\omega})\,dv}\leqslant U_{1,2}\}$$

定义 $\tau_2=\tau_1+\eta_2$. 易知 $\tau_2$ 是 $(\Omega,\mathcal{G},\mathbb{P})$ 上的随机变量, 而且只依赖 $\tilde{\omega},\omega^U_{1,1}$, $\omega^U_{2,1},\omega^U_{1,2},\overline{\omega}$. 另外, 我们有

$$\mathbb{P}\{\eta_2>t|\mathcal{F}_{t+\tau_1}\vee\mathcal{H}^1_{\tau_1}\vee\sigma(\overline{C}_1)\}(\omega)=\frac{G(t+\tau_1(\tilde{\omega},\omega^U_{1,1},\overline{\omega}),\overline{C}_1,\tilde{\omega})}{G(\tau_1(\tilde{\omega},\omega^U_{1,1},\overline{\omega}),\overline{C}_1,\tilde{\omega})}$$

其中, $\overline{C}_1=\overline{C}_1(\tilde{\omega},\omega^U_{1,1},\omega^U_{2,1},\tilde{\omega})$, 并且

$$\mathbb{P}\{\eta_2>t\}=\mathbb{E}_{\mathbb{P}}\left(\frac{G(t+\tau_1(\tilde{\omega},\omega^U_{1,1},\overline{\omega}),\overline{C}_1,\tilde{\omega})}{G(\tau_1(\tilde{\omega},\omega^U_{1,1},\overline{\omega}),\overline{C}_1,\tilde{\omega})}\right)$$

和构造第一次跳时相似, 我们有 $\mathbb{P}\{\eta_2=0\}=0,\mathbb{P}\{\eta_2<\infty\}=1,\mathbb{P}\{\lambda_{\overline{C}_1}(\tau_2)=0\}=0$.

**构造第二次跳**　为了构造第二次跳, 我们定义

$$\overline{C}_2=\mathbb{C}(U_{2,2}(\omega^U_{2,2}),\overline{C}_1(\tilde{\omega},\omega^U_{1,1},\omega^U_{2,1},\tilde{\omega}),\eta_2(\tilde{\omega},\omega^U_{1,1},\omega^U_{2,1},\omega^U_{1,2},\overline{\omega}),\tilde{\omega})$$

和构造第一次跳一样, 我们有

$$\mathbb{P}\{\overline{C}_2=j|\mathcal{G}^{2,1}_{\tau_2}\}=\frac{\lambda_{\overline{C}_1,j}(\tau_2)}{\lambda_{\overline{C}_1}(\tau_2)}$$

其中, $\mathcal{G}^{2,1}_t=\mathcal{F}_t\vee\mathcal{H}^2_t\vee\sigma(\overline{C}_1),\mathcal{H}^2_t=\sigma(I_{\tau_2\leqslant s}:0\leqslant s\leqslant t)$.

**构造第 $k$ 次跳时和第 $k$ 次跳**　用和上面同样的方法, 我们可以构造第 $k$ 次跳时 $\tau_k=\tau_{k-1}+\eta_k$ 和第 $k$ 次跳 $\overline{C}_k$. 特别地, 对任意 $t>0$, 我们有

$$\mathbb{P}\{\eta_k>t|\mathcal{F}_{t+\tau_{k-1}}\vee\mathcal{H}^{k-1}_{\tau_{k-1}}\vee\sigma(\overline{C}_{k-1})\}(\omega)=\frac{G(t+\tau_{k-1},\overline{C}_{k-1})}{G(\tau_{k-1},\overline{C}_{k-1})}$$

$$\mathbb{P}\{\overline{C}_k=j|\mathcal{G}^{k,k-1}_{\tau_k}\}=\frac{\lambda_{\overline{C}_{k-1},j}(\tau_k)}{\lambda_{\overline{C}_{k-1}}(\tau_k)}$$

其中, $\mathcal{G}^{k,k-1}_t=\mathcal{F}_t\vee\mathcal{H}^k_t\vee\sigma(\overline{C}_{k-1}),\mathcal{H}^k_t=\sigma(I_{\tau_k\leqslant s}:0\leqslant s\leqslant t)$.

**构造 $C$**　为了得到条件马氏链 $C$, 我们令 $C_t=\overline{C}_{k-1},t\in[\tau_{k-1},\tau_k),\forall k\geqslant 1$.

这样我们就实现了一个以 $\Lambda$ 为密度矩阵的 $\mathbb{F}$ 条件 $\mathbb{G}$ 马氏链的构造, 其中 $\mathcal{G}_t=\mathcal{F}_t\bigvee\mathcal{F}^C_t$.

为了证明以上构造的随机过程 $C$ 是一个以 $\Lambda$ 为密度矩阵的 $\mathbb{F}$ 条件 $\mathbb{G}$ 马氏链, 我们还要验证以下定理[11,39].

**定理 5.5** 对 $\forall h:\mathcal{K}\to\mathbb{R}$, 我们有

1. $\mathbb{E}_{\mathbb{P}}(h(C_s)|\mathcal{F}_t\vee\mathcal{F}_t^C)=\mathbb{E}_{\mathbb{P}}(h(C_s)|\mathcal{F}_t\vee\sigma(C_t))$,
2. $M_t^h=h(C_t)-h(C_0)-\int_0^t(\Lambda h)(C_u)\,du,\quad \forall t\in\mathbb{R}_+$ 是一个 $\mathbb{G}$ 鞅.

**注释 5.4** 在本小节中, 我们从一个随机矩阵出发, 构造出了一个以这个矩阵为密度矩阵的条件马氏链. 在以后的讨论中, 我们总假设已知的马氏链是通过本节方法构造的. 不难发现, 本节构造出的马氏链 $C$ 从 $i$ $(i=1,2,\cdots,K-1)$ 状态的首次跃出时间 $\tau_1$ 的条件分布满足 $\mathbb{P}(\tau_i>t|\mathcal{F}_t)=e^{-\int_0^t\lambda_i(s)\,ds}$. 回忆约化方法中对违约时间的基本假设, 我们知道, 约化方法中的违约时间可以看作一个具有吸收状态的双状态条件马氏链的首次跃出时间. 这样, 我们可以在马氏链的框架下讨论约化方法中的问题.

### 5.2.2 与状态转移相关的鞅

在条件马氏链的应用中, 与状态转移相关的鞅扮演着十分重要的角色, 尤其是在对手信用风险的定价中, 条件马氏链的转移鞅性质是给出定价公式的最重要工具. 关于条件马氏链与状态转移相关的鞅, 我们有如下定理[46]:

**定理 5.6** 令 $h$ 是一个定义在 $\mathcal{K}\times\mathcal{K}$ 上的实值函数, 则

$$N_t^h=\sum_{0<u\leqslant t}h(C_{u-},C_u)-\int_0^t\sum_{k\neq C_u}\lambda_{C_u,k}(u)h(C_u,k)du \tag{5.31}$$

是一个 $\mathbb{G}$ 鞅.

在 (5.31) 中令 $h(c_1,c_2)=\delta_{ic_1}\delta_{ic_2}$, 我们有如下推论:

**推论 5.3**

$$M_t^{ij}=H_t^{ij}-\int_0^t\lambda_{ij}(u)H_u^i\,du \tag{5.32}$$

是一个 $\mathbb{G}$ 鞅, 其中 $H_t^i=I_{C_t=i}, H_t^{ij}=\sum_{0<u\leqslant t}H_{u-}^iH_u^j$.

### 5.2.3 正向 Kolmogorov 方程

在这一节中, 我们将讨论条件马氏链的转移概率和转移密度之间的关系. 设条件马氏链 $C$ 的转移概率函数为 $\mathcal{P}(t,s)=[p_{ij}(t,s)]_{1\leqslant i,j\leqslant K}$, 其中,

$$p_{ij}(t,s)=\mathbb{P}\{C_s=j|\mathcal{F}_t\vee\{C_t=i\}\},\forall i,j=1,2,\cdots,K,t<s \tag{5.33}$$

由定理 5.5, 我们有

$$\mathbb{E}(h(C_s) - \int_t^s \Lambda_u h(C_u)\,du|\mathcal{G}_t) = h(C_t), \forall s \leqslant t \tag{5.34}$$

特别地, 令 $h = I_{\{j\}}(\cdot)$, 我们有

$$\mathbb{P}\{C_s = j|\mathcal{G}_t\} = H_t^j + \int_t^s \mathbb{E}(\lambda_{C_u,j}(u)|\mathcal{G}_t)\,du \tag{5.35}$$

结合 (5.33), (5.34), (5.35), 我们有

$$p_{ij}(t,s) = I_{\{j\}}(i) + \int_t^s \sum_{k=1}^{K} \mathbb{E}(\lambda_{kj} p_{ik}(t,u)|\mathcal{F}_t \vee \{C_t = i\})du \tag{5.36}$$

在 (5.36) 中对 $s$ 求导数, 我们就可以得到正向 Kolmogorov 方程.

**推论 5.4** *对任意固定的 $t \in \mathbb{R}_+$, 转移概率矩阵 $\mathcal{P}(t,s), t \leqslant s$, 满足正向 Kolmogorov 方程*

$$\frac{\mathcal{P}(t,s)}{ds} = \mathcal{P}(t,s)\Lambda(t,s), t \leqslant s \tag{5.37}$$

$$\mathcal{P}(t,t) = Id \tag{5.38}$$

*其中, $\Lambda(t,s) = \mathbb{E}(\Lambda_s|\mathcal{F}_t \vee \sigma(C_t))$.*

## 5.3 含有对手信用风险的 CDS 定价 —— 马尔可夫链模型的应用

下面, 利用一张含有对手信用风险的 CDS, 我们介绍马尔可夫链模型在信用风险中的应用. 在第 3 章中, 我们已经介绍了含有对手信用风险的 CDS 合约的现金流, 并在约化模型的框架下对其定价和对手信用风险的计算进行了讨论. 特别的, 在约化模型中, 我们把同时违约的概率视为 0. 在本章的模型中, 我们将讨论同时违约的情形.

### 5.3.1 现金流

首先我们回忆一下 CDS 的现金流. 一张 CDS 合约涉及三方: CDS 买方, 参考公司和 CDS 卖方. 当 CDS 的投资者持有一张无对手信用风险的 CDS 时, 他面临的未来现金流如下:

- 在参考债券到期日 $T$ 之前以保费率 $k$ 支付保费;

- 当参考公司在 CDS 到期日之前违约时,CDS 买方获得 $(1-R_1)$, 其中, $R_1 \in [0,1)$ 为参考债券的回收率;
- 当参考债券到期时, 合约结束.

所谓对手信用风险, 即 CDS 买方在现金流未终止之前遭受到卖方提前违约的风险, 具体表现如下:

- 当卖方先于参考公司违约时, 若此时 CDS 合约价值为正, 买方遭受损失, 此时买方接收 CDS 价值的一部分 $R_2\times$CDS 价值;
- 当卖方先于参考公司违约时, 若此时 CDS 合约价值为负, 买方将支付给卖方这张 CDS 合约的价值;
- 若卖方和参考公司同时违约时, 由于参考公司违约, 卖方本应偿还买方债券损失 $1-R_1$, 但是, 由于卖方也不能履行 CDS 合约, 只能偿还应赔偿损失的一部分, 即 $R_2(1-R_1)$.

### 5.3.2 定价模型

引入完备带流概率空间 $(\Omega,\mathcal{G},\mathbb{G}=\{\mathcal{G}_t\}_{t\geqslant 0},\mathbb{P})$, 其中 $\mathbb{G}$ 代表所有市场信息生成的流. 设参考信息流为 $\mathbb{F}=\{\mathcal{F}_t\}_{t\geqslant 0}$, 参考公司违约信息和 CDS 卖方违约信息生成的信息流分别为 $\mathbb{H}^1=\{\mathcal{H}_t^1\}_{t\geqslant 0}$ 和 $\mathbb{H}^2=\{\mathcal{H}_t^2\}_{t\geqslant 0}$, 其中, $\mathcal{H}_t^i=\sigma\{\tau_i\leqslant s, s\leqslant t\}, i=1,2$,$\tau_1$ 为参考公司违约时间, $\tau_2$ 为 CDS 卖方违约时间.

由上一节的分析, 在 $t<T$ 时刻, 不含对手信用风险 CDS 的价格过程为

$$U_t=-\int_t^T I_{\tau_1>s}ke^{-\int_t^s r_\theta\, d\theta}ds+I_{t<\tau_1\leqslant T}(1-R_1)e^{-\int_t^{\tau_1} r_\theta\, d\theta} \tag{5.39}$$

其中 $r_t\in\mathcal{F}_t$ 为无风险利率.

不含对手信用风险的 CDS 价格为

$$u_t=\mathbb{E}[U_t|\mathcal{G}_t^1] \tag{5.40}$$

其中 $\mathcal{G}_t^1=\mathcal{F}_t\bigvee\mathcal{H}_t^1$.

含有对手信用风险的 CDS 的价格过程为

$$\begin{aligned}V_t=&\int_t^T I_{\tau_1>s}I_{\tau_2>s}(-k)e^{-\int_t^s r_\theta\, d\theta}\,ds+I_{t<\tau_1\leqslant T}I_{\tau_2>\tau_1}(1-R_1)e^{-\int_t^{\tau_1} r_\theta\, d\theta}\\&+I_{t<\tau_2\leqslant T}I_{\tau_1>\tau_2}(R_2u_{\tau_2}^+-u_{\tau_2}^-)e^{-\int_t^{\tau_2} r_\theta\, d\theta}+I_{t<\tau_1\leqslant T}I_{\tau_1=\tau_2}R_2(1-R_1)e^{-\int_t^{\tau_2} r_\theta\, d\theta}\end{aligned}$$

价格为

$$v_t=\mathbb{E}[V_t|\mathcal{G}_t] \tag{5.41}$$

我们定义 CVA 为不含对手信用风险的 CDS 和含有对手信用风险的 CDS 的差值,

$$CVA_t = I_{\tau_2>t}U_t - V_t \tag{5.42}$$

我们有如下 CVA 分解定理:

**定理 5.7**

$$CVA_t = I_{t<\tau_2\leqslant T}e^{-\int_t^{\tau_2} r_\theta\, d\theta}[I_{\tau_1>\tau_2}(U_{\tau_2}-u_{\tau_2}+(1-R_1)u^+_{\tau_2})+I_{\tau_1=\tau_2}(1-R_1)(1-R_2)] \tag{5.43}$$

**证明**

$$\begin{aligned} I_{\tau_2>t}U_t - V_t = &\int_t^T I_{\tau_1>s}I_{t<\tau_2\leqslant s}(-k)e^{-\int_t^s r_\theta\, d\theta}\, ds \\ &+I_{t<\tau_1\leqslant T}I_{t<\tau_2\leqslant\tau_1}(1-R_1)e^{-\int_t^{\tau_1} r_\theta\, d\theta} \\ &-I_{t<\tau_2\leqslant T}I_{\tau_1>\tau_2}(R_2u^+_{\tau_2}-u^-_{\tau_2})e^{-\int_t^{\tau_2} r_\theta\, d\theta} \\ &-I_{t<\tau_2\leqslant T}I_{\tau_1=\tau_2}(1-R_1)R_2e^{-\int_t^{\tau_2} r_\theta\, d\theta} \end{aligned}$$

注意到

$$\begin{gathered} I_{t<\tau_1\leqslant T}I_{t<\tau_2<\tau_1} = I_{\tau_2<\tau_1\leqslant T}I_{t<\tau_2\leqslant T} + I_{t<\tau_2\leqslant T}I_{\tau_1=\tau_2} \\ \int_t^{\tau_2} I_{\tau_1>s}I_{t<\tau_2\leqslant s}(-k)e^{-\int_t^s r_\theta\, d\theta}\, ds = 0 \end{gathered}$$

我们有

$$\begin{aligned} I_{\tau_2>t}U_t - V_t = &I_{t<\tau_2\leqslant T}I_{\tau_1>\tau_2}e^{-\int_t^{\tau_2} r_\theta\, d\theta}\bigg[-\int_{\tau_2}^T I_{\tau_1>s}ke^{-\int_{\tau_2}^s r_\theta\, d\theta}\, ds \\ &+I_{\tau_2<\tau_1\leqslant T}(1-R_1)e^{-\int_{\tau_2}^{\tau_1} r_\theta\, d\theta}-(R_2u^+_{\tau_2}-u^-_{\tau_2})\bigg] \\ &+I_{t<\tau_2\leqslant T}I_{\tau_1=\tau_2}e^{-\int_t^{\tau_2} r_\theta\, d\theta}(1-R_1)(1-R_2) \\ = &I_{t<\tau_2\leqslant T}e^{-\int_t^{\tau_2} r_\theta\, d\theta}[I_{\tau_1>\tau_2}(U_{\tau_2}-(R_2u^+_{\tau_2}-u^-_{\tau_2})) \\ &+I_{\tau_1=\tau_2}(1-R_1)(1-R_2)] \\ = &I_{t<\tau_2\leqslant T}e^{-\int_t^{\tau_2} r_\theta\, d\theta}[I_{\tau_1>\tau_2}(U_{\tau_2}-u_{\tau_2}+(1-R_1)u^+_{\tau_2}) \\ &+I_{\tau_1=\tau_2}(1-R_1)(1-R_2)] \end{aligned}$$

证毕. □

类似的, 我们可以定义对手信用风险的价格 $cva_t$.

**定义 5.7**

$$cva_t = \mathbb{E}[CVA_t|\mathcal{G}_t] \tag{5.44}$$

如果我们令 $\overline{u}_t = \mathbb{E}[U_t|\mathcal{G}_t]$, 我们有如下结论:

**推论 5.5**

$$\begin{aligned} cva_t = \mathbb{E}[&I_{t<\tau_2\leqslant T}e^{-\int_t^{\tau_2} r_\theta\, d\theta}[I_{\tau_1>\tau_2}(\overline{u}_{\tau_2} - u_{\tau_2} + (1-R_2)u_{\tau_2}^+) \\ &+I_{\tau_1=\tau_2}(1-R_1)(1-R_2)]|\mathcal{G}_t] \end{aligned} \tag{5.45}$$

**证明**

$$\begin{aligned} \mathbb{E}[CVA_t|\mathcal{G}_t] &= \mathbb{E}[I_{t<\tau_2\leqslant T}e^{-\int_t^{\tau_2} r_\theta\, d\theta}[I_{\tau_1>\tau_2}(U_{\tau_2} - u_{\tau_2} + (1-R_2)u_{\tau_2}^+) \\ &\quad +I_{\tau_1=\tau_2}(1-R_1)(1-R_2)]|\mathcal{G}_t] \\ &= \mathbb{E}[\mathbb{E}[I_{t<\tau_2\leqslant T}e^{-\int_t^{\tau_2} r_\theta\, d\theta}[I_{\tau_1>\tau_2}(U_{\tau_2} - u_{\tau_2} + (1-R_2)u_{\tau_2}^+) \\ &\quad +I_{\tau_1=\tau_2}(1-R_1)(1-R_2)]|\mathcal{G}_\tau]|\mathcal{G}_t] \\ &= \mathbb{E}[I_{t<\tau_2\leqslant T}e^{-\int_t^{\tau_2} r_\theta\, d\theta}[I_{\tau_1>\tau_2}(\mathbb{E}[U_{\tau_2}|\mathcal{G}_{\tau_2}] - u_{\tau_2} \\ &\quad +(1-R_2)u_{\tau_2}^+) + I_{\tau_1=\tau_2}(1-R_1)(1-R_2)]|\mathcal{G}_t] \\ &= \mathbb{E}[I_{t<\tau_2\leqslant T}e^{-\int_t^{\tau_2} r_\theta\, d\theta}[I_{\tau_1>\tau_2}(\overline{u}_{\tau_2} - u_{\tau_2} + (1-R_2)u_{\tau_2}^+) \\ &\quad +I_{\tau_1=\tau_2}(1-R_1)(1-R_2)]|\mathcal{G}_t] \end{aligned}$$

和假设 3.1 一样, 我们假设 $\overline{u}_\tau = u_\tau$, 在此假设下, 对手信用风险的定价公式可表示为

$$cva_t = \mathbb{E}[I_{t<\tau_2\leqslant T}e^{-\int_t^{\tau_2} r_\theta\, d\theta}[I_{\tau_1>\tau_2}(1-R_2)u_{\tau_2}^+ + I_{\tau_1=\tau_2}(1-R_1)(1-R_2)]|\mathcal{G}_t] \tag{5.46}$$

□

### 5.3.3 马氏链模型

在这一节中, 我们将利用马氏链方法对含有对手信用风险的 CDS 进行定价. 通过对 CDS 现金流的描述, 含有对手信用风险的 CDS 涉及如下四个状态: 参考公司和 CDS 卖方均未违约; 参考公司违约但 CDS 卖方未违约; 参考公司未违约但 CDS 卖方违约; 参考公司和 CDS 卖方均违约. 我们分别用 1, 2, 3, 4 标注上述状态, 即,

- $C_t = 1$ 表示参考公司和 CDS 卖方均未违约;
- $C_t = 2$ 表示参考公司违约但 CDS 卖方未违约;
- $C_t = 3$ 表示参考公司未违约但 CDS 卖方违约;
- $C_t = 4$ 表示参考公司和 CDS 卖方均违约.

设相应的转移密度矩阵为 $\Lambda(t) = \{\lambda_{ij}(t)\}_{i,j=1,2,3,4}$, 其中 $\lambda_{ij}(t) \in \mathcal{F}_t$. 我们假设转移密度矩阵服从 Markov Copula 条件, 即 $\lambda_{24} = \lambda_{13} + \lambda_{14}, \lambda_{34} = \lambda_{12} + \lambda_{14}$. 设 $\lambda_{12} = \lambda_1, \lambda_{13} = \lambda_2, \lambda_{14} = \lambda_3$, 则转移密度矩阵 $\Lambda(t)$ 可写为,

$$\begin{pmatrix} -(\lambda_1(t)+\lambda_2(t)+\lambda_3(t)) & \lambda_1(t) & \lambda_2(t) & \lambda_3(t) \\ 0 & -(\lambda_2(t)+\lambda_3(t)) & 0 & \lambda_2(t)+\lambda_3(t) \\ 0 & 0 & -(\lambda_1(t)+\lambda_3(t)) & \lambda_1(t)+\lambda_3(t) \\ 0 & 0 & 0 & 0 \end{pmatrix}$$

**注释 5.5** 由转移密度矩阵第一行, 我们可以看出, 在 $t$ 时刻, 当 CDS 卖方处于未违约状态时, 参考公司在 $(t, t+\delta t]$ 内违约的概率为 $(\lambda_1(t)+\lambda_3(t))\delta t$, 由转移密度矩阵第三行可以看出, 当 CDS 卖方处于违约状态时, 参考公司在 $(t, t+\delta t]$ 内违约的概率亦为 $(\lambda_1(t)+\lambda_3(t))\delta t$, 这表明 CDS 卖方违约与否对参考公司是否违约没有影响. 同样的, 观察转移矩阵的第一行和二行, 我们发现, 参考公司的违约与否同样对 CDS 卖方是否违约也没有影响. 这表明, 在 Markov Copula 假设下, 参考公司和 CDS 卖方的违约不传染, 这就是 Markov Copula 假设的金融意义.

令 $H_t^i = I_{C_t=i}, H_t^{ij} = \sum_{0<u\leqslant t} H_{u-}^i H_u^j; i,j = 1,2,3,4; t \in \mathbb{R}_+$. 设 $H_0^1 = 1$, 关于 $\tau_1, \tau_2$ 和 $H_t^i$ 之间的关系, 我们有

$$I_{t<\tau_1\leqslant T} I_{\tau_1<\tau_2} = \sum_{t<u\leqslant T} H_{u-}^1 H_u^2 \tag{5.47}$$

$$I_{t<\tau_2\leqslant T} I_{\tau_1>\tau_2} = \sum_{t<u\leqslant T} H_{u-}^1 H_u^3 \tag{5.48}$$

$$I_{t<\tau_1\leqslant T} I_{\tau_1=\tau_2} = \sum_{t<u\leqslant T} H_{u-}^1 H_u^4 \tag{5.49}$$

$$I_{\tau_1>t} I_{\tau_2>t} = H_t^1 \tag{5.50}$$

由注释 5.4, 我们有 $\mathbb{E}[I_{\tau_1>t} I_{\tau_2>t} | \mathcal{F}_t] = e^{-\int_0^t (\lambda_1(s)+\lambda_2(s)+\lambda_3(s))\,ds}$. 结合 (5.41), 我们有:

**定理 5.8** 在违约发生前, 含有对手信用风险的 CDS 价格 $v_t$ 为

$$
\begin{aligned}
v_t = I_{\tau_1>t}I_{\tau_2>t}\mathbb{E}\Bigg[\int_t^T & e^{-\int_t^s (r_\theta+\lambda_1(\theta)+\lambda_2(\theta)+\lambda_3(\theta))\,d\theta}(-k+\lambda_1(s)(1-R_1) \\
& +\lambda_2(s)(R_2u_s^+-u_s^-)+\lambda_3(s)R_2(1-R_1))\,ds|\mathcal{F}_t\Bigg]
\end{aligned} \tag{5.51}
$$

**证明** 根据定理 3.6, 我们有

$$
\begin{aligned}
&\mathbb{E}\left[\int_t^T I_{\tau_1>s}I_{\tau_2>s}(-k)e^{-\int_t^s r_\theta\,d\theta}\,ds|\mathcal{G}_t\right]\\
=&\frac{I_{\tau_1>t}I_{\tau_2>t}}{\mathbb{E}[I_{\tau_1>t}I_{\tau_2>t}|\mathcal{F}_t]}\mathbb{E}\left[\int_t^T I_{\tau_1>s}I_{\tau_2>s}(-k)e^{-\int_t^s r_\theta\,d\theta}\,ds|\mathcal{F}_t\right]\\
=&\frac{I_{\tau_1>t}I_{\tau_2>t}}{\mathbb{E}[I_{\tau_1>t}I_{\tau_2>t}|\mathcal{F}_t]}\mathbb{E}\left[\int_t^T \mathbb{E}[I_{\tau_1>s}I_{\tau_2>s}|\mathcal{F}_s](-k)e^{-\int_t^s r_\theta\,d\theta}\,ds|\mathcal{F}_t\right]\\
=&I_{\tau_1>t}I_{\tau_2>t}\mathbb{E}\left[-\int_t^T ke^{-\int_t^s (r_\theta+\lambda_1(\theta)+\lambda_2(\theta)+\lambda_3(\theta))\,d\theta}\,ds|\mathcal{F}_t\right]
\end{aligned}
$$

$$
\begin{aligned}
&\mathbb{E}[I_{t<\tau_1\leqslant T}I_{\tau_2>\tau_1}(1-R_1)e^{-\int_t^{\tau_1} r_\theta\,d\theta}|\mathcal{G}_t]\\
=&\frac{I_{\tau_1>t}I_{\tau_2>t}}{\mathbb{E}\left[I_{\tau_1>t}I_{\tau_2>t}|\mathcal{F}_t\right]}\mathbb{E}[I_{t<\tau_1\leqslant T}I_{\tau_2>\tau_1}(1-R_1)e^{-\int_t^{\tau_1} r_\theta\,d\theta}|\mathcal{F}_t]\\
=&\frac{I_{\tau_1>t}I_{\tau_2>t}}{\mathbb{E}[I_{\tau_1>t}I_{\tau_2>t}|\mathcal{F}_t]}(1-R_1)\mathbb{E}\left[\sum_{t<u\leqslant T} H_{u-}^1H_u^2e^{-\int_t^u r_\theta\,d\theta}|\mathcal{F}_t\right]\\
=&\frac{I_{\tau_1>t}I_{\tau_2>t}}{\mathbb{E}[I_{\tau_1>t}I_{\tau_2>t}|\mathcal{F}_t]}(1-R_1)\mathbb{E}\left[\int_t^T e^{-\int_t^u r_\theta\,d\theta}dH_u^{12}\,du|\mathcal{F}_t\right]\\
=&\frac{I_{\tau_1>t}I_{\tau_2>t}}{\mathbb{E}[I_{\tau_1>t}I_{\tau_2>t}|\mathcal{F}_t]}(1-R_1)\mathbb{E}\left[\int_t^T e^{-\int_t^u r_\theta\,d\theta}(dM_u^{12}+\lambda_1(u)H_u^1\,du)|\mathcal{F}_t\right]
\end{aligned}
$$

由于 $M_u^{12}$ 是一个 $\mathbb{G}$ 鞅 (见推论 5.3), 所以

$$
\mathbb{E}\left[\int_t^T e^{-\int_t^u r_\theta\,d\theta}dM_u^{12}|\mathcal{F}_t\right]=0
$$

所以

$$
\begin{aligned}
&\mathbb{E}[I_{t<\tau_1\leqslant T}I_{\tau_2>\tau_1}(1-R_1)e^{-\int_t^{\tau_1} r_\theta\, d\theta}|\mathcal{G}_t]\\
&=\frac{I_{\tau_1>t}I_{\tau_2>t}}{\mathbb{E}[I_{\tau_1>t}I_{\tau_2>t}|\mathcal{F}_t]}(1-R_1)\mathbb{E}\left[\int_t^T e^{-\int_t^u r_\theta\, d\theta}\lambda_1(u)H_u^1\, du|\mathcal{F}_t\right]\\
&=I_{\tau_1>t}I_{\tau_2>t}\mathbb{E}\left[\int_t^T e^{-\int_t^s (r_\theta+\lambda_1(\theta)+\lambda_2(\theta)+\lambda_3(\theta))\, d\theta}\lambda_1(s)(1-R_1)\, ds|\mathcal{F}_t\right]
\end{aligned}
$$

同样的, 我们有

$$
\begin{aligned}
&\mathbb{E}[I_{t<\tau_2\leqslant T}I_{\tau_1>\tau_2}(R_2u_{\tau_2}^+-u_{\tau_2}^-)e^{-\int_t^{\tau_2} r_\theta\, d\theta}|\mathcal{G}_t]\\
&=I_{\tau_1>t}I_{\tau_2>t}\mathbb{E}\left[\int_t^T e^{-\int_t^s (r_\theta+\lambda_1(\theta)+\lambda_2(\theta)+\lambda_3(\theta))\, d\theta}\lambda_2(s)(R_2u_s^+-u_s^-)\, ds|\mathcal{F}_t\right]\\
&\mathbb{E}[I_{t<\tau_1\leqslant T}I_{\tau_1=\tau_2}R_2(1-R_1)e^{-\int_t^{\tau_2} r_\theta\, d\theta}|\mathcal{G}_t]\\
&=I_{\tau_1>t}I_{\tau_2>t}\mathbb{E}\left[\int_t^T e^{-\int_t^s (r_\theta+\lambda_1(\theta)+\lambda_2(\theta)+\lambda_3(\theta))\, d\theta}\lambda_3(s)R_2(1-R_1)\, ds|\mathcal{F}_t\right]
\end{aligned}
$$

证毕. □

由 Markov Copula 假设 (见注释 5.5), 我们易知参考公司违约的密度矩阵为

$$
\begin{pmatrix} -(\lambda_1(t)+\lambda_2(t)) & \lambda_1(t)+\lambda_2(t) \\ 0 & 0 \end{pmatrix}
$$

结合 (5.40), 利用证明定理 5.8 的方法, 我们可得以下定理:

**定理 5.9** 在违约发生前, 即 $\{\tau_1>t\}$ 上, 不含对手信用风险的 CDS 价格 $u_t$ 满足

$$
u_t=\mathbb{E}\left[\int_t^T e^{-\int_t^s (r_\theta+\lambda_1(\theta)+\lambda_2(\theta))\, d\theta}(-k+(\lambda_1(s)+\lambda_2(s))(1-R_1))\, ds|\mathcal{F}_t\right] \tag{5.52}
$$

同样的, 结合 (5.46), 我们有如下推论:

**推论 5.6**

$$
\begin{aligned}
cva_t=I_{\tau_1>t}I_{\tau_2>t}\mathbb{E}\Bigg[\int_t^T & e^{-\int_t^s (r_\theta+\lambda_1(\theta)+\lambda_2(\theta)+\lambda_3(\theta))\, d\theta}[\lambda_2(s)(1-R_2)u_s^+\\
&+\lambda_3(s)(1-R_1)(1-R_2)]\, ds|\mathcal{F}_t\Bigg]
\end{aligned} \tag{5.53}
$$

### 5.3.4 偏微分方程方法

下面, 我们考虑偏微分方程在交易对手信用风险中的应用. 和前面章节类似, 我们首先假设参考信息流的驱动变量 $X_t$ 满足以下随机微分方程:

$$dX_t = \mu(X_t, t)dt + \sigma(X_t, t)dW_t \tag{5.54}$$

其中, $\mu, \sigma$ 为光滑函数, $W_t$ 为布朗运动. 假设 $\lambda_1(t), \lambda_2(t), \lambda_3(t), r_t$ 均为 $(X_t, t)$ 的光滑函数. 根据马氏性, 在 $\{\tau_1 > t\}$ 上, (5.52) 可转化为

$$u_t = \mathbb{E}\left[\int_t^T e^{-\int_t^s (r_\theta + \lambda_1(\theta))\,d\theta}(-k_s + \lambda_1(s)(1 - R_1))\,ds | X_t\right] \tag{5.55}$$

当 $X_t = x$ 时, $u_t$ 可表示为 $u(x, t)$, 根据 Feynman-Kac 公式[50], $u(x, t)$ 是以下偏微分方程终值问题的解:

$$\begin{aligned}\frac{\partial u}{\partial t} + \mathcal{L}u - (r(x,t) + \lambda_1(x,t))u + \lambda_1(x,t)(1 - R_1) - k = 0\\ u(x,T) = 0\end{aligned}$$

其中, $\mathcal{L} = \frac{1}{2}\sigma^2(x,t)\frac{\partial^2}{\partial x^2} + \mu(x,t)\frac{\partial}{\partial x}$.

同样的, 在违约发生之前, 即在 $\{\tau_1 > t\}\{\tau_2 > t\}$ 上, 我们可以得到含有对手信用风险的 CDS 的价值 $v_t = v(x, t)$ 满足以下偏微分方程终值问题,

$$\begin{aligned}\frac{\partial v}{\partial t} + \mathcal{L}v - (r(x,t) + \lambda_1(x,t) + \lambda_2(x,t) + \lambda_3(x,t))v + \lambda_1(x,t)(1 - R_1) +\\ \lambda_2(x,t)(R_2u^+(x,t) - u^-(x,t) + \lambda_3(x,t)R_2(1 - R_1)) - k = 0\\ v(x,T) = 0\end{aligned}$$

在 $\{\tau_1 > t\}\{\tau_2 > t\}$ 上, 交易对手风险的价值 $cva_t = cva(x, t)$ 满足以下偏微分方程终值问题,

$$\begin{aligned}\frac{\partial cva}{\partial t} + \mathcal{L}cva - (r(x,t) + \lambda_1(x,t) + \lambda_2(x,t) + \lambda_3(x,t))cva\\ +\lambda_2(x,t)(1 - R_2)u^+(x,t) + \lambda_3(x,t)(1 - R_1)(1 - R_2) = 0\\ cva(x,T) = 0\end{aligned}$$

**注释 5.6** 当 $\mathcal{F}_t = \{\phi, \Omega\}, \forall t \in \mathbb{R}_+$ 时, 在 (5.51), (5.52), (5.53) 两端分别对 $t$ 求导, 我们可得含有对手信用风险的 CDS 价格 $v_t$, 不含对手信用风险的 CDS

价格 $u_t$ 以及对手信用风险价格 $cva_t$ 满足的常微分方程问题分别为

$$\frac{dv}{dt}-(r(t)+\lambda_1(t)+\lambda_2(t)+\lambda_3(t))v+\lambda_1(t)(1-R_1)$$
$$+\lambda_2(t)(R_2u^+(x,t)-u^-(t)+\lambda_3(t)R_2(1-R_1))-k=0$$
$$v(T)=0$$
$$\frac{du}{dt}-(r(t)+\lambda_1(x,t))u+\lambda_1(t)(1-R_1)-k=0$$
$$u(T)=0$$
$$\frac{dcva}{dt}-(r(t)+\lambda_1(t)+\lambda_2(t)+\lambda_3(t))cva$$
$$+\lambda_2(t)(1-R_2)u^+(x,t)+\lambda_3(t)(1-R_1)(1-R_2)=0$$
$$cva(T)=0$$

## 5.4　信用等级变换对 CDS 定价的影响

在本章的最后一部分, 我们介绍 (条件) 马氏链方法的另一个应用. 在这部分中, 我们讨论信用等级变换对 CDS 价格的影响.

假设定价时参考公司的信用等级处在状态 1, 即 $C_0=1$. 我们定义 CDS 在状态 $i$ 的价格过程为 $V_t^i$. 令 $\widetilde{V_t^i}(\in\mathcal{F}_t)$ 定义参考公司处于 $i$ 状态时的 CDS 价格, 即 $V_t^i=I_{\tau_i>t}\widetilde{V_t^i}$, 其中, $\tau_i=inf\{t>0:C_0=i,C_t\neq i\}$. 由条件马氏链的构造, 我们有

$$\mathbb{E}[I_{\tau_i>t}|\mathcal{F}_t]=\exp\left\{-\int_0^t\sum_{j\in\mathcal{K},j\neq i}\lambda_{ij}(X_u,u)du\right\}\tag{5.56}$$

我们总结 CDS 的现金流如下. 在参考公司的信用等级转移之前, CDS 买方以保费率 $k$ 支付保费. 当信用等级转移到 $i$, CDS 合约的价值转为 $\widetilde{V_t^i}$. 特别的, 当参考公司违约时, 买方接收 $L$ (Loss Given Default), 与此同时, CDS 合约终止. 定义 CDS 合约的到期日为 $T$, 利率为 $r$. 则我们有如下定义.

**定义 5.8**　在等级 $i\neq K$, 这张 CDS 的价格为 $V_t^i=\mathbb{E}[\pi_t^i|\mathcal{G}_t]$, 其中

$$\pi_t^i=-\int_t^T I_{\tau_i>s}ke^{-r(s-t)}ds+\sum_{k\in\mathcal{K},k\neq i}I_{\tau_i>t}I_{t<\tau_{ik}\leqslant T}I_{\tau_{ik}<min_{j\neq i,j\neq k,j\in\mathcal{K}}\tau_{ij}}e^{-r(\tau_{ik}-t)}\widetilde{V_{\tau_{ik}}^i}\tag{5.57}$$

注意, 由于我们假设在定价伊始, 参考公司的信用等级处在 1, 所以 CDS 的价格应为 $\widetilde{V^1}$.

**注释 5.7** 在我们的框架下, 当信用等级发生转移时, 这张 CDS 合约看似终止了 (因为我们以 $\widetilde{V^i}$ 作为结算值写在现金流中). 所以, 当我们在状态 1 定价时, 其他状态都可以看作吸收状态.

仿照上一节的证明, 利用条件马氏链的鞅性质, 对于参考公司的信用等级可能发生转移的一张 CDS 合约, 我们有如下定价定理:

**定理 5.10** 在 $i$ 状态转移前的 CDS 价格 $\widetilde{V_t^i}$ $(i \neq K)$ 可由下列等式给出

$$\widetilde{V_t^i} = \mathbb{E}\left[\int_t^T \left(-k + \sum_{j\neq i, j\in\mathcal{K}} \lambda_{ij}(X_s, s)\widetilde{V_s^j}\right) e^{-\int_t^s (r+\sum_{j\neq i,j\in\mathcal{K}} \lambda_{ij}(X_u,u))du} ds | \mathcal{F}_t\right] \tag{5.58}$$

考虑到 $\mathcal{F}_t$ 的构成, $\widetilde{V_t^i}$ 可以写成 $v^i(X_t, t)$, 其中 $v^i(x,t)$ 可以由下列偏微分方程组解得:

$$\mathcal{L}v^i(x,t) = k - \sum_{j\neq i, j\in\mathcal{K}} \lambda_{ij}(x,t)v^j(x,t) + \left(r + \sum_{j\neq i, j\in\mathcal{K}} \lambda_{ij}(x,t)\right) v^i(x,t) \tag{5.59}$$

$$v^i(x,T) = 0 \tag{5.60}$$

其中 $\mathcal{L} = \frac{\partial}{\partial t} + \frac{1}{2}\sigma^2(x,t)\frac{\partial^2}{\partial x^2} + \mu(x,t)\frac{\partial}{\partial x}, i = 1,2,3,\cdots,K-1, v^K(x,t) = L.$

**注释 5.8** 由 (5.59), 我们可以看到 $v^i(x,t) = v^j(x,t)$, $i \neq K$, $v^1(x,t)$ 是下列 PDE 问题的解:

$$\mathcal{L}v^1(x,t) = k - \lambda_{1K}(x,t)L + (r + \lambda_{1K}(x,t))v^1(x,t) \tag{5.61}$$

$$v^1(x,T) = 0 \tag{5.62}$$

此时 $v^1$ 是约化方法下 CDS 的价格. 这意味着约化方法忽略了信用等级的变换.

**注释 5.9** 对 $i \neq K, l \neq K$, 令 $\lambda_{ij} = \lambda_{lj}$, $j \in \mathcal{K}, j \neq i, j \neq l$, i.e. $i, j$ 代表相同的信用等级, 那么 $v^i(x,t) = v^l(x,t)$. 这表示尽管我们可能把一个状态分为两个, 但是 CDS 的价格过程并不会在这两个状态之间发生间断.

如果 $\lambda$ 不是随机的, 我们有如下推论:

**推论 5.7**

$$\widetilde{V_t^i} = \int_t^T \left(-k + \sum_{j\neq i, j\in\mathcal{K}} \lambda_{ij}(s)\widetilde{V_s^j}\right) e^{-\int_t^s (r+\sum_{j\neq i,j\in\mathcal{K}} \lambda_{ij}(u))du} ds \tag{5.63}$$

$\widetilde{V_t^i}$ 可以写成 $v^i(t)$, 其中 $v^i(t)$ 可以由下列常微分方程组解得,

$$\frac{dv^i(t)}{dt} = k - \sum_{j\neq i, j\in\mathcal{K}} \lambda_{ij}(t)v^j(t) + \left(r + \sum_{j\neq i, j\in\mathcal{K}} \lambda_{ij}(t)\right) v^i(t) \tag{5.64}$$

$$v^i(T) = 0 \tag{5.65}$$

其中 $i = 1, 2, 3, \cdots, K-1$, $v^K(t) = L$.

下面, 我们将就一个最简单的例子给出数值结果, 即参考公司的信用等级只有三个状态并且 $\mathcal{F}_t = \{\phi, \Omega\}$. 此时, 对应的转移矩阵为

$$\Lambda_{3\times 3} = \begin{pmatrix} -(\lambda_{12}+\lambda_{13}) & \lambda_{12} & \lambda_{13} \\ \lambda_{21} & -(\lambda_{21}+\lambda_{23}) & \lambda_{23} \\ 0 & 0 & 0 \end{pmatrix} \tag{5.66}$$

其中 $\lambda_{ij}$ 是常数.

**注释 5.10** $\lambda_{13}$ 表示由 1 状态转移到违约状态的强度, $\lambda_{23}$ 表示由 2 状态转移到违约状态的强度, 因此, $\lambda_{13} > \lambda_{23}$ 表示 2 状态的信用等级高于 1 状态, 反之亦然.

当 $T = 5, r = 0.03, k = 0.02, \lambda_{12} = 0.03, \lambda_{13} = 0.04, \lambda_{21} = 0.05$ 时, 计算结果见图 5.1.

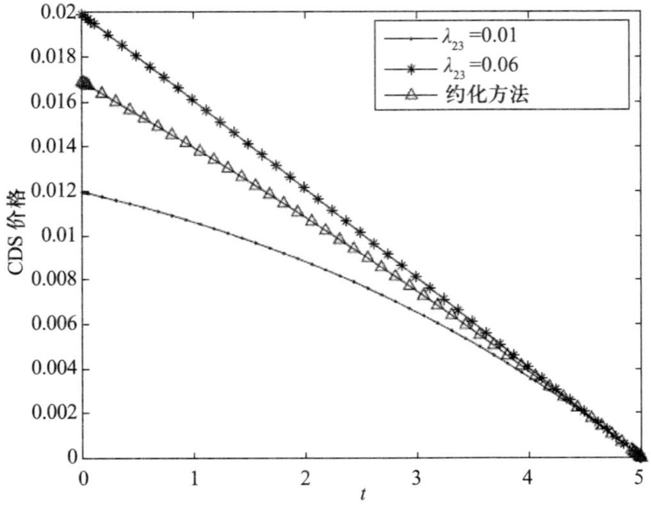


图 5.1 信用等级转移对 CDS 价格的影响

由图 5.1 可以看出[①], 当参考公司信用质量可能变好时 ($\lambda_{23} < \lambda_{13}$), CDS 买方获得赔付的概率变小, 因此, 在这种情况下, CDS 价格小于约化方法下的价格; 同样, 当参考公司信用质量可能变差时 ($\lambda_{23} > \lambda_{13}$), CDS 买方获得赔付的概率变大, 因此, 在这种情况下, CDS 价格大于约化方法下的价格.

## 5.5 小结

在本章中, 我们介绍了连续时间 (条件) 马氏链的一些数学知识, 这些基本的数学工具在对手信用风险的定价上起着重要的作用. 尤其是马氏链的鞅性质, 这些鞅性质是马氏链定价的重要工具. 从马氏链的构造中, 我们可以看到, 约化方法中的违约时间可以看作带有吸收状态的条件马氏链的首次跃出时间. 另外, 马氏链的构造也暗示了怎样从一个随机密度矩阵出发模拟马氏链, 为数值计算提供了重要方法.

[①] 在图 5.1 中, 约化方法的风险系数为 $\lambda_{13} = 0.04$.

# 第 6 章

# 风险结算

## 6.1 风险结算简介

所谓结算, 这里指当违约发生时的现金流. 首先我们回顾一下当交易对手违约时的情况:

- 当违约时合约价值对于合约持有者为正时, 持有者只能接收原合约价值的一部分;
- 当违约时合约价值对于合约持有者为负时, 持有者将付给交易对手合约的全部价值.

在通常的方法下, 此时合约持有者的收益为 $Ru^+ - u^-$, 其中, $R \in [0,1)$ 为交易对手的回收率, $u$ 为不含对手信用风险的合约价值.

这种结算方式存在一个问题. 根据对手信用风险的描述, 当交易对手违约时, 如果合约价值为负, 持有者将支付合约全部价值. 所以, 当合约价值为负时, 持有者不会承担对手信用风险, 当然也不会从对手信用风险中获利. 但是, 在传统现金流结算方式中, 当合约价值为负时, 持有者支付的却是一张不含对手信用风险的合约价值, 这使得交易对手的违约使持有者获利, 从而低估了对手信用风险.

通过以上的分析, 我们得出, 传统现金流会造成对手信用风险的低估. 为了解决这个问题, 我们提出了风险结算的概念, 即, 在交易对手违约时, 用这张含有对手信用风险的合约代替无风险的合约进行结算. 所以, 在风险结算下, 当交易对手违约时, 合约持有者的收益为 $Rv^+ - v^-$, 其中, $v$ 为含有对手信用风险的合约价值.

那么风险结算为计算对手信用风险带来了哪些复杂性呢? 其实, 最主要的是使定价问题变成了一个非线性问题. 回顾含有对手信用风险的衍生品定价的一般框架, 我们知道, 衍生品的价格 $v$ 依赖于结算时的收益. 在风险结算下, 结算的收益本来就是价格的一个非线性表达式, 这使得这个待定的衍生品价格还依赖于价格本身. 这种非线性为定价带来了一定困难. 在下一节中, 我们将在风险结算中对一张含有对手信用风险的 CDS 合约进行定价, 并对定价中出现的非线性问题提出了一种计算方法.

## 6.2 风险结算下含有对手信用风险的 CDS 定价

### 6.2.1 模型建立

我们首先回忆一下传统结算下的含有对手信用风险的 CDS 合约的定价公式 (3.29)

$$v_t = I_{\tau_1>t} I_{\tau_2>t} \mathbb{E}\left[\int_t^T e^{-\int_t^s (r_\theta+\lambda_\theta^1+\lambda_\theta^2)\,d\theta}(-k+\lambda_s^1(1-R_1)+\lambda_s^2(R_2u_s^+-u_s^-))\,ds|\mathcal{F}_t\right] \tag{6.1}$$

其中, $\tau_1, \tau_2$ 分别为参考公司和交易对手的违约时间, $R_1, R_2$ 分别为参考公司和交易对手的回收率, $\lambda^1, \lambda^2$ 分别为参考公司和交易对手的风险系数, $T$ 为到期日, $\mathcal{F}_t$ 为到 $t$ 时刻为止参考信息生成的 $\sigma$ 域, $k$ 为 $t$ 时刻的保费率, 这里我们设为常数, $u$ 为不含交易对手风险的 CDS 价格, 且由下式给出

$$u_t = I_{\tau_1>t} \mathbb{E}\left[\int_t^T e^{-\int_t^s (r_\theta+\lambda_\theta^1)\,d\theta}(-k+\lambda_s^1(1-R_1))\,ds|\mathcal{F}_t\right] \tag{6.2}$$

设在风险结算下的 CDS 价格为 $w$, 根据上一节的分析, $w$ 满足下列表达式:

$$w_t = I_{\tau_1>t} I_{\tau_2>t} \mathbb{E}\left[\int_t^T e^{-\int_t^s (r_\theta+\lambda_\theta^1+\lambda_\theta^2)\,d\theta}(-k+\lambda_s^1(1-R_1)+\lambda_s^2(R_2w_s^+-w_s^-))\,ds|\mathcal{F}_t\right] \tag{6.3}$$

我们考虑随机利率下的单因子模型, 设 $\mathcal{F}_t = \sigma(r_s, s \leqslant t)$, 其中, $r_t$ 满足

$$dr_t = \kappa(\theta - r)dt + \sigma\sqrt{r_t}dW_t \tag{6.4}$$

其中 $W_t$ 为布朗运动, $\kappa,\theta,\sigma>0$, 且满足 Feller 条件, 即

$$\kappa\theta>\frac{1}{2}\sigma^2 \tag{6.5}$$

设 $\lambda^1,\lambda^2$ 为如下形式,

$$\lambda_t^i=a_ir_t+b_i \quad i=1,2 \tag{6.6}$$

其中 $a_i,b_i>0$, 由马氏性, 在 $\{\tau_1>t\}\{\tau_2>t\}$ 上, $w_t$ 可以写成 $(X_t,t)$ 的函数 $w(r_t,t)$, 且 $w(r,t)$ 在 $(0,\infty)\times[0,T)$ 上满足下列偏微分方程:

$$\begin{aligned}&\frac{\partial w}{\partial t}+\mathcal{L}w-((a_1+a_2+1)r+(b_1+b_2))w+(a_1r+b_1)(1-R_1)+\\&\quad(a_2r+b_2)(R_2w^+-w^-)-k=0,\quad 0<r<\infty,0\leqslant t<T\end{aligned} \tag{6.7}$$

在 $t=T$ 满足下列终值条件:

$$w(r,T)=0,\quad 0<r<\infty \tag{6.8}$$

其中 $\mathcal{L}=\frac{1}{2}\sigma^2r\frac{\partial^2}{\partial x^2}+\kappa(\theta-r)\frac{\partial}{\partial x}$. 显然, 上述问题是一个非线性偏微分方程问题, 在下一节中, 我们给出了这个非线性问题的迭代解法.

### 6.2.2　计算方法

在这一节中, 我们将采用迭代方法解非线性偏微分方程 (6.7), 具体步骤如下,

1. 设 $w_0$ 为迭代的初始值, 取 $w_0=u$, 即, $w$ 是下列偏微分方程终值问题的解:

$$\frac{\partial w_0}{\partial t}+\mathcal{L}w_0-((a_1+1)r+(b_1+b_2))w_0+(a_1r+b_1)(1-R_1)-k=0$$

$$w_0(r,T)=0$$

2. 设 $w_n$ 为第 $n$ 次迭代值, $w_n$ 满足下列偏微分方程终值问题,

$$\begin{aligned}\frac{\partial w_n}{\partial t}+\mathcal{L}w_n-((a_1+a_2+1)r+(b_1+b_2))w_n+(a_1r+b_1)(1-R_1)&\\+(a_2r+b_2)(R_2w_{n-1}^+-w_{n-1}^-)-k=0&\end{aligned} \tag{6.9}$$

$$w_n(r,T)=0 \tag{6.10}$$

关于迭代的收敛性, 我们有如下定理:

**定理 6.1**　$\{w_n\}$ 单调递减.

**定理 6.2** $\{w_n\}$ 收敛到 (6.7) 的解 $w$, 即,

$$w = \sum_{n=0}^{\infty}(w_{n+1} - w_n) + w_0 \tag{6.11}$$

定理的证明见附录.

**注释 6.1** 不难看出, 上述迭代过程的第一步迭代解 $w_1$ 就是传统结算下的含有对手信用风险的 CDS 价格, 所以, 由迭代结果的单调性和收敛性, 我们可以看出, 风险结算下的含有对手风险的 CDS 价值低于传统结算下的价值, 也就是说, 传统结算低估了对手信用风险.

### 6.2.3 数值结果

在这一节中, 我们将通过数值结果展示迭代算法的收敛性以及风险结算下 CVA 和传统结算下的 CVA 之间的区别. 所取参数如表 6.1 所示.

**表 6.1 参数表**

| $a_1$ | $a_2$ | $b_1$ | $b_2$ | $T$ | $R_1$ | $R_2$ | $\kappa$ | $\theta$ | $\sigma$ |
|---|---|---|---|---|---|---|---|---|---|
| 2 | 2 | 0.08 | 0.08 | 5 | 0.4 | 0.4 | 0.15 | 0.08 | 0.1 |

图 6.1 显示了迭代算法的收敛性, 可以看出, 迭代方法的收敛速度是很快的, 因此不会为计算带来很大成本.

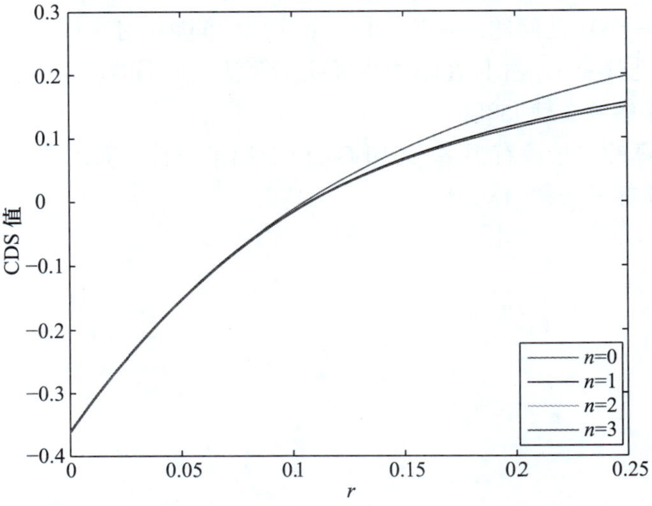


图 6.1 迭代收敛性

图 6.2 显示, 风险结算下的 CVA 值比传统结算下的 CVA 值大, 而且, 随着利率增大, 两者的差越来越大.

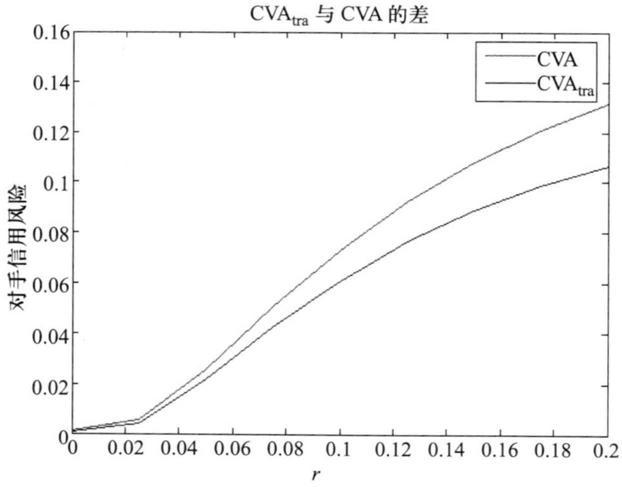


图 6.2　传统结算方法与风险结算方法计算下的对手信用风险

## 6.3　小结

本章介绍了风险结算的概念. 在风险结算下, 含有对手信用风险的衍生品定价不再是一个线性问题, 而变成了一个非线性问题. 对这样一个非线性问题, 我们给出了迭代算法, 并且在附录中证明了算法的收敛性. 关于风险结算的讨论, 我们推荐参考文献 [58].

关于结算的讨论还有很多, 例如 Brigo 提出了替代结算的概念, 关于替代结算, 我们推荐参考文献 [18].

# 参考文献


[1] Achdou Y, Pironneau O. Computational Methods for Option Pricing. Siam Frontiers in Applied Mathematics, 2005.

[2] Alavian S, Ding J, Whitehead P, Laudicina L. Counterparty Valuation Adjustment (CVA). Working paper, 2008.

[3] Anderson P, Borgan O, Gill R, Keiding N. Statistical Models Based on Counting Processes. Springer-Verlag, Berlin Heidelberg New York, 1993.

[4] Anderson R, Sundaresan S. Design and Valuation of Debt Contracts. Rev. Finan. Stud. 1996: 9, 37–68.

[5] Assefa S, Bielecki T, Crepey S, Jeanblanc M. CVA Computation for Counterparty Risk Assesment in Credit Portfolio. Forthcoming in Credit Risk Frontiers: Subprime Crisis, Pricing and Hedging, CVA, MBS, Ratings and Liquidity, Bielecki T R, Brigo D, Patras F, editors, Wiley, 2010.

[6] Bielecki T, Cialenco I, Iyigunler I. Counterparty Risk and the Impact of Collateralization in CDS Contracts. Working paper, 2011.

[7] Bielecki T, Crepey S, Herbertsson A. Markov Chain Models of Portfolio Credit Risk. Forthcoming at Oxford Handbook of Credit Derivatives, Lipton A, Rennie A, eds, 2009.

[8] Bielecki T, Crepey S, Jeanblanc M, Zargari B. Valuation and Hedging of CDS Counterparty Exposure in a Markov Copula Model. Working paper, 2010.

[9] Bielecki T, Crepey S, Jeanblanc M, Rutkowski M. Valuation of Basket Credit Derivatives in the Credit Migrations Environment. Handbook of Financial Engineering, Birge J, Linetsky V, eds., Elsevier, 2007.

[10] Bielecki T, Jeanblanc M, Rutkowski M. Pricing and Trading Credit Default Swaps

in a Hazzard Process Model. The Annals of Applied Probability, 2008: 18(6), 2495–2529.

[11] Bielecki T, Rutkowski M. Credit Risk: Modeling, Valuation and Hedging. Springer-Verlag, Berlin, 2002.

[12] Bielecki T, Vidozzi A, Vidozzi L. A Markov Copulae Approach to Pricing and Hedging of Credit Index Derivatives and Ratings Triggered Step Up Bonds. Journal of Creidt Risk, 2008: 4(1).

[13] Black F, Cox J. Valuing Corporate Securities: Some Effects of Bond Indenture Provisions. J. Finance, 1976: 31, 351–367.

[14] Brigo D. Bilateral Counterparty Risk Valuation with Stochastic Dynamical Models and Application to Credit Default Swaps. Working paper, 2009.

[15] Brigo D. Counterparty Risk Valuation with Stochastic Dynamical Models: Impact of Volatilities and Correlations. 5-th World Business Strategies Fixed Income Conference, Budapest, 26 Sept. 2008.

[16] Brigo D, Alfonsi A. Credit Default Swap Calibration and Derivatives Pricing with the SSRD Stochastic Intensity Model. Finance and Stochastic, 2005: (9), 29–42.

[17] Brigo D, Chourdakis K. Counterparty Risk for Credit Default Swaps: Impact of Spread Volatility and Default Correlation. Forthcoming in International Journal of Theoretical and Applied Finance, 2008.

[18] Brigo D, Morini M. Dangers of Bilateral Counterparty Risk: the Fundamental Impact of Closeout Conventions. Working paper, 2010.

[19] Brigo D, Pallavicini A. Counterparty Risk and Contingent CDS Valuation Under Correlation Between Interest-Rates and Default. Working paper, 2007.

[20] Brigo D, Pallavicini A. Counterparty Risk and CCDSs under Correlation. Risk, February, 2008: 84–88.

[21] Brigo D, Pallavicini A, Papatheodorou V. Bilateral Counterparty Risk Valuation for Interest Rate Products: Impact of Volatilities and Correlations. Forthcoming at SSRN and arXiv, 2009.

[22] Burgard C, Kjaer M. PDE Representations of Options with Bilateral Counterparty Risk and Funding Costs. Forthcoming at Journal of Credit Risk, 2010.

[23] Crepey S, Jeanblanc M, Zargari B. Counterparty Risk on a CDS in a Markov Chain Copula Model with Joint Defaults. Forthcoming in Recent Advances in Financial Engineering 2009, Kijima M, Hara C, Muromachi Y, Tanaka K, eds, World Scientific Publishing Co. Pte., 2010.

[24] Duffie D, Huang M. Swap Rates and Credit Quality. J. Finance, 1996: 51, 921–949.

[25] Duffie D, Kan R. A Yield Factor of Interest Rates. Math. Finance 1996: 6, 379–406.

[26] Friedman A. Partial Differential Equations of Parabolic Type. Prentice Hall, 1964.

[27] Friedman A. Variational Principles and Free-Boundary Problems. John Wiley and Sons, 1982.

[28] Gill R. Applications of Product Integration in Survival Analysis. Proceedings of the Workshop on Product Integrals and Pathwise Integration, January 7–13, 1999.

[29] Goncharov Y. An Intensity-Based Approach to the Valuation of Mortgage Contracts and Computation of the Endogenous Mortgage Rate. International Journal of Theoretical and Applied Finance 2006: 9(6), 889–914.

[30] Gregory J. Counterparty Credit Risk: The New Challenge for Global Financial Markets. Wiley, 2009.

[31] Hu B, Jiang L, Liang J, Wei W. A Fully Non-Linear PDE Problem from Pricing CDS with Counterparty Risk. Forthcoming at Discrete and Continuous Dynamical System-Series B.

[32] Israel R, Rosenthal J, Wei J. Finding Generators for Markov Chains via Empirical Transition Matrices, with Application to Credit Ratings. Math. Finance, 2001: 11, 245–265.

[33] Jarrow R, Turnbull S. Pricing Derivatives on Financial Securities Subject to Credit Risk. J. Finance, 1995, 50: 53–85.

[34] Jarrow R, Yu F. Counterparty Risk and the Pricing of Defaultable Securities. The Journal of Finance, 2001: 56(1), 1765–1799.

[35] Kuchler U, Sorensen M. Expotential Families of Stochastic Processes. Springer–Verlag, New York, 1997.

[36] Lando D. Modelling Bonds and Derivatives with Credit Risk. Mathematics of Derivatives Securities, 369–393, 1997.

[37] Lando D. On Cox Processes and Credit Risky Modeling. Rev. Derivatives, 1998: 2, 99–120.

[38] Lando D, Skodeberg T. Analyzing Rating Transitions and Rating Drift with Continuous Observations. J. Bank. Finance, 2002: 6(2/3), 423–444.

[39] Last G, Brandt A. Marked Point Processes on the Real Lime. The Dynamic Approach. Springer–Verlag, Berlin Heidelberg New York (1996).

[40] Leland H. Corporate Debt Value, Bond Covenants, and Optimal Capital Structure. J. Finance, 1994: 49, 1213–1252.

[41] Leland H, Toft K. Optimal Capital Structure, Endogenous Bankruptcy, and the Term Structure of Credit Spreads. J. Finance, 1996: 51, 987–1019.

[42] Leung S, Kwok Y. Credit Default Swap Valuation with Counterparty Risk. The Kyoto Economic Review, 2005: 74(1), 25–45.

[43] Li D. Difference Schemes of Degenerate Parabolic Equations. J. Comp. Math, 1983: 1(3), 211–222.

[44] Litterman R, Iben T. Corporate Bond Valuation and the Term Structure of Credit Spreads. J. Portfolio Management, 1991: 17(3), 52–64.

[45] Li H. Double Impact on CVA for CDS: Wrong-Way Risk with Stochastic Recovery. Working paper, 2010.

[46] Lipton A, Sepp A. Credit Default Swap Valuation with Counterparty Risk. Journal of Credit Risk, 2009, 2(5): 123–146.

[47] Madan D, Unal H. Pricing the Risk of Default. Rev. Derivatives, 1998: 2, 121–160.

[48] Mella-Barral P, Perraudin W. Strategic Debt Service. J. Finance, 1997: 52, 531–556.

[49] Monkkonen H. Modeling Default Risk: Theory and Empirical Evidence. Ph.D. dissertation, Queen's University, 1997.

[50] Oksendal B. Stochastic Differential Equations (Fifth Edition). Springer-Verlag, Berlin, 2000.

[51] Pye G. Gauging the Default Premium. Finan. Analysts J, 1974: 30(1), 49–52.

[52] Pykhtin M. Counterparty Credit Risk Modelling. Risk Books, London, 2009.

[53] Ramaswamy K, Sundaresan S. The Valuation of Floating Rate Instruments, Theory and Evidence. J. Finan. Econom, 1986: 17, 251–272.

[54] Redon C. A Wrong Way Risk Modelling. GARP Risk Magazine, April 2006.

[55] Rogers L, Williams D. Diffusions, Markov Process and Martingales (Second Edition). Cambridge University Press, 2000.

[56] Rolski T, Schmidlt H, Schmidlt V, Teuggels J. Stochastic Processes for Insurance and Finance. J. Wiley, Chichester, 1998.

[57] Stanton R. Rational Prepayment and the Valuation of Mortgage-Backed Securities. Review of Financial Studies, 1995: 8, 667–708.

[58] Wei W. Counterparty Credit Risk on a Standard Swap in "Risky Closeout". Internatioanl Journal of Financial Research, 2011: 2(2).

[59] Wilmott P. Derivatives: The Theory and Practice of Financial Engineering. John Wiley and Sons, 2000.

[60] Yong J, Zhou X. Stochastic Controls: Hmailtonian Systems and HJB Equation. Springer-Verlag, 1999.

[61] Zheng H, Jiang L. Basket CDS Pricing with Interacting Intensities. Finance Stoch 2009: 13, 445–469.

[62] Zhu S, Pykhtin M. A Guide to Modeling Counterparty Credit Risk. GARP Risk Review, July/August 2007.

# 附录 A

# 约化方法下的美式期权

本部分以美式看跌期权为例, 说明约化方法和最优停时问题的关系.

## A.1 美式看跌期权

设公司股票价格 $S_t$ 满足几何布朗运动, 即

$$S_t = e^{X_t} \tag{A.1}$$

其中, $X_t$ 是一个有漂移项的布朗运动,

$$dX_t = \left(r - \frac{1}{2}\sigma^2\right) dt + \sigma dW_t \tag{A.2}$$

其中, $r, \sigma$ 为大于 0 的常数, $W_t$ 为标准布朗运动, $r, \sigma$ 分别代表市场利率和股票波动率.

对于一张标的在此股票的美式看跌期权的持有者来说, 在期权到期日 $T$ 之前, 可以以敲定价格 $K$ 卖出股票, 设美式期权的实施时间为 $\tau$, 则此期权的价格 $u(X_t, t)$ 可表示为如下最优停时问题:

$$u(X_t, t) = \sup_{\tau \in \mathcal{A}_t^T} \mathbb{E}[e^{-r(\tau - t)}(K - e^{X_\tau})^+ | X_t] \tag{A.3}$$

其中, $\mathcal{A}_t^T$ 表示所有取值在 $[t,T]$ 的关于 $\mathbb{F}$ 的停时的集合, $\mathbb{F}=\{\mathcal{F}_t\}_{t\geqslant 0},\mathcal{F}_t=\sigma\{X_s,s\leqslant t\}$.

由动态规划原理 (Dynamic Programming Principle, 见参考文献 [60]), $u(x,t)$ 是下面变分问题的解:

$$\min\left\{-\frac{\partial u}{\partial t}-\mathcal{L}u+ru,u-(K-e^x)^+\right\}=0 \tag{A.4}$$

其中, $\mathcal{L}=\frac{1}{2}\sigma^2\frac{\partial^2}{\partial x^2}+(r-\frac{1}{2}\sigma^2)\frac{\partial}{\partial x},(x,t)\in(-\infty,\infty)\times[0,T)$.

$$u(x,T)=(K-e^x)^+ \tag{A.5}$$

## A.2 约化方法下的美式期权

在这一节中, 我们不再把实施时间 $\tau$ 视为 $\mathbb{F}=\{\mathcal{F}_t\}_{t\geqslant 0}$. 引入增广信息流 $\mathbb{G}=\{\mathcal{G}_t\}_{t\geqslant 0}$. 其中, $\mathcal{G}_t=\mathcal{F}_t\bigvee\mathcal{H}_t$, $\mathcal{H}_t=\sigma\{I_{\tau\leqslant s},s\leqslant t\}$. 在约化方法的框架下, 我们假设

$$\mathbb{P}(\tau>t|\mathcal{F}_t)=e^{-\int_0^t\lambda_s\,ds} \tag{A.6}$$

在美式期权中, 我们知道, 当实施价格大于持有价格时, 持有者会立刻实施; 反之, 则选择继续持有. 所以, 我们选择 $\lambda_t$ 如下:

$$\lambda_t=\frac{1}{\varepsilon}H_\varepsilon((K-e^x)^+-u) \tag{A.7}$$

其中 $H_\varepsilon(x)\in C^\infty$, 并且有如下形式:

$$H_\varepsilon(x)=\begin{cases}1, & x\geqslant\varepsilon\\ \nearrow, & 0<x<\varepsilon\\ 0, & x\leqslant 0\end{cases}$$

设按照此种定价方法得到的美式期权价格为 $u_\varepsilon(x,t)$, 由第 3 章内容, 我们知道, $u_\varepsilon(x,t)$ 满足如下偏微分方程终值问题:

$$\frac{\partial u_\varepsilon}{\partial t}+\mathcal{L}u_\varepsilon-r(x,t)u_\varepsilon+\frac{1}{\varepsilon}H_\varepsilon((K-e^x)^+-u)((K-e^x)^+-u)=0 \tag{A.8}$$

$$u_\varepsilon(x,T)=(K-e^x)^+ \tag{A.9}$$

由偏微分方程理论, 我们知道偏微分方程问题 (A.8), (A.9) 是变分问题 (A.4), (A.5) 所对应的惩罚问题. 从而, 我们有如下定理:

**定理 A.1** 在 $(-\infty,\infty)\times[0,T]$ 的任意紧子集上, $u_\varepsilon$ 一致收敛到 $u$.

**证明** 证明见参考文献 [27]. □

## A.3 总结

本附录讨论了在约化方法下怎样定价美式期权. 可以看到, 通过选取特殊的风险系数, 约化方法是对应变分问题的惩罚方法. 从而, 我们可以将最优停时问题纳入到约化方法的框架下讨论.

# 附录 B

# 定理证明

在附录中, 我们将对第 6 章中的算法收敛性进行证明. 在证明之前, 我们首先对 CIR 过程对应的偏微分方程证明极值原理.

## B.1 CIR 过程对应的偏微分方程的极值原理

令 $f(x) = R_2 x^+ - x^-, x \in \mathbb{R}$, 易知 $f$ 是单调递增并且 Lipschitz 连续的. 令 $Q = (0, \infty) \times [0, T]$, 令

$$\mathcal{C}y = \frac{\partial y}{\partial t} + \mathcal{L}y - ((a_1 + a_2 + 1)r + (b_1 + b_2))y$$

其中 $\mathcal{L} = \frac{1}{2}\sigma^2 r \frac{\partial^2}{\partial r^2} + \kappa(\theta - r)\frac{\partial}{\partial r}$.

**定理 B.1** 若 $u \in C^{2,1}(Q)$, 并且满足

$$\mathcal{C}u \geqslant 0$$
$$u|_{t=T} = 0$$

并且 $\kappa, \theta, \sigma$ 满足 Feller 条件 (6.5), 即 $\kappa\theta > \frac{1}{2}\sigma^2$, 则我们有

$$u(r, t) \leqslant 0, \quad \forall (r, t) \in Q$$

**证明** 定义 $A=\sup_Q|u|$, 对任意 $\delta>0, B>0$, 令 $Q_{\delta B}=\{(r,t)|\delta\leqslant r\leqslant B, 0\leqslant t\leqslant T\}$. 做辅助函数 $w=u-A(\frac{r+a}{B}+\frac{\delta^\epsilon}{r^\epsilon})$, 其中, $a>0,\epsilon>0$. 通过简单运算, 我们有

$$\mathcal{C}w\geqslant A\left\{\frac{1}{B}[(a_1+a_2+1)r^2+((a_1+a_2+1)a+b_1+b_2+\kappa\theta)r+a(b_1+b_2)-\kappa\theta]\right.$$
$$\left.+\frac{\delta^\epsilon}{r^{\epsilon+1}}\left[(a_1+a_2+1)r^2+(b_1+b_2-k\epsilon)r+\epsilon\left(\kappa\theta-\frac{1}{2}\sigma^2-\frac{1}{2}\sigma^2\epsilon\right)\right]\right\}$$

$$w|_{r=B}\leqslant 0,\quad 0\leqslant t\leqslant T$$
$$w|_{r=\delta}\leqslant 0,\quad 0\leqslant t\leqslant T$$
$$w|_{t=T}\leqslant 0,\quad \delta\leqslant r\leqslant B$$

为保证在 $Q_{\delta B}$ 内 $\mathcal{C}w>0$, 令 $a>\frac{\kappa\theta}{b_1+b_2}, 0<\epsilon<\min\{\frac{\kappa\theta-\frac{1}{2}\sigma^2}{\frac{1}{2}\sigma^2},\frac{b_1+b_2}{k}\}$, 由极值原理, 在 $Q_{\delta B}$ 上, 我们有

$$w\leqslant 0$$

即

$$u\leqslant A\left(\frac{r+1}{B}+\frac{\delta^\epsilon}{r^\epsilon}\right)$$

对 $\forall(r_0,t_0)\in Q$, 当 $B$ 充分大, $\delta$ 充分小时, 我们有 $(r_0,t_0)\in Q_{\delta B}$. 令 $B\to\infty,\delta\to 0$, 我们有 $u(r_0,t_0)\leqslant 0,\forall(r_0,t_0)\in Q$. □

## B.2 定理 6.1 的证明

**证明** 定义 $I_n=w_n-w_{n-1}$, 则 $I_n$ 是下列偏微分方程终值问题的解:

$$\mathcal{C}I_n=g_n(r,t),\quad (r,t)\in Q$$
$$I_n|_{t=T}=0,\qquad r\in(0,\infty)$$

其中

$$g_n(r,t)=\begin{cases}(a_2r+b_2)(f(w_{n-1})-f(w_{n-2})), & n>1\\ (a_2r+b_2)(1-R_2), & n=1\end{cases}$$

当 $n=1$ 时, 由于 $g_1(r,t)\geqslant 0$, 根据定理 B.1, 我们有

$$I_1=w_1-w_0\leqslant 0$$

若 $n = k-1$ 时 $I_{k-1} - I_{k-2} \leqslant 0$, 由于 $f$ 单调递增, 我们有 $g_k(r,t) \geqslant 0$. 根据定理 B.1, 我们有

$$I_k \leqslant 0$$

证毕. □

## B.3 定理 6.2 的证明

**证明** 定义 $\sup_Q(\frac{a_2r+b_2}{(a_1+a_2+1)r+b_1+b_2})\inf_Q I_n = E$, 则

$$\begin{aligned}\mathcal{C}(I_{n+1}-E) &= (a_2r+b_2)(-f(w_n)+f(w_{n-1})) + ((a_1+a_2+1)r+b_1+b_2)E \\ &\leqslant (a_2r+b_2)(-w_n+w_{n-1}) \\ &\quad +((a_1+a_2+1)r+b_1+b_2)\sup_Q\left(\frac{a_2r+b_2}{(a_1+a_2+1)r+b_1+b_2}\right)\inf_Q I_n \\ &\leqslant (a_2r+b_2)(-I_n+\inf_Q I_n) \leqslant 0\end{aligned}$$

由于 $I_{n+1}-E|_{t=T} \geqslant 0$, 由定理 B.1, 我们有 $I_{n+1}-E \geqslant 0, \forall (r,t) \in Q$.

由于 $I_n \leqslant 0, \forall n \in \mathbb{R}$, 我们有

$$\sup_Q |I_{n+1}| \geqslant \max\left(\frac{a_2}{a_1+a_2+1}, \frac{b_1}{b_1+b_2}\right)\sup_Q |I_n|$$

由压缩映射原理, 我们可得定理 6.2. □

# 案 例 篇

# 第 1 章

# 约化方法下可展期企业债券定价[①]

## 1.1 问题的提出

本章考虑一种可展期的企业债券, 即企业在发行债券时事先约定, 企业有权在债券到期日 $T$ 视市场利率水平决定是否以发行时的收益率把企业债的到期日延长到 $T_1$ ($T_1 > T$). 显然, 在到期日 $T$, 如果市场利率上升, 企业重新融资的成本提高, 企业将会选择延展债券的到期日; 反之, 如果市场利率下降, 企业的重新融资的成本下降, 企业将不会延展债券的到期日. 从债券投资人角度看, 这给了企业一个规避利率风险的权利, 同时在可能的延展期 $[T, T_1]$ 内, 还要承受企业可能破产的风险, 因此, 必须给投资人以补偿, 即提高其收益率或等价地降低售价.

## 1.2 模型和求解

### 1.2.1 基本假定

(1) 公司发行了零息票公司债券, 到期日为 $T$, 同时公司有权在到期日 $T$ 决定是否以发行时的名义收益率把到期日延展到 $T_1$;

---

①本章由任学敏撰写.

(2) 公司的破产是由不可料事件引发的, 违约强度 $\lambda$ 是常数, 违约时间记为 $\tau$, 一旦公司发生违约, 回收为违约前市价的 $\varepsilon$ 份, $0 \leqslant \varepsilon \leqslant 1$, 即采用市价回收;

(3) 公司是否延展债券的到期日由到期日 $T$ 的市场情况决定, 即公司再举债的所需名义收益率高于初始的名义收益率时, 公司将延展债券的到期日, 因为即使公司到时不需要融资也可通过利率互换等工具获得收益;

(4) 市场利率满足具有均值回归性质的 Vasicek 模型, 即

$$dr = \alpha(\theta - r)dt + \sigma_r dW_t \tag{1.1}$$

### 1.2.2　定价公式

记 $D(t,r)$ 为与公司的债券有相同到期日的无风险零息票的价格, 则其有仿射结构解 [8]

$$D(r,t) = e^{A(t)-B(t)r} \tag{1.2}$$

其中

$$A(t) = \frac{(B(t) - T + t)\left(\alpha^2\theta - \dfrac{\sigma_r^2}{2}\right)}{\alpha^2} - \frac{\sigma_r^2 B^2(t)}{4\alpha}, \quad B(t) = \frac{1 - e^{-\alpha(T-t)}}{\alpha}$$

由违约强度 $\lambda$ 是常数时公司债券定价公式可知, 如果公司在 $T$ 时刻发行在 $T_1$ 时刻到期的零息票公司债券, 则其价格为

$$P(T, r_T; T_1) = D(T, r_T; T_1)e^{-\lambda(1-\varepsilon)(T_1-T)} = e^{A(T)-B(T)r_T-\lambda(1-\varepsilon)(T_1-T)} \tag{1.3}$$

其中

$$A(T) = \frac{(B(T) - T_1 + T)\left(\alpha^2\theta - \dfrac{\sigma_r^2}{2}\right)}{\alpha^2} - \frac{\sigma_r^2 B^2(T)}{4\alpha}, \quad B(T) = \frac{1 - e^{-\alpha(T_1-T)}}{\alpha} > 0$$

由于在到期日投资人可得 1 元, 其平均收益率 $R_{T,T_1}$ (连续复利) 满足

$$P(T, r_T; T_1) = 1 \times e^{-R_{T,T_1}(T_1-T)}$$

从而

$$R_{T,T_1} = -\frac{\ln P(T, r_T; T_1)}{T_1 - T} = -\frac{A(T) - B(T)r_T - \lambda(1-\varepsilon)(T_1 - T)}{T_1 - T} \tag{1.4}$$

即它由发行日的短期利率决定. 假定可展期债券的名义收益率为 $R$ (即到期不展期时的收益率), 则到期日为 $T$ 的可展期债券在 $t$ 时刻的价格 $\widehat{P}(t,r;T)$ 满足下面的方程

$$\begin{cases} \dfrac{\partial \widehat{P}}{\partial t}+\dfrac{1}{2}\sigma_r^2\dfrac{\partial^2 \widehat{P}}{\partial r^2}+\alpha(\theta-r)\dfrac{\partial \widehat{P}}{\partial r}-(r+\lambda)\widehat{P}+\lambda\varepsilon\widehat{P}=0 \\ \widehat{P}(T,r)=\begin{cases} 1, & R_{T,T_1}\leqslant R \\ e^{-(R_{T,T_1}-R)(T_1-T)}, & R_{T,T_1}>R \end{cases} \end{cases} \tag{1.5}$$

终值条件 $\widehat{P}(T,r)$ 表示在 $T$ 时刻, 如果重新融资的成本低于原来的成本, 则公司不会展期, 付给债券投资人 1 元, 否则将延展债券到期日, 这时投资人得到的为 $e^{-(R_{T,T_1}-R)(T_1-T)}$, 它表示 1 元钱按低于市场收益率 $R$ 存到 $T_1$ 时刻再按市场利率贴现到 $T$ 时的价值, 显然这时 $e^{-(R_{T,T_1}-R)(T_1-T)}<1$. 由式 (1.4), $R_{T,T_1}\leqslant R$ 等价于在 $T$ 时刻

$$r\leqslant\frac{A(T)-[\lambda(1-\varepsilon)-R](T_1-T)}{B(T)} \tag{1.6}$$

记 $\tau=T-t$, 则方程可以改写为

$$\begin{cases} \dfrac{\partial \widehat{P}}{\partial \tau}-\dfrac{1}{2}\sigma_r^2\dfrac{\partial^2 \widehat{P}}{\partial r^2}-\alpha(\theta-r)\dfrac{\partial \widehat{P}}{\partial r}+(r+\lambda)\widehat{P}-\lambda\varepsilon\widehat{P}=0 \\ \widehat{P}(0,r)=\varphi(r) \end{cases} \tag{1.7}$$

其中

$$\varphi(r)=\begin{cases} 1, & r\leqslant\dfrac{A(T)-[\lambda(1-\varepsilon)-R](T_1-T)}{B(T)} \\ e^{\left(\frac{A(T)-B(T)r_T-\lambda(1-\varepsilon)(T_1-T)}{T_1-T}+R\right)(T_1-T)}, & r>\dfrac{A(T)-[\lambda(1-\varepsilon)-R](T_1-T)}{B(T)} \end{cases}$$

下面, 用基本解的方法 [9,10] 求解方程 (1.7), 即设 $G(\tau,r;\xi)$ 为下面方程的解

$$\begin{cases} \dfrac{\partial G}{\partial \tau}-\dfrac{1}{2}\sigma_r^2\dfrac{\partial^2 G}{\partial r^2}-\alpha(\theta-r)\dfrac{\partial G}{\partial r}+(r+\lambda(1-\varepsilon))G=0 \\ G(0,r;\xi)=\delta(r-\xi) \end{cases} \tag{1.8}$$

这里 $\delta(\cdot)$ 为 $\delta$ 函数. 则问题 (1.7) 的解可表示为

$$\widehat{P}(\tau,r)=\int_{-\infty}^{+\infty}G(\tau,r;\xi)\varphi(\xi)d\xi \tag{1.9}$$

下面先求解问题 (1.8), 基本思路是化为标准型.

首先做函数变换 $G(\tau,r;\xi)=ue^{-\beta(\tau)r}$, 以消去函数项系数中的 $r$, 则函数 $u$ 满足下面的方程

$$\begin{cases}\dfrac{\partial u}{\partial\tau}-\dfrac{1}{2}\sigma_r^2\dfrac{\partial^2u}{\partial r^2}+(a(\tau)+b(\tau)r)\dfrac{\partial u}{\partial r}-c(\tau)u=0\\ u\big|_{\tau=0}=\delta(r-\xi)\end{cases}\tag{1.10}$$

其中

$$\begin{aligned}&\beta(\tau)=\frac{1}{\alpha}(1-e^{-\alpha\tau}),a(\tau)=\beta(\tau)\sigma_r^2-\alpha\theta,b(\tau)=\alpha\\ &c(\tau)=\frac{\sigma_r^2}{2}\beta^2(\tau)-\alpha\theta\beta(\tau)-\lambda(1-\varepsilon)\end{aligned}\tag{1.11}$$

再令 $x=re^{-\int_0^\tau b(s)ds}$, 以消去一阶导数项系数中的 $r$, 则上式可以改写为

$$\begin{cases}\dfrac{\partial u}{\partial\tau}-\dfrac{\sigma^2(\tau)}{2}\dfrac{\partial^2u}{\partial x^2}+\widehat{a}(\tau)\dfrac{\partial u}{\partial x}-c(\tau)u=0\\ u\big|_{\tau=0}=\delta(x-\xi)\end{cases}\tag{1.12}$$

这里 $\hat{a}(\tau)=a(\tau)e^{-\alpha\tau},\sigma^2(\tau)\triangleq\sigma_r^2e^{-2\int_0^\tau b(s)ds}$.

再对问题 (1.12) 做函数变换 $u=Ve^{-\varsigma(\tau)}$ 及自变量变换 $x=y+\gamma(\tau)$, 以消去函数和其一阶导数项, 则 $V(\tau,y)$ 满足下面的问题:

$$\begin{cases}\dfrac{\partial V}{\partial\tau}-\dfrac{\sigma^2(\tau)}{2}\dfrac{\partial^2V}{\partial y^2}=0\\ V\big|_{\tau=0}=\delta(y-\xi)\end{cases}\tag{1.13}$$

其中 $\gamma(\tau)=\int_0^\tau\widehat{a}(s)ds$, $\varsigma(\tau)=\int_0^\tau c(s)ds$. 记 $\eta=\int_0^\tau\sigma^2(s)ds$, 化为抛物型方程的基本形式

$$\begin{cases}\dfrac{\partial V}{\partial\eta}-\dfrac{1}{2}\dfrac{\partial^2V}{\partial y^2}=0\\ V\big|_{\tau=0}=\delta(y-\xi)\end{cases}\tag{1.14}$$

由基本解的公式可得

$$V(\eta,y)=\frac{1}{\sqrt{2\pi\eta}}e^{-\frac{(y-\xi)^2}{2\eta}}\tag{1.15}$$

将变换还原到原变量和函数即得

$$G(\tau,r;\xi)=\frac{e^{-\beta(\tau)r+\varsigma(\tau)}}{\sqrt{2\pi\eta}}e^{-\frac{(re^{-\int_0^\tau b(s)ds}-\gamma(\tau)-\xi)^2}{2\eta}}\tag{1.16}$$

其中 $\beta(\tau)$, $\eta$, $\gamma(\tau)$ 如前定义. 故问题 (1.8) 的解为

$$\widehat{P}(t,r)=e^{\varsigma(t)-\beta(t)r}N(d_1(t,r;R))+e^{f(t)}N(d_2(t,r;R)) \tag{1.17}$$

这里 $\beta(t)=\frac{1}{\alpha}(1-e^{-\alpha(T-t)})$, $f(t)=e^{\varsigma(t)-\beta(t)r+\psi(T)-yB(T)+\frac{\eta B^2(T)}{2}}$,

$$\psi(T)=A(T)+(R-\lambda(1-\varepsilon))(T_1-T),$$

$$\varsigma(t)=\left(\frac{\sigma_r^2}{2\alpha^2}-\theta-\lambda(1-\varepsilon)\right)(T-t)+\left(\frac{\sigma_r^2}{\alpha^2}-\theta\right)\left(e^{-\alpha(T-t)}-1\right)$$

$$-\frac{\sigma_r^2}{4\alpha^3}(e^{-2\alpha(T-t)}-1),$$

$$d_1(t,r;R)=\frac{\phi(T)-y}{\sqrt{\eta}},d_2(t,r;R)=\frac{y-B(T)\eta-\phi(T)}{\sqrt{\eta}},$$

$$\phi(T)=\frac{A(T)+(R-\lambda(1-\varepsilon))(T_1-T)}{B(T)},$$

$$y=-\frac{\sigma_r^2}{2\alpha^2}e^{-2\alpha(T-t)}+\left(r+\frac{\sigma_r^2}{\alpha^2}-\theta\right)e^{-\alpha(T-t)}-\frac{\sigma_r^2}{2\alpha^2}+\theta,$$

$$\eta=\frac{\sigma_r^2}{2\alpha}(1-e^{-2\alpha(T-t)})$$

由 $R$ 满足等式 $e^{RT}P(0,r)=1$, 可得 $R$ 为如下超越方程的解

$$R=-\frac{\ln P(0,r)}{T} \tag{1.18}$$

因为 $P(0,r)$ 包含 $R$. 利用数值方法可求出名义收益率.

上述方法可进一步考虑公司信用等级的变化对债券价格的影响, 利用标普或穆迪的信用等级转换概率矩阵可知在名义到期日时公司违约强度的改变的概率, 只要在最后定价时取数学期望即可. 同样该方法也可以用于违约强度是利率的线性函数关系的情形.

### 1.2.3 一些数值结果和分析

影响可展期企业债券名义收益率的因素有很多, 如发行时的利率水平, 到期日, 可展期限, 利率模型的参数, 公司的违约概率和一旦违约时的回收率等. 以下分析单个因素对可展期债券的收益率的影响. 取参数 $\alpha=0.379, r_0=0.05, \varepsilon=0.4, \sigma_r=0.077, \theta=0.098$.

(1) 在其他条件不变时, 可展期债券的名义收益率比普通债券的收益率高, 以补偿投资者.

图 1.1 中的曲线表示收益率差, 在可展期限固定时, 差额随到期日变大而减少, 原因是补偿额分摊到更长的时间段了. 其金融意义是显然的, 理论证明也不复杂, 因为可展期和普通债券满足的方程一样, 但终值是普通债券的大, 由极值原理即得结果.

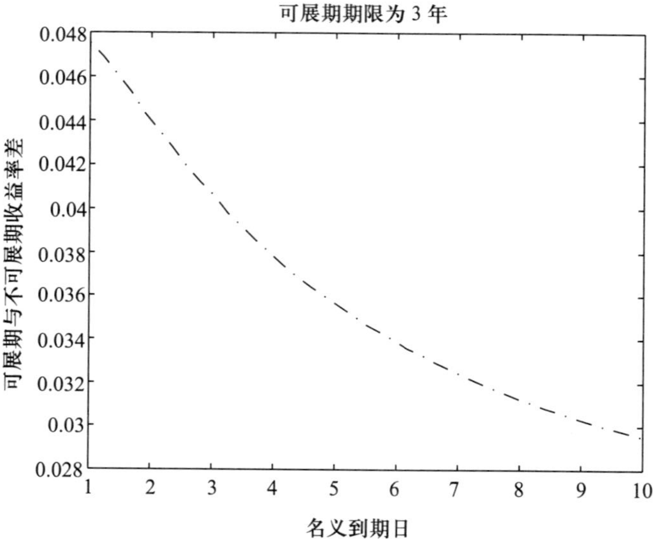


图 1.1　名义到期日与收益率差的关系

(2) 公司违约时回收越低或违约可能越大, 可展期债券的名义收益率越高, 以补偿投资人在可能的延展期内承受的更高的信用风险, 但随着延展期变长, 收益率曲线呈驼峰状, 这与从普通企业债所得到的结果类似, 实证研究也发现该结果. 图 1.2 是在违约概率一定时, 不同的回收率对债券收益率的影响. 图 1.3 是在回收率一定时, 不同的违约概率对债券收益率的影响. 而图 1.4 是综合违约概率和回收率, 即违约损失对收益率的影响.

(3) 发行时的利率水平越高, 可展期债券的收益率也越高, 且随着可展期限的增加而增加, 这是因为需给投资人的补偿增加 (图 1.5), 但在可展期限一定时, 收益率并不一定随着债券到期日的增大而增加, 这是由于补偿在更长期限的分摊和随着到期日变大, 利率变化中的均值回归现象变得明显 (图 1.6).

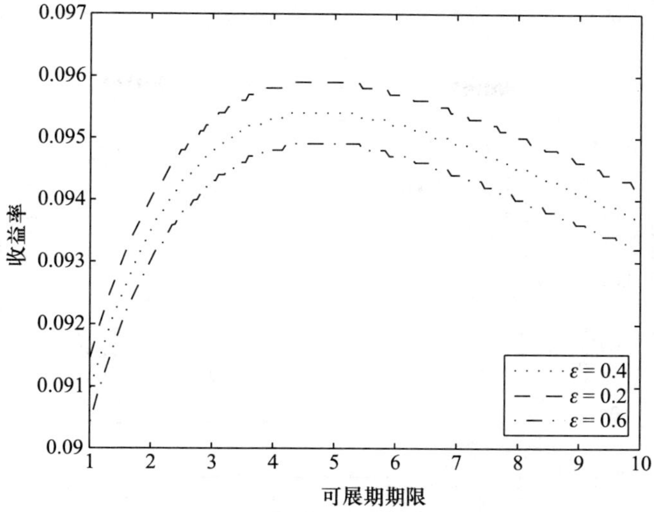


图 1.2 回收率和可展期期限对收益率影响

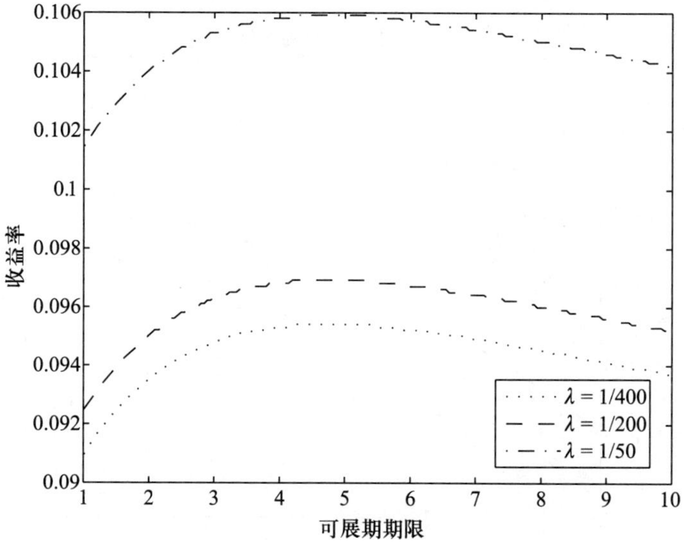


图 1.3 违约率和可展期期限对收益率影响

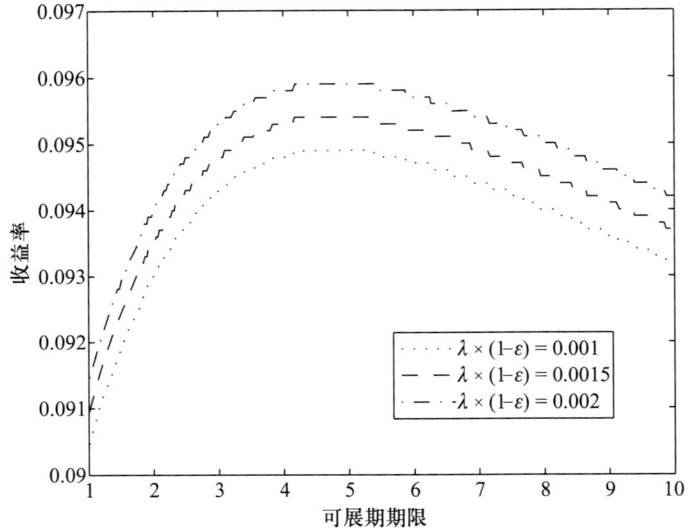


图 1.4　回收率和违约率及可展期期限对收益率综合影响

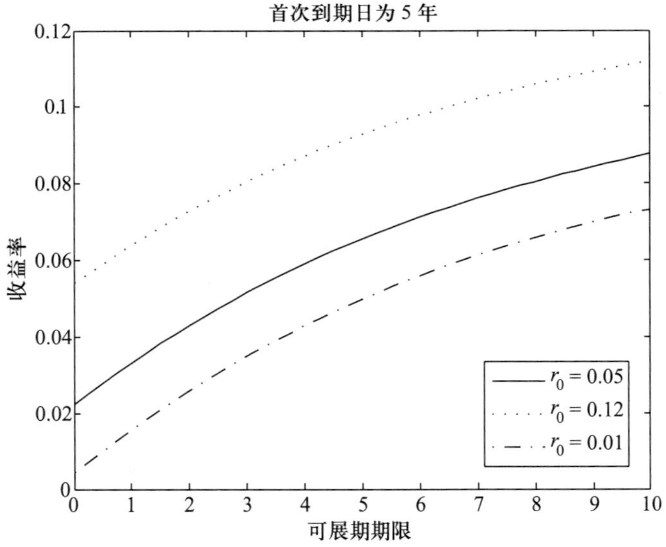


图 1.5　初始利率水平和可展期期限对收益率的影响

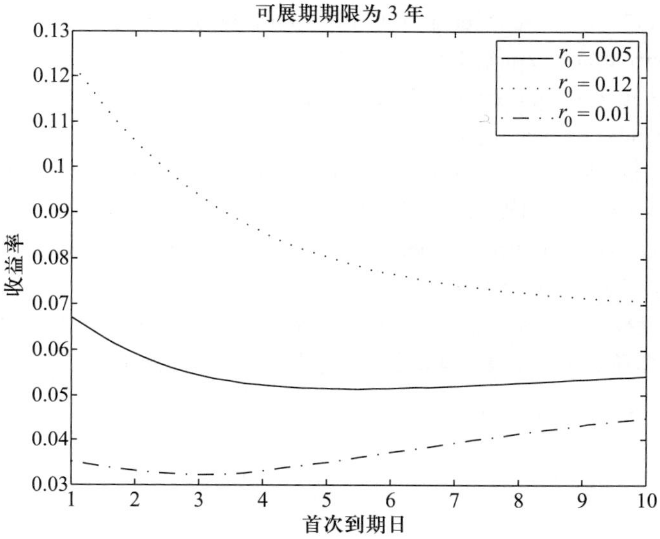


图 1.6　初始利率水平和首次到期日大小对收益率的影响

## 1.3　结论

从以上的讨论可知, 可展期企业债券实际是一张嵌入利率期权并有违约风险的合约, 相应的期权金和信用风险补偿体现在较高的回报率上. 与一般的企业债券不同, 其到期的名义回报 (不违约时的回报) 事先是不确定的, 它依赖于将来的利率水平. 补偿水平与利率未来的波动, 可延展的期限及公司的违约可能的大小等因素有关.

## 参考文献

[1] Merton R. On the Pricing of Corporate Debt: the Risk Structure of Interest Rates. Journal of Finance, 1974: 29, 449–470.

[2] Black F, Cox J C. Valuing Corporate Securities: Some Effects of Bond Indenture Provisions. Journal of Finance, 1976: 31, 351–367.

[3] Longstaff F, Schwartz E. A Simple Approach to Valuing Risky Fixed and Floating Rate Debt. Journal of Finance, 1995: 50, 789–819.

[4] Zhou C. A Jump-Diffusion Approach to Modeling Credit Risk and Valuing Defaultable Securities. Finance and Economic Discussion Series, 1997–15.

[5] Jarrow R, Turnbull S. Pricing Derivatives on Financial Securities Subject to Credit Risk. Journal of Finance, 1995: 50, 53–85.

[6] Jarrow R, Lando D, Turnbull S. A Markov Model for the Term Structure of Credit Risk Spreads. Review of Financial Studies, 1997: 10, 481–523.

[7] Duffie D, Singleton K J, Modeling Term Structure of Defaultable Bonds. Review of Financial Studies, 1999: 12, 687–720.

[8] Vasicek O. An Equilibrium Characterization of the Term Structure. The Journal of Financial Economics, 1977: 5, 177–188.

[9] 姜礼尚. 期权定价的数学模型和方法 (第二版). 北京: 高等教育出版社, 2008.

[10] 姜礼尚, 孙和生, 陈志浩等. 偏微分方程选讲. 北京: 高等教育出版社, 1997.

# 第 2 章

# 同时有短期和长期债券的公司债券定价①

## 2.1 问题的提出

许多公司都有长期融资用于投资，短期融资用于流动资金. MKMV 主要对这种情况下公司违约概率进行研究. 在做了大量统计后得到的结果是公司最可能在公司资产下降到其短期债务加上长期债务的一半时违约，因为此时继续经营几乎没有价值了. 所以在违约边界的设定上取短期债务加上长期债务的一半为违约边界.

本章考虑一个公司同时发行了两张到期日不同 (可以看作是一张短期债券和一张长期债券) 的零息票债券，那么在短期债券到期日时，由于偿付短期债务会引起公司资产的跳跃，所以长期债券的定价需要分为两个时间段分别给出它的价格. 需要给出公司在短期债券存续期间没有违约的概率以及在此条件下公司资产的条件分布，并且将它们运用到长期债券的定价中.

## 2.2 数学模型和求解

### 2.2.1 基本假定

(1) 假设公司发行了两张到期日分别 $T_1$ (短期) 和 $T_2$ (长期)，面值均为 1 元的零息票债券 ($T_1 < T_2$)，到期日应偿还债务分别为 $K_1$ 和 $K_2$，债券价格分别记

①本章由任学敏、光华撰写.

为 $P_1$ 和 $P_2$.

(2) 假定公司的资产值在风险中性测度下满足随机微分方程

$$\frac{dV_t}{V_t} = rdt + \sigma dW_t \tag{2.1}$$

其中 $r$ 为无风险利率, $\sigma$ 为波动率, 均为常数, $W_t$ 是标准布朗运动, 即 $E(dW_t) = 0$, $Var(dW_t) = dt$, $t = 0$ 时刻的公司资产记为 $V_0$.

如果公司在 $[0, T_1]$ 内没有违约, 在 $T_1$ 时刻公司偿还短期债务 $K_1$, 公司资产发生跳跃, 之后继续满足 (2.1) 式描述的几何布朗运动. $T_1$ 时刻, 偿还短期债务之前公司资产记为 $V_{T_1-}$, 偿还后记为 $V_{T_1+}$.

(3) 假定时间段 $[0, T_1]$ 内公司的违约边界为 $K(t)$, $[T_1, T_2]$ 内的违约边界为 $K'(t)$. 其中

$$\begin{aligned} K(t) &= \omega K_1 e^{-r(T_1-t)} + \theta K_2 e^{-r(T_2-t)} \\ &= (\omega K_1 + \theta K_2 e^{-r(T_2-T_1)}) e^{-r(T_1-t)} \\ &\triangleq \overline{K} e^{-r(T_1-t)} \end{aligned} \tag{2.2}$$

$\omega$ 和 $\theta$ 分别为短期债券和长期债券在违约边界中所占的权重. 在违约边界的设定上大多参考 MKMV 模型的方法, 即取短期债务加上长期债务的一半为违约边界.

$$K'(t) = \lambda K_2 e^{-r(T_2-t)} \tag{2.3}$$

$\lambda$ 意义同上.

(4) 假定公司发生违约后的回收率为常数 $\alpha$, 采用面值回收. 即如果公司在 $[0, T_1]$ 内违约, 那么在 $T_1$ 时刻对短期债务和长期债务同时偿付; 公司在 $[T_1, T_2]$ 内违约, 在 $T_2$ 时刻偿付长期债务. 如果公司在 $[0, T_1]$ 内违约, 以回收率 $\alpha$ 计算 $T_1$ 时刻公司的资产为 $\alpha\overline{K}$, 假定公司按照短期债券和长期债券的资金同比例分配剩余资产. 即每份短期债券和长期债券在 $T_1$ 时刻分别可以获得 $\frac{\alpha\overline{K}}{K_1+K_2 e^{-r(T_2-T_1)}}$ 和 $\frac{\alpha\overline{K}\cdot e^{-r(T_2-T_1)}}{K_1+K_2 e^{-r(T_2-T_1)}}$.

如果公司在 $[0, T_1]$ 内没有违约, $T_1$ 时刻由于公司偿还短期债务, 资产发生跳跃, 导致公司违约, 公司优先偿还短期债务, 剩余资产偿还长期债务. 那么每份长期债券在 $T_1$ 时刻可以获得 $\frac{\alpha(V_{T_1+}-K_1)}{K_2}$. 如果公司在 $[T_1, T_2]$ 内违约, 以回收率 $\alpha$ 计算 $T_2$ 时刻公司的资产为 $\alpha\lambda K_2$, 那么 $T_2$ 时刻每份长期债券可以得到 $\alpha\lambda$.

(5) 假设市场是完全的, 无摩擦的.

### 2.2.2 短期债券 (到期日为 $T_1$) 的定价

债券价格可以看成是公司资产的衍生物, 由 Itô 公式得 [6][7][8]

$$dP_1 = \frac{\partial P_1}{\partial t} + \frac{\partial P_1}{\partial V}dV + \frac{1}{2}\frac{\partial^2 P_1}{\partial V^2}(dV)^2 + o(dt)$$

在风险中性测度下, 由 $E(dP_1) = rP_1 dt$ 及 (2.1) 式可知 $P_1(V,t)$ 满足的偏微分方程

$$LP_1 \triangleq \frac{\partial P_1}{\partial t} + \frac{\sigma^2}{2}V^2\frac{\partial^2 P_1}{\partial V^2} + rV\frac{\partial P_1}{\partial V} - rP_1 = 0 \tag{2.4}$$

由基本假设可知 $P_1(V,t)$ 满足下面定解问题

$$\begin{cases} LP_1 = 0, \quad 0 < t < T_1, K(t) < V < \infty \\ P_1(K(t),t) = \dfrac{\alpha \overline{K}}{K_1 + K_2 e^{-r(T_2-T_1)}} \cdot e^{-r(T_1-t)} \\ P_1(V,T_1) = 1 \end{cases} \tag{2.5}$$

令 $Q = \frac{P_1}{e^{-r(T_1-t)}}$, $W = \frac{V}{e^{-r(T_1-t)}}$, 则 (2.5) 式可写成

$$\begin{cases} \dfrac{\partial Q}{\partial t} + \dfrac{\sigma^2}{2}W^2\dfrac{\partial^2 Q}{\partial W^2} = 0, \quad 0 < t < T_1, \overline{K} < W < \infty \\ Q(\overline{K},t) = \dfrac{\alpha \overline{K}}{K_1 + K_2 e^{-r(T_2-T_1)}} \\ Q(W,T_1) = 1 \end{cases} \tag{2.6}$$

令 $X = \ln\frac{W}{\overline{K}}$, $R = Q - \frac{\alpha\overline{K}}{K_1+K_2e^{-r(T_2-T_1)}}$, 则 (2.6) 式可以写成

$$\begin{cases} \dfrac{\partial R}{\partial t} + \dfrac{\sigma^2}{2}\dfrac{\partial^2 R}{\partial X^2} - \dfrac{\sigma^2}{2}\dfrac{\partial R}{\partial X} = 0, \quad 0 < t < T_1, 0 < X < \infty \\ R(0,t) = 0 \\ R(X,T_1) = 1 - \dfrac{\alpha \overline{K}}{K_1 + K_2 e^{-r(T_2-T_1)}} \end{cases} \tag{2.7}$$

令 $U = e^{-\frac{\sigma^2}{8}t - \frac{1}{2}X}R$, 则 (2.7) 式可写成

$$\begin{cases} \dfrac{\partial U}{\partial t} + \dfrac{\sigma^2}{2}\dfrac{\partial^2 U}{\partial X^2} = 0, \quad 0 < t < T_1, 0 < X < \infty \\ U(0,t) = 0 \\ U(X,T_1) = \left(1 - \dfrac{\alpha \overline{K}}{K_1 + K_2 e^{-r(T_2-T_1)}}\right) e^{-\frac{\sigma^2}{8}T_1 - \frac{1}{2}X} \end{cases} \tag{2.8}$$

利用镜像法 [5], 定义

$$\varphi(X)=\begin{cases}\left(1-\dfrac{\alpha\overline{K}}{K_1+K_2e^{-r(T_2-T_1)}}\right)e^{-\frac{\sigma^2}{8}T_1-\frac{1}{2}X}, & X>0\\[2ex] \left(\dfrac{\alpha\overline{K}}{K_1+K_2e^{-r(T_2-T_1)}}-1\right)e^{-\frac{\sigma^2}{8}T_1+\frac{1}{2}X}, & X<0\end{cases}$$

易见 $\varphi(X)=-\varphi(-X)$, 即 $\varphi(X)$ 是奇函数. 在 $\{0<t<T_1, X\in\mathbb{R}\}$ 上考虑 Cauchy 问题

$$\begin{cases}\dfrac{\partial U}{\partial t}+\dfrac{\sigma^2}{2}\dfrac{\partial^2 U}{\partial X^2}=0, \quad 0<t<T_1, X\in\mathbb{R}\\[2ex] U(X,T_1)=\varphi(X)\end{cases}\tag{2.9}$$

方程 (2.9) 的解为

$$U(X,t)=\left(1-\frac{\alpha\overline{K}}{K_1+K_2e^{-r(T_2-T_1)}}\right)e^{-\frac{\sigma^2}{8}t}\left[N\left(\frac{X-\dfrac{\sigma^2}{2}(T_1-t)}{\sigma\sqrt{T_1-t}}\right)e^{-\frac{1}{2}X}\right.$$
$$\left.-N\left(-\frac{X+\dfrac{\sigma^2}{2}(T_1-t)}{\sigma\sqrt{T_1-t}}\right)e^{\frac{1}{2}X}\right]\tag{2.10}$$

其中 $N(x)$ 为标准正态分布的累计概率分布函数.

代回到原来的变量 $P_1=\left[Ue^{\frac{\sigma^2}{8}t+\frac{1}{2}X}+\frac{\alpha\overline{K}}{K_1+K_2e^{-r(T_2-T_1)}}\right]e^{-r(T_1-t)}, X=\ln\frac{V}{\overline{K}}+r(T_1-t)$ 得

$$P_1(V,t)=\left\{\left(1-\frac{\alpha\overline{K}}{K_1+K_2e^{-r(T_2-T_1)}}\right)\left[N(d_2)-\frac{V}{\overline{K}e^{-r(T_1-t)}}N(-d_1)\right]\right.$$
$$\left.+\frac{\alpha\overline{K}}{K_1+K_2e^{-r(T_2-T_1)}}\right\}e^{-r(T_1-t)}\tag{2.11}$$

其中 $d_1=\frac{\ln\frac{V}{\overline{K}}+\left(r+\frac{\sigma^2}{2}\right)(T_1-t)}{\sigma\sqrt{T_1-t}}, d_2=d_1-\sigma\sqrt{T_1-t}$, $N(x)$ 意义同上.

### 2.2.3 长期债券 (到期日为 $T_2$) 的定价

#### 2.2.3.1 $[0,T_1]$ 内公司没有违约的概率和 $T_1$ 时刻公司资产的条件分布

在风险中性测度下公司的资产在时间段 $[0,T_1]$ 内满足随机微分方程 (2.1) 式, 在时间段 $[0,T_1]$ 上公司的违约时间记为随机变量 $\tau$, $\tau=\inf\{t|V_t\leqslant K(t);t\in$

$[0,T_1]\}$. 由基本假定知公司资产在 $[T_1,T_2]$ 上满足 (2.1) 式所描述的随机微分方程, 但值得注意的是, 在 $T_{1+}$ (偿还短期债务 $K_1$ 后) 时刻公司资产值 $V_{T_1+}=V_{T_1-}-K_1$ 是一个随机变量, 其中 $V_{T_1-}$ 是在时间段 $[0,T_1]$ 内公司没有违约前提下 (即 $\tau>T_1$) $T_{1-}$ (偿还短期债务 $K_1$ 前) 时刻公司资产值. 下面计算随机变量 $V_{T_1+}$ 的条件密度函数 $p(V_{T_1+}=z|\tau>T_1)$. 记公司资产 $V$ 在 $T_{1-}$ 时刻的条件分布为 $p(V_{T_1-}=y|\tau>T_1)$, 即在公司在时间段 $[0,T_1]$ 内没有违约的前提下公司资产为 $y$ 的密度.

由等式

$$p(V_{T_1-}=y|\tau>T_1)P(\tau>T_1)=P(\tau>T|V_{T_1-}=y)p(V_{T_1-}=y)$$

可得

$$p(V_{T_1-}=y|\tau>T_1)=\frac{P(\tau>T_1|V_{T_1-}=y)p(V_{T_1-}=y)}{P(\tau>T_1)}$$

由 (2.1) 式根据 Itô 公式可得 $V_{T_1-}=V_0e^{(r-\frac{\sigma^2}{2})T_1+\sigma W_{T_1}}$, 令

$$y=V_0e^{(r-\frac{\sigma^2}{2})T_1+\sigma x} \tag{2.12}$$

可知事件 $\{V_{T_1-}=y\}\sim\{W_{T_1}=x\}$.

对事件 $\{\tau>T|V_{T_1-}=y\}$ 做如下等价变换

$$\begin{aligned}
&\{\tau>T_1|V_{T_1-}=y\}\\
\sim&\{V_t>K(t),0\leqslant t\leqslant T_1|V_{T_1-}=y\}\\
\sim&\{\ln V_t>\ln K(t),0\leqslant t\leqslant T_1|V_{T_1-}=y\}\\
\sim&\{\ln V_0+\left(r-\frac{\sigma^2}{2}\right)t+\sigma W_t>\ln\overline{K}-r(T_1-t),0\leqslant t\leqslant T_1|V_{T_1-}=y\}\\
\sim&\{W_t>at+b,0\leqslant t\leqslant T_1|W_{T_1}=x\}\\
\sim&\{-\infty<-W_t<-at-b,0\leqslant t\leqslant T_1|-W_{T_1}=-x\}
\end{aligned} \tag{2.13}$$

其中 $a=\frac{\sigma}{2},b=\frac{\ln\frac{\overline{K}}{V_0}-rT_1}{\sigma}$, $\overline{K}$ 如前表示. 由标准布朗运动 $W_t$ 的性质可知 $\{-W(t),t\geqslant 0\}$ 仍为标准布朗运动.

**引理** 设 $\{W(t),t\geqslant 0\}$ 为一维标准布朗运动, $f(s),0\leqslant t_1<s\leqslant t_2$ 为任一线性函数, 则

$$\begin{aligned}
&P(-\infty<W(s)<f(s),t_1\leqslant s\leqslant t_2|W(t_1)=x,W(t_2)=y)\\
&=1_{\{f(t_1)>x,f(t_2)>y\}}\left[1-\exp\left(-\frac{2(f(t_1)-x)(f(t_2)-y)}{t_2-t_1}\right)\right]
\end{aligned} \tag{2.14}$$

引理的证明参见参考文献 [11], 也可由 Feymann-Kac 公式结合障碍期权得到. 利用引理的结论并结合 (2.13) 式可得

$$
\begin{aligned}
& P(\tau > T|W_{T_1} = x) \\
&= P(W_t > at + b, 0 < t < T_1|W_{T_1} = x) \\
&= P(-\infty < -W_t < -at - b, 0 < t < T_1|-W_{T_1} = -x) \\
&= 1_{\{-aT_1-b>-x\}}\left[1 - \exp\left(-\frac{2(-b)(-aT_1 - b + x)}{T_1}\right)\right]
\end{aligned}
\tag{2.15}
$$

由于 $\{-W(t), t \geqslant 0\}$ 仍为标准布朗运动, 故其概率密度

$$
p(-W_{T_1} = -x) = \frac{1}{\sqrt{2\pi T_1}} e^{-\frac{x^2}{2T_1}} \tag{2.16}
$$

由 (2.15) 式和 (2.16) 式进一步可以计算 $[0, T_1]$ 内公司没有违约的概率

$$
\begin{aligned}
& P(\tau > T_1) \\
&= \int_{-\infty}^{+\infty} P(\tau > T_1|W_{T_1} = x)p(W_{T_1} = x)dx \\
&= \int_{-\infty}^{+\infty} P(-\infty < -W_t < -at - b, 0 < t < T_1|-W_{T_1} = -x)p(-W_{T_1} = -x)dx \\
&= \int_{-\infty}^{-aT_1-b}\left[1 - \exp\left(-\frac{2(-b)(-aT_1 - b + x)}{T_1}\right)\right]\frac{1}{\sqrt{2\pi T_1}}e^{-\frac{x^2}{2T_1}}dx \\
&= N\left(\frac{-aT_1 - b}{\sqrt{T_1}}\right) - \exp(-2ab)N\left(\frac{-aT_1 + b}{\sqrt{T_1}}\right)
\end{aligned}
\tag{2.17}
$$

由 (2.15) 式、(2.16) 式和 (2.17) 式可得

$$
\begin{aligned}
& p(W_{T_1} = x|\tau > T_1) \\
&= \frac{P(\tau > T|W_{T_1} = x)p(W_{T_1} = x)}{P(\tau > T_1)} \\
&= \frac{1_{\{-aT_1-b>-x\}}\left[1 - \exp\left(-\frac{2(-b)(-aT_1 - b + x)}{T_1}\right)\right]\cdot\frac{1}{\sqrt{2\pi T_1}}e^{-\frac{x^2}{2T_1}}}{N\left(\frac{-aT_1 - b}{\sqrt{T_1}}\right) - \exp(-2ab)N\left(\frac{-aT_1 + b}{\sqrt{T_1}}\right)}
\end{aligned}
\tag{2.18}
$$

由 (2.12) 式知随机变量 $V_{T_1-}$ 是随机变量 $W_{T_1} \sim N(0,T_1)$ 的函数 [9], 可得

$$p(V_{T_1-}=y|\tau>T_1)$$
$$=\frac{1_{\{y>\overline{K}\}}\left[1-\exp\left(-\frac{2(-b)\ln\frac{y}{\overline{K}}}{\sigma T_1}\right)\right]\cdot\frac{1}{\sqrt{2\pi T_1}}e^{-\frac{\left(\ln\frac{y}{V_0}-\left(r-\frac{\sigma^2}{2}\right)T_1\right)^2}{2T_1\sigma^2}}\cdot\frac{1}{\sigma y}}{N\left(\frac{-aT_1-b}{\sqrt{T_1}}\right)-\exp(-2ab)N\left(\frac{-aT_1+b}{\sqrt{T_1}}\right)} \tag{2.19}$$

由于 $V_{T_1+}=V_{T_1-}-K_1$, 由 (2.19) 式可得公司资产 $V$ 在 $T_{1+}$ (偿还短期债务 $K_1$ 后) 时刻的条件分布为

$$p(V_{T_1+}=z|\tau>T_1)=1_{\{z>\overline{K}-K_1\}}\left[1-\exp\left(-\frac{2(-b)\ln\frac{z+K_1}{\overline{K}}}{\sigma T_1}\right)\right]$$
$$\cdot\frac{1}{\sqrt{2\pi T_1}}e^{-\frac{\left(\ln\frac{z+K_1}{V_0}-\left(r-\frac{\sigma^2}{2}\right)T_1\right)^2}{2T_1\sigma^2}}\cdot\frac{1}{\sigma(z+K_1)}\Bigg/$$
$$N\left(\frac{-aT_1-b}{\sqrt{T_1}}\right)-\exp(-2ab)N\left(\frac{-aT_1+b}{\sqrt{T_1}}\right) \tag{2.20}$$

#### 2.2.3.2 $T_1$ 时刻由于偿还短期债务导致违约的概率及此情形下长期债券的价格

如果公司在 $[0,T_1]$ 内没有违约的条件下, $T_1$ 时刻偿还短期债务 $K_1$ 后发生违约, 即 $T_{1+}$ 时刻公司资产满足 $V_{T_1+}\leqslant\lambda K_2\cdot e^{-r(T_2-T_1)}$. 由 $V_{T_1+}=V_{T_1-}-K_1$ 及 (2.12) 式可以得到

$$\begin{aligned}
&\{\overline{K}<V_{T_1-}\leqslant\lambda K_2\cdot e^{-r(T_2-T_1)}+K_1\triangleq\overline{\overline{K}}\}\\
&\sim\left\{\overline{K}<V_0\cdot e^{\left(r-\frac{\sigma^2}{2}\right)T_1+\sigma W_{T_1}}\leqslant\overline{\overline{K}}\right\}\\
&\sim\left\{\ln\overline{K}<\ln V_0+\left(r-\frac{\sigma^2}{2}\right)T_1+\sigma W_{T_1}\leqslant\ln\overline{\overline{K}}\right\}\\
&\sim\left\{\frac{\ln\frac{\overline{K}}{V_0}-rT_1}{\sigma}+\frac{\sigma}{2}T_1<W_{T_1}\leqslant\frac{\ln\frac{\overline{\overline{K}}}{V_0}-rT_1}{\sigma}+\frac{\sigma}{2}T_1\right\}\\
&\triangleq\{b+aT_1<W_{T_1}\leqslant b'+aT_1\}
\end{aligned} \tag{2.21}$$

其中 $a, b$ 如前及 $b' = (\overline{\overline{K}}/V_0 - rT_1)/\sigma$.

上式成立的前提是 $\overline{K} < \overline{\overline{K}}$, 即 $\omega K_1 + \theta K_2 e^{-r(T_2-T_1)} < K_1 + \lambda K_2 e^{-r(T_2-T_1)}$, 否则不会由于偿还短期债务导致违约. 由 (2.21) 式可以得到 $T_1$ 时刻由于公司偿还短期债务, 资产发生跳跃导致公司违约的概率为

$$\begin{aligned}
&P(b + aT_1 < W_{T_1} \leqslant b' + aT|\tau > T_1)\\
&= \int_{b+aT_1}^{b'+aT_1} p(W_{T_1} = x|\tau > T_1)dx\\
&= \int_{b+aT_1}^{b'+aT_1} \frac{\left[1 - \exp\left(\dfrac{2b(x - aT_1 - b)}{T_1}\right)\right] \cdot \dfrac{1}{\sqrt{2\pi T_1}} e^{-\frac{x^2}{2T_1}}}{N\left(\dfrac{-aT_1 - b}{\sqrt{T_1}}\right) - e^{-2ab} N\left(\dfrac{-aT_1 + b}{\sqrt{T_1}}\right)} dx \qquad (2.22)\\
&\triangleq \frac{I_2}{N\left(\dfrac{-aT_1 - b}{\sqrt{T_1}}\right) - e^{-2ab} N\left(\dfrac{-aT_1 + b}{\sqrt{T_1}}\right)}
\end{aligned}$$

此时长期债券的价格记为 $B_1$, 由基本假定 (4) 可知

$$\begin{aligned}
B_1 &= \int_{b+aT_1}^{b'+aT_1} p(W_{T_1} = x|\tau > T_{1-}) \cdot \alpha \cdot \left(V_0 \cdot e^{(r - \frac{\sigma^2}{2})T_1 + \sigma x} - K_1\right)/K_2 dx\\
&= \int_{b+aT_1}^{b'+aT_1} \frac{\left[1 - \exp\left(\dfrac{2b(x - aT_1 - b)}{T_1}\right)\right] \cdot \dfrac{1}{\sqrt{2\pi T_1}} e^{-\frac{x^2}{2T_1}}}{N\left(\dfrac{-aT_1 - b}{\sqrt{T_1}}\right) - e^{-2ab} N\left(\dfrac{-aT_1 + b}{\sqrt{T_1}}\right)}\\
&\quad \cdot \alpha \cdot \left(V_0 \cdot e^{\left(r - \frac{\sigma^2}{2}\right)T_1 + \sigma x} - K_1\right)/K_2 dx \qquad (2.23)\\
&\triangleq \frac{\left(\alpha V_0 e^{\left(r - \frac{\sigma^2}{2}\right)T_1} \cdot I_1 - K_1 \cdot I_2\right)/K_2}{N\left(\dfrac{-aT_1 - b}{\sqrt{T_1}}\right) - e^{-2ab} N\left(\dfrac{-aT_1 + b}{\sqrt{T_1}}\right)}
\end{aligned}$$

其中 (2.22) 式和 (2.23) 式中的 $I_1$ 和 $I_2$ 如下:

$$\begin{aligned}
I_1 = &\, e^{\frac{\sigma^2 T_1}{2}} \left[N\left(b' + aT_1; \sigma T_1, \sqrt{T_1}\right) - N\left(b + aT_1; \sigma T_1, \sqrt{T_1}\right)\right]\\
&- e^{-2ab + \frac{\sigma^2 T_1}{2} + 2b\sigma} \left[N\left(b' + aT_1; \sigma T_1 + 2b, \sqrt{T_1}\right) - N\left(b + aT_1; \sigma T_1 + 2b, \sqrt{T_1}\right)\right]\\
I_2 = &\left[N\left(b' + aT_1; 0, \sqrt{T_1}\right) - N\left(b + aT_1; 0, \sqrt{T_1}\right)\right]\\
&- e^{-2ab} \left[N\left(b' + aT_1; 2b, \sqrt{T_1}\right) - N\left(b + aT_1; 2b, \sqrt{T_1}\right)\right]
\end{aligned}$$

其中 $N(x;\mu,\sigma)$ 表示期望为 $\mu$, 方差为 $\sigma$ 的正态分布的累计概率分布函数.

**2.2.3.3 时间段 $[T_1,T_2]$ 上长期债券的价格**

如果公司在 $[0,T_1]$ 内没有违约, 并且 $T_1$ 时刻偿还短期债务 $K_1$ 后也没有违约. 类似短期债券价格推导, 根据 (2.3) 式和 (2.4) 式可得到 $[T_1,T_2]$ 上长期债券价格 $P_2(V,t)$ 满足方程

$$\begin{cases} LP_2=0 \quad (T_1<t<T_2, K'(t)<V<\infty) \\ P_2(K'(t),t)=\alpha\lambda\cdot e^{-r(T_2-t)} \\ P_2(V,T_2)=1 \end{cases}$$

类似可得

$$P_2(V,t)=\left\{(1-\alpha\lambda)\left[N\left(\overline{d_2}\right)-\frac{V}{\lambda K_2 e^{-r(T_2-t)}}N\left(-\overline{d_1}\right)\right]+\alpha\lambda\right\}e^{-r(T_2-t)} \tag{2.24}$$

其中 $\overline{d_1}=\frac{\ln\frac{V}{\lambda K_2}+\left(r+\frac{\sigma^2}{2}\right)(T_2-t)}{\sigma\sqrt{T_2-t}}, \overline{d_2}=\overline{d_1}-\sigma\sqrt{T_2-t}$, $N(x)$ 意义同上.

注意到在 $T_1+$ (偿还短期债务 $K_1$ 后) 时刻公司资产值 $V_{T_1+}$ 是一个随机变量, 利用 (2.20) 式给出的随机变量 $V_{T_1+}$ 的条件密度函数 $p(V_{T_1+}=z|\tau>T_1)$, 可以计算公司在 $[0,T_1]$ 内没有违约, 并且 $T_1$ 时刻偿还短期债务 $K_1$ 后也没有违约的情形下在 $T_1$ 时刻的价格, 此价格记为 $B_2$.

$$\begin{aligned} B_2=&\int_{\max\{\overline{K},\overline{\overline{K}}\}-K_1}^{+\infty}P_2(z,T_1)\cdot p\left(V_{T_1+}=z|\tau>T_1\right)dz \\ =&\int_{\max\{\overline{K},\overline{\overline{K}}\}-K_1}^{+\infty}\left[1-\exp\left(-\frac{2(-b)\ln\dfrac{z+K_1}{\overline{K}}}{\sigma T_1}\right)\right] \\ &\cdot\frac{1}{\sqrt{2\pi T_1}}e^{-\frac{\left(\ln\frac{z+K_1}{V_0}-\left(r-\frac{\sigma^2}{2}\right)T_1\right)^2}{2T_1\sigma^2}}\cdot\frac{1}{\sigma\left(z+K_1\right)} \\ &\cdot\left[N\left(\frac{-aT_1-b}{\sqrt{T_1}}\right)-\exp(-2ab)N\left(\frac{-aT_1+b}{\sqrt{T_1}}\right)\right]^{-1} \\ &\cdot\left\{(1-\alpha\lambda)\left[N\left(\overline{d_2}\right)-\frac{z}{\lambda K_2 e^{-r(T_2-t)}}N\left(-\overline{d_1}\right)\right]+\alpha\lambda\right\}e^{-r(T_2-t)}dz \end{aligned} \tag{2.25}$$

其中 $a,b,\overline{d_1},\overline{d_2},N(x)$ 如前所述. 如果 $\overline{K}<\overline{\overline{K}}$, 公司因为偿还短期债务发生违约, 上式积分下限应为 $\overline{\overline{K}}-K_1$; 否则公司不会因为偿还短期债务发生违约, 积分下限应为 $\overline{K}-K_1$.

#### 2.2.3.4 时间段 $[0,T_1]$ 上长期债券的价格

在不同的情形下 $T_1$ 时刻长期债券有不同的价格, 如果公司在 $[0,T_1]$ 内违约, 由基本假定 (5) 可知长期债券在 $T_1$ 时刻获得 $\frac{\alpha\overline{K}\cdot e^{-r(T_2-T_1)}}{K_1+K_2e^{-r(T_2-T_1)}}$; 如果公司在 $[0,T_1]$ 内没有违约的条件下, $T_1$ 时刻由于偿还短期债务 $K_1$ 后发生违约, 长期债券在 $T_1$ 时刻价格为 $B_1$; 如果公司在 $[T_1,T_2]$ 内违约, 那么长期债券 $T_1$ 时刻的价格为 $B_2$. 假设 $\overline{K}<\overline{\overline{K}}$, 那么 $[0,T_1]$ 内长期债券的价格为

$$\begin{aligned}P_2(t)=&\left[P(\tau\leqslant T_1)\cdot\frac{\alpha\overline{K}\cdot e^{-r(T_2-T_1)}}{K_1+K_2e^{-r(T_2-T_1)}}+P(\tau>T_1)\right.\\&\left.\cdot\int_{\overline{K}-K_1}^{+\infty}p(V_{T_1+}=z|\tau>T_1)P_2|_{t=T_1+}\right]e^{-r(T_1-t)}\\=&\left[(1-P(\tau>T_1))\cdot\frac{\alpha\overline{K}\cdot e^{-r(T_2-T_1)}}{K_1+K_2e^{-r(T_2-T_1)}}\right.\\&\left.+P(\tau>T_1)\cdot(B_1+B_2)\right]e^{-r(T_1-t)}\end{aligned}\tag{2.26}$$

其中 $P(\tau>T_1),B_1$ 和 $B_2$ 由 (2.19) 式、(2.23) 式和 (2.25) 式表示, $\alpha,\lambda,\overline{d_1},\overline{d_2}$ 及 $N(x)$ 意义同上, $P_2|_{t=T_1+}$ 表示偿还短期债务后公司资产为 $z$ 时, 长期债券对应的价格.

## 2.3 数值结果及分析

从 (2.11) 式、(2.24) 式和 (2.26) 式可以看到影响债券价格的主要因素是无风险利率、资产的波动率、债券的到期日, 违约边界中长期和短期债务的权重和当发生违约时债务的回收率, 此外还有财务杠杆 (Financial Leverage, 又叫融资杠杆, 是指企业在制定资本结构决策时对债务筹资的应用). 这里引入负债比率 (负债比率 = 负债总额 ÷ 资产总额), 它反映公司通过债务筹资的比率, 是指偿还财务能力比率, 以反映公司履行债务的能力. 这里通过债务结果中的短期和长期债务初始时刻占公司资产的比重反映公司的债务结构. 假定 $t=0$ 时刻有 $K_1/V_0=0.1,K_2/V_0=0.5$, 取 $r=0.05,\sigma=0.2,\alpha=0.4,\omega=1,\theta=\lambda=0.5,V_0=1,T_1=1,T_2=10$, 除非另外设定参数值, 否则保持不变.

### 2.3.1 短期债券随各个因素的变化情况

下图都在 $t = 0.5$ 时考虑短期债券的价格变化. 其中 (2.25) 式利用复合辛普森公式计算 [12][13].

(1) 从图 2.1 可以看到某一时刻短期债券的价格都随公司资产的增加而增加, 因为公司的资产越多, 意味着违约的可能性越小, 即违约风险越低. 公司资产波动率越大, 使违约概率越大, 所以价格随波动率增大而减小.

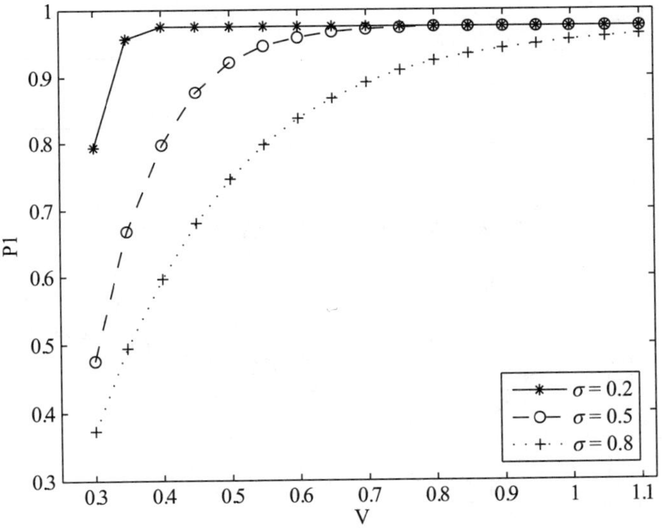


图 2.1 资产波动率的影响

(2) 从图 2.2 可知长期债券的比重越大意味着公司的违约边界越大, 使公司越容易违约, 违约概率的增大使违约风险越大, 所以债券价格便越低.

(3) 从图 2.3 可知在违约概率不变的情况下, 回收率越大, 意味着公司违约后可以偿付更多的债务, 所以债券价格越高. ($\sigma = 0.8$)

(4) 图 2.4 中 S 和 L 分别代表初始时刻短期和长期债务占公司资产的比例. 在总债务不变的前提下, 因为短期债务在违约边界中的权重大于长期债务以及到期日短, 使得短期债券的比例越大违约边界就越大, 公司越容易违约, 债券价格越低. ($\sigma = 0.8$)

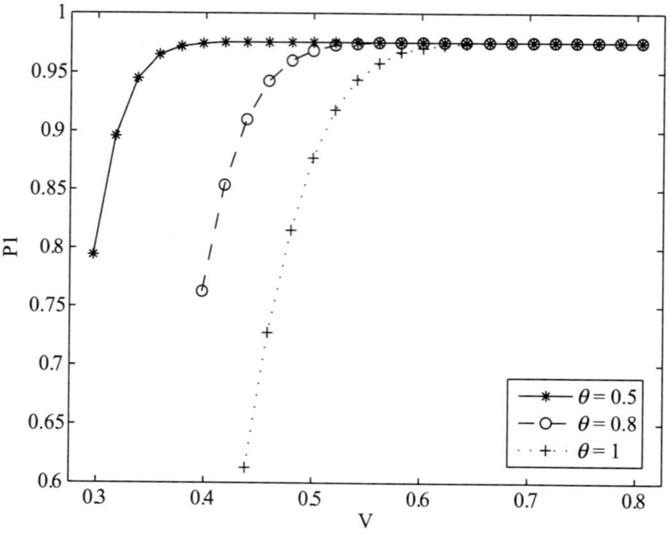


图 2.2　违约边界中长期债券权重的影响

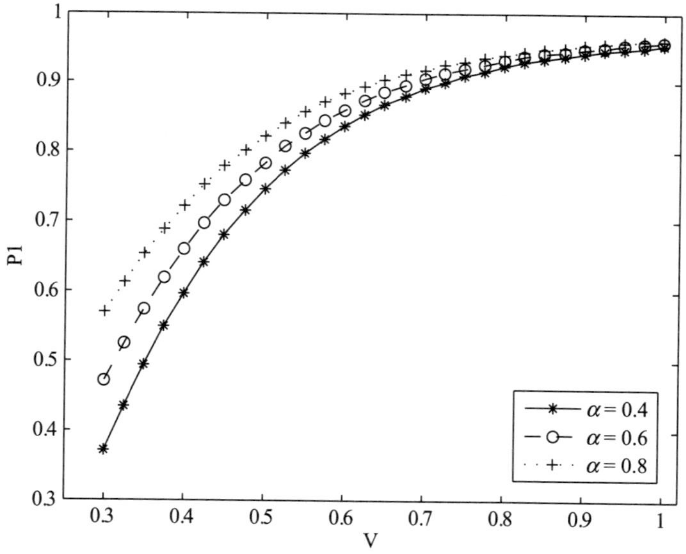


图 2.3　回收率的影响

### 2.3.2　长期债券在 $[0, T_1]$ 上的变化情况

因为长期债券在 $[T_1, T_2]$ 上的定价过程以及表达式和短期债券类似, 在此不

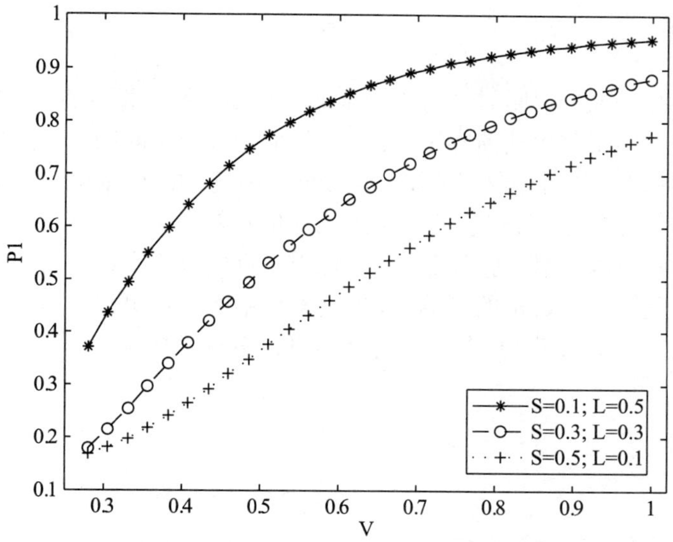


图 2.4 短期和长期债务比重的影响

对它的变化做分析. 这里主要考虑 $[0, T_1]$ 上的价格变化.

由图 2.5 可知在总债务不变的前提下, 短期债券的比例越大违约边界就越大, 公司越容易违约, 债券价格越低.

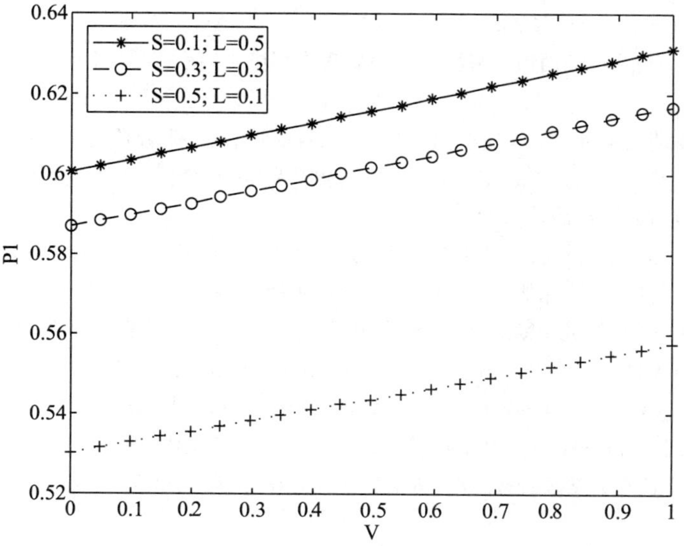


图 2.5 短期和长期债务比重的影响

## 2.4 结论

本章针对一家公司同时发行零息票的短期债券和长期债券，用结构化模型中的首次通过模型对短期债券定价，把长期债券分两个时间段分别给出定价公式. 主要计算出了公司在短期债券存续期间没有违约的概率以及在此条件下公司资产的条件分布，并且将它们运用到长期债券的定价中. 然后分别通过数值分析考虑了各个因素对两张债券价格的影响，重点分析了违约边界中短期和长期债务的比重对债券价格的影响. 理论上本章中的方法可以推广到附息债券和信用违约互换 (CDS) 定价，其中附息债券可以看成是多张不同到期日零息债券的组合.

## 参考文献


[1] Merton R C. Theory of Rational Option Pricing. Bell Journal of Economics and Management Science, 1973: 4, 141–183.

[2] Zhou C. A Jump-Diffusion Approach to Modeling Credit Risk and Valuing Defaultable Securities. Finance and Economic Discussion Series, 1997–15.

[3] Black F, Cox J C. Valuing Corporate Securities: Some Effects of Bond Indenture Provisions. Journal of Finance, 1976: 31, 351–367.

[4] Black F, Scholes M. The Pricing of Options and Corporate Liabilities. Journal of Political Economy, 1973: 81, 637–654.

[5] 姜礼尚, 陈亚浙, 刘西垣, 易法槐. 数学物理方程讲义 (第三版). 北京: 高等教育出版社, 2007.

[6] 姜礼尚. 期权定价的数学模型和方法 (第二版). 北京: 高等教育出版社, 2008.

[7] 姜礼尚, 徐承龙, 任学敏, 李少华. 金融衍生产品定价的数学模型与案例分析 (第二版). 北京: 高等教育出版社, 2013.

[8] 姜礼尚, 孙和生, 陈志浩, 管楚诠. 偏微分方程选讲. 北京: 高等教育出版社, 1997.

[9] 陈兰祥, 蒋凤瑛. 应用概率论. 上海: 统计出版社, 1999.

[10] 徐润, 吕玉华. 标准布朗运动关于线性边界通过概率. 数学研究与评论, 2005: 4, 25.

[11] Siegmund D, Yuh Yih-Shyh. Brownian Approximations to First Passage Probabilities. Z. Wahrscheinlichkeitstheorie Verw. 1982: 59, 239–248.

[12] 王沫然. MATLAB 与科学计算 (第二版). 北京: 电子工业出版社, 2003.

[13] 同济大学计算数学教研室. 现代数值数学和计算. 上海: 同济大学出版社, 2004.

# 第 3 章

# 信用关联结构性存款的定价[①]

## 3.1 引言

随着市场经济的发展, 经济中的不确定因素对企业经营的影响也越来越大. 企业破产的数量呈结构性增加. 这使银行面临极大的信用风险, 即由于企业破产而不能收回贷款的风险. 把信用风险分散化成为许多银行控制风险的重要选择. 随着金融市场的发展和完善, 以及投资者对金融风险承受力的增强, 发行信用关联存款成为分散信用风险的一个重要途径. 该存款与某一信用实体的信用事件挂钩, 如某存款存期 1 年, 和 A 公司挂钩, 挂钩事件为 A 公司破产或无法清偿其债务, 在存期内, 若没有发生信用事件, 存款人将获得高于市场回报的回报; 若发生信用事件, 投资者将获得低回报甚至亏损. 这样作为 A 公司的贷款银行, 就把部分信用风险分散化了. 问题是如何确定高回报率和低回报率的数值, 这显然与公司破产的概率有关.

目前, 处理信用风险主要有两种方法, 结构化方法和约化方法. 结构化方法是把公司债券银行贷款看成是关于公司资产的看跌期权 (Put Option), 其敲定价格为债务额, 最早由 Merton (1974) 等人提出. 为解决由 Merton 模型得到的公司违约概率过低问题, 考虑到公司可在债券到期前破产, Black 和 Cox (1976) 等人提出了首次通过模型, 即当公司资产值下降到事先约定的阈值 (违约边界)

---

①本章由任学敏撰写.

时, 债权人有权强制公司破产以保护债券持有人的利益. 为解决连续模型在债券快到期时的违约概率几乎为零的问题, Zhou (1997) 引入了跳扩散模型. 结构化方法的优点是把公司的违约可能性与公司的经济情况即公司资产和债务挂钩并建立在成熟的期权定价理论上. 而约化方法则把公司违约看成是一个外在的过程, 用 Poisson 过程来描述, 即第一次发生跳时公司就违约. Poisson 过程的强度 $\lambda$ 称为违约强度, 即在时间段 $[t, t+dt]$ 的违约概率为 $\lambda dt$, 而违约强度可从市场上债券和信用违约互换 CDS) 的报价中推得. 约化方法由 Jarrow 和 Turnbull (1995), Jarrow, Lando 和 Turnbull (1997) 以及 Duffie 和 Singleton (1999) 等人最早采用.

在本章中, 我们采用结构化方法处理挂钩公司违约, 在随机利率假定下用偏微分方程的方法求出高回报率和低回报率需满足的关系, 并讨论了其金融意义, 为银行在设计该类产品时提供参考.

## 3.2 基本假定

(1) 市场利率模型: 我们采用服从均值回归的 Vasicek 模型 [14],

$$dr_t = \theta(\mu_r - r_t)dt + \sigma_r dW_t^1 \tag{3.1}$$

这里 $\theta, \mu_r, \sigma_r$ 为正常数, $W_t^1$ 是标准布朗运动.

(2) 对挂钩公司, 假定其资产过程满足几何布朗运动, 即在风险中性测度下

$$\frac{dX_t}{X_t} = r_t dt + \sigma_X dW_t^2 \tag{3.2}$$

其中 $\sigma_X$ 是常数, $W_t^2$ 是标准布朗运动. $dW_t^1$ 与 $dW_t^2$ 的相关系数为 $\rho$, 即

$$\mathrm{Cov}(dW_t^1, dW_t^2) = \rho dt$$

公司向银行贷款总面值为 $F$, 到期日为 $T$, 其间, 一旦公司资产 $X \leqslant FP(t, r; T)$, 则公司破产, 这里 $P(t, r; T)$ 为无风险零息票国债的价格, $FP(t, r; T)$ 为违约边界. 其金融意义是在无风险意义下, $FP(t, r; T)$ 在 $T$ 时刻的值刚好为 $F$. 所以, 当公司资产下降到 $FP(t, r; T)$ 时, 银行将强制公司破产以保护债权人的利益. 由于资产变现过程中通常会有损失, 一旦公司破产, 银行将会遭受损失.

(3) 银行为分散遭受的信用风险, 发行不可提前支取的定期存款, 到期日为 $T$. 并规定, 如果公司 B 不违约, 则投资人在到期日 $T$ 可得 $a$ 元, 高于同期市场收益; 否则得 $b$ 元, 低于同期市场收益.

(4) 市场无摩擦, 无套利.

假定该存款合约的价值为 $V(t,r,X;T)$, 我们将建立 $V$ 满足的方程. 利用 $\Delta$-对冲原理, 我们在时间 $(t,t+dt)$ 做一个投资组合 $\Pi$, 使得 $\Pi$ 在 $(t,t+dt)$ 时间段内无风险, $\Pi$ 是由 1 份合约的多头 $V$ 和 $\Delta_1$ 份公司资产 $X$ 及 $\Delta_2$ 份零息票 $P$ 的空头组成: $\Pi_t = V_t - \Delta_1 X_t - \Delta_2 P_t$. 在 $(t,t+dt)$ 时间段 $\Pi$ 的收益为

$$d\Pi_t = dV_t - \Delta_1 dX_t - \Delta_2 dP_t \tag{3.3}$$

由 Itô 公式, 可得:

$$\begin{aligned} d\Pi_t = &\left[\frac{\partial V}{\partial t}dt + \frac{\partial V}{\partial r}dr_t + \frac{\partial V}{\partial X}dX_t \right. \\ &\left. + \frac{1}{2}\left(\frac{\partial^2 V}{\partial r^2}\sigma_r^2 + \frac{\partial^2 V}{\partial X^2}\sigma_X^2 X^2 + 2\frac{\partial^2 V}{\partial r \partial X}X\rho\sigma_r\sigma_X\right)dt\right] \\ &-\Delta_1 dX_t - \Delta_2\left(\frac{\partial P}{\partial t}dt + \frac{\partial P}{\partial r}dr + \frac{1}{2}\frac{\partial^2 P}{\partial r^2}\sigma_r^2\right)dt \end{aligned} \tag{3.4}$$

取 $\Delta_1 = \frac{\partial V}{\partial X}$, $\Delta_2 = \frac{\frac{\partial V}{\partial r}}{\frac{\partial P}{\partial r}}$ 以消去随机项, 根据无套利原理, 此时

$$d\Pi_t = r\Pi_t dt \tag{3.5}$$

经计算得:

$$\begin{aligned} &\frac{\dfrac{\partial P}{\partial t} + \dfrac{1}{2}\sigma_r^2\dfrac{\partial^2 P}{\partial r^2} - rP}{\dfrac{\partial P}{\partial r}} \\ = &\frac{\dfrac{\partial V}{\partial t} + \dfrac{\partial V}{\partial X}rX + \dfrac{1}{2}\left(\dfrac{\partial^2 V}{\partial r^2}\sigma_r^2 + \dfrac{\partial^2 V}{\partial X^2}\sigma_X^2 X^2 + 2\dfrac{\partial^2 V}{\partial r\partial X}X\rho\sigma_r\sigma_X\right) - rV}{\dfrac{\partial V}{\partial r}} \end{aligned} \tag{3.6}$$

如果引入风险的市场价格 [12] (Market Price of Risk) $\lambda$, 在 Vasicek 模型之下,

$$\frac{\dfrac{\partial P}{\partial t} + \dfrac{1}{2}\sigma_r^2\dfrac{\partial^2 P}{\partial r^2} - rP}{\dfrac{\partial P}{\partial r}} = \lambda\sigma_r - \theta(\mu_r - r) \tag{3.7}$$

注意到方程 (3.6) 等号左侧是关于函数 $P$ 的表达式, 而右侧是关于函数 $V$ 的表达式, 这说明其应等于一个与 $P, V$ 无关的函数, 而利率的风险市场价格 $\lambda$, 可从国债价格反求, 也可从投资者的效用或偏好求出 [2].

由此

$$\frac{\partial P}{\partial t}+\frac{\partial P}{\partial r}[\theta(\mu_r-r)-\lambda\sigma_r]+\frac{1}{2}\sigma_r^2\frac{\partial^2 P}{\partial r^2}-rP=0 \tag{3.8}$$

$$\begin{aligned}LV=&\frac{\partial V}{\partial t}+\frac{\partial V}{\partial r}[\theta(\mu_r-r)-\lambda\sigma_r]+\frac{\partial V}{\partial X}rX\\&+\frac{1}{2}\left(\frac{\partial^2 V}{\partial r^2}\sigma_r^2+\frac{\partial^2 V}{\partial X^2}\sigma_X^2X^2+2\frac{\partial^2 V}{\partial r\partial X}X\rho\sigma_r\sigma_X\right)-rV=0\end{aligned} \tag{3.9}$$

记

$$\delta_r=\mu_r-\lambda\sigma_r/\theta$$

则 (3.8), 式 (3.9) 式可改写为:

$$\frac{\partial P}{\partial t}+\frac{\partial P}{\partial r}\theta(\delta_r-r)+\frac{1}{2}\sigma_r^2\frac{\partial^2 P}{\partial r^2}-rP=0 \tag{3.10}$$

$$\begin{aligned}LV=&\frac{\partial V}{\partial t}+\frac{\partial V}{\partial r}\theta(\delta_r-r)+\frac{\partial V}{\partial X}rX\\&+\frac{1}{2}\left(\frac{\partial^2 V}{\partial r^2}\sigma_r^2+\frac{\partial^2 V}{\partial X^2}\sigma_X^2X^2+2\frac{\partial^2 V}{\partial r\partial X}X\rho\sigma_r\sigma_X\right)-rV=0\end{aligned} \tag{3.11}$$

从而定解问题为

$$\begin{cases}LV=0, \quad -\infty<r<+\infty, X>FP(r,t,;T), 0<t<T\\ V(X,r,T)=a\\ V(X,r,t)|_{X=FP(r,t;T)}=bP(r,t;T)\end{cases} \tag{3.12}$$

## 3.3 定解问题的简化及求解

以上定解问题是二维问题, 我们采用转换计价单位的方法, 以到期日 $T$ 的零息票 $P_t$ 作为计价单位, 考虑相对于 $P_t$ 的相对价格 $\frac{V_t}{P_t}$ 和 $\frac{X_t}{P_t}$ 以消除利率的影响, 把上述定解问题转化为一维问题来处理. 到期日 $T$ 的零息票价格 $P$ 满足下列边值问题:

$$\begin{cases}\frac{\partial P}{\partial t}+\frac{\partial P}{\partial r}\theta(\delta_r-r)+\frac{1}{2}\sigma_r^2\frac{\partial^2 P}{\partial r^2}-rP=0, \quad -\infty<r<+\infty, 0\leqslant t\leqslant T\\ P(r,T,T)=1\end{cases} \tag{3.13}$$

令

$$z=\frac{X}{P(r,t)},\quad W(z,t)=\frac{V(X,r,t)}{P(r,t)}$$

其中 $P(r,t)$ 是定解问题 (3.13) 的解, 直接计算得:

$$\frac{\partial V}{\partial t}=W\cdot\frac{\partial P}{\partial t}+P\left(\frac{\partial W}{\partial t}+\frac{\partial W}{\partial z}\cdot\frac{\partial z}{\partial P}\cdot\frac{\partial P}{\partial t}\right)$$

$$\frac{\partial V}{\partial t}=W\cdot\frac{\partial P}{\partial t}-z\cdot\frac{\partial W}{\partial z}\cdot\frac{\partial P}{\partial t}+P\frac{\partial W}{\partial t}$$

$$\frac{\partial V}{\partial r}=W\cdot\frac{\partial P}{\partial r}-z\frac{\partial W}{\partial z}\cdot\frac{\partial P}{\partial r}$$

$$\frac{\partial V}{\partial X}=\frac{\partial W}{\partial z}$$

$$\frac{\partial^2 V}{\partial r^2}=\left(W-z\frac{\partial W}{\partial z}\right)\frac{\partial^2 P}{\partial r^2}+\frac{z^2}{P}\cdot\frac{\partial^2 W}{\partial z^2}\cdot\left(\frac{\partial P}{\partial r}\right)^2$$

$$\frac{\partial^2 V}{\partial X^2}=\frac{1}{P}\frac{\partial^2 W}{\partial z^2}$$

$$\frac{\partial^2 V}{\partial r\partial X}=-\frac{z}{P}\frac{\partial^2 W}{\partial z^2}\cdot\frac{\partial P}{\partial r}$$

将上面各式代入 (3.11) 并化简得:

$$\frac{\partial W}{\partial t}+\frac{1}{2}z^2\frac{\partial^2 W}{\partial z^2}\left[\frac{1}{P^2}\left(\frac{\partial P}{\partial r}\right)^2\sigma_r^2+\sigma_X^2-2\rho\sigma_r\sigma_X\frac{1}{P}\cdot\frac{\partial P}{\partial r}\right]=0 \tag{3.14}$$

又因为定解问题 (3.13) 有唯一仿射结构解 [14]:

$$P(r,t)=A(t)e^{-B(t)r} \tag{3.15}$$

其中

$$A(t)=e^{\frac{(B(t)-T+t)\left(\theta^2\delta_r-\frac{\sigma_r^2}{2}\right)}{\theta^2}-\frac{\sigma_r^2B^2(t)}{4\theta}},\quad B(t)=\frac{1-e^{-\theta(T-t)}}{\theta} \tag{3.16}$$

而

$$\frac{1}{P}\frac{\partial P}{\partial r}=\frac{\partial\ln P}{\partial r}=-B$$

因此

$$\frac{1}{P^2}\left(\frac{\partial P}{\partial r}\right)^2\sigma_r^2+\sigma_X^2-2\rho\sigma_r\sigma_X\frac{1}{P}\frac{\partial P}{\partial r}=B^2(t)\sigma_r^2+\sigma_X^2+2\rho\sigma_r\sigma_X B(t)>0$$

注意到它仅与 $t$ 有关, 令

$$\sigma^2(t)=\frac{1}{P^2}\left(\frac{\partial P}{\partial r}\right)^2\sigma_r^2+\sigma_X^2-2\rho\sigma_r\sigma_X\frac{1}{p}\frac{\partial P}{\partial r}$$

则方程 (3.14) 可写成

$$\frac{\partial W}{\partial t}+\frac{1}{2}z^2\sigma^2(t)\frac{\partial^2 W}{\partial z^2}=0 \tag{3.17}$$

经过转化计价单位, 方程变为一维问题, 定解问题要变成一维问题还须看终值和边界条件. 在变换 $z=\frac{X}{P(r,t;T)}$, $W(z,t)=\frac{V(X,r,t;T)}{P(r,t;T)}$ 下, 因为 $P(r,T,T)=1$, 定解问题 (3.12) 降为一维问题:

$$\begin{cases}\dfrac{\partial W}{\partial t}+\dfrac{1}{2}z^2\sigma^2(t)\dfrac{\partial^2 W}{\partial z^2}=0, & F<z<\infty, 0<t<T\\ W(z,r,T)=a & \\ W\big|_{z=F}=b, & 0<r<T\end{cases} \tag{3.18}$$

取

$$\tau=\int_0^t \sigma^2(\xi)d\xi$$

问题 (3.18) 变为

$$\begin{cases}\dfrac{\partial W}{\partial \tau}+\dfrac{1}{2}z^2\dfrac{\partial^2 W}{\partial z^2}=0, & F<z<\infty, 0\leqslant\tau<\tilde{T}\\ W(z,r,\tilde{T})=a & \\ W\big|_{z=F}=b & \end{cases} \tag{3.19}$$

这里

$$\tilde{T}=\int_0^T \sigma^2(\xi)d\xi$$

令

$$x=\ln\frac{z}{F}$$

定解问题 (3.19) 变为常系数问题:

$$\begin{cases}\dfrac{\partial W}{\partial \tau}+\dfrac{1}{2}\dfrac{\partial^2 W}{\partial x^2}-\dfrac{1}{2}\dfrac{\partial W}{\partial x}=0, & 0<x<\infty, 0\leqslant\tau<\tilde{T}\\ W(x,r,\tilde{T})=a & \\ W\big|_{x=0}=b & \end{cases} \tag{3.20}$$

设

$$U = W - b$$

则问题 (3.20) 化为齐次边值问题:

$$\begin{cases} \dfrac{\partial U}{\partial \tau} + \dfrac{1}{2}\dfrac{\partial^2 U}{\partial x^2} - \dfrac{1}{2}\dfrac{\partial U}{\partial x} = 0, \quad 0 < x < \infty, 0 \leqslant \tau \leqslant \tilde{T} \\ U(x, r, \tilde{T}) = a - b \\ U\big|_{x=0} = 0 \end{cases} \tag{3.21}$$

再令

$$\tilde{U} = e^{\frac{1}{8}\tau - \frac{1}{2}x} U$$

定解问题 (3.21) 变为:

$$\begin{cases} \dfrac{\partial \tilde{U}}{\partial \tau} + \dfrac{1}{2}\dfrac{\partial^2 \tilde{U}}{\partial x^2} = 0, \quad 0 < x < \infty, 0 \leqslant \tau \leqslant \tilde{T} \\ \tilde{U}(x, r, \tilde{T}) = e^{\frac{1}{8}\tilde{T} - \frac{1}{2}x}(a - b) \\ \tilde{U}\big|_{x=0} = 0 \end{cases} \tag{3.22}$$

为利用镜像法 [5] 求解上述问题, 对终值条件做奇开拓. 定义

$$\varphi(x) = \begin{cases} e^{\frac{1}{8}\tilde{T} - \frac{1}{2}x}(a - b), & x > 0 \\ -e^{\frac{1}{8}\tilde{T} + \frac{1}{2}x}(a - b), & x < 0 \end{cases} \tag{3.23}$$

易见 $\varphi(x) = -\varphi(-x)$, 即 $\varphi(x)$ 是奇函数. 考虑 Cauchy 问题:

$$\begin{cases} \dfrac{\partial \tilde{U}}{\partial \tau} + \dfrac{1}{2}\dfrac{\partial^2 \tilde{U}}{\partial x^2} = 0, \quad x \in R, 0 \leqslant \tau \leqslant \tilde{T} \\ \tilde{U}\big|_{\tau=0} = \varphi(x) \end{cases} \tag{3.24}$$

由于 (3.24) 的解必是奇函数, 因此它在区域 $\{(x, t) | x \in R_+, 0 \leqslant \tau \leqslant \tilde{T}\}$ 上的限制必适合定解问题 (3.22), 而 Cauchy 问题 (3.24) 的解可由 Poisson 公式表示为:

$$\begin{aligned} \tilde{U}(x, \tau) &= \frac{1}{\sqrt{2\pi\left(\tilde{T} - \tau\right)}} \int_{-\infty}^{+\infty} e^{-\frac{(x-\xi)^2}{2(\tilde{T}-\tau)}} \varphi(\xi) d\xi \\ &= \frac{(a - b)}{\sqrt{2\pi\left(\tilde{T} - \tau\right)}} \int_0^{+\infty} \left[ e^{-\frac{(x-\xi)^2}{2(\tilde{T}-\tau)}} - e^{-\frac{(x+\xi)^2}{2(\tilde{T}-\tau)}} \right] e^{\frac{1}{8}\tilde{T} - \frac{1}{2}\xi} d\xi \end{aligned} \tag{3.25}$$

配方并用标准正态分布的分布函数 $N(\cdot)$ 表示, 得

$$\begin{aligned}\tilde{U}(x,\tau)=(a-b)e^{\frac{1}{4}\tilde{T}-\frac{1}{8}\tau}\Bigg\{e^{-\frac{1}{2}x}\left[1-N\left(-x+\frac{\tilde{T}-\tau}{2}\right)\right]\\ -e^{\frac{1}{2}x}\left[1-N\left(x+\frac{\tilde{T}-\tau}{2}\right)\right]\Bigg\}\end{aligned}\tag{3.26}$$

回到原变量, 得

$$\begin{aligned}V(X,r,t;T)=P(r,t,T)\Bigg\{e^{\frac{1}{4}\int_t^T\sigma^2(\xi)d\xi}(a-b)\Bigg\{\Bigg[1-N\Bigg(-\ln\frac{X}{FP(r,t,T)}\\ +\frac{1}{2}\int_t^T\sigma^2(\xi)d\xi\Bigg)\Bigg]-\frac{X}{FP(r,t,T)}\Bigg[1-N\Bigg(\ln\frac{X}{FP(r,t,T)}\\ -\frac{1}{2}\int_t^T\sigma^2(\xi)d\xi\Bigg)\Bigg]\Bigg\}+b\Bigg\}\end{aligned}\tag{3.27}$$

由于初始存款通常为 1 元, 即 $V(X_0,r_0,0;T)=1$, 可确定发行时, 高收益率 $a$ 和低收益率 $b$ 之间的关系为

$$\begin{aligned}V(X_0,r_0,0;T)=P(r_0,0;T)\Bigg\{e^{\frac{1}{4}\int_0^T\sigma^2(\xi)d\xi}(a-b)\Bigg\{\Bigg[1-N\Bigg(-\ln\frac{X_0}{FP(r_0,0;T)}\\ +\frac{1}{2}\int_0^T\sigma^2(\xi)d\xi\Bigg)\Bigg]-\frac{X_0}{FP(r_0,0;T)}\Bigg[1-N\Bigg(\ln\frac{X_0}{FP(r_0,0;T)}\\ -\frac{1}{2}\int_0^T\sigma^2(\xi)d\xi\Bigg)\Bigg]\Bigg\}+b\Bigg\}=1\end{aligned}\tag{3.28}$$

由问题本身的金融意义可知, 高收益 $a$ 越大, 则低收益 $b$ 越小. 下面我们从 (3.28) 证明这一点.

在 (3.28) 式中, $a$ 对 $b$ 求导, 记

$$\begin{aligned}D=e^{\frac{1}{4}\int_0^T\sigma^2(\xi)d\xi}\Bigg\{\Bigg[1-N\Bigg(-\ln\frac{X_0}{FP(r_0,0;T)}+\frac{1}{2}\int_0^T\sigma^2(\xi)d\xi\Bigg)\Bigg]\\ -\frac{X_0}{FP(r_0,0;T)}\Bigg[1-N\Bigg(\ln\frac{X_0}{FP(r_0,0;T)}-\frac{1}{2}\int_0^T\sigma^2(\xi)d\xi\Bigg)\Bigg]\Bigg\}\end{aligned}$$

可得

$$\frac{da}{db}=1-\frac{1}{D}$$

我们只需证明 $0 < D < 1$ 即可. 由上面方程求解过程可知, $D$ 是以下问题

$$\begin{cases} \dfrac{\partial W}{\partial t} + \dfrac{1}{2} z^2 \sigma^2(t) \dfrac{\partial^2 W}{\partial z^2} = 0, z > F, 0 < t < T \\ W(z, r, T) = a \\ W\big|_{z=F} = b \end{cases} \tag{3.29}$$

当 $b = 0, a = 1$ 时的解在 $t = 0$ 时的值, 由极值原理, $0 < D < 1$, 从而 $a$ 关于 $b$ 单调下降.

银行在设计该产品时可根据投资者的风险偏好首先确定低收益率 $b$ 的值, 然后由上面 $a, b$ 的关系确定高收益率 $a$ 的值. 例如对较保守的投资者, 可取 $b = 1$, 即完全保本, 而对风险承受力较强的投资者可取 $b < 1$.

## 3.4 结论

在均值回归的 Vasicek 利率模型及对挂钩公司的破产采用结构化方法的首次通过模型, 我们得到了收益与存续期内挂钩公司是否破产有关的信用关联存款的定价公式和设计原理.

## 参考文献


[1] Black F, Cox J C. Valuing Corporate Securities: Some Effects of Bond Indenture Provisions. Journal of Finance, 1976: 31, 351–367.

[2] Campbell J Y. A Defense of Traditional Hypotheses about the Term Structure of Interest Rates. The Journal of Finance, 1986: 41, 183–193.

[3] Duffie D, Singleton K J. Modeling Term Structure of Defaultable Bonds. Review of Financial Studies, 1999: 12, 687–720.

[4] Duffie D, Lando D. Term Structure of Credit Spreads with Incomplete Accounting Information. Econometrica, 2001: 69, 633–664.

[5] Giesecke K. Correlated Default with Incomplete Information. Journal of Banking and Finance, 2004: 28, 1521–1545.

[6] Giesecke K. Default and Information. Working paper, Cornell University, 2005.

[7] Jarrow R, Turnbull S. Pricing Derivatives on Financial Securities Subject to Credit Risk. Journal of Finance, 1995: 50, 53–86.

[8] Jarrow R, Lando D, Turnbull S. A Markov Model for the Term Structure of Credit Risk Spreads. Review of Financial Studies, 1997: 10, 481–523.

[9] Jarrow R, Yu F. Counterparty Risk and the Pricing of Defaultable Securities. Journal of Finance, 2001: 56, 1765–1799.

[10] 姜礼尚. 期权定价的数学模型和方法 (第二版). 北京: 高等教育出版社, 2008.

[11] 姜礼尚, 孙和生, 陈志浩, 管楚诠. 偏微分方程选讲. 北京: 高等教育出版社, 1997.

[12] Hull J. Options, Futures and Other Derivatives (Fourth Edition). Tsinghua University Press 2001.

[13] Merton R. On the Pricing of Corporate Debt: the Risk Structure of Interest Rates. Journal of Finance, 1974: 29, 449–470.

[14] Vasicek O. An Equilibrium Characterization of the Term Structure. The Journal of Financial Economics, 1977: 5, 177–188.

[15] Zhou C. A Jump-Diffusion Approach to Modeling Credit Risk and Valuing Defaultable Securities. Finance and Economic Discussion Series, 1997–15.

# 第 4 章

# 有偿债基金机制的公司债定价模型[①]

## 4.1 问题的提出

有偿债基金机制的公司债是指发行公司专门提取偿债基金以保证本息偿还的公司债券. 这种债券规定发行公司在债券到期之前, 要按照契约规定, 定期提取一定比例的盈利作为偿债基金, 交由接受委托的信托公司或金融机构保管, 逐步积累以保证债券到期一次偿还. 此种债券具有提前偿还的性质.

偿债基金 (Sinking Fund) 亦称 "减债基金", 它是发行人为确保在到期日有足够的资金以偿还债权人的本金和利息, 在债券未到期前预先按期提存的基金. 偿债基金通常选定一家银行作为信托管理人, 由信托管理人利用这笔基金进行各种投资, 投资收益则增加偿债基金, 相当于一笔专用基金存款. 至于基金的计提方式有: 定期计提一定的金额, 以债务余额的一定比例计提, 依盈利多少计提 (但有最低额度限制), 计提金额逐年增加以及依普通股份分红情形计提, 以上各种方式可依实际需要酌情采用.

## 4.2 数学模型和求解

### 4.2.1 基本假定

(1) 假设公司的资产值在风险中性测度下满足随机微分方程

[①]本章由任学敏、光华撰写.

$$\frac{dV_t}{V_t} = rdt + \sigma dW_t \tag{4.1}$$

其中 $r$ 为无风险利率, $\sigma$ 为波动率, 均为常数, $W_t$ 是标准布朗运动, 即 $E(dW_t) = 0$, $Var(dW_t) = dt$, $t = 0$ 时刻的公司资产记为 $V_0$. $T_1$ 时刻, 计提基金之前公司资产记为 $V_{T_1-}$, 计提基金后记为 $V_{T_1+}$. 如果公司在 $[0, T_1]$ 内没有违约, 在 $T_1$ 时刻公司计提偿债基金, 公司资产发生跳跃, 之后继续满足 (4.1) 式描述的几何布朗运动.

(2) 假设某一有偿债基金机制的公司发行了到期日为 $T_2$, 面值为 1 元的零息票债券, 到期日应偿还债务为 $K$, 价格记为 $P$. 根据契约规定, 如果公司在 $T_1$ 时刻有盈利, 则按照比例 $\omega$ 计提盈利作为偿债基金, 并且按照债务额限定计提基金的最高额度分别为 $hK$; 否则不计提偿债基金. 记计提偿债基金金额为 $F$, 则有

$$\begin{aligned} F &= \begin{cases} 0, & V_{T_1-} \in (Ke^{-r(T_2-T_1)}, V_0] \\ \min\{\omega(V_{T_1-} - V_0), hK\}, & V_{T_1-} \in [V_0, +\infty) \end{cases} \\ &= \begin{cases} 0, & V_{T_1-} \in (Ke^{-r(T_2-T_1)}, V_0] \\ \omega(V_{T_1-} - V_0), & V_{T_1-} \in \left[V_0, V_0 + \dfrac{hK}{\omega}\right] \\ hK, & V_{T_1-} \in \left[V_0 + \dfrac{hK}{\omega}, +\infty\right) \end{cases} \end{aligned} \tag{4.2}$$

其中, $Ke^{-r(T_2-T_1)}$ 的意义见假定 (3). 那么计提基金后公司资产 $V_{T_1+}$ 可表示为

$$V_{T_1+} = V_{T_1-} - F = \begin{cases} V_{T_1-}, & V_{T_1-} \in (Ke^{-r(T_2-T_1)}, V_0] \\ (1-\omega)V_{T_1-} + \omega V_0, & V_{T_1-} \in \left[V_0, V_0 + \dfrac{hK}{\omega}\right] \\ V_{T_1-} - hK, & V_{T_1-} \in \left[V_0 + \dfrac{hK}{\omega}, +\infty\right) \end{cases} \tag{4.3}$$

(3) 假定时间段 $[0, T_1]$ 内公司的违约边界为 $K(t)$, $[T_1, T_2]$ 内的违约边界为 $\tilde{K}(t)$. 其中

$$K(t) = Ke^{-r(T_2-t)} \tag{4.4}$$

$$\tilde{K}(t) = (K - Fe^{r(T_2-T_1)})e^{-r(T_2-t)} \triangleq \bar{K}e^{-r(T_2-t)} \tag{4.5}$$

其中

$$\bar{K}=\begin{cases}K, & V_{T_1-}\in\left(Ke^{-r(T_2-T_1)},V_0\right]\\ K-\omega(V_{T_1-}-V_0)e^{r(T_2-T_1)}, & V_{T_1-}\in\left[V_0,V_0+\dfrac{hK}{\omega}\right]\\ K-hKe^{r(T_2-T_1)}, & V_{T_1-}\in\left[V_0+\dfrac{hK}{\omega},+\infty\right)\end{cases}\tag{4.6}$$

(4) 假定公司发生违约后的回收率为常数 $\alpha$, 采用面值回收. 如果公司在 $[0,T_1]$ 上违约, 则债券持有人可在 $T_2$ 时得到 $\alpha$ 元; 如果公司在 $[T_1,T_2]$ 内违约, 由于计提的基金到期时一定能得到, 所以债券持有人 $T_2$ 时可得到

$$\frac{[Fe^{r(T_2-T_1)}+\alpha(K-Fe^{r(T_2-T_1)})]}{K}\text{ 元.}$$

(5) 假设市场是完全的, 无摩擦的.

### 4.2.2 模型建立及求解

#### 4.2.2.1 $[0,T_1]$ 内公司没有违约的概率和 $T_1$ 时刻公司资产的条件分布

在时间段 $[0,T_1]$ 上公司可能的违约时间记为 $\tau$, $\tau=\inf\{t|V_t\leqslant K(t);t\in[0,T_1]\}$, 那么公司在 $[0,T_1]$ 上没有违约的概率可以表示为 $P(\tau>T_1)$. 记公司资产 $V$ 在 $T_{1-}$ 时刻的条件分布密度函数为 $p(V_{T_1-}=y|\tau>T_1)$, 即公司在时间段 $[0,T_1]$ 内没有违约的前提下公司资产为 $y$ 的密度. 记公司资产 $V$ 在 $T_{1+}$ 时刻的条件密度为 $p(V_{T_1+}=z|\tau>T_1)$, 其中 $z=y-F$. 由 (4.1) 式和 Itô 公式可得 $V_{T_1-}=V_0e^{(r-\frac{\sigma^2}{2})T_1+\sigma W_{T_1}}$, 令 $y=V_0e^{(r-\frac{\sigma^2}{2})T_1+\sigma x}$ 可知事件 $\{V_{T_1-}=y\}\sim\{W_{T_1}=x\}$. 对事件 $\{\tau>T|V_{T_1-}=y\}$ 做如下等价变换:

$$\begin{aligned}&\{\tau>T_1|V_{T_1-}=y\}\\ \sim&\{V_t>K(t),0\leqslant t\leqslant T_1|V_{T_1-}=y\}\\ \sim&\{\ln V_t>\ln K(t),0\leqslant t\leqslant T_1|V_{T_1-}=y\}\\ \sim&\left\{\ln V_0+\left(r-\frac{\sigma^2}{2}\right)t+\sigma W_t>\ln K-r\left(T_2-t\right),0\leqslant t\leqslant T_1|V_{T_1-}=y\right\}\\ \sim&\{W_t>at+b,0\leqslant t\leqslant T_1|W_{T_1}=x\}\\ \sim&\{-\infty<-W_t<-at-b,0\leqslant t\leqslant T_1|-W_{T_1}=-x\}\end{aligned}\tag{4.7}$$

其中 $a=\frac{\sigma}{2},b=\frac{\ln\frac{K}{V_0}-rT_2}{\sigma}$. 由标准布朗运动 $W_t$ 的性质可知 $\{-W(t),t\geqslant 0\}$ 仍为标准布朗运动.

**引理** 设 $\{W(t), t \geqslant 0\}$ 为一维标准布朗运动, $f(s), 0 \leqslant t_1 < s \leqslant t_2$ 为任一线性函数, 则

$$\begin{aligned}&P\left(-\infty < W(s) < f(s), t_1 \leqslant s \leqslant t_2 | W(t_1) = x, W(t_2) = y\right)\\&= 1_{\{f(t_1)>x, f(t_2)>y\}}\left[1 - \exp\left(-\frac{2(f(t_1)-x)(f(t_2)-y)}{t_2 - t_1}\right)\right]\end{aligned} \tag{4.8}$$

引理的证明参见参考文献 [2]. 该问题也可通过二值障碍期权, 利用 Feynman-Kac 公式和偏微分方程的方法求得, 利用引理的结论并结合 (4.7) 式可得

$$\begin{aligned}P(\tau > T_1 | W_{T_1} = x) &= P(W_t > at + b, 0 < t < T_1 | W_{T_1} = x)\\&= P(-\infty < -W_t < -at - b, 0 < t < T_1 | -W_{T_1} = -x)\\&= 1_{\{-aT_1 - b > -x\}}\left[1 - \exp\left(-\frac{2(-b)(-aT_1 - b + x)}{T_1}\right)\right]\end{aligned} \tag{4.9}$$

由 $\{-W(t), t \geqslant 0\}$ 仍为标准布朗运动, 有

$$p(-W_{T_1} = -x) = \frac{1}{\sqrt{2\pi T_1}} e^{-\frac{x^2}{2T_1}} \tag{4.10}$$

由 (4.9) 式和 (4.10) 式进一步可以计算 $[0, T_1]$ 内公司没有违约的概率,

$$\begin{aligned}&P(\tau > T_1)\\&= \int_{-\infty}^{+\infty} P(\tau > T_1 | W_{T_1} = x) p(W_{T_1} = x) dy\\&= \int_{-\infty}^{+\infty} P(-\infty < -W_t < -at - b, 0 < t < T_1 | -W_{T_1} = -x) p(-W_{T_1} = -x) dy\\&= \int_{-\infty}^{-aT_1 - b} \left[1 - \exp\left(-\frac{2(-b)(-aT_1 - b + x)}{T_1}\right)\right] \frac{1}{\sqrt{2\pi T_1}} e^{-\frac{x^2}{2T_1}} dx\\&= N\left(\frac{-aT_1 - b}{\sqrt{T_1}}\right) - \exp(-2ab) N\left(\frac{-aT_1 + b}{\sqrt{T_1}}\right)\end{aligned} \tag{4.11}$$

其中 $N(x)$ 是标准正态分布的累积分布函数. 由 (4.9), (4.10) 和 (4.11) 式可得

$$\begin{aligned}&p(W_{T_1} = x | \tau > T_1)\\&= \frac{P(\tau > T | W_{T_1} = x) p(W_{T_1} = x)}{P(\tau > T_1)}\\&= \frac{1_{\{-aT_1 - b > -x\}}\left[1 - \exp\left(-\frac{2(-b)(-aT_1 - b + x)}{T_1}\right)\right] \cdot \frac{1}{\sqrt{2\pi T_1}} e^{-\frac{x^2}{2T_1}}}{N\left(\frac{-aT_1 - b}{\sqrt{T_1}}\right) - \exp(-2ab) N\left(\frac{-aT_1 + b}{\sqrt{T_1}}\right)}\end{aligned} \tag{4.12}$$

由 (4.6) 式知随机变量 $V_{T_1-}$ 是随机变量 $W_{T_1}\sim N(0,T_1)$ 的函数 [3], 可得

$$\begin{aligned}p(V_{T_1-}=y|\tau>T_1)=&1_{\{y>Ke^{-r(T_2-T_1)}\}}\left[1-\exp\left(-\frac{2(-b)\ln\dfrac{y}{Ke^{-r(T_2-T_1)}}}{\sigma T_1}\right)\right]\\&\cdot\frac{1}{\sqrt{2\pi T_1}}e^{-\frac{(\ln\frac{y}{V_0}-(r-\frac{\sigma^2}{2})T_1)^2}{2T_1\sigma^2}}\cdot\frac{1}{\sigma y}\\&\cdot\left[N\left(\frac{-aT_1-b}{\sqrt{T_1}}\right)-\exp(-2ab)N\left(\frac{-aT_1+b}{\sqrt{T_1}}\right)\right]^{-1}\end{aligned}\tag{4.13}$$

由于 $V_{T_1+}=V_{T_1-}-F$, 由 (4.13) 式可得公司资产 $V$ 在 $T_{1+}$ 时刻的条件分布为:

$$\begin{aligned}p(V_{T_1+}=z|\tau>T_1)=&1_{\{z>Ke^{-r(T_2-T_1)}-F\}}\left[1-\exp\left(-\frac{2(-b)\ln\dfrac{z+F}{Ke^{-r(T_2-T_1)}}}{\sigma T_1}\right)\right]\\&\cdot\frac{1}{\sqrt{2\pi T_1}}e^{-\frac{(\ln\frac{z+F}{V_0}-(r-\frac{\sigma^2}{2})T_1)^2}{2T_1\sigma^2}}\cdot\frac{1}{\sigma(z+F)}\\&\cdot\left[N\left(\frac{-aT_1-b}{\sqrt{T_1}}\right)-\exp(-2ab)N\left(\frac{-aT_1+b}{\sqrt{T_1}}\right)\right]^{-1}\end{aligned}\tag{4.14}$$

#### 4.2.2.2 时间段 $[T_1,T_2]$ 上债券的价格

如果公司在 $[0,T_1]$ 内没有违约, 公司资产在 $[T_1,T_2]$ 上满足 (4.1) 式, $T_1$ 时刻的初值为随机变量 $V_{T_1-}$, 它的密度函数由 (4.14) 式给出. 记 $LP\triangleq\frac{\partial P}{\partial t}+\frac{\sigma^2}{2}V^2\frac{\partial^2P}{\partial V^2}+rV\frac{\partial P}{\partial V}-rP$, 那么债券价格在 $[T_1,T_2]$ 上满足偏微分方程 [4][5]

$$\begin{cases}LP=0,\quad T_1\leqslant t<T_2,K'(t)<V<\infty\\P(\tilde{K}(t),t)=\dfrac{[Fe^{r(T_2-T_1)}+\alpha(K-Fe^{r(T_2-T_1)})]}{K}\cdot e^{-r(T_2-t)}\\P(V,T_2)=1\end{cases}\tag{4.15}$$

记 $\beta=\frac{[Fe^{r(T_2-T_1)}+\alpha(K-Fe^{r(T_2-T_1)})]}{K}$, 由 (4.2) 式可得

$$\beta=\begin{cases}\alpha, & V_{T_1-}\in(Ke^{-r(T_2-T_1)},V_0]\\\alpha+\dfrac{(1-\alpha)\omega(V_{T_1-}-V_0)e^{r(T_2-T_1)}}{K}, & V_{T_1-}\in\left[V_0,V_0+\dfrac{hK}{\omega}\right]\\\alpha+(1-\alpha)he^{r(T_2-T_1)}, & V_{T_1-}\in\left[V_0+\dfrac{hK}{\omega},+\infty\right)\end{cases}\tag{4.16}$$

满足方程 (4.15) 的解为 [6][7]

$$P(V,t)=\{(1-\beta)[N(d_2)-\frac{V}{\overline{K}e^{-r(T_2-t)}}N(-d_1)]+\beta\}e^{-r(T_2-t)} \tag{4.17}$$

其中 $d_1=\frac{\ln\frac{V}{K}+(r+\frac{\sigma^2}{2})(T_1-t)}{\sigma\sqrt{T_1-t}}, d_2=d_1-\sigma\sqrt{T_1-t}$, $N(x)$ 是标准正态分布的累积分布函数, $\overline{K}$ 和 $\beta$ 是由式 (4.6) 和式 (4.16) 给出的分段函数.

**定理** 有偿债基金的公司债券定价公式为

$$\begin{aligned}P|_{t=0}=&\mathrm{Prob}(\tau\leqslant T_1)\cdot\alpha\cdot e^{-rT_2}\\&+\mathrm{Prob}(\tau>T_1)\cdot\int_{Ke^{-r(T_2-T_1)}}^{+\infty}p(V_{T_1-}=y|\tau>T_1)P(V_{T_1+},T_1)dy\cdot e^{-rT_1}\\=&\mathrm{Prob}(\tau\leqslant T_1)\cdot\alpha\cdot e^{-rT_2}\\&+\mathrm{Prob}(\tau>T_1)\cdot\left[\int_{Ke^{-r(T_2-T_1)}}^{V_0}p(V_{T_1-}=y|\tau>T_1)P(y,T_1)dy\right.\\&+\int_{V_0}^{V_0+\frac{hK}{\omega}}p(V_{T_1-}=y|\tau>T_1)P((1-\omega)y+\omega V_0,T_1)dy\\&\left.+\int_{V_0+\frac{hK}{\omega}}^{+\infty}p(V_{T_1-}=y|\tau>T_1)P(y-hK,T_1)dy\right]\cdot e^{-rT_1}\end{aligned} \tag{4.18}$$

其中 $P|_{t=0}$ 表示债券的初始发行价格, $P(V_{T_1+},T_1)$ 为 (4.17) 式在 $T_1$ 时刻的值. 这是因为, 如果公司在时间段 $[0,T_1]$ 内违约, 债券持有人将在到期日 $T_2$ 得到 $\alpha$ 元; 如果公司在时间段 $[0,T_1]$ 内没有违约, 债券在 $T_1$ 时刻的价格 (对应某个确定的公司资产值, 例如 $V_{T_1-}=y$) 可由 (4.17) 式给出.

## 4.3 数值结果及分析

偿债基金债券有提前偿付的性质, 因为在到期日投资者一定可以得到计提的偿债基金, 从 (4.17) 式中可以看出, 这实际上相当于提高了公司违约后的回收率 ($\beta\geqslant\alpha$). (4.18) 式中积分的计算采用蒙特卡罗方法模拟计算 [8][9]. 取如下参数 $r=0.05,\sigma=0.2,\alpha=0.4,\omega=0.5,h=0.5,V_0=1,T_1=1,T_2=2$, 除考虑单个因素变化的影响外参数保持不变. 图 4.1 中横坐标轴表示初始时刻发行的债券总量占公司资产的比例, 可以反映公司的资产结构; 纵坐标轴表示偿债基金债券的发行价, 即可以反映公司的融资成本.

(1) 从图 4.1 可以看到随着债券发行量的增加, 债券的发行价会降低. 从 (4.18) 式分析一方面当债务增加, 公司在 $[0,T_1]$ 内违约的概率会增大, 而 $[0,T_1]$

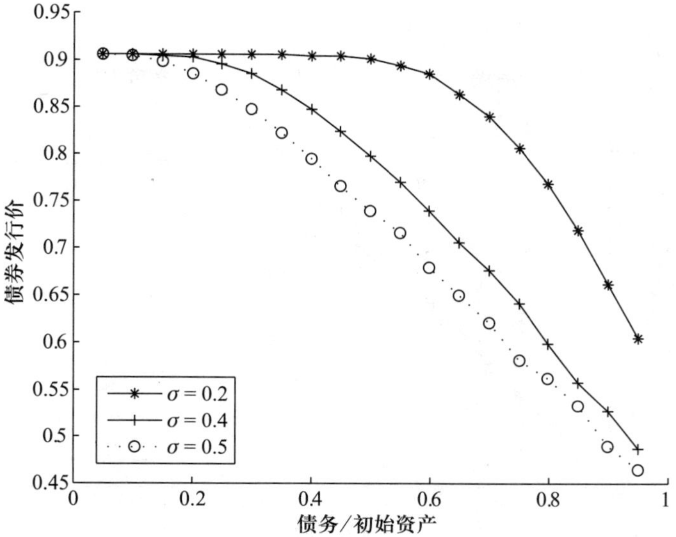


图 4.1 波动率对债券发行价的影响

上公司的回收率小于或等于 $[T_1, T_2]$ 上的回收率; 另一方面当债务增加公司在 $[T_1, T_2]$ 内违约的概率也会增大, 这两方面因素都会使债券价格降低. 这说明公司资产中债务比例增加, 公司的融资成本就会增加. 从图 4.1 中还可以看到, 当债务量相同时, 波动率越大, 债券的价格越低, 即公司的融资成本越高, 所以经营越稳定的公司, 发行债券融资付出的成本应该越小. 这是因为波动率越大, 公司的违约概率越大, 上述的两个方面影响使债券发行价降低.

(2) 从图 4.2 可以看到虽然随着债务的增加, 公司发行债券的融资成本增高, 但是公司的融资量 (筹集到的资本) 呈现先增后减, 在 $K/V_0 = 0.8$ 左右达到最大值. 因此公司在发行债券时应该同时综合考虑所需的资金量和融资成本, 制定适当的融资计划.

(3) 从图 4.3 可以看到公司债券的价格随回收率的增大而增大, 在违约概率相同的情况下回收率越大, 债权人的损失越小, 发行时公司给予债权人的补偿就相对少一些, 债券价格就会比较高, 公司的融资成本比较低.

(4) 从图 4.4 可以看到, 计提基金的比例对债券价格的影响并不明显. 公司在 $T_1$ 时刻有盈利的情况下计提偿债基金占盈利的比例越高, 实际上相当于 $[T_1, T_2]$ 上的回收率 $\beta$ 越大, 而且它对公司违约概率的影响并不显著. 所以在公司违约概率比较小的情况下, 计提比例对债券价格的影响并不明显. 不过理论上计提的比例越高对债权人显然越安全, 所以债券价格应该越高.

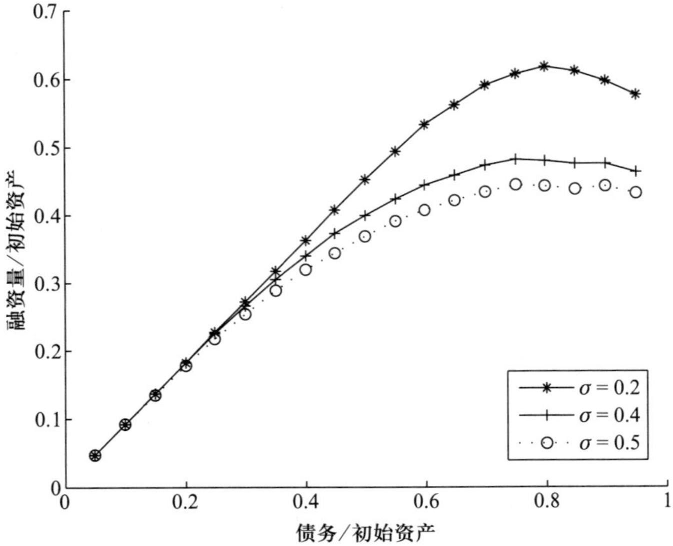


图 4.2　波动率对融资比率的影响

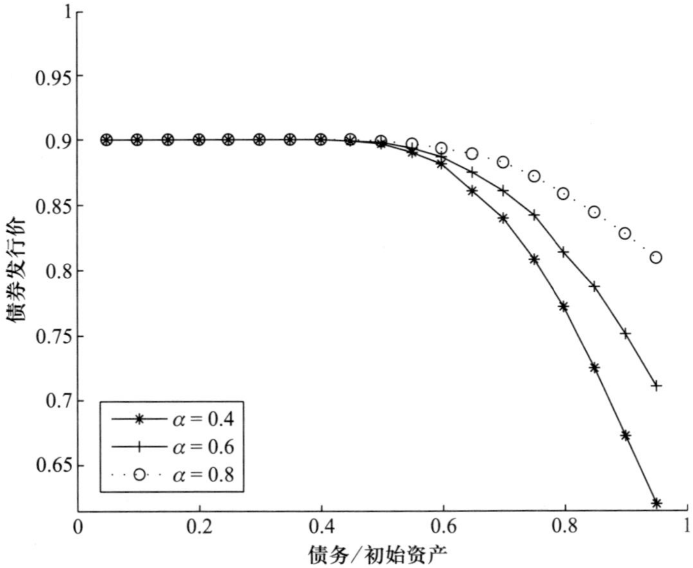


图 4.3　回收率对债券发行价的影响

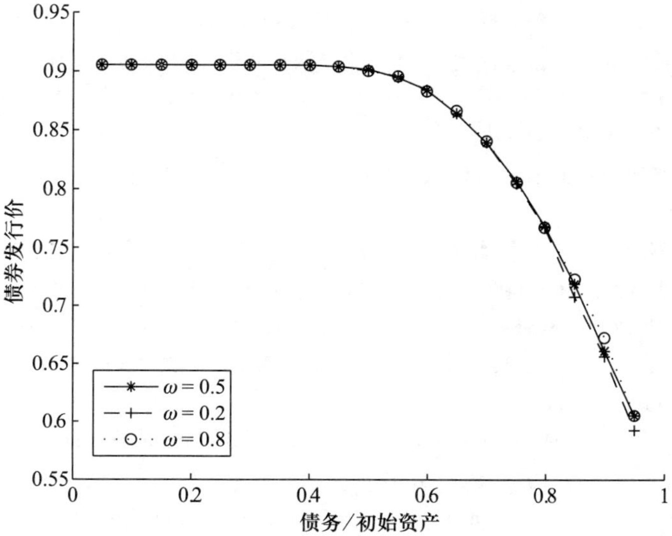


图 4.4 计提比例对债券发行价的影响

## 4.4 结论

本章给出有偿债基金机制公司发行的一张零息票债券的定价模型. 假设债券在存续期间计提一次偿债基金, 这种债券具有提前偿还的性质, 更有利于保护债券持有人的权益. 文中主要给出了公司在计提偿债基金前没有违约的概率以及在此条件下公司资产的条件分布, 并运用到债券定价中. 在债券的定价模型中本章利用了首次通过模型. 最后通过数值计算做图分析债券价格随参数变化的金融意义. 本章的结论是公司发行债券的融资成本随公司资产结构中债务比例的增大而增大, 但是公司发行债券可以筹集到的资金随债务比例的增大呈现先增后减, 在某一特定的资产结构下可以获得最大的融资量, 所以公司在发行债券时应该综合考虑所需的资金量和融资成本, 制定适当的融资计划.

## 参考文献

[1] 徐润, 吕玉华. 标准布朗运动关于线性边界通过概率. 数学研究与评论, 2005: 4, 709–715.

[2] Siegmund D, Yuh Yih-Shyh. Brownian Approximations to First Passage Probabilities. Z. Wahrscheinlichkeitstheorie Verw, 1982: 59, 239–248.

[3] 陈兰祥, 蒋凤瑛. 应用概率论. 上海: 统计出版社, 1999.
[4] 姜礼尚. 期权定价的数学模型和方法 (第二版). 北京: 高等教育出版社, 2008.
[5] 姜礼尚, 徐承龙, 任学敏, 李少华. 金融衍生产品定价的数学模型与案例分析 (第二版). 北京: 高等教育出版社, 2013.
[6] 姜礼尚, 陈亚浙, 刘西垣, 易法槐. 数学物理方程讲义 (第三版). 北京: 高等教育出版社, 2007.
[7] 姜礼尚, 孙和生, 陈志浩, 管楚诠. 偏微分方程选讲. 北京: 高等教育出版社, 1997.
[8] 王沫然. MATLAB 与科学计算 (第二版). 北京: 电子工业出版社, 2003.
[9] 同济大学计算数学教研室. 现代数值数学和计算. 上海: 同济大学出版社, 2004.
[10] Merton R C. Theory of Rational Option Pricing. Bell Journal of Economics and Management Science, 1973: 4, 141–183.
[11] Black F, Scholes M. The Pricing of Options and Corporate Liabilities. Journal of Political economy, 1973: 81, 637–654.
[12] Black F, Cox J C. Valuing Corporate Securities: Some Effects of Bond Indenture Provisions. Journal of Finance, 1976: 31, 351–367.

# 第 5 章

# 约化方法下有第三方担保的企业债券定价[①]

## 5.1 问题的提出

随着金融市场的发展和完善, 投资者对金融风险的承受力的增强, 发行企业债券成为公司融资的重要渠道. 但企业债券的明显特性是具有信用风险, 即一旦企业破产, 债券投资人会遭受损失. 因此, 从金融市场上的报价可知, 同样期限的企业债券的收益率要比国债的高, 其差额主要是对投资者承受的信用风险的补偿.

如何降低信用风险对投资者和债券发行公司都很重要. 在同样条件下, 信用风险低的债券售价高. 常见的降低信用风险的手段有第三方担保、抵押、轧差 (Netting) 和偿债基金等, 其中第三方担保尤为常见. 本章在约化模型的框架下, 用偏微分方程的方法得到了第三方担保的企业债券的定价公式, 并讨论了担保方的违约等因素对债券定价的影响.

## 5.2 模型和求解

### 5.2.1 基本假定

(1) 公司 A 发行了零息票公司债券, 到期日为 $T$. 公司 B 为其做担保, 即 A

[①]本章由任学敏撰写.

公司一旦破产, 其债券投资人的损失将由 B 公司承担, 如果这时 B 公司没有破产的话.

(2) 公司 A 和 B 的破产是由不可料事件引发的. 违约强度 $\lambda_A, \lambda_B$ 是常数, 公司 B 违约时间记为 $\tau$. 一旦公司 A 发生违约, 回收为违约前市价的 $\varepsilon$ 份, $0 \leqslant \varepsilon \leqslant 1$, 即采用市价回收.

(3) 只要公司 B 不破产, 当公司 A 破产时, 公司 B 一定能对公司 A 债券投资人的损失完全补偿. 由于两公司同时破产的概率为零, 我们不考虑这种情况.

(4) 市场利率满足具有均值回归性质的 Vasicek 模型, 即

$$dr_t = \alpha(\theta - r_t)dt + \sigma_r dW_t \tag{5.1}$$

### 5.2.2 定价公式

记 $D(t, r)$ 为与公司 A 的债券有相同到期日的无风险零息票的价格, 则其有仿射结构解 [7]

$$D(r, t) = e^{A(t) - B(t)r} \tag{5.2}$$

其中

$$A(t) = \frac{(B(t) - T + t)(\alpha^2\theta - \frac{\sigma_r^2}{2})}{\alpha^2} - \frac{\sigma_r^2 B^2(t)}{4\alpha}, \quad B(t) = \frac{1 - e^{-\alpha(T-t)}}{\alpha}$$

我们的定价思路是对每个可能的公司 B 的违约时刻 $\tau$, 确定相应公司 A 债券的价格, 而违约时刻 $\tau$ 的概率密度函数为

$$q(t) = \lambda_B e^{-\lambda_B(T-t)} \tag{5.3}$$

这样公司 A 债券的价格就是对每个违约时刻得到的价格关于 $\tau$ 的数学期望. 记 $P^\tau(t, r; T)$ 为公司 B 的违约时刻 $\tau$ 确定时公司 A 债券的价格, 对 $0 < \tau \leqslant T$, 显然在 $\tau$ 之后, 公司 A 失去了担保, 在 $\tau$ 时刻债券的价格为

$$P^\tau(\tau, r; T) = D(\tau, r; T)e^{-\lambda_A(1-\varepsilon)(T-\tau)} \tag{5.4}$$

而在 $\tau$ 之前, 由于公司 B 不破产, 公司 A 的债券是无风险的, 因为即使公司 A 破产, 投资人的损失将由公司 B 承担. 对确定的公司 B 的违约时刻 $\tau$, 公司 A 债券的价格 $P^\tau(t, r; T)$ 在 $t = \tau$ 处是连续的. 因此在 $t = 0$ 时刻的公司 A 债券的价格就是其在 $t = \tau$ 的价格按无风险利率的贴现, 即

$$P^\tau(0, r; T) = D(0, r; \tau)P^\tau(\tau, r; T) = D(0, r; T)e^{-\lambda_A(1-\varepsilon)(T-\tau)} \tag{5.5}$$

当 $\tau > T$ 时, 即在公司 A 债券的存续期内公司 B 不违约, 则公司 A 的债券相当于国债, 即

$$P^{\tau}(0,r;T) = D(0,r;T) \tag{5.6}$$

从而可得

$$P(0,r;T) = \int_0^T q(\tau)P^{\tau}(0,r;T)d\tau + e^{-\lambda_B T}D(0,r;T)$$

$$= \begin{cases} D(0,r;T)(\lambda_B T+1)e^{-\lambda_B T}, & \lambda_B = \lambda_A(1-\varepsilon) \\ D(0,r;T)\left\{\dfrac{\lambda_B}{\lambda_B-\lambda_A(1-\varepsilon)}\left[e^{-\lambda_A(1-\varepsilon)T}-e^{-\lambda_B T}\right]+e^{-\lambda_B T}\right\}, & \\ & \lambda_B \neq \lambda_A(1-\varepsilon) \end{cases} \tag{5.7}$$

## 5.3 金融意义分析

**性质 5.1** 由于担保公司有破产的可能, 公司 A 的债券仍然存在信用风险, 从而其价格比相应的国债低, 但比无担保时的价格要高, 因为通过担保降低了信用风险, 即

$$D(0,r;T)e^{-\lambda_A(1-\varepsilon)T} < P(0,r;T) < D(0,r;T) \tag{5.8}$$

**证明** 记

$$g(\lambda_B) = \begin{cases} (\lambda_B T+1)e^{-\lambda_B T}, & \lambda_B = \lambda_A(1-\varepsilon) \\ \dfrac{\lambda_B}{\lambda_B-\lambda_A(1-\varepsilon)}\left[e^{-\lambda_A(1-\varepsilon)T}-e^{-\lambda_B T}\right]+e^{-\lambda_B T}, & \lambda_B \neq \lambda_A(1-\varepsilon) \end{cases} \tag{5.9}$$

易知, 无论 $\lambda_B = \lambda_A(1-\varepsilon)$ 还是 $\lambda_B \neq \lambda_A(1-\varepsilon)$, 均有 $e^{-\lambda_A(1-\varepsilon)T} < g(\lambda_B) < 1$.

**性质 5.2** 有担保时比无担保时的信用风险降低, 且担保公司违约可能越小, 信用风险下降越多, 由于信用风险越大, 债券的价格越低, 即 $g(\lambda_B)$ 关于 $\lambda_B$ 单调下降.

**证明** 直接计算可得 $g'(\lambda_B) < 0$.

**性质 5.3** 担保的价值体现在发行时的价差

$$D(0,r;T)g(\lambda_B) - D(0,r;T)e^{-\lambda_A(1-\varepsilon)T} \tag{5.10}$$

且随到期日增加而增大, 证明与性质 5.2 类似.

**性质 5.4** 获得担保后债券相当于在原回收率下违约强度由 $\lambda_A$ 变为 $\lambda$, $\lambda$ 由

$$D(0,r;T)g(\lambda_B) = D(0,r;T)e^{-\lambda(1-\varepsilon)T} \tag{5.11}$$

确定, 即

$$\lambda = -\frac{\ln g(\lambda_B)}{(1-\varepsilon)T} \tag{5.12}$$

为了清楚显示各个因素的作用, 除非在图中特别指出, 我们取参数如下: $\varepsilon = 0.6, T = 10, r = 0.05, \alpha = 0.4, \sigma_r = 0.1, \theta = 0.1$.

图 5.1 显示了获得担保后, 担保公司的违约强度对发行的债券的违约概率的影响. 担保公司的信用越好, 债券投资人越安全, 但即便担保公司违约强度较大, 担保的作用也是显著的, 如图中所示, 担保公司违约强度为 0.2 时, 发债公司在获得担保后, 对债券持有人来说, 违约强度由 0.002 下降到大约 0.0011.

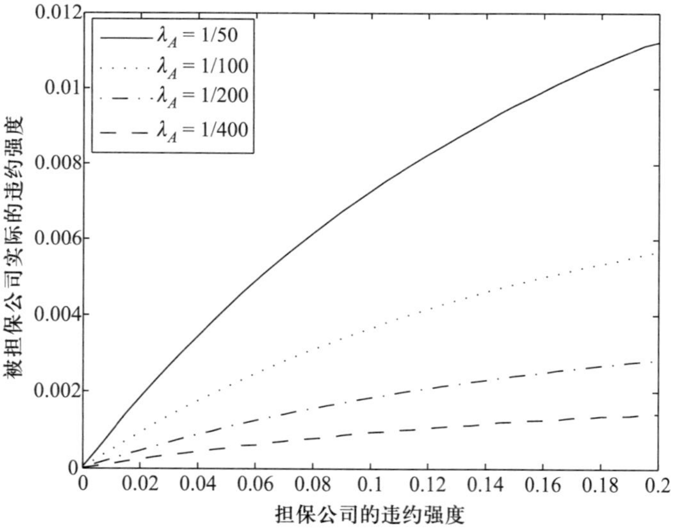


图 5.1

图 5.2 显示了担保公司的信用情况与担保的价值的关系. 担保的价值就是无担保和有担保时债券发行时的价差. 对同样的担保公司, 发债公司信用越差, 担保的价值越高.

图 5.3 显示了市场利率的波动率对担保价值的影响. 波动率越大, 担保的价值也越大, 但随担保公司的信用下降而下降. 这是由决定债券价格中的利率因素导致的.

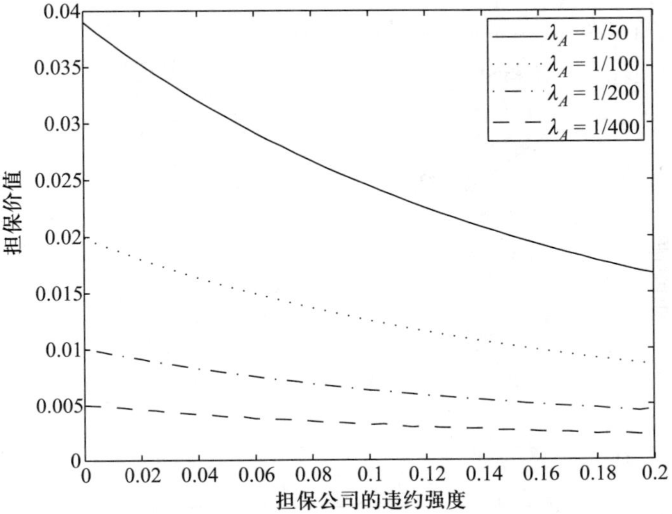


图 5.2

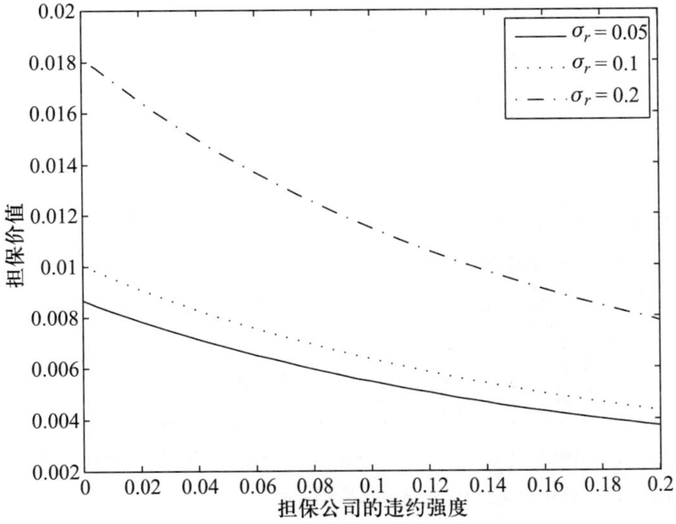


图 5.3

图 5.4 显示了发行债券时初始利率对担保价值的影响, 利率越大影响越小, 但总体上影响轻微.

由以上分析可知, 在公司发行债券时获得其他公司的担保能明显降低信用风险, 从而能提高发行价格; 担保公司信用等级越高, 债券投资人面临的信用风险越低. 提高的发行价格体现了担保的价值.

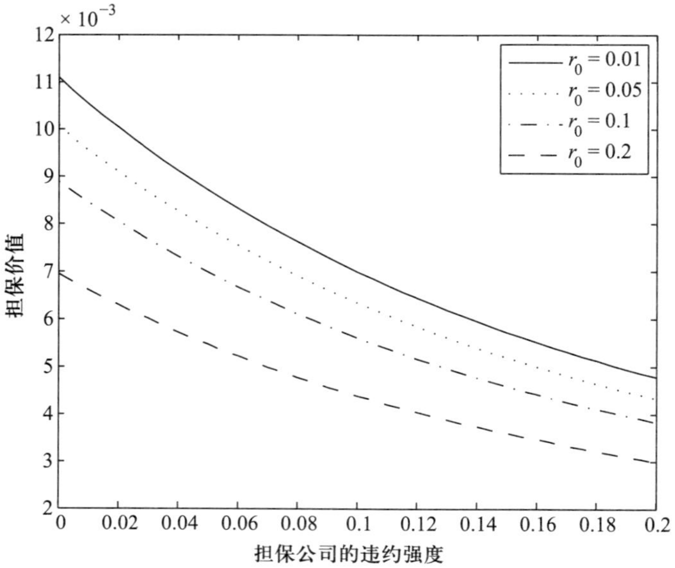


图 5.4

## 参考文献


[1] Merton R. On the Pricing of Corporate Debt: The Risk Structure of Interest Rates. Journal of Finance, 1974: 29, 449–470.

[2] Black F, Cox J C. Valuing Corporate Securities: Some Effects of Bond Indenture Provisions. Journal of Finance, 1976: 31, 351–367.

[3] Zhou C. A Jump-Diffusion Approach to Modeling Credit Risk and Valuing Defaultable Securities. Finance and Economic Discussion Series, 1997–15.

[4] Jarrow R, Turnbull S. Pricing Derivatives on Financial Securities Subject to Credit Risk. Journal of Finance, 1995: 50, 53–85.

[5] Jarrow R, Lando D, Turnbull S. A Markov Model for the Term Structure of Credit Risk Spreads. Review of Financial Studies, 1997: 10, 481–523.

[6] Duffie D, Singleton K J. Modeling Term Structure of Defaultable Bonds. Review of Financial Studies, 1999: 12, 687–720.

[7] Vasicek O. An Equilibrium Characterization of the Term Structure. The Journal of Financial Economics, 1977: 5, 177–188.

# 第 6 章

# 考虑相关性的第三方担保价值评估[①]

## 6.1 问题的提出

近年来我国公司债券市场得到迅速发展. 相较于国债, 公司债券收益较高, 但存在着信用风险, 其价格依赖于公司的信用等级. 以往公司债券主要通过商业银行担保对信用增级, 提高债券的价格. 这一模式得到债券市场主要投资者的认可, 但也导致公司债券的评级单一, 基本都是 AAA 评级. 2007 年 10 月 12 日, 银监会颁布了《关于有效防范企业债担保风险的意见》, 叫停了银行为公司债券提供担保. 从而国内公司债券的信用增级方式从单一模式走向了多样化, 如第三方担保、抵押担保、质押担保、财政增值等. 其中第三方担保是指由第三方公司对发行主体发行的公司债券的偿还提供担保, 以提升债券的信用等级. 第三方担保作为常见的手段之一, 得到了广泛应用. 然而随着债券信用增级业务的迅速发展, 市场规模逐步扩大, 信用风险日益积累且类型不断增加. 特别是由于担保公司和被担保公司之间存在相关性, 从而可能导致他们公司违约时间的聚集性, 加大了公司债券违约时损失, 识别和防范各种信用风险成为投资者面临的重要问题.

连续的约化模型尽管在数据拟合等方面存在着优势, 但其主要的不足在于它低估了公司的违约时间相关性 (Hull & White[7], Schonbucher [8]), 而违约时

①本章由任学敏、刘易撰写.

间的相关性导致了公司违约的聚集性, 加大投资者的损失, 对第三方担保债券的定价有重要的影响. 而结构化模型则能较好地刻画违约时间相关性, 反映债券发行公司和担保公司可能的相关违约对于债券价格的影响.

本章在结构化模型的框架下对第三方担保的公司债券定价. A、B 公司均发行债券, 且 A 公司为 B 公司发行的债券进行担保. 考虑到当 B 公司违约时, A 公司由于预付担保债务的增加, 而导致其违约状况的变化, 即当 A 公司资产不足以支付自身的债务及所负担的 B 公司的剩余债务时, A 公司也因违约被清算, 导致对 B 公司债券的担保能力下降. 我们推导出了第三方担保公司债券所满足的偏微分方程定解问题, 通过数值计算分析了公司资产值、资产相关性、资产波动率等因素对于债券价格的影响.

## 6.2　基本假定

(1) 市场: 考虑带流概率空间 $(\Omega, \mathcal{F}, \{\mathcal{F}_t\}_{t\geqslant 0}, P)$, $P$ 为市场的风险中性测度, $\mathbb{F} = \{\mathcal{F}_t\}_{t\geqslant 0}$ 为公司信息流. $r$ 为无风险利率, 为正常数. 市场上存在 A、B 两家公司, 两家公司均发行公司债券, 且 A 公司为 B 公司发行的债券进行担保.

(2) 公司债券: A 公司发行了 $m_A$ 份到期日为 $T_A$ 的零息票公司债券, 债券价值为 $U_t$; B 公司发行了 $m_B$ 份到期日为 $T_B$ 零息票公司债券, 其中 $T_B < T_A$, 债券价值为 $V_t$. 不失一般性, 我们假设债券的面值均为 1.

(3) 公司: $X_{it}$ 为第 $i$ 家公司资产, 满足几何布朗运动:

$$\begin{cases} dX_{it} = rX_{it}dt + \sigma_i X_{it} dW_{it}, \\ X_i(0) = x_i, \end{cases} \quad i = A, B \tag{6.1}$$

其中: $W_{it}$ 为标准布朗运动, $\mathrm{Cov}\left(dW_{At}, dW_{Bt}\right) = \rho dt$, $\rho$ 为公司资产回报率的相关系数, $0 \leqslant |\rho| \leqslant 1$.

在首次通过模型中, 第 $i$ 家公司的违约时刻 $\tau_i$ 为其公司资产首次下降至违约边界 $b_i(t)$ 的时刻, 即

$$\tau_i = \inf\left\{t | X_i = b_i(t), t \in (0, T_i]\right\}, \quad i = A, B \tag{6.2}$$

其中: $b_i\left(t\right)$ 为公司的违约边界, 我们采用与 Black & Cox [4] 中对其的假设, 将 $b_i\left(t\right)$ 设为相应公司负债值的贴现, 即 $b_i\left(t\right) = m_i e^{-r(T_i - t)}$, 这里我们假设公司除所发行的公司债券外无其他债务. 公司违约后的回收率分别为 $R_i$, $i = A, B$.

(4) 担保机制: 当 A 公司为 B 公司发行的债券担保时, 若 B 公司先于 A 公司及其债券到期日之前违约, A 公司向 B 公司债券持有者赔付债券的损失部

分, 即 $(1-R_B)m_Be^{-r(T_B-\tau_B)}$, 则 A 公司的总债务为 $K(\tau_B)=m_Ae^{-r(T_A-\tau_B)}+(1-R_B)m_Be^{-r(T_B-\tau_B)}$. 此时根据 A 公司的资产状况, 可能导致两种情况发生:

① 若 A 公司的资产足以支付自身及因担保而引起的预付债务之和, 即 $X_A(\tau_B)>K(\tau_B)$, 则 B 公司债券持有者收到 B 公司的回收部分及 A 公司的赔付之和, 即为 B 公司债券面值在 $\tau_B$ 时刻的贴现

$$m_Be^{-r(T_B-\tau_B)}$$

② 若 A 公司的资产不足以支付自身及因担保而引起预付债务之和, 即 $X_A(\tau_B)\leqslant K(\tau_B)$, 则 A 公司会因即将预付 B 公司违约的担保赔付而导致自身资不抵债而违约. 设将 A 公司资产清算后的价值平均分配于自身债务和担保债务, 则可得

每一份 A 公司债券持有者在 $\tau_B$ 时刻分得

$$\frac{m_Ae^{-r(T_A-\tau_B)}}{m_A}\cdot\frac{R_AX_A(\tau_B)}{K(\tau_B)}=\frac{R_AX_A(\tau_B)e^{-r(T_A-\tau_B)}}{K(\tau_B)}$$

每一份 B 公司债券持有者在 $\tau_B$ 时刻分得

$$\frac{(1-R_B)m_Be^{-r(T_B-\tau_B)}}{m_B}\cdot\frac{R_AX_A(\tau_B)}{K(\tau_B)}=\frac{(1-R_B)R_AX_A(\tau_B)e^{-r(T_B-\tau_B)}}{K(\tau_B)}$$

## 6.3 模型建立

在 $t$ 时刻, 不同情况下每一份 B 公司债券持有者的现金流为

- 当 A 公司和 B 公司在 B 公司债券到期日之前均未违约, 即 $\tau_A>T_B$, $\tau_B>T_B$, 则 B 公司可在到期日自行支付所有债券面值, B 公司债券持有者可得到:

$$e^{-r(T_B-\tau_B)}e^{-r(\tau_B-t)}=e^{-r(T_B-t)}$$

- 当 A 公司先于 B 公司及 B 公司债券到期日之前违约, 即 $\tau_A<\tau_B, t<\tau_A\leqslant T_B$, 则 B 公司债券失去担保, 为一份普通公司债券, B 公司债券持有者可得到:

$$P_B(\tau_B,T_B)e^{-r(\tau_B-t)}$$

其中: $P_B(\tau_B,T_B)$ 为 $\tau_B$ 时刻, 到期日为 $T_B$ 的无担保的 B 公司债券的价值.

- 当 B 公司先于 A 公司及 B 公司债券到期日之前违约, 即 $\tau_B < \tau_A, t < \tau_B \leqslant T_B$, 则

  ■ 当 $X_A(\tau_B) > K(\tau_B)$ 时, B 公司债券持有者可得到:

$$e^{-r(T_B-\tau_B)}e^{-r(\tau_B-t)} = e^{-r(T_B-t)}$$

  ■ 当 $X_A(\tau_B) \leqslant K(\tau_B)$ 时, B 公司债券持有者可得到:

$$e^{-r(\tau_B-t)}\left(R_B + \frac{(1-R_B)R_AX_A(\tau_B)}{K(\tau_B)}\right)$$

**定义 6.1** $t$ 时刻, B 公司债券的价值为 $V_t = E[\Pi|\mathcal{F}_t]$, 其中:

$$\begin{aligned}\Pi = & I_{\tau_A>T_B}I_{\tau_B>T_B}e^{-r(T_B-t)} + I_{\tau_A<\tau_B}I_{t<\tau_A\leqslant T_B}P_B(\tau_B,T_B)e^{-r(\tau_B-t)} \\ & +I_{\tau_B<\tau_A}I_{t<\tau_B\leqslant T_B}I_{X_A(\tau_B)>K(\tau_B)}e^{-r(T_B-t)} \\ & +I_{\tau_B<\tau_A}I_{t<\tau_B\leqslant T_B}I_{X_A(\tau_B)\leqslant K(\tau_B)}e^{-r(\tau_B-t)}\left(R_B + \frac{(1-R_B)R_AX_A(\tau_B)}{K(\tau_B)}\right)\end{aligned} \tag{6.3}$$

由 Feynman-Kac 公式, 每张 B 公司债券的价值满足如下偏微分方程终边值问题:

$$\begin{cases}\mathcal{L}V - rV = 0, & X_A \in (b_A,\infty), X_B \in (b_B,\infty), t \in [0,T_B) \quad (6.4) \\ V(b_A,X_B,t) = P_B(t,T_B), & X_B \in (b_B,\infty), t \in [0,T_B) \quad (6.5) \\ V(X_A,b_B,t) = f(X_A,t), & X_A \in (b_A,\infty), t \in [0,T_B) \quad (6.6) \\ V(X_A,X_B,T_B) = 1, & X_A \in (b_A,\infty), X_B \in (b_B,\infty) \quad (6.7)\end{cases}$$

其中

$$\begin{aligned}f(X_A,t) = & I_{X_A(\tau_B)>K(\tau_B)}e^{-r(T_B-t)} \\ & +I_{X_A(\tau_B)\leqslant K(\tau_B)}e^{-r(\tau_B-t)}\left(R_B + \frac{(1-R_B)R_AX_A(\tau_B)}{K(\tau_B)}\right) \\ \mathcal{L} = & \frac{\partial}{\partial t} + \frac{1}{2}\left(\sigma_A^2X_A^2\frac{\partial^2}{\partial X_A^2} + 2\rho\sigma_A\sigma_BX_AX_B\frac{\partial^2}{\partial X_A\partial X_B} + \sigma_B^2X_B^2\frac{\partial^2}{\partial X_B^2}\right) \\ & +rX_A\frac{\partial}{\partial X_A} + rX_B\frac{\partial}{\partial X_B}\end{aligned}$$

到期日为 $T_B$, 无担保的 B 公司债券的价值 $P_B(t,T_B)$ 满足如下偏微分方程

终边值问题:

$$
\begin{cases}
\dfrac{\partial P_B}{\partial t}+\dfrac{1}{2}\sigma_B^2X_B^2\dfrac{\partial^2 P_B}{\partial X_B^2}+rX_B\dfrac{\partial P_B}{\partial X_B}-rP_B=0, & X_B\in(b_B,\infty),t\in[0,T_B) \quad (6.8)\\
P_B(b_B,t)=R_Bb_B, & t\in[0,T_B) \quad (6.9)\\
P_B(X_B,T)=1, & X_B\in(b_B,\infty) \quad (6.10)
\end{cases}
$$

## 6.4 数值计算

我们采用有限元方法对偏微分方程终边值问题 (6.4) – (6.7) 及 (6.8) – (6.10) 进行离散, 计算得到数值结果包含:

(1) 有担保和无担保情况下公司债券的比较;

(2) 公司违约后回收率对于 B 公司债券的影响;

(3) 公司资产相关性对于 B 公司债券的影响;

(4) 公司资产波动率对于 B 公司债券的影响;

(5) 公司债券发行量对于 B 公司债券的影响.

其中参数取值为:

$$
\begin{aligned}
&\sigma_A=0.1,\sigma_B=0.3,\rho=0.3,\mu_A=0.08,\mu_B=0.06,r=0.05,R_A=0.6,R_B=0.4,\\
&b_A=0.5\,(\text{百万}),b_B=0.5\,(\text{百万}),T_A=2,T_B=1,m_A=0.5\,(\text{百万}),\\
&m_B=0.1\,(\text{百万})
\end{aligned}
$$

图 6.1 为有第三方担保的公司债券和无担保的公司债券的比较. 有第三方担保的公司债券的价格要高于无担保的公司债券价格. 这是因为第三方担保在

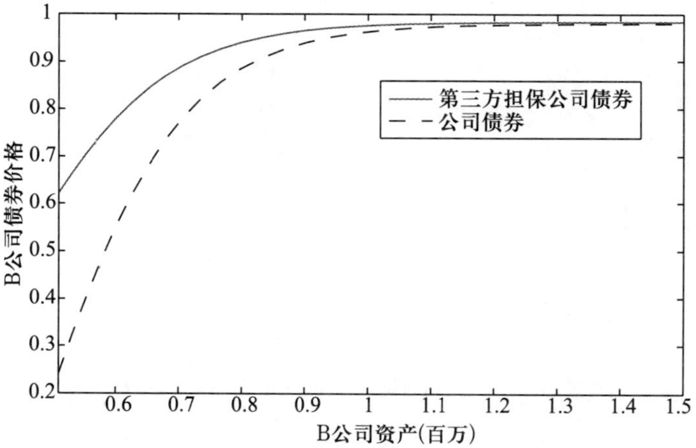


图 6.1 存在第三方担保的公司债券和普通的公司债券的比较

公司违约时给予了公司债券一定的保护, 从而降低了债券持有者的可能损失, 其差异值即为担保的价值.

图 6.2(a) 和图 6.2(b) 分别为 A 公司和 B 公司不同违约后回收率情况下, B 公司债券的价格. 从中可知随着 A 公司或 B 公司违约后回收率的上升, B 公司债券的价格上升. 这是因为违约后回收率的上升降低了债券持有者在公司违约后的可能损失. 当 B 公司资产很大时, 其违约的可能性很小, 此时回收率的变化对 B 公司债券价格的影响也较小.

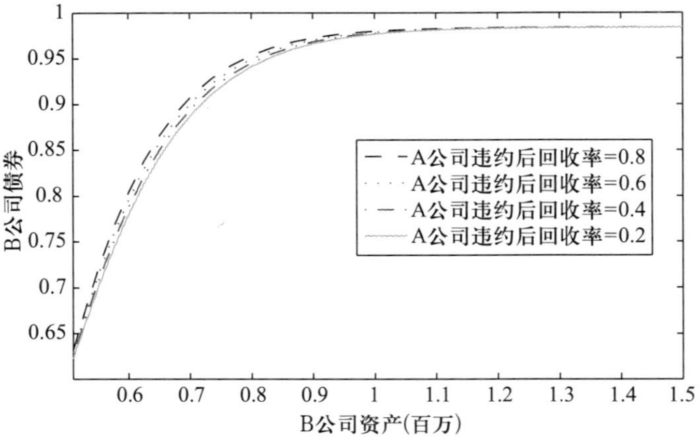


(a) A公司不同违约后回收率情况下, B公司债券的价格的比较

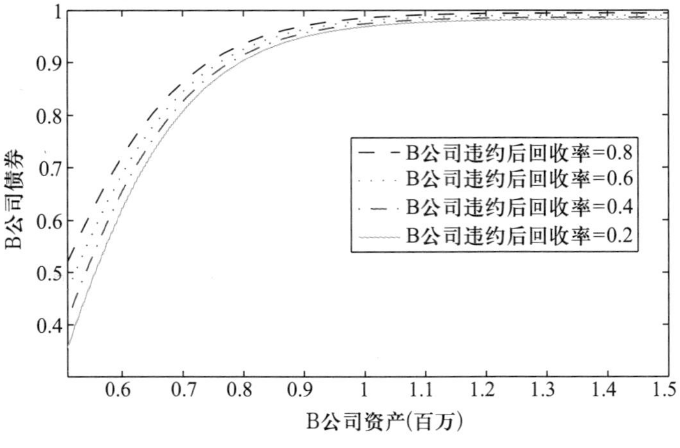


(b) B 公司不同违约后回收率情况下, B 公司债券的价格的比较

图 6.2

图 6.3 为公司资产相关性对 B 公司债券价格的影响. 随着资产相关性的上升, B 公司债券价格下降. 这是因为资产相关性的上升可能导致 B 公司的违约概率与为其担保的 A 公司的违约概率同时上升. 这种担保作用的降低会导致 B 公司债券价格的下降.

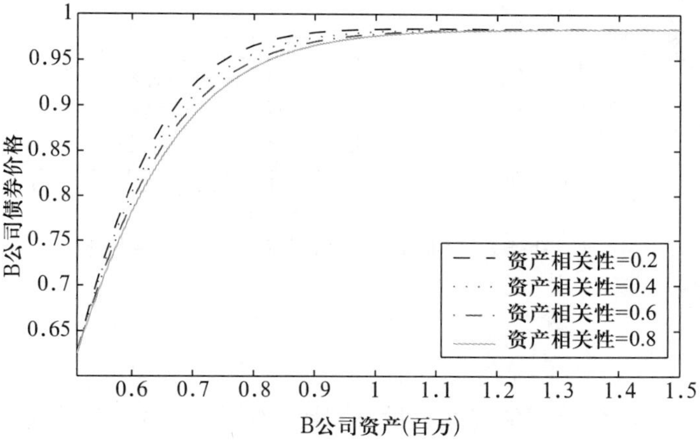


图 6.3 公司资产相关性对于 B 公司债券价格的影响

图 6.4(a) 和图 6.4(b) 分别为 A 公司和 B 公司不同资产波动率情况下, B 公司债券的价格. 随着公司资产波动率的上升, B 公司债券的价格下降. 这是因为, 波动率的上升导致公司违约风险的加大, 债券持有者可能的损失加大.

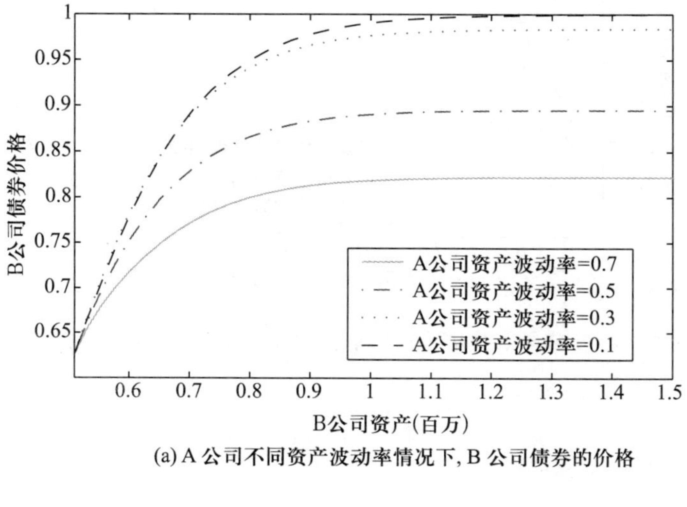


(a) A 公司不同资产波动率情况下, B 公司债券的价格

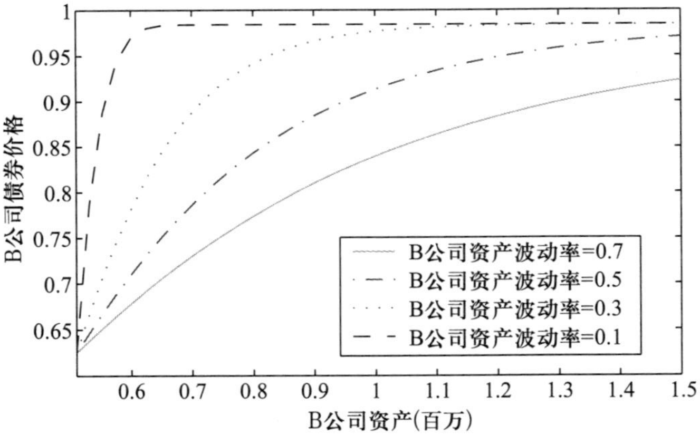


(b) B公司不同资产波动率情况下, B公司债券的价格

图 6.4

图 6.5 为 A, B 公司债券发行量不同比率情况下, B 公司债券价格的比较. A 公司债券发行量的上升导致 B 公司债券价格的下降. 这是因为 A 公司自身的负债随着其债券发行量上升而上升, 此时对 B 公司债券的担保能力下降.

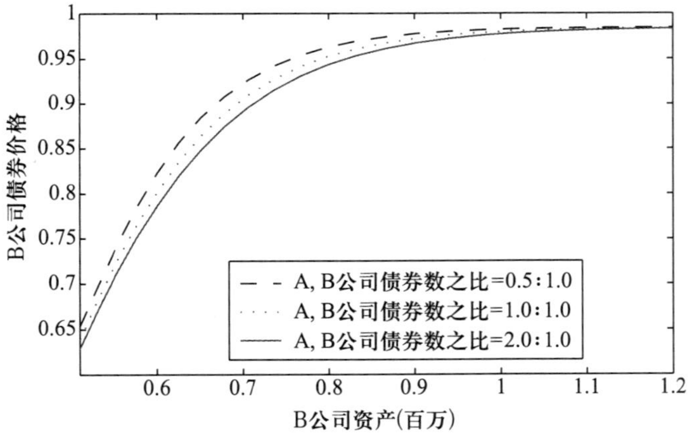


图 6.5　A, B 公司债券发行量不同比率情况下, B 公司债券价格的比较

# 参考文献

[1] Jarrow R, Lando D, Turnbull S. A Markov Model for the Term Structure of Credit Risk Spreads. Review of Financial Studies, 1997: 10, 481–523.

[2] Duffie D, Singleton K J. Modeling Term Structure of Defaultable Bonds. Review of Financial Studies, 1999: 12, 687–720.

[3] Merton R. On the Pricing of Corporate Debt: The Risk Structure of Interest Rates. Journal of Finance, 1974: 29, 449–470.

[4] Black F, Cox J C. Valuing Corporate Securities: Some Effects of Bond Indenture Provisions. Journal of Finance, 1976: 31, 351–367.

[5] Zhou C. A Jump-Diffusion Approach to Modeling Credit Risk and Valuing Defaultable Securities. Finance and Economic Discussion Series, 1997–15.

[6] 任学敏, 万凝. 用约化方法对有第三方担保的企业债券定价. 同济大学学报 (自然科学版), 2009: 37(7), 989–992.

[7] Hull J, White A. Valuing Credit Default Swaps II: Modeling Default Correlations. Journal of Derivatives, 2001: 8(3), 12–22.

[8] Schonbucher P, Schubert D. Copula-Dependent Default Risk in Intensity Models. Working paper, Bonn University, 2001.

# 第 7 章

# 违约传染性 —— 公司持有其他公司的股权[①]

## 7.1 问题的提出

随着市场经济的发展, 经济中的不确定因素对企业经营的影响也越来越大, 不同行业在同一经济周期中的表现有极大的差异, 因此, 分散化经营成为许多公司的选择. 其中持有其他行业公司的股份是很重要的一种选择. 同时, 发行企业债券也成为公司融资的重要渠道. 但企业债券的明显特性是具有信用风险, 即一旦企业破产, 债券投资人会遭受损失.

近年来, 信用风险研究的热点是公司违约的高度依赖性, 这在公司债券的投资组合和一些信用衍生产品的定价中有重要价值. 违约依赖性既有宏观因素, 也有微观因素, 由于企业在相同的宏观经济背景下运营, 如市场利率, 通货膨胀率, 国内生产总值 (GDP) 的增长和油价等导致违约的依赖性称为违约相关性 (Default Correlation); 而由于公司在经营中的互相联系如供货关系, 持有对方资产等引起的违约依赖性称为违约传染性 (Default Contagion). 本章考虑违约传染的一种情形, 如果 A 公司持有较大量 B 公司的股票且 A 公司又发行了公司债券, 这时 B 公司可能的破产会对 A 公司的违约概率和债券定价有重要影响,

① 本章由任学敏撰写.

因为 B 公司经营得好对 A 公司债券投资者会有正面的影响但影响有限, 而 B 公司经营不善甚至破产将对 A 公司债券持有人产生直接负面影响, 甚至可能直接导致 A 公司的破产. 因此 A 公司持有较大量 B 公司的股票必定会影响 A 公司的违约概率和债券的定价. 我们利用 Jarrow 等 [10] 在约化框架中引入违约强度的关联, 得到 A 公司债券在随机利率下的定价公式和违约概率, 并讨论了其金融意义. 该问题的主要困难是处理约化方法下违约时刻的不可预料, 体现在债券价格在违约时是不连续的, 通过固定每个可能的违约时刻, 求出相应的债券价格, 这时债券价格是连续的, 然后根据违约时刻的概率密度函数求出债券价格.

## 7.2 模型和求解

### 7.2.1 基本假定

(1) A 公司持有 B 公司的股票且 A 公司又发行了公司债券, 发行的债券为零息票债券, 到期日为 $T$;

(2) B 公司的破产是由不可料事件引发的, 违约强度 $\lambda_B$ 是常数, 违约时间记为 $\tau_B$;

(3) A 公司的违约强度 $\lambda_A = a + b1_{\{t\geqslant\tau_B\}}$, 即 B 公司违约前, A 公司的违约强度为 $a$, 其后为 $a+b$, 这里 $b>0$, 其值由 A 公司持有的 B 公司股票的数量和 A 公司发行的公司债券的数量决定, 一旦 A 公司违约发生, 回收为违约前市价的 $\varepsilon$ 份, $0\leqslant\varepsilon\leqslant 1$, 即采用市价回收;

(4) 市场利率满足具有均值回归的 Vasicek 模型, 即

$$dr_t = \alpha(\theta - r_t)dt + \sigma dW_t$$

### 7.2.2 定价公式

记 $D(t,r)$ 为与 A 公司的债券有相同到期日的无风险零息票的价格, 其有仿射结构解 [12]

$$D(r,t) = A(t)e^{-B(t)r} \tag{7.1}$$

其中, $A(t) = e^{\frac{(B(t)-T+t)(\theta^2\alpha-\frac{\sigma^2}{2})}{\theta^2}-\frac{\sigma_r^2B^2(t)}{4\theta}}$, $B(t) = \frac{1-e^{-\theta(T-t)}}{\theta}$.

由于 B 公司的违约强度为 $\lambda_B$, 故其违约时刻 $\tau_B$ 的概率分布的密度函数为 $\lambda_B e^{-\lambda_B(T-t)}$, 对每一个可能的 $\tau_B\in(0,T]$, 设法求出 A 公司债券的价格, 另外 B 公司的生存概率为 $e^{-\lambda_B(T-t)}(\tau_B>T)$, 这时 A 公司的违约强度为 $a$, 则 A 公司

债券的最终价格是关于 $\tau_B$ 的加权平均. 记 A 公司债券的价格为 $P(t,r)$, 对确定的 $\tau_B \in (0,T]$, 其价格为 $P(t,r;\tau_B)$, 则在时间段 $[\tau_B,T]$, $P(t,r;\tau_B)$ 满足方程

$$\begin{cases} \dfrac{\partial P}{\partial t}+\dfrac{1}{2}\sigma^2\dfrac{\partial^2 P}{\partial r^2}+\alpha(\theta-r)\dfrac{\partial P}{\partial r}-(r+a+b)P+(a+b)\varepsilon P=0 \\ P\big|_{t=T}=1 \end{cases} \tag{7.2}$$

令

$$W(t,T;\tau_B)=\frac{P(t,r;\tau_B)}{D(t,r)}$$

得

$$\begin{cases} \dfrac{dW(t,T;\tau_B)}{dt}=-(a+b)(1-\varepsilon)W \\ W\big|_{t=T}=1 \end{cases} \tag{7.3}$$

可解得

$$W(t,T;\tau_B)=e^{-(a+b)(1-\varepsilon)(T-t)}$$

这样

$$P(\tau_B,r;\tau_B)=D(\tau_B,r)e^{-(a+b)(1-\varepsilon)(T-\tau_B)}$$

在时段 $[0,\tau_B]$, $P(t,r;\tau_B)$ 满足方程

$$\begin{cases} \dfrac{\partial P}{\partial t}+\dfrac{1}{2}\sigma^2\dfrac{\partial^2 P}{\partial r^2}+\alpha(\theta-r)\dfrac{\partial P}{\partial r}-(r+a)P+a\varepsilon P=0 \\ P\big|_{t=\tau_B}=D(\tau_B,r)e^{-(a+b)(1-\varepsilon)(T-\tau_B)} \end{cases} \tag{7.4}$$

同样做变换

$$W(t,T;\tau_B)=\frac{P(t,r;\tau_B)}{D(t,r)}$$

可得

$$\begin{cases} \dfrac{dW(t,T;\tau_B)}{dt}=-a(1-\varepsilon)W \\ W\big|_{t=\tau_B}=e^{-(a+b)(1-\varepsilon)(T-\tau_B)} \end{cases} \tag{7.5}$$

从而

$$W(t,T;\tau_B)=e^{-(1-\varepsilon)[a(T-t)+b(T-\tau_B)]}$$

因此

$$P(0,T;\tau_B)=D(0,T)e^{(1-\varepsilon)[aT+b(T-\tau_B)]} \tag{7.6}$$

当 $\tau_B > T$ 时, 即 B 公司在 A 公司债券存续期内不破产, 则

$$P(0,T;\tau_B) = D(0,T)e^{a(1-\varepsilon)T} \tag{7.7}$$

由此

$$\begin{aligned}P(0,T) &= D(0,T)\left\{\int_0^T \lambda_B e^{-\lambda_B(T-\tau_B)}e^{-(1-\varepsilon)[aT+b(T-\tau_B)]}d\tau_B + e^{-\lambda_B T}e^{-a(1-\varepsilon)T}\right\}\\ &= D(0,T)e^{-a(1-\varepsilon)T}\left\{\frac{\lambda_B}{\lambda_B+b(1-\varepsilon)}\{1-e^{-[\lambda_B+b(1-\varepsilon)]T}\}+e^{-\lambda_B T}\right\}\end{aligned} \tag{7.8}$$

## 7.3 模型的分析和金融意义

模型的实际应用需要确定 A, B 公司的违约强度, 对 B 公司, 如果它发行了企业债券或有与其信用风险相关的衍生产品如信用违约互换 (CDS) 等, 则可反求得到其违约强度; 对 A 公司, 其违约强度 $\lambda_A = a + b1_{\{t\geqslant\tau_B\}}$ 中的 $a$ 为其持有 B 公司股票前的违约强度, 可通过评级机构评定的信用等级确定, $b$ 可通过公司持有 B 公司股票占其总资产的份额及发行债券的总额确定.

如果公司持有 B 公司股票占其总资产的份额极小, 发行债券的总额也不大, 这时 $b$ 几乎为零, 由式 (7.8)

$$P(0,T) = D(0,T)e^{-a(1-\varepsilon)T}$$

取 $\varepsilon = 0$ 可得公司的违约概率为 $1-e^{-aT}$, 这与直观相符; 如果公司持有 B 公司股票占其总资产的份额极大, 发行债券的总额也很大, 这时 B 公司的破产将直接导致 A 公司的破产, 即 $b$ 几乎为 $\infty$, 此时

$$P(0,T) = D(0,T)e^{-[a(1-\varepsilon)+\lambda_B]T}$$

这说明由于 A 公司持有 B 公司的股票而必须给其债券投资人以补偿, 补偿额由 B 公司的违约强度决定. 取 $\varepsilon = 0$ 可得公司的违约概率为 $1-e^{-(a+\lambda_B)T}$, 除了上面的极端情形, 公式 (7.8) 表明 A 公司债券的价格比同样收益的国债低, 以补偿投资人可能因公司破产而导致的损失, 补偿额可分为两部分, 一是 $e^{-a(1-\varepsilon)T}$, 即不持有 B 公司股票时的补偿额, 二是 $\{\frac{\lambda_B}{\lambda_B+b(1-\varepsilon)}\{1-e^{-[\lambda_B+b(1-\varepsilon)]T}\}+e^{-\lambda_B T}\}$, 它是由于 A 公司持有 B 公司的股票而必须给其债券投资人以额外的补偿. 令

$$f(T) = \frac{\lambda_B}{\lambda_B+b(1-\varepsilon)}\{1-e^{-[\lambda_B+b(1-\varepsilon)]T}\}+e^{-\lambda_B T} \tag{7.9}$$

则由于

$$f(0)=1, f'(T)=\lambda_B\{e^{-[\lambda_B+b(1-\varepsilon)]T}-e^{-\lambda_B T}\}<0$$

故 $T>0$ 时, $f(T)<1$, 即它确是一个补偿因子. 此时违约概率为

$$1-e^{-aT}\{\frac{\lambda_B}{\lambda_B+b}(1-e^{-[\lambda_B+b]T})+e^{-\lambda_B T}\} \tag{7.10}$$

## 参考文献

[1] Merton R. On the Pricing of Corporate Debt: The Risk Structure of Interest Rates. Journal of Finance, 1974: 29, 449–470.

[2] Black F, Cox J C. Valuing Corporate Securities: Some Effects of Bond Indenture Provisions. Journal of Finance, 1976: 31, 351–367.

[3] Zhou C. A Jump-Diffusion Approach to Modeling Credit Risk and Valuing Defaultable Securities. Finance and Economic Discussion Series, 1997–15.

[4] Jarrow R, Turnbull S. Pricing Derivatives on Financial Securities Subject to Credit Risk. Journal of Finance, 1995: 50, 53–85.

[5] Jarrow R, Lando D, Turnbull S. A Markov Model for the Term Structure of Credit Risk Spreads. Review of Financial Studies, 1997: 10, 481–523.

[6] Duffie D, Singleton K J. Modeling Term Structure of Defaultable Bonds. Review of Financial Studies, 1999: 12, 687–720.

[7] Duffie D, Lando D. Term Structure of Credit Spreads with Incomplete Accounting Information. Econometrica, 2001: 69, 633–664.

[8] Giesecke K. Correlated Default with Incomplete Information. Journal of Banking and Finance. 2004: 28, 1521–1545.

[9] Giesecke K. Default and Information. Journal of Economic Dynamics and Control, 2006: 30, 2281–2303.

[10] Jarrow R, Yu F. Counterparty Risk and the Pricing of Defaultable Securities. Journal of finance, 2001: 56, 1765–1800.

[11] Vasicek O. An Equilibrium Characterization of the Term Structure. The Journal of Financial Economics, 1977: 5, 177–188.

[12] Hull J C. Options, Futures and other Derivatives (4th Edition). Beijing: Tsinghua University Press, 2001.

# 第 8 章

# 违约传染性 —— 公司持有其他公司的债券[①]

## 8.1 引言

我们考虑 A 公司持有相对较多 B 公司的债券时, B 公司的破产对 A 公司的影响. 这种影响可分为两部分: 一是由于市场利率等宏观因素导致的资产相关性; 二是由于 A 公司持有相对较多 B 公司的债券导致的违约传染. 从 A 公司经理人的角度看, B 公司的违约是不可预料的事件, 因此采用约化模型比较合适; 对 A 公司的违约则采用结构化模型. 对公司管理人来说, 特别关心的是极端情况 (即 B 公司违约) 发生时对公司的影响.

## 8.2 基本假定和数学模型

### 8.2.1 基本假定

(1) A 公司的资产 $V_t$ 由两部分构成: 运营资产 $U$ 和持有的 B 公司的债券 $P_B$. 在风险中性测度下, 如果 B 公司不破产, $V_t$ 服从几何布朗运动

$$\frac{dV_t}{V_t} = rdt + \sigma dW_t^1 \tag{8.1}$$

[①] 本章由任学敏、姜礼尚撰写.

短期利率 $r_t$ 服从 Vasicek 模型

$$dr_t = \alpha(\theta - r_t)dt + \sigma_r dW_t^2 \tag{8.2}$$

这里 $W_t^1$, $W_t^2$ 是标准布朗运动, 且

$$\mathrm{Cov}(dW_t^1, dW_t^2) = \rho dt, \quad |\rho| < 1 \tag{8.3}$$

(2) 由于 A 公司的经理人不完全了解 B 公司的资产运营情况和其违约边界, B 公司的破产将是完全不可预料的事件, 因此采用约化模型. 假定 B 公司的违约强度 $\lambda$ 是常数, 即在时间段 $[t, t+dt]$ 的违约概率为 $\lambda dt$. 记 $\tau$ 为 B 公司的违约时刻, 一旦 B 公司违约, 其回收为 $\varepsilon P_B(\tau_-)$, $0 \leqslant \varepsilon \leqslant 1$, $P_B(\tau_-)$ 为违约前 B 公司债券的市场价值, 即采用市价回收.

(3) 对 A 公司的破产采用结构化模型中的首次通过时间模型, 取违约边界为 $b(t) = \widetilde{V} D(t, r; T)$, 这里 $D(t, r; T)$ 是与 A 公司债券有相同到期日 $T$ 的零息票国债的价格, $\widetilde{V}$ 是 A 公司发行的零息票企业债券的总面值. 一旦 A 公司违约, 假定其回收率为 $\omega$ $(0 < \omega < 1)$. 考虑到 A 公司的违约有可能是由于 B 公司的违约直接造成的, 这时 A 公司的资产值可以直接落到违约边界下 $(V_t < b(t))$, 这时每份 A 公司债券持有人将可获得清算后的资产 $\omega\frac{V_t}{\widetilde{V}}$, $\omega$ 又称为清算成本.

(4) B 公司的违约时刻 $\tau$ 与 A 公司的资产过程独立.

(5) B 公司债券与 A 公司债券有相同的到期日.

### 8.2.2 B 公司债券的定价和其违约时刻的概率密度函数

记 $P_B(t, r; T)$ 为 A 公司持有的 B 公司债券的价值, 则其满足偏微分方程

$$\begin{cases} \dfrac{\partial P_B}{\partial t} + \dfrac{1}{2}\sigma_r^2 \dfrac{\partial^2 P_B}{\partial r^2} + \alpha(\theta - r)\dfrac{\partial P_B}{\partial r} - (r + \lambda)P_B + \lambda\varepsilon P_B = 0 \\ P_B\big|_{t=T} = K \end{cases} \tag{8.4}$$

这里 $K$ 是 A 公司持有的 B 公司债券的总面值. 零息票国债的价值 $D(t, r; T)$ :

$$\begin{aligned} & D(r, t; T) = e^{A(t) - B(t) r} \\ & A(t) = \frac{(B(t) - T + t)(\alpha^2\theta - \frac{\sigma_r^2}{2})}{\alpha^2} - \frac{\sigma_r^2 B^2(t)}{4\alpha}, \quad B(t) = \frac{1 - e^{-\alpha(T-t)}}{\alpha} \end{aligned} \tag{8.5}$$

令 $W(t;T)=\frac{P_B(t,r;T)}{D(t,r;T)}$, 则 $W(t;T)$ 满足

$$\begin{cases}\dfrac{dW}{dt}-\lambda(1-\varepsilon)W=0, \quad 0\leqslant t\leqslant T\\ W(T)=K\end{cases}$$

从而

$$W(t;T)=Ke^{-\lambda(1-\varepsilon)(T-t)}$$

故

$$P_B(t,r;T)=KD(t,r;T)e^{-\lambda(1-\varepsilon)(T-t)} \tag{8.6}$$

B 公司在时间段 $[t,T]$ 的生存概率为 $Q_{t,T}=e^{-\lambda(T-t)}$. 违约时刻 $\tau$ 是随机变量, 其概率密度函数

$$q(\tau;t)=\left.\frac{\partial(1-Q_{t,T})}{\partial T}\right|_{T=\tau}=\lambda e^{-\lambda(\tau-t)} \tag{8.7}$$

此为在 $t$ 时刻前不违约, 在 $t$ 时刻看违约发生在 $\tau$ 时刻 $(\tau>t)$ 的概率密度, 因此在 $t=0$ 时刻

$$q(\tau;0)=\lambda e^{-\lambda\tau}$$

### 8.2.3 A 公司债券的定价

对 B 公司每一个可能的违约时刻 $\tau$, 在违约前 $t=\tau-0$, $V_A=U+P_B$, 在违约后 $t=\tau+0$, $V_A=U+\varepsilon P_B$. 资产的跳量为 $-(1-\varepsilon)P_B$. B 公司的违约是否直接导致 A 公司的违约要视这时其运营资产和从 B 公司得到的回收而定.

#### 8.2.3.1 B 公司不违约时 A 公司债券的定价

记 $P_A(V,r,t)$ 为 A 公司债券的价值, 当 $V_t>\tilde{V}D(t,r_t;T)$ 时, A 公司不违约, 因此在区域

$$\Omega_{(0,T)}=\{r\in R, V>\tilde{V}D(t,r;T), 0\leqslant t\leqslant T\}$$

$P_A=P_A(V,r,t)$ 满足偏微分方程:

$$\begin{cases}\dfrac{\partial P_A}{\partial t}+\dfrac{1}{2}\sigma^2V^2\dfrac{\partial^2 P_A}{\partial V^2}+\rho\sigma\sigma_rV\dfrac{\partial^2 P_A}{\partial V\partial r}+\dfrac{1}{2}\sigma_r^2\dfrac{\partial^2 P_A}{\partial r^2}\\ \qquad +rV\dfrac{\partial P_A}{\partial V}+\alpha(\theta-r)\dfrac{\partial P_A}{\partial r}-rP_A=0 & (\Omega_{(0,T)})\\ P_A(\tilde{V}D(t,r;T),r,t)=\omega D(t,r;T) & (r\in R, 0\leqslant t<T)\\ P_A(V,r,T)=1 & (r\in R, V>\tilde{V})\end{cases} \tag{8.8}$$

**定理 8.1** 方程 (8.8) 的解为

$$P_A(V,r,t) = D(t,r;T)[(1-\omega)(2N(d_1)-1)+\omega] \tag{8.9}$$

这里 $N(\cdot)$ 是标准正态分布的累积概率分布函数,

$$d_1 = d_1(V,r,t) = \frac{\ln\dfrac{V}{\widetilde{V}} + A(t) + B(t)r - \dfrac{1}{2}\widehat{\sigma}_T^2(t)}{\sqrt{\widehat{\sigma}_T^2(t)}} \tag{8.10}$$

$$\widehat{\sigma}_T^2(t) = \int_t^T \widetilde{\sigma}^2(s)ds \tag{8.11}$$

$$\begin{aligned}\widetilde{\sigma}^2(t) &= \frac{1}{D^2}\left(\frac{\partial D}{\partial r}\right)^2\sigma_r^2 + \sigma^2 - 2\rho\sigma_r\sigma\frac{1}{D}\frac{\partial D}{\partial r}\\ &= B^2(T-t)\sigma_r^2 + \sigma^2 + 2\rho\sigma_r\sigma B(T-t)\end{aligned} \tag{8.12}$$

其中 $A(t), B(t)$ 如 (8.5) 式定义.

**证明** 见附录 1.

当 $V \leqslant \widetilde{V}D(t,r;T)$ 时, 公司 A 破产, 在区域 $\Omega^*_{(0,T)} = \{r \in R, V > 0, 0 \leqslant t \leqslant T\}\backslash\Omega_{(0,T)}$ 上

$$P_A(V,r,t) = \omega\frac{V}{\widetilde{V}} \tag{8.13}$$

#### 8.2.3.2 在 B 公司违约前后 $P_A$ 的变化

如果 B 公司的违约时刻 $\tau \leqslant T$, 记 $t=\tau-0$ 和 $t=\tau+0$ 为违约前和后的时刻, $V_{\tau-0}$ 和 $V_{\tau+0}$ 为相应时刻的 A 公司的资产值. 由于 B 公司的破产会导致 A 公司资产值的下降, 它可能有两个结果, 视 $V_{\tau+0}$ 的值而定: 如 $V_{\tau+0} > \widetilde{V}D(\tau,r;T)$, A 公司不直接违约, 债券价值由方程 (8.8) 确定

$$P_A(V_{\tau+0}, r_\tau, \tau+0) = D(\tau,r;T)[(1-\omega)(2N(d_1^*)-1)+\omega] \tag{8.14}$$

这里

$$d_1^* = d_1(V_{\tau+0}, r_\tau, \tau)$$

如 $V_{\tau+0} \leqslant \widetilde{V}D(\tau,r;T)$, 由 (8.13) 式,

$$P_A(V_{\tau+0}, r_\tau, \tau+0) = \omega\frac{V_\tau}{\widetilde{V}} \tag{8.15}$$

由于 B 公司在 $\tau$ 时刻破产导致的 A 公司资产的损失为

$$\begin{aligned}[V_\tau] &= V_{\tau+0} - V_{\tau-0} = (U_\tau + \varepsilon P_B(\tau)) - (U_\tau + P_B(\tau)) \\ &= -(1-\varepsilon)P_B(\tau) = -(1-\varepsilon)KD(\tau, r_\tau; T)e^{-\lambda(1-\varepsilon)(T-\tau)}\end{aligned} \tag{8.16}$$

我们把这作为 A 公司在 $\tau$ 时刻分了总额为 $(1-\varepsilon)P_B$ 的红利来处理. 对确定的 $\tau$, A 公司债券的价值在 $\tau$ 时刻是连续的, 即

$$P_A(V_{\tau-0}, r_\tau, \tau-0) = P_A(V_{\tau+0}, r_\tau, \tau+0)$$

由 (8.14)–(8.16) 式可知, 如果 $V_{\tau-0} > \widetilde{V}D(\tau, r_\tau; T)[1+\frac{K}{\widetilde{V}}(1-\varepsilon)e^{-\lambda(1-\varepsilon)(T-\tau)}]$, 则

$$P_A(V_{\tau-0}, r_\tau, \tau-0) = P_A(V_{\tau+0}, r_\tau, \tau+0) = D(\tau, r; T)[(1-\omega)(2N(d_1^{**})-1)+\omega] \tag{8.17}$$

这里

$$d_1^{**} = d_1(V_{\tau-0} - (1-\varepsilon)P_B(\tau), r_\tau, \tau)$$

如果 $V_{\tau-0} \leqslant \widetilde{V}D(\tau, r_\tau; T)[1+\frac{K}{\widetilde{V}}(1-\varepsilon)e^{-\lambda(1-\varepsilon)(T-\tau)}]$, 则

$$P_A(V_{\tau-0}, r_\tau, \tau-0) = \omega\left[\frac{V_{\tau-0}}{\widetilde{V}} - (1-\varepsilon)\frac{P_B(\tau)}{\widetilde{V}}\right] \tag{8.18}$$

#### 8.2.3.3 在 $t=0$ 时刻 A 公司债券的价格

显然, 在 $t=0$ 时刻的 A 公司债券的价格依赖于 B 公司违约的时刻 $\tau$. 而 $\tau$ 是一个随机变量, 但我们已经知道其概率密度函数 $q(t)$, 如果对每一个确定的 $\tau$, 我们能求出相应的 A 公司债券的价格 (记作 $P_A^\tau(V_0, r_0, 0)$), 则 $P_A = P_A(V_0, r_0, 0)$ 就是 $P_A^\tau(V_0, r_0, 0)$ 关于 $\tau \in (0, +\infty)$ 的期望值. 由于对每个 $\tau > T$, $P_A^\tau(V_0, r_0, 0)$ 是同样的, 记 $\tau > T$ 时

$$P_A^\tau(V_0, r_0, 0) = P_A^*(V_0, r_0, 0) \tag{8.19}$$

为得到 $\tau \leqslant T$ 时的 $P_A^\tau(V_0, r_0, 0)$, 我们根据不同情况采用不同的模型.

**情形 8.1** 一般情形

一般来说, A 公司债权人设定的安全条款与 B 公司是否违约是无关的, 即在时间段 $(0, \tau)$ 仍然采用首次通过模型来求出 $P_A^\tau(V_0, r_0, 0)$, 由 (8.17) 和 (8.18)

式, 我们有 $P_A(V_{\tau-0}, r_\tau, \tau-0)$ 的表达式, 因此, 在区域 $\Omega_{(0,\tau)}$ 上 $P_A^\tau$ 满足

$$\begin{cases} \dfrac{\partial P_A^\tau}{\partial t}+\dfrac{1}{2}\sigma^2V^2\dfrac{\partial^2 P_A^\tau}{\partial V^2}+\rho\sigma\sigma_r V\dfrac{\partial^2 P_A^\tau}{\partial V\partial r}+\dfrac{1}{2}\sigma_r^2\dfrac{\partial^2 P_A^\tau}{\partial r^2} \\ \qquad +rV\dfrac{\partial P_A^\tau}{\partial V}+\alpha(\theta-r)\dfrac{\partial P_A^\tau}{\partial r}-rP_A^\tau=0 \\ P_A^\tau(\widetilde{V}D(t,r;T),r,t)=\omega D(t,r;T)\ (r\in R, 0<t\leqslant\tau) \\ P_A^\tau(V,r,\tau)=P_\tau(V,r) \end{cases} \tag{8.20}$$

这里

$$P_\tau(V,r)=\begin{cases} D(\tau,r;T)[(1-\omega)(2N(d_1^{**})-1)+\omega], \\ \qquad V>\widetilde{V}D(\tau,r_\tau;T)\left[1+\dfrac{K}{\widetilde{V}}(1-\varepsilon)e^{-\lambda(1-\varepsilon)(T-\tau)}\right] \\ \omega\left[\dfrac{V_{\tau-0}}{\widetilde{V}}-(1-\varepsilon)\dfrac{K}{\widetilde{V}}e^{-\lambda(1-\varepsilon)(T-\tau)}\right], \\ \qquad V\leqslant\widetilde{V}D(\tau,r_\tau;T)\left[1+\dfrac{K}{\widetilde{V}}(1-\varepsilon)e^{-\lambda(1-\varepsilon)(T-\tau)}\right] \end{cases} \tag{8.21}$$

$$d_1^{**}=d_1(V-(1-\varepsilon)Ke^{-\lambda(1-\varepsilon)(T-\tau)}) \tag{8.22}$$

**定理 8.2** 方程 (8.20) 的解为

$$P_A^\tau(V,r,t)=D(t,r_t;T)\left(u_1\left(t,\ln\frac{V_t}{\widetilde{V}D(t,r_t;T)}\right)+\omega\right) \tag{8.23}$$

这里

$$\begin{aligned} u_1(t,z)=&\,2(1-\omega)(N(d_2^\tau(z,t),d_1^T(a_1(z,t),\tau))-N(-d_3^\tau(z,t),d_1^T(a_2(z,t),\tau))) \\ &+\omega(e^zN(d_4^\tau(z,t))-e^{-z+\widehat{\sigma}_\tau^2(t)}N(d_5^\tau(z,t))) \\ &-(1-\omega)(N(d_2^\tau(z,t))+N(d_3^\tau(z,t))-1) \\ &-(1+K_\varepsilon)\omega(N(-d_2^\tau(z,t))-N(d_3^\tau(z,t))) \end{aligned}$$

其中, $N(\cdot,\cdot)$ 为二维标准正态分布的分布函数,

$$a_1(z,t)=\tilde{V}e^{z-s\sqrt{\widehat{\sigma}_\tau^2(t)}-\frac{1}{2}\widehat{\sigma}_\tau^2(t)}-(1-\varepsilon)Ke^{-\lambda(1-\varepsilon)(T-\tau)}$$

$$a_2(z,t)=\tilde{V}e^{-z-s\sqrt{\widehat{\sigma}_\tau^2(t)}+\frac{1}{2}\widehat{\sigma}_\tau^2(t)}-(1-\varepsilon)Ke^{-\lambda(1-\varepsilon)(T-\tau)}$$

$$K_\varepsilon=\frac{K}{\tilde{V}}(1-\varepsilon)e^{-\lambda(1-\varepsilon)(T-\tau)}$$

$$d_2^\tau(z,t)=\frac{z-l(\tau)-\frac{1}{2}\widehat{\sigma}_\tau^2(t)}{\sqrt{\widehat{\sigma}_\tau^2(t)}},\quad d_3^\tau(z,t)=\frac{z+l(\tau)-\frac{1}{2}\widehat{\sigma}_\tau^2(t)}{\sqrt{\widehat{\sigma}_\tau^2(t)}}$$

$$d_4^\tau(z,t)=\frac{-z+l(\tau)-\frac{1}{2}\widehat{\sigma}_\tau^2(t)}{\sqrt{\widehat{\sigma}_\tau^2(t)}},\quad d_5^\tau(z,t)=\frac{z+l(\tau)-\frac{3}{2}\widehat{\sigma}_\tau^2(t)}{\sqrt{\widehat{\sigma}_\tau^2(t)}}$$

$$l(\tau)=\ln\frac{l_{\lambda,\varepsilon}(\tau)}{\tilde{V}},l_{\lambda,\varepsilon}(\tau)=\tilde{V}+(1-\varepsilon)Ke^{-\lambda(1-\varepsilon)(T-\tau)}$$

**证明** 见附录 2.

**情形 8.2** 简单情形

如果相对自身债券的发行规模, A 公司持有了大量 B 公司的债券, 以致在 B 公司破产前, A 公司是不会违约的. 这时可在时间段 $(0,\tau)$ 上采用 Merton 模型, 即在区域 $R\times R_+\times[0,\tau]$, $P_A^\tau(V,r,t)$ 满足方程

$$\begin{cases}\dfrac{\partial P_A^\tau}{\partial t}+\dfrac{1}{2}\sigma^2V^2\dfrac{\partial^2 P_A^\tau}{\partial V^2}+\rho\sigma\sigma_rV\dfrac{\partial^2 P_A^\tau}{\partial V\partial r}+\dfrac{1}{2}\sigma_r^2\dfrac{\partial^2 P_A^\tau}{\partial r^2}\\ \qquad +rV\dfrac{\partial P_A^\tau}{\partial V}+\alpha(\theta-r)\dfrac{\partial P_A^\tau}{\partial r}-rP_A^\tau=0\\ P_A^\tau(V,r,\tau)=P_\tau(V,r)\end{cases}\tag{8.24}$$

**定理 8.3** 方程 (8.24) 的解为

$$P_A^\tau(V,r,t)=D(t,r;T)(\hat{W}\left(\int_t^\tau\widetilde{\sigma}^2(s)ds,\ln\frac{V}{\tilde{V}D(t,r;T)}\right)e^{\varphi(t,\tau,r.V)})\tag{8.25}$$

这里

$$\varphi(t,\tau,r.V)=\frac{-\int_t^{\tau}\widetilde{\sigma}^2(s)ds+4\ln\dfrac{V}{\tilde{V}D(t,r;T)}}{8}$$

$$\hat{W}(\xi,y)=\frac{e^{\frac{\xi-4y}{8}}}{\sqrt{2\pi}}2(1-\omega)N\left(d_6^{\tau}(y,t),d_1^T\left(a_3\left(y-\frac{\xi}{2}-s\sqrt{\xi}\right),\tau\right)\right)$$

$$+\omega e^{\frac{\xi+4y}{8}}N(d_7^{\tau}(y,t))-\frac{(1-\varepsilon)\omega Ke^{-\lambda(1-\varepsilon)(T-\tau)}}{\tilde{V}}e^{\frac{\xi-4y}{8}}N(-d_6^{\tau}(y,t))$$

$$-(1-2\omega)e^{\frac{\xi-4y}{8}}N(d_6^{\tau}(y,t))$$

$$d_6^{\tau}(y,t)=\frac{y-\dfrac{\xi}{2}-l(\tau)}{\sqrt{\xi}},\quad d_7^{\tau}(y,t)=\frac{-y-\dfrac{\xi}{2}+l(\tau)}{\sqrt{\xi}}$$

$$a_3(s)=\ln\frac{\tilde{V}e^s-(1-\varepsilon)Ke^{-\lambda(1-\varepsilon)(T-\tau)}}{\tilde{V}}$$

**证明**　见附录 3.

由 $t=0$ 时刻得到的 B 公司违约时刻的概率密度 $q(\tau)=\lambda e^{-\lambda\tau}$ 可得, 在 $[0,T]$ 时段 B 公司的生存概率为

$$1-\int_0^T q(t)dt=1-\int_0^T\lambda e^{-\lambda t}dt=e^{-\lambda T}\tag{8.26}$$

因此, 由 (8.19) 和 (8.23) 式或 (8.19) 和 (8.25) 式可得:

**定理 8.4**　在 $t=0$ 时刻 A 公司债券的价格为

$$P_A(V_0,r_0,0)=\lambda\int_0^T e^{-\lambda\tau}P_A^{\tau}(V_0,r_0,0)d\tau+e^{-\lambda T}P_A^*(V_0,r_0,0)\tag{8.27}$$

这里 $P_A^{\tau}(V_0,r_0,0)$ 依具体模型由 (8.23) 或 (8.25) 式确定.

### 8.2.4　不可料事件对 A 公司违约概率的影响

记 $P_A^0(t,V,r)$ 为零回收 $(\omega=0)$ 时 A 公司债券的价格, 则 A 公司在时间段 $[t,T]$ 的生存概率为

$$Q_A(t,V,r)=\frac{P_A^0(t,V,r)}{D(t,r;T)}\tag{8.28}$$

B 公司不可预料的违约将导致 A 公司直接违约或使其违约概率骤然增大，二者都会引起违约的传染. 但我们需要区分两种观点: 在时段 $[0,T]$, B 公司可能违约和肯定违约 (最坏情况) 对 A 公司违约概率的影响. 在这两种情况下，违约时刻 $\tau$ 都是随机变量，但概率密度函数不同，前者是无条件的，后者是条件概率密度. 它们的影响都通过期望值体现，后者的影响比前者要大得多. 记 $Q_{0,T}^{\tau}$ 为在 B 公司于 $\tau$ $(0<\tau\leqslant T)$ 时刻违约时 A 公司在 $[0,T]$ 的生存概率, $\widehat{Q}_{0,T}$ 为 B 公司在 $[0,T]$ 不违约时 A 公司在 $[0,T]$ 的生存概率. 则 $Q_{0,T}^{\tau}$ 和 $\widehat{Q}_{0,T}$ 可表示为 $\frac{P_A^{\tau,0}(V,r,0)}{D(0,r;T)}$ 和 $\frac{\widehat{P}^0(V,r,0)}{D(0,r;T)}$, 其中 $\widehat{P}^0(\cdot), P_A^{\tau,0}(\cdot)$ 为零回收时 B 公司不在 $[0,T]$ 违约和在 $\tau$ $(0<\tau\leqslant T)$ 时刻违约时 A 公司债券的价值.

**定理 8.5** 在最坏情况下即 B 公司在 $[0,T]$ 违约, A 公司违约概率的平均变化为

$$\Delta_{0,T}=\int_0^T q^*(\tau)\left[\frac{P_A^{\tau,0}(V,r,0)}{D(0,r;T)}-\frac{\widehat{P}^0(V,r,0)}{D(0,r;T)}\right]d\tau \tag{8.29}$$

这里 $q^*(\tau)$ 为 $\tau$ 的条件概率密度函数

$$q^*(\tau)=\frac{\lambda e^{-\lambda\tau}}{1-e^{-\lambda T}} \tag{8.30}$$

当 B 公司可能在 $[0,T]$ 违约时, A 公司违约概率的平均变化为

$$\widehat{\Delta}_{0,T}=\int_0^T q(\tau)\left[\frac{P_A^{\tau,0}(V,r,0)}{D(0,r;T)}-\frac{\widehat{P}^0(V,r,0)}{D(0,r;T)}\right]d\tau \tag{8.31}$$

$$q(\tau)=\lambda e^{-\lambda\tau}$$

## 8.3 模型计算与结果分析

显然 $\Delta_{0,T}$ 和 $\widehat{\Delta}_{0,T}$ 依赖于 $\frac{V_0}{V},\frac{K}{V},\lambda,\varepsilon,\sigma,$ 的值. $\frac{V_0}{V}$ 为公司资产对债务的比率，其值越大公司违约的可能越小; $\frac{K}{V}$ 为公司债权对债务的比率，考虑到 B 公司可能违约，其值越大, A 公司违约可能也越大. 为更清楚观察单个因素对 A 公司违约概率的影响，我们取参数值为

$$xl=2,\ \varepsilon=0.5,\ \omega=0,\ kl=1,\ \rho=-0.4,\ \sigma=0.1,\ T=10,\ \lambda=\frac{1}{200}$$

这里 $xl=\frac{V_0}{V}, kl=\frac{K}{V}$. 以下图中标号带 (a) 的是关于 $\Delta_{0,T}$ 的，带 (b) 的是关于 $\widehat{\Delta}_{0,T}$ 的. 如果 B 公司在到期日前一定违约，则到期日 $T$ 的长短对 A 公司的违

约概率有两种相反方向的影响: $T$ 越小, A 公司遭受损失也越早, 对其违约概率影响也越大, 但公司资产的波动率随着 $T$ 增加而增加 $(\sigma\sqrt{T})$, 波动率的增加会导致违约概率的增加. 它们的共同作用使图形不是单调的.

图 8.1(a) 和 (b) 是 B 公司的回收率对 A 公司违约概率的影响. 比较两个图, 我们发现回收率大小在 B 公司肯定违约时对 A 公司违约概率有极大影响,

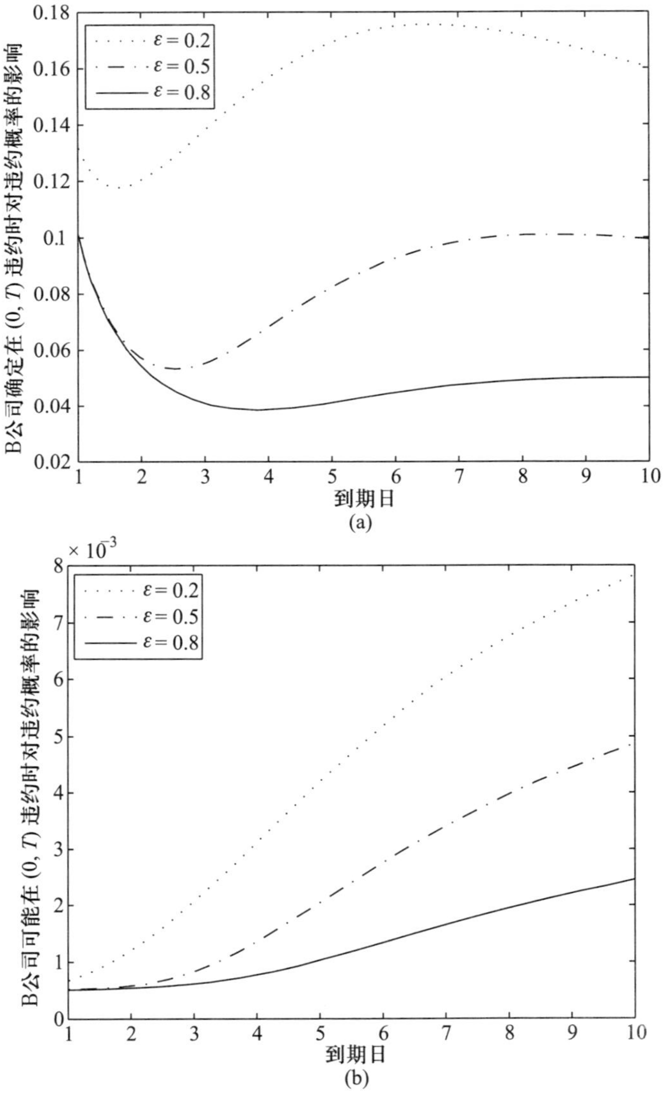


图 8.1　B 公司的回收率对 A 公司违约概率的影响

因为它直接关系到 A 公司损失的大小, 而在 B 公司可能违约时则影响很小, 因为 B 公司违约毕竟是小概率事件. 这种关系对以下例子同样成立.

图 8.2(a) 和 (b) 显示了公司债权对债务比对违约概率的影响. 在 B 公司肯定违约时, 比率越大, 影响也越大, 这说明了分散投资的重要性; 对可能违约也是如此, 且影响程度随到期日增大而增大.

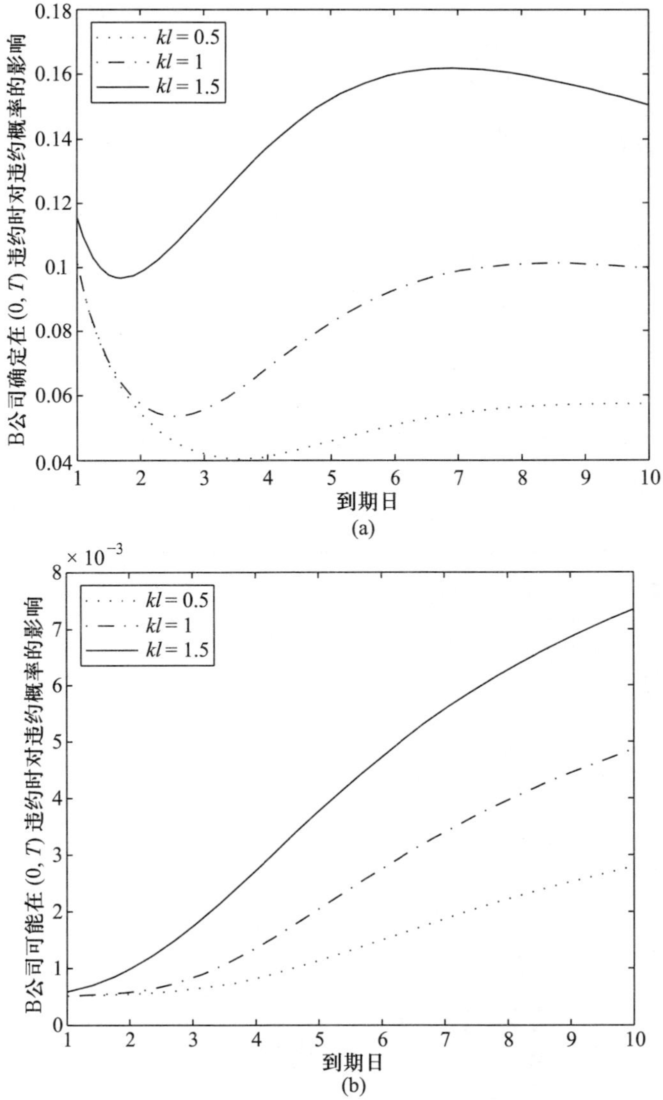


图 8.2　公司债权对债务比对违约概率的影响

图 8.3(a) 和 (b) 展示了 A 公司资产波动率对其违约概率变化的影响. 对 B 公司肯定违约时, 如前所述, 两种相反作用导致其影响随到期日变大时呈波峰和波谷现象. 而对可能违约时, 其影响随到期日变大而增大. 在两种情况下, 波动率越大, 影响也越大.

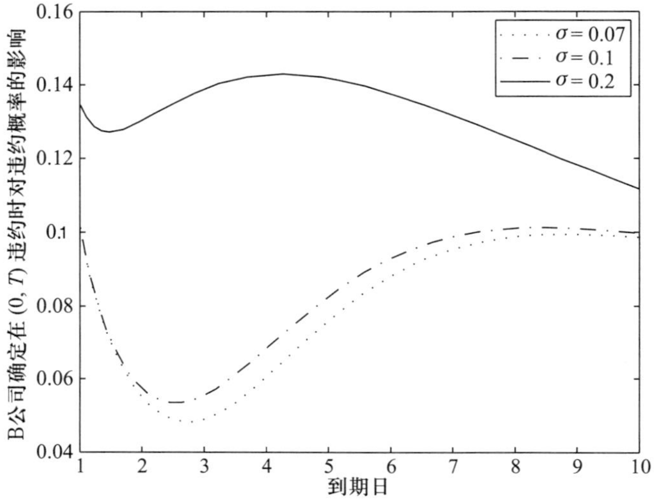


(a)

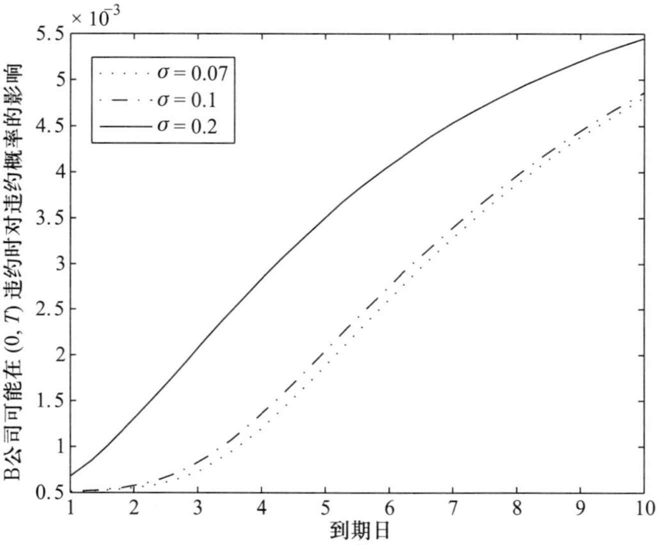


(b)

图 8.3 A 公司资产波动率对违约概率的影响

从图 8.4(a) 和 (b) 可知, 越高的资本杠杆率对违约概率影响越大, 特别是在 B 公司肯定违约时.

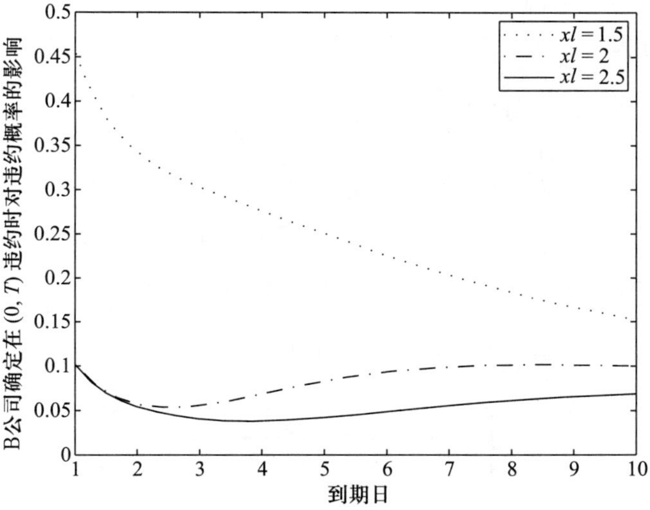


(a)

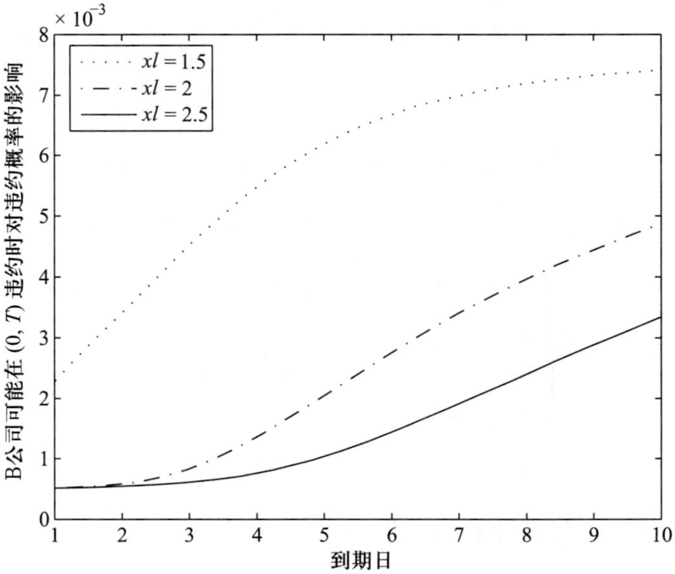


(b)

图 8.4 资本杠杆率对违约概率的影响

## 8.4 附录

**附录 1**

为求解方程

$$\begin{cases}\dfrac{\partial P_A}{\partial t}+\dfrac{1}{2}\sigma^2V^2\dfrac{\partial^2 P_A}{\partial V^2}+\rho\sigma\sigma_r V\dfrac{\partial^2 P_A}{\partial V\partial r}+\dfrac{1}{2}\sigma_r^2\dfrac{\partial^2 P_A}{\partial r^2}\\ \quad +rV\dfrac{\partial P_A}{\partial V}+\alpha(\theta-r)\dfrac{\partial P_A}{\partial r}-rP_A=0\\ P_A(t,r,\tilde{V}D(t,r;T))=\omega D(t,r;T) \qquad (r\in R,\tau\leqslant t\leqslant T)\\ P_A(T,r,V)=1 \qquad (r\in R, V>\tilde{V}D(t,r;T))\end{cases}$$

令 $\frac{P_A}{D(t,r;T)}=\widetilde{P_A}$, $\frac{V}{D(t,r;T)}=y$, 可把方程化为

$$\begin{cases}\dfrac{\partial \widetilde{P_A}}{\partial t}+\dfrac{1}{2}\widehat{\sigma}^2(t)y^2\dfrac{\partial^2\widetilde{P_A}}{\partial y^2}=0\\ \widetilde{P_A}(t,\tilde{V})=\omega\\ \widetilde{P_A}(T,y)=1\end{cases}$$

这里

$$\begin{aligned}\widehat{\sigma}^2(t)&=\frac{1}{D^2}\left(\frac{\partial D}{\partial r}\right)^2\sigma_r^2+\sigma^2-2\rho\sigma_r\sigma\frac{1}{D}\frac{\partial D}{\partial r}\\ &=B^2(T-t)\sigma_r^2+\sigma^2+2\rho\sigma_r\sigma B(T-t)\end{aligned}$$

再令 $z=\ln y-\ln\tilde{V}$, $\widetilde{P_A}-\omega=u$, $t^*=T-t$, 有

$$\begin{cases}\dfrac{\partial u}{\partial t^*}-\dfrac{1}{2}\widehat{\sigma}^2(T-t^*)\left[\dfrac{\partial^2 u}{\partial z^2}-\dfrac{\partial u}{\partial z}\right]=0\\ u\big|_{z=0}=0\\ u\big|_{t^*=0}=1-\omega \quad (z>0)\end{cases}$$

我们先求 Green 函数, 即下面方程的解

$$\begin{cases}\dfrac{\partial G}{\partial t}-\dfrac{1}{2}\hat{\sigma}^2(T-t)\left[\dfrac{\partial^2 G}{\partial x^2}-\dfrac{\partial G}{\partial x}\right]=0\\ G\big|_{x=0}=0\\ G\big|_{t=0}=\delta(x-\xi)\end{cases}$$

这里 $\delta(x)$ 是 Dirac 函数. 做变换 $\tau=\frac{1}{2}\int_0^t\hat{\sigma}^2(T-s)ds$, 则

$$\frac{\partial G}{\partial\tau}=\frac{\partial^2 G}{\partial x^2}-\frac{\partial G}{\partial x}=e^{\frac{x}{2}}\left[\frac{\partial^2\left(Ge^{-\frac{x}{2}}\right)}{\partial x^2}-\frac{1}{4}Ge^{-\frac{x}{2}}\right]$$

记 $W=Ge^{-\frac{x}{2}+\frac{1}{4}\tau}$, 则 $W$ 满足

$$\begin{cases}\dfrac{\partial W}{\partial\tau}=\dfrac{\partial^2 W}{\partial x^2}\\ W\Big|_{x=0}=0\\ W\Big|_{\tau=0}=\delta(x-\xi)e^{-\frac{\xi}{2}}\end{cases}$$

做奇延拓, 则

$$\begin{cases}\dfrac{\partial W}{\partial\tau}=\dfrac{\partial^2 W}{\partial x^2}\\ W\Big|_{\tau=0}=\delta(x-\xi)e^{-\frac{\xi}{2}}-\delta(x+\xi)e^{\frac{\xi}{2}}\end{cases}$$

从而由 Poisson 公式可得

$$W(x,\tau)=\frac{e^{-\frac{\xi}{2}}}{2\sqrt{\pi\tau}}e^{-\frac{(x-\xi)^2}{4\tau}}-\frac{e^{\frac{\xi}{2}}}{2\sqrt{\pi\tau}}e^{-\frac{(x+\xi)^2}{4\tau}}$$

因此

$$\begin{aligned}G(x,t;\xi,0)=&e^{-\frac{\int_0^t\hat{\sigma}^2(T-s)ds}{8}}\frac{e^{\frac{x}{2}-\frac{\xi}{2}}}{\sqrt{2\pi\int_0^t\hat{\sigma}^2(T-s)ds}}e^{-\frac{(x-\xi)^2}{2\int_0^t\hat{\sigma}^2(T-s)ds}}\\&-\frac{e^{\frac{x}{2}+\frac{\xi}{2}}}{\sqrt{2\pi\int_0^t\hat{\sigma}^2(T-s)ds}}e^{-\frac{(x+\xi)^2}{2\int_0^t\hat{\sigma}^2(T-s)ds}}\end{aligned}$$

或

$$G(x,t;\xi,0)=\frac{1}{\sqrt{2\pi\int_0^t\hat{\sigma}^2(T-s)ds}}\left[e^{-\frac{(x-\xi-\frac{1}{2}\int_0^t\hat{\sigma}^2(T-s)ds)^2}{2\int_0^t\hat{\sigma}^2(T-s)ds}}-e^{-\frac{(x+\xi-\frac{1}{2}\int_0^t\hat{\sigma}^2(T-s)ds)^2}{2\int_0^t\hat{\sigma}^2(T-s)ds}}\right]$$

记 $\hat{\sigma}_T^2(t)=\int_t^T\hat{\sigma}^2(s)ds$, 则问题的解为

$$u(t^*,z)=(1-\omega)\int_0^\infty G(z,t^*;\xi,0)d\xi$$

亦即

$$u(t,z)=\frac{1-\omega}{\sqrt{2\pi\widehat{\sigma}_T^2(t)}}\int_0^{\infty}\left[e^{-\frac{(z-\xi-\frac{1}{2}\widehat{\sigma}_T^2(t))^2}{2\widehat{\sigma}_T^2(t)}}-e^{-\frac{(z+\xi-\frac{1}{2}\widehat{\sigma}_T^2(t))^2}{2\widehat{\sigma}_T^2(t)}}\right]d\xi$$

记 $d_1^T(z,t)=\frac{z-\frac{1}{2}\widehat{\sigma}_T^2(t)}{\sqrt{\widehat{\sigma}_T^2(t)}}$, 则

$$u(t,z)=(1-\omega)(2N(d_1^T(z,t))-1)$$

因此在时间段 $\tau\leqslant t\leqslant T$ 上, A 公司债券的价格为

$$P_A(t,r_t,V_t)=\begin{cases}D(t,r_t;T)\left(u\left(t,\ln\dfrac{V_t}{\tilde{V}D(t,r_t;T)}\right)+\omega\right), & V>\tilde{V}D(t,r_t;T)\\ \omega\dfrac{V_t}{\tilde{V}}, & V\leqslant\tilde{V}D(t,r_t;T)\end{cases}$$

**附录 2**

为求解

$$\begin{cases}\dfrac{\partial P_A}{\partial t}+\dfrac{1}{2}\sigma^2V^2\dfrac{\partial^2P_A}{\partial V^2}+\rho\sigma\sigma_rV\dfrac{\partial^2P_A}{\partial V\partial r}+\dfrac{1}{2}\sigma_r^2\dfrac{\partial^2P_A}{\partial r^2}+rV\dfrac{\partial P_A}{\partial V}\\ \qquad+\alpha(\theta-r)\dfrac{\partial P_A}{\partial r}-rP_A=0\\ P_A(t,r,\tilde{V}D(t,r;T))=\omega D(t,r;T)\\ P_A(\tau,r,V)=P_A(\tau+0,r,V-(1-\varepsilon)P_B(\tau-0,r))\end{cases}$$

做变换 $\frac{P_A}{D}=\widetilde{P_A}$, $\frac{V}{D(t,r)}=y$, 把方程化为

$$\begin{cases}\dfrac{\partial\widetilde{P_A}}{\partial t}+\dfrac{1}{2}\widehat{\sigma}^2(t)y^2\dfrac{\partial^2\widetilde{P_A}}{\partial y^2}=0\\ \widetilde{P_A}(t,1)=\omega\\ \widetilde{P_A}(\tau-0,y)=I_{\{y\leqslant l_{\lambda,\varepsilon}(\tau)\}}\omega\dfrac{y-(1-\varepsilon)Ke^{-\lambda(1-\varepsilon)(T-\tau)}}{\tilde{V}}\\ \qquad+I_{\{y>l_{\lambda,\varepsilon}(\tau)\}}\widetilde{P_A}(\tau+0,y-(1-\varepsilon)Ke^{-\lambda(1-\varepsilon)(T-\tau)})\end{cases}$$

这里

$$
\begin{aligned}
l_{\lambda,\varepsilon}(\tau) &= \tilde{V} + (1-\varepsilon)Ke^{-\lambda(1-\varepsilon)(T-\tau)} \\
\widehat{\sigma}^2(t) &= \frac{1}{D^2}\left(\frac{\partial D}{\partial r}\right)^2 \sigma_r^2 + \sigma^2 - 2\rho\sigma_r\sigma\frac{1}{D}\frac{\partial D}{\partial r} \\
&= B^2(T-t)\sigma_r^2 + \sigma^2 + 2\rho\sigma_r\sigma B(T-t)
\end{aligned}
$$

令 $z = \ln y - \ln \tilde{V}, \widetilde{P_A} - \omega = u, t^* = \tau - t$ 和 $l(\tau) = \ln \frac{l_{\lambda,\varepsilon}(\tau)}{\tilde{V}}$, 得

$$
\begin{cases}
\dfrac{\partial u}{\partial t^*} - \dfrac{1}{2}\widehat{\sigma}^2(\tau - t^*)\left[\dfrac{\partial^2 u}{\partial z^2} - \dfrac{\partial u}{\partial z}\right] = 0 \\
u\Big|_{z=0} = 0 \\
u\Big|_{t^*=0} = I_{\{z>l(\tau)\}}u(\tau+0, \tilde{V}e^z - (1-\varepsilon)Ke^{-\lambda(1-\varepsilon)(T-\tau)}) \\
\qquad\qquad + I_{\{z\leqslant l(\tau)\}}\omega\left[\dfrac{\tilde{V}e^z - (1-\varepsilon)Ke^{-\lambda(1-\varepsilon)(T-\tau)}}{\tilde{V}} - 1\right]
\end{cases}
$$

由前面求出的 Green 函数可得

$$
u(t^*, z) = \int_{-\infty}^{\infty} G(z, t^*; \xi, 0)u(0, \xi)d\xi
$$

或

$$
\begin{aligned}
u(t, z) = \int_{-\infty}^{\infty} G(z, \tau - t; \xi, 0)\Bigg[&I_{\{\xi>l(\tau)\}}u\left(\tau+0, \tilde{V}e^\xi - (1-\varepsilon)Ke^{-\lambda(1-\varepsilon)(T-\tau)}\right) \\
&+ I_{\{\xi\leqslant l(\tau)\}}\omega\left(\frac{\tilde{V}e^\xi - (1-\varepsilon)Ke^{-\lambda(1-\varepsilon)(T-\tau)}}{\tilde{V}} - 1\right)\Bigg]d\xi
\end{aligned}
$$

经计算可得

$$
\begin{aligned}
u_1(t, z) = 2(1-\omega)&(N(d_2^\tau(z,t), d_1^T(a_1(z,t),\tau)) - N(-d_3^\tau(z,t), d_1^T(a_2(z,t),\tau))) \\
&+ \omega(e^z N(d_4^\tau(z,t)) - e^{-z+\widehat{\sigma}_\tau^2(t)}N(d_5^\tau(z,t))) - (1-\omega)(N(d_2^\tau(z,t)) \\
&+ N(d_3^\tau(z,t)) - 1) - (1+K_\varepsilon)\omega(N(-d_2^\tau(z,t)) - N(d_3^\tau(z,t)))
\end{aligned}
$$

其中

$$a_1(z,t)=\tilde{V}e^{z-s\sqrt{\widehat{\sigma}_\tau^2(t)}-\frac{1}{2}\widehat{\sigma}_\tau^2(t)}-(1-\varepsilon)Ke^{-\lambda(1-\varepsilon)(T-\tau)}$$
$$a_2(z,t)=\tilde{V}e^{-z-s\sqrt{\widehat{\sigma}_\tau^2(t)}+\frac{1}{2}\widehat{\sigma}_\tau^2(t)}-(1-\varepsilon)Ke^{-\lambda(1-\varepsilon)(T-\tau)}$$
$$K_\varepsilon=\frac{K}{\tilde{\tilde{V}}}(1-\varepsilon)e^{-\lambda(1-\varepsilon)(T-\tau)}$$
$$d_2^\tau(z,t)=\frac{z-l(\tau)-\dfrac{1}{2}\widehat{\sigma}_\tau^2(t)}{\sqrt{\widehat{\sigma}_\tau^2(t)}},\quad d_3^\tau(z,t)=\frac{z+l(\tau)-\dfrac{1}{2}\widehat{\sigma}_\tau^2(t)}{\sqrt{\widehat{\sigma}_\tau^2(t)}}$$
$$d_4^\tau(z,t)=\frac{-z+l(\tau)-\dfrac{1}{2}\widehat{\sigma}_\tau^2(t)}{\sqrt{\widehat{\sigma}_\tau^2(t)}},\quad d_5^\tau(z,t)=\frac{z+l(\tau)-\dfrac{3}{2}\widehat{\sigma}_\tau^2(t)}{\sqrt{\widehat{\sigma}_\tau^2(t)}}$$

从而在时间段 $0\leqslant t\leqslant\tau$ 上, A 公司债券的价格为

$$P_A(t,r_t;T)=D(t,r_t;T)\left(u\left(t,\ln\frac{V_t}{\tilde{V}D(t,r_t;T)}\right)+\omega\right)$$

**附录 3**

为求解

$$\begin{cases}\dfrac{\partial P_A}{\partial t}+\dfrac{1}{2}\sigma^2V^2\dfrac{\partial^2P_A}{\partial V^2}+\rho\sigma\sigma_rV\dfrac{\partial^2P_A}{\partial V\partial r}+\dfrac{1}{2}\sigma_r^2\dfrac{\partial^2P_A}{\partial r^2}\\ \qquad +rV\dfrac{\partial P_A}{\partial V}+\alpha(\theta-r)\dfrac{\partial P_A}{\partial r}-rP_A=0\\ P_A(\tau,r,V)=P_A(\tau+0,r,V-(1-\varepsilon)P_B(\tau,r))\end{cases}$$

做变换 $\frac{P_A}{D}=\widetilde{P_A}$, $\frac{V}{D(t,r)}=x$, 得

$$\begin{cases}\dfrac{\partial\widetilde{P_A}}{\partial t}+\dfrac{1}{2}\widehat{\sigma}^2(t)x^2\dfrac{\partial^2\widetilde{P_A}}{\partial x^2}=0\\ \widetilde{P_A}|_{t=\tau}=I_{\{y\leqslant l_{\lambda,\varepsilon}(\tau)\}}\omega\dfrac{x-(1-\varepsilon)Ke^{-\lambda(1-\varepsilon)(T-\tau)}}{\tilde{V}}\\ \qquad +I_{\{y>l_{\lambda,\varepsilon}(\tau)\}}\widetilde{P_A}(\tau+0,x-(1-\varepsilon)Ke^{-\lambda(1-\varepsilon)(T-\tau)})\end{cases}$$

这里 $l_{\lambda,\varepsilon}(\tau)$ 见附录 2. 记 $\eta=\int_0^t\widehat{\sigma}^2(\xi)d\xi$, $\tau^*=\int_0^\tau\widehat{\sigma}^2(\xi)d\xi$, 可得

$$\begin{cases}\dfrac{\partial\widetilde{P_A}}{\partial\eta}+\dfrac{1}{2}x^2\dfrac{\partial^2\widetilde{P_A}}{\partial x^2}=0\\ \widetilde{P_A}\Big|_{\eta=\tau^*}=I_{\{y\leqslant l_{\lambda,\varepsilon}(\tau)\}}\omega\dfrac{x-(1-\varepsilon)Ke^{-\lambda(1-\varepsilon)(T-\tau)}}{\tilde{V}}\\ \qquad +I_{\{y>l_{\lambda,\varepsilon}(\tau)\}}\widetilde{P_A}(\tau+0,x-(1-\varepsilon)Ke^{-\lambda(1-\varepsilon)(T-\tau)})\end{cases}$$

令 $y=\ln x-\ln\tilde{V},\xi=\tau^*-\eta$, 易知

$$\begin{cases}\dfrac{\partial\widetilde{P}}{\partial\xi}-\dfrac{1}{2}\dfrac{\partial^2\widetilde{P}}{\partial y^2}+\dfrac{1}{2}\dfrac{\partial\widetilde{P}}{\partial y}=0\\ \widetilde{P}\big|_{\xi=0}=I_{\{y>l(\tau)\}}\widetilde{P_A}(\tau+0,\tilde{V}e^y-(1-\varepsilon)Ke^{-\lambda(1-\varepsilon)(T-\tau)})\\ \qquad+I_{\{y\leqslant l(\tau)\}}\omega\dfrac{\tilde{V}e^y-(1-\varepsilon)Ke^{-\lambda(1-\varepsilon)(T-\tau)}}{\tilde{V}}\end{cases}$$

其中

$$l(\tau)=\ln\frac{l_{\lambda,\varepsilon}(\tau)}{\tilde{V}}$$

做函数变换 $\widehat{W}=e^{\frac{1}{8}\xi-\frac{1}{2}y}\widetilde{P_A}$, 得

$$\begin{cases}\dfrac{\partial\widehat{W}}{\partial\xi}-\dfrac{1}{2}\dfrac{\partial^2\widehat{W}}{\partial y^2}=0\\ \widehat{W}\big|_{\xi=0}=e^{-\frac{1}{2}y}\Bigg[I_{\{y>l(\tau)\}}\widetilde{P_A}(\tau+0,\tilde{V}e^y-(1-\varepsilon)Ke^{-\lambda(1-\varepsilon)(T-\tau)})\\ \qquad+I_{\{y\leqslant l(\tau)\}}\omega\dfrac{\tilde{V}e^y-(1-\varepsilon)Ke^{-\lambda(1-\varepsilon)(T-\tau)}}{\tilde{V}}\Bigg]\end{cases}$$

由 Poisson 公式

$$\hat{W}(y,\xi)=\frac{1}{\sqrt{2\pi\xi}}\int_{-\infty}^{+\infty}e^{-\frac{(y-s)^2}{2\xi}}W(s,0)ds$$

故

$$\begin{aligned}\hat{W}(y,\xi)=&\frac{e^{\frac{\xi-4y}{8}}}{\sqrt{2\pi}}2(1-\omega)N\left(d_6^\tau(y,t),d_1^T\left(a_3\left(y-\frac{\xi}{2}-s\sqrt{\xi}\right),\tau\right)\right)\\&+\omega e^{\frac{\xi+4y}{8}}N(d_7^\tau(y,t))-\frac{(1-\varepsilon)\omega Ke^{-\lambda(1-\varepsilon)(T-\tau)}}{\tilde{V}}e^{\frac{\xi-4y}{8}}N(-d_6^\tau(y,t))\end{aligned}$$

其中

$$d_6^\tau(y,t)=\frac{y-\dfrac{\xi}{2}-l(\tau)}{\sqrt{\xi}}$$

$$d_7^\tau(y,t)=\frac{-y-\dfrac{\xi}{2}+l(\tau)}{\sqrt{\xi}}$$

$$a_3(s) = \ln \frac{\tilde{V}e^s - (1-\varepsilon)Ke^{-\lambda(1-\varepsilon)(T-\tau)}}{\tilde{V}}$$

因此, 在时间段 $0 \leqslant t \leqslant \tau$ 上,A 公司债券的价值为

$$P_{At}(t, r_t; T) = D(t, r_t; T)\left(\hat{W}\left(\int_t^\tau \widehat{\sigma}^2(s)ds, \ln \frac{V_t}{\tilde{V}D(t, r_t; T)}\right)e^{\frac{-\xi+4y}{8}}\right)$$

## 参考文献


[1] Merton R. On the Pricing of Corporate Debt: the Risk Structure of Interest Rates. Journal of Finance, 1974: 29, 449–470.

[2] Black F, Cox J C. Valuing Corporate Securities: Some Effects of Bond Indenture Provisions. Journal of Finance, 1976: 31, 351–367.

[3] Zhou C. The Term Structure of Credit Spreads with Jump Risk. Journal of Banking and Finance, 2001: 25, 2015–2040.

[4] Jarrow R, Turnbull S. Pricing Derivatives on Financial Securities Subject to Credit Risk. Journal of Finance, 1995: 50, 53–86.

[5] Jarrow R, Lando D, Turnbull S. A Markov Model for the Term Structure of Credit Risk Spreads. Review of Financial Studies, 1997: 10, 481–523.

[6] Duffie D, Singleton K J. Modeling Term Structure of Defaultable Bonds. Working paper, Graduate School of Business, Stanford University, 1999.

[7] Duffie D, Lando D. Term Structure of Credit Spreads with Incomplete Accounting Information. Econometrica, 2001: 69, 633–664.

[8] Giesecke K. Correlated Default with Incomplete Information. Journal of Banking and Finance, 2004: 28, 1521–1545.

[9] Giesecke K. Default and Information. Working paper, Cornell University, 2005.

[10] Jarrow R, Yu F. Counterparty Risk and the Pricing of Defaultable Securities. Journal of Finance, 2001: 56, 1765–1799.

[11] Vasicek O. An Equilibrium Characterization of the Term Structure. The Journal of Financial Economics, 1977: 5, 177–188.

[12] Jiang L. Mathematical Modeling and Methods of Option Pricing. World Scientific Publishing Co., 2005.

[13] Longstaff F A, Schwartz E S. A Simple Approach to Valuing Risky Fixed and Floating Rate Debt. Journal of Finance, 1995: 50, 789–819.

[14] Leland H E. Risky Debt, Bond Covenants and Optimal Capital Structure. Journal of Finance, 1994: 49, 1213–1252.

[15] Leland H E, Toft K B. Optimal Capital Structure, Endogenous Bankruptcy and the Term Structure of Credit Spreads. Journal of Finance, 1996: 50, 789–819.

[16] Yu F. Correlated Default in Reduced Form Models. Working paper, University of California, Irvine, 2002.

# 第 9 章

# 双方互相担保公司债券定价与风险分析①

## 9.1 引言

信用风险度量的最基本问题是公司债券定价和银行贷款定价. 公司债券作为一种重要投资品种, 它除了像国债一样有利率风险, 还面临信用风险. 如何降低信用风险对投资者和债券发行公司都很重要. 在同样条件下, 信用风险低的债券售价高. 常见的降低信用风险的手段有担保、抵押、轧差等. 信用风险的研究可分为三个方面: 单个公司债券的定价和公司违约概率的计算, 特别是在含有不同降低信用风险的条款时; 多个债券组合时总体信用风险的评估, 其要点是信用风险的相关性和传染性; 作为信用风险管理工具的信用衍生产品的定价. 考虑信用风险的相关性和传染性对债券定价影响的研究, 是当前一个热门课题, 已有不少学者对其进行研究: Lando [1], Duffie 和 Singleton [2] 在公司的违约强度受宏观的市场因素影响的条件下, 对单一公司债券进行定价, 并证明了此时公司债券的定价与国债类似, 只是由于信用风险的原因, 其贴现率不同; Jarrow 和 Yu [3] 在考虑公司 A 与公司 B 之间单向的依赖性, 即公司 A 的违约对公司 B 的违约强度有影响, 但公司 B 的违约对于公司 A 的违约没有影响, 同时考虑到公司 A 和公司 B 均受宏观经济因素的影响的条件下, 对公司 A 和公司 B 的债券进行定价; Collin-Dufresne, Goldstein 和 Hugonnier [4] 通过测度变换的方法对于公

①本章由林建伟、任学敏撰写.

司 A 和公司 B 之间存在相互依赖性的条件下, 即不但公司 A 的违约对公司 B 的违约有影响, 而且公司 B 的违约对公司 A 的违约也有影响, 给出了公司 A 和公司 B 债券的定价公式; Yu [5] 利用 Norros [6], Shaked 和 Shanthikumar [7] 提出的 "总的违约强度构建法" 对于公司 A 和公司 B 之间存在相互依赖性的条件下, 也给出了公司 A 和公司 B 债券的定价公式. 上述这些文献主要是在考虑信用风险的相关性与传染性条件下, 对无担保公司债券进行定价, 而对于担保公司债券还研究较少.

本章将通过公司 A 与公司 B 违约强度的相互依赖性来刻画两个公司违约的相互依赖性结构, 利用约化法来设计双方互相担保公司债券的定价模型, 利用二维违约时间的构建和约化法给出其相应的定价公式. 通过对于担保债券与相应的无担保债券的比较分析, 给出公司通过担保达到降低公司债券的信用风险时违约强度所满足的条件. 尤其对于银行来说, 搞清楚两个贷款公司互相担保是否能降低其信用风险至关重要. 直观上看, 对于银行来说, 若两个贷款公司不全部违约, 采取两个贷款公司双方互相担保策略比无担保或只有单方担保策略面临更少的信用风险. 因为对于双方互相担保情况, 若贷款公司 A 违约, 但公司 B 没有违约, 由于公司 B 为公司 A 做担保, 银行仍然可以从公司 B 获得所有的本金和利息; 若公司 B 违约, 但公司 A 没有违约, 同理对于银行来说并没有因此而受到损失. 但此时对于无担保或单方担保情况, 银行都会因其中一个贷款公司的违约而受到损失. 从这个角度看, 银行采取双方担保策略降低了银行的信用风险. 但另一方面, 由于贷款公司之间存在互相担保的关系, 一个贷款公司的违约将影响到另一个贷款公司的违约, 此时相对于无担保与单方担保情况, 采取双方互相担保策略增大了两个贷款公司全部违约的概率, 银行将面临更大的信用风险. 下面我们将从定量的角度进一步分析, 同时考虑双方互相担保债券对各参数的依赖关系, 并进行一些数值分析, 给出相应的金融意义.

## 9.2 违约时间的构建

在完备的概率测度空间 $(\Omega, \mathscr{F}, \{\mathscr{F}_{\mathrm{t}}\}_{t\geqslant 0}, P)$ 里, 让 $\tau_i$ $(i=1,2)$ 表示公司 $i$ 的违约时间, $N_i(t) = I_{\{\tau_i \leqslant t\}}$ 表示公司 $i$ 的违约过程 $\mathcal{F}_i(t) = \sigma\left(N_i(s) : s \leqslant t\right)$, 表示由违约过程 $N_i(t)$ 所产生的自然流, 即由 $\tau_1, \tau_2$ 所产生的最小的 $\sigma$-代数. 假设 $\tau_i$ 具有非负, 可测的违约强度过程 $\lambda_i(t)$, 且其满足对任意 $t \geqslant 0$, $E(\int_0^t \lambda_i(s)ds) < +\infty$ 和补偿过程 $M_i(t) = N_i(t) - \int_0^{t\wedge\tau_i} \lambda_{\mathrm{i}}(s)ds$ 是一个 $\mathscr{F}_{\mathrm{t}}$ 可测鞅.

基于上述的记号与基本假设, 考虑到公司 $i$ 的违约强度依赖于另一个公司的违约时间, 在观察到 $\tau_j = t_j, j = \{1,2\}$ 的条件下, 当 $i \neq j, \tau_i > t > t_j$ 时, 公司 $i$ 在 $t$ 时刻的条件违约强度定义如下:

$$\lambda_i(t|t_j) = \lim_{\Delta t \to 0} \frac{1}{\Delta t} P(t < \tau_i \leqslant t + \Delta t | \tau_j = t_j) \tag{9.1}$$

基于公司 $i$ 的条件违约强度 $\lambda_i(t|t_j)$, 公司 $i$ 在 $[t_j, t_j + s]$ $(s \geqslant 0)$ 期间总共累积的违约强度定义为:

$$\Lambda_i(s|t_j) = \int_{t_j}^{t_j+s} \lambda_i(u|t_j) du \tag{9.2}$$

Aalen 和 Hoem[9] 证明了公司 $i, i = 1, 2$ 从 0 时刻直到它自身违约时刻所累积的总的条件违约强度是一个单位指数随机变量 $E_i$, 且 $E_1$ 与 $E_2$ 相互独立, 我们定义反函数如下: 对于任意 $i \neq j$ 和 $x \geqslant 0$,

$$\Lambda_i^{-1}(x|t_j) = \inf\{s \geqslant 0 : \Lambda_i(s|t_j) \geqslant x\} \tag{9.3}$$

利用 (9.1)—(9.3), 从一组单位独立的指数随机变量 $(E_1, E_2)$ 来构建一组随机变量 $(\hat{\tau}_1, \hat{\tau}_2)$ 如下:

$$j_1 = \arg\min\{\Lambda_i^{-1}(E_i) : i = 1, 2\} \tag{9.4}$$

$$\hat{\tau}_{j_1} = \Lambda_{j_1}^{-1}(E_{j_1}) \tag{9.5}$$

$$\hat{\tau}_{j_2} = \hat{\tau}_{j_1} + \Lambda_{j_2}^{-1}\left[E_{j_2} - \Lambda_{j_2}(\hat{\tau}_{j_1}) | \hat{\tau}_{j_1}\right], \quad j_2 \neq j_1 \tag{9.6}$$

Norros [6], Shaked 和 Shanthikumar [7] 证明了 $\hat{\tau} = (\hat{\tau}_1, \hat{\tau}_2)$ 与 $\tau = (\tau_1, \tau_2)$ 的联合概率密度函数是相等的. 因此我们能够通过求 $\hat{\tau}$ 的联合概率密度来得到 $\tau$ 的联合概率密度.

## 9.3 定价模型

基本假定

(1) 公司 A 发行了零息票公司债券, 到期日为 $T$. 公司 B 为其做担保, 即公司 A 一旦破产, 其债券投资人的损失将由公司 B 承担, 如果这时公司 B 没有破产的话; 与此同时, 公司 B 也发行了零息票公司债券, 到期日为 $T$. 公司 A 为其做担保, 即公司 B 一旦破产, 其债券投资人的损失将由公司 A 承担, 如果这时公司 A 没有破产的话;

(2) 公司 A 和公司 B 的破产是由不可预料事件引发的, $\tau_A, \tau_B$ 分别表示公司 A 与公司 B 的违约时间, 且相应的违约强度满足如下结构:

$$\begin{cases} \lambda_t^A = a_1 + a_2 I_{\{\tau_B \leqslant T\}} & (9.7) \\ \lambda_t^B = b_1 + b_2 I_{\{\tau_A \leqslant T\}} & (9.8) \end{cases}$$

这里, $a_1, a_2, b_1, b_2$ 为正常数;

**注释 9.1** (9.7), (9.8) 刻画了公司 A 和公司 B 由于互相担保关系而形成的双向违约依赖性.

(3) 采用面值回收来考虑公司 A 与公司 B 的担保债券定价问题, 并假定公司 A 与公司 B 的回收率 $0 < R_A, R_B < 1$, 到期拿到本金 1 美元;

(4) 对于公司 A 债券来说, 只要公司 B 不破产, 当公司 A 破产时, 公司 B 一定能对公司 A 债券投资人的损失完全补偿, 对于公司 B 债券亦然, 由于两公司同时破产的概率为零, 我们不考虑这种情况;

(5) 无风险利率 $r$ 为非负常数.

基于上述基本假定, 公司 A 与公司 B 的双方互相担保债券的价格可表示如下:

$$\begin{aligned} P^A(t,T) = E[e^{-r(T-t)}\big(I_{\{\tau_A > T\}} + I_{\{\tau_A \leqslant T\}} I_{\{\tau_A < \tau_B\}} \\ + R_A I_{\{\tau_A \leqslant T\}} I_{\{\tau_A > \tau_B\}}\big) | \mathcal{F}(t)] \end{aligned} \tag{9.9}$$

$$\begin{aligned} P^B(t,T) = E[e^{-r(T-t)}\big(I_{\{\tau_B > T\}} + I_{\{\tau_B \leqslant T\}} I_{\{\tau_B < \tau_A\}} \\ + R_B I_{\{\tau_B \leqslant T\}} I_{\{\tau_B > \tau_A\}}\big) | \mathcal{F}(t)] \end{aligned} \tag{9.10}$$

(9.9) 式右边第一项表示: 若公司 A 在债券到期日之前没有违约, 则公司 A 债券的持有人获得 1 美元; 第二项表示: 若公司 A 在债券到期日之前 (包括到期日) 违约, 但公司 B 这时还没有违约, 则公司 A 债券的持有人仍然可获得 1 美元; 第三项表示: 若公司 A 在债券到期日之前 (包括到期日) 违约, 但公司 B 这时已经违约, 则公司 A 债券的持有人只能获得 $R_A$ 美元. (9.10) 式表示的含义与 (9.9) 式类似.

## 9.4 定价公式

由 (9.9) 和 (9.10) 式, 可知求 $P^A(t,T), P^B(t,T)$ 解的表达式的关键是要求出违约时间 $\tau_A$ 与 $\tau_B$ 联合的概率密度函数.

让 $E^A, E^B$ 表示单位的独立的指数随机变量, 利用第二节介绍的违约时间的构建方法, 由 (9.4)—(9.6) 以及结合 (9.7) (9.8), 可得

$$\hat{\tau}_A = \begin{cases} \dfrac{E^A}{a_1}, & \dfrac{E^A}{a_1} < \dfrac{E^B}{b_1} \\ \dfrac{E^B}{b_1} + \dfrac{1}{a_1+a_2}\left(E^A - \dfrac{a_1}{b_1}E^B\right), & \dfrac{E^A}{a_1} > \dfrac{E^B}{b_1} \end{cases} \tag{9.11}$$

$$\hat{\tau}_B = \begin{cases} \dfrac{E^A}{a_1} + \dfrac{1}{b_1+b_2}\left(E^B - \dfrac{b_1}{a_1}E^A\right), & \dfrac{E^A}{a_1} < \dfrac{E^B}{b_1} \\ \dfrac{E^B}{b_1}, & \dfrac{E^A}{a_1} > \dfrac{E^B}{b_1} \end{cases} \tag{9.12}$$

由 (9.11), (9.12) 式, $\hat{\tau}_A$ 与 $\hat{\tau}_B$ 联合的概率密度函数, 即 $\tau_A$ 与 $\tau_B$ 联合的概率密度函数能被表示如下:

$$f(t_1,t_2) = \begin{cases} a_1(b_1+b_2)e^{-(a_1-b_2)t_1-(b_1+b_2)t_2}, & t_1 \leqslant t_2 \\ b_1(a_1+a_2)e^{-(b_1-a_2)t_2-(a_1+a_2)t_1}, & t_1 > t_2 \end{cases} \tag{9.13}$$

事实上, 由 (9.11), (9.12) 式, 对于任意 $t_1 \geqslant 0, t_2 \geqslant 0$, $\hat{\tau}_A$ 与 $\hat{\tau}_B$ 联合概率分布 $\text{Prob}\,(\hat{\tau}_A < t_1, \hat{\tau}_B < t_2)$ 可表示为:

$$\begin{aligned}
&\text{Prob}\,(\hat{\tau}_A < t_1, \hat{\tau}_B < t_2) \\
=&\ \text{Prob}\,(\hat{\tau}_A < t_1, \hat{\tau}_B < t_2, \hat{\tau}_A < \hat{\tau}_B) + \text{Prob}\,(\hat{\tau}_A < t_1, \hat{\tau}_B < t_2, \hat{\tau}_A > \hat{\tau}_B) \\
=&\ \text{Prob}\left(\frac{E^A}{a_1} < t_1, \frac{E^A}{a_1} + \frac{1}{b_1+b_2}\left(E^B - \frac{b_1}{a_1}E^A\right) < t_2, \frac{E^A}{a_1} < \frac{E^B}{b_1}\right) \\
&+\text{Prob}\left(\frac{E^B}{b_1} + \frac{1}{a_1+a_2}\left(E^A - \frac{a_1}{b_1}E^B\right) < t_1, \frac{E^B}{b_1} < t_2, \frac{E^A}{a_1} > \frac{E^B}{b_1}\right) \\
=&\ \int_{D_1} e^{-x+y}dxdy + \int_{D_2} e^{-x+y}dxdy
\end{aligned}$$

这里,

$$D_1 = \left\{(x,y) | \frac{x}{a_1} < t_1, \frac{x}{a_1} + \frac{1}{b_1+b_2}\left(y - \frac{b_1}{a_1}x\right) < t_2, \frac{x}{a_1} < \frac{y}{b_1}\right\}$$

$$D_2 = \left\{(x,y) | \frac{y}{b_1} + \frac{1}{a_1+a_2}\left(x - \frac{a_1}{b_1}y\right) < t_1, \frac{y}{b_1} < t_2, \frac{x}{a_1} > \frac{y}{b_1}\right\}$$

经过计算可得

$$\operatorname{Prob}(\hat{\tau}_A < t_1, \hat{\tau}_B < t_2) = \begin{cases} 1 - \dfrac{1}{b_1 - a_2}\left[b_1 e^{-(a_1+a_2)t_1} - a_2 e^{-(a_1+b_1)t_1}\right] \\ \quad -\dfrac{a_1}{a_1 - b_2} e^{-(b_1+b_2)t_2}\left[1 - e^{-(a_1-b_2)t_1}\right], & t_1 \leqslant t_2 \\ 1 - \dfrac{1}{a_1 - b_2}\left[a_1 e^{-(b_1+b_2)t_2} - b_2 e^{-(a_1+b_1)t_2}\right] \\ \quad -\dfrac{b_1}{b_1 - a_2} e^{-(a_1+a_2)t_1}\left[1 - e^{-(b_1-a_2)t_2}\right], & t_1 > t_2 \end{cases}$$

然后对联合分布函数关于 $t_1, t_2$ 求导可得 (9.13) 式.

进而由 (9.13) 式, 可得到在 $\mathscr{F}(t)$ 条件下, $\tau_A$ 与 $\tau_B$ 联合的概率密度函数 $f(t_1, t_2 | \mathscr{F}(t))$ 如下:

$$\begin{aligned} & f(t_1, t_2 | \mathscr{F}(t)) \\ = & \begin{cases} I_{\{\tau_A > t\}} I_{\{\tau_B > t\}} a_1 (b_1 + b_2) e^{(a_1+b_1)t} e^{-(a_1-b_2)t_1 - (b_1+b_2)t_2}, & t < t_1 \leqslant t_2 \\ I_{\{\tau_A > t\}} I_{\{\tau_B > t\}} b_1 (a_1 + a_2) e^{(b_1+a_1)t} e^{-(b_1-a_2)t_2 - (a_1+a_2)t_1}, & t_1 > t_2 > t \end{cases} \end{aligned} \tag{9.14}$$

详细推导过程见附录.

最后利用 (9.14) 式和公司 A 与公司 B 债券的定价模型 (9.9) (9.10), 可得到 $P^A(t,T), P^B(t,T)$ 解的表达式如下:

当 $a_2 \neq b_1$ 时,

$$\begin{aligned} P^A(t,T) = {} & R_A e^{-r(T-t)} + (1 - R_A)\, e^{-r(T-t)} \\ & \left\{ I_{\{\tau_A > t\}} \left[ I_{\{\tau_B > t\}} \frac{a_2 e^{-(a_1+b_1)(T-t)} - b_1 e^{-(a_1+a_2)(T-t)}}{a_2 - b_1} \right.\right. \\ & \left. + I_{\{\tau_B \leqslant t\}} e^{-(a_1+a_2)(T-t)} \right] + I_{\{\tau_A > t\}} I_{\{\tau_B > t\}} \frac{a_1}{a_1 + b_1} \left[1 - e^{-(a_1+b_1)(T-t)}\right] \\ & \left. + I_{\{\tau_A \leqslant t\}} I_{\{\tau_A < \tau_B\}} \right\} \end{aligned} \tag{9.15}$$

当 $a_2 = b_1$ 时,

$$P^A(t,T) = R_A e^{-r(T-t)} + (1-R_A)e^{-r(T-t)} \cdot \Big\{ I_{\{\tau_A>t\}}\Big[ I_{\{\tau_B>t\}} e^{-(a_1+b_1)(T-t)}\left[1+b_1(T-t)\right] + I_{\{\tau_B\leqslant t\}} e^{-(a_1+a_2)(T-t)} \Big] + I_{\{\tau_A>t\}} I_{\{\tau_B>t\}} \frac{a_1}{a_1+b_1}\left[1-e^{-(a_1+b_1)(T-t)}\right] + I_{\{\tau_A\leqslant t\}} I_{\{\tau_A<\tau_B\}} \Big\} \tag{9.16}$$

当 $b_2 \neq a_1$ 时,

$$P^B(t,T) = R_B e^{-r(T-t)} + (1-R_B)\, e^{-r(T-t)} \cdot \Big\{ I_{\{\tau_B>t\}}\Big[ I_{\{\tau_A>t\}} \frac{b_2 e^{-(b_1+a_1)(T-t)} - a_1 e^{-(b_1+b_2)(T-t)}}{b_2-a_1} + I_{\{\tau_A\leqslant t\}} e^{-(b_1+b_2)(T-t)} \Big] + I_{\{\tau_B>t\}} I_{\{\tau_A>t\}} \frac{b_1}{b_1+a_1}\left[1-e^{-(b_1+a_1)(T-t)}\right] + I_{\{\tau_B\leqslant t\}} I_{\{\tau_B<\tau_A\}} \Big\} \tag{9.17}$$

当 $b_2 = a_1$ 时,

$$P^B(t,T) = R_B e^{-r(T-t)} + (1-R_B)\, e^{-r(T-t)} \cdot \Big\{ I_{\{\tau_B>t\}}\Big[ I_{\{\tau_A>t\}} e^{-(b_1+a_1)(T-t)}\left[1+a_1(T-t)\right] + I_{\{\tau_A\leqslant t\}} e^{-(b_1+b_2)(T-t)} \Big] + I_{\{\tau_B>t\}} I_{\{\tau_A>t\}} \frac{b_1}{b_1+a_1}\left[1-e^{-(b_1+a_1)(T-t)}\right] + I_{\{\tau_B\leqslant t\}} I_{\{\tau_B<\tau_A\}} \Big\} \tag{9.18}$$

详细的求解过程见附录.

特别当 $t=0$ 时,

$$P^A(0,T)=\begin{cases}R_Ae^{-rT}+(1-R_A)e^{-rT}\left\{\dfrac{a_2e^{-(a_1+b_1)T}-b_1e^{-(a_1+a_2)T}}{a_2-b_1}\right.\\ \qquad\left.+\dfrac{a_1}{a_1+b_1}\left[1-e^{-(a_1+b_1)T}\right]\right\},\quad a_2\neq b_1\\ R_Ae^{-rT}+(1-R_A)e^{-rT}\\ \left\{e^{-(a_1+b_1)T}\left[1+b_1T\right]\right.\\ \qquad\left.+\dfrac{a_1}{a_1+b_1}\left[1-e^{-(a_1+b_1)T}\right]\right\},\quad a_2=b_1\end{cases}\tag{9.19}$$

$$P^B(0,T)=\begin{cases}R_Be^{-rT}+(1-R_B)e^{-rT}\left\{\dfrac{b_2e^{-(b_1+a_1)T}-a_1e^{-(b_1+b_2)T}}{b_2-a_1}\right.\\ \qquad\left.+\dfrac{b_1}{b_1+a_1}\left[1-e^{-(b_1+a_1)T}\right]\right\},\quad b_2\neq a_1\\ R_Be^{-rT}+(1-R_B)e^{-rT}\left\{e^{-(b_1+a_1)T}\left[1+a_1T\right]\right.\\ \qquad\left.+\dfrac{b_1}{b_1+a_1}\left[1-e^{-(b_1+a_1)T}\right]\right\},\quad b_2=a_1\end{cases}\tag{9.20}$$

**注释 9.2** 从 (9.15)—(9.18) 式, 我们注意到担保债券的价格 $P^A(t,T)$ 与 $b_2$ 无关, 而 $P^B(t,T)$ 与 $a_2$ 无关. 其主要原因是: 对于公司债券 A 来说, 其价格的大小主要与公司 A 违约可能性大小有关, 而导致公司 A 违约的可能只有两种情况: 其一, 由于公司 B 的违约, 使得公司 A 的违约强度增加 $a_2$ 导致公司 A 的违约; 其二, 在公司 B 违约之前, 由于公司 A 自身的违约强度 $a_1$ 引起公司 A 的违约; 但是由 (9.7) 和 (9.8) 式, 我们知道 $b_2$ 只有在公司 A 发生违约之后才起作用, 且它仅对公司 B 的违约强度在公司 A 违约之后产生影响, 此时对于公司 A 债券合约来说已终止. 所以 $b_2$ 并没有对担保债券的价格 $P^A(t,T)$ 产生影响. 对于公司债券 B, 同样道理可说明 $P^B(t,T)$ 与 $a_2$ 无关.

由于下面性质讨论的需要, 这里我们也给出相对于担保债券而言无担保债券的定价表达式. 由于这时公司 A 与公司 B 之间没有相互依赖性, 则其相应的违约强度满足:

$$\begin{cases}\lambda_t^A=a_1\\ \lambda_t^B=b_1\end{cases}$$

有

$$\bar{P}^A(t,T) = E\left[e^{-r(T-t)}\left(I_{\{\tau_A>T\}} + R_A I_{\{\tau_A\leqslant T\}}\right)|\mathscr{F}(t)\right]$$
$$\bar{P}^B(t,T) = E\left[e^{-r(T-t)}\left(I_{\{\tau_B>T\}} + R_B I_{\{\tau_B\leqslant T\}}\right)|\mathscr{F}(t)\right]$$

这里, $\bar{P}^A(t,T), \bar{P}^B(t,T)$ 分别表示公司 A 与公司 B 无担保债券价格.

然后根据 Lando[1], Duffie 和 Singleton[2] 对无担保债券的定价公式, 可得

$$\bar{P}^A(t,T) = R_A e^{-r(T-t)} + I_{\{\tau_A>T\}}(1-R_A)\,e^{-(r+a_1)(T-t)}$$
$$\bar{P}^B(t,T) = R_B e^{-r(T-t)} + I_{\{\tau_B>T\}}(1-R_B)\,e^{-(r+b_1)(T-t)}$$

特别当 $t=0$ 时,

$$\bar{P}^A(0,T) = R_A e^{-rT} + (1-R_A)\,e^{-(r+a_1)T} \tag{9.21}$$

$$\bar{P}^B(0,T) = R_B e^{-rT} + (1-R_B)\,e^{-(r+b_1)T} \tag{9.22}$$

## 9.5 金融意义分析

由于公司 A 债券与公司 B 债券对参数的性质具有对称性, 下面我们以讨论公司 A 债券为主.

**性质 9.1** 对于任意给定 $a_2, b_1, T$, 存在唯一一个 $a^*>0$, 使得当 $0<a_1<a^*$ 时, $P^A(0,T)<\bar{P}^A(0,T)$; 当 $a_1=a^*$ 时, $P^A(0,T)=\bar{P}^A(0,T)$; 当 $a^*<a_1<\infty$ 时, $P^A(0,T)>\bar{P}^A(0,T)$; 且 $a^*$ 满足方程如下:

$$\begin{cases}\dfrac{a_2e^{-b_1T}-b_1e^{-a_2T}}{a_2-b_1}+\dfrac{a^*}{a^*+b_1}\left(e^{a^*T}-e^{-b_1T}\right)=1, & a_2\neq b_1\\[2ex] e^{-b_1T}(1+b_1T)+\dfrac{a^*}{a^*+b_1}\left(e^{a^*T}-e^{-b_1T}\right)=1, & a_2=b_1\end{cases}$$

事实上, 由于公司 A 与公司 B 对债券进行互相担保, 对于公司 A 债券来说, 一方面, 通过公司 B 的担保降低了其信用风险, 但另一方面, 公司 A 作为公司 B 债券的担保公司, 面临着公司 B 违约的风险, 从而增加了公司 A 债券的信用风险, 两方面形成了博弈.

具体证明见附录.

**注释 9.3** 进一步可证: 对于任意给定的 $a_2, b_1, T$, 相应的唯一存在的 $a^*$ 必满足关系式 $0<a^*<b_1$; 实际上, 这主要是因为当 $a_1=b_1$ 时, $P^A(0,T)>$

$\bar{P}^A(0,T)$ 的缘故 (证明见性质 9.1′). 其金融意义为: 对于采取互相担保的两个公司 A, B 来说, 若公司 B 给定, 则至少那些信用等级比公司 B 差的公司 A 将从担保策略中获益.

**性质 9.2** $P^A(0,T)$ 关于 $a_2$ 递减. 这表明公司 A 作为公司 B 债券的担保公司, 公司 B 的违约给公司 A 带来的影响越小, 那么公司 A 债券的信用风险越小, 其价格将越高.

具体证明见附录.

**性质 9.3** 双方担保的价值体现在发行时的价差, 对公司 A 债券来说为:

$$P^A(0,T)-\bar{P}^A(0,T)=\begin{cases}(1-R_A)\,e^{-rT}e^{-a_1T}\left[\dfrac{a_2e^{-b_1T}-b_1e^{-a_2T}}{a_2-b_1}\right.\\ \qquad\left.+\dfrac{a_1}{a_1+b_1}\left(e^{a_1T}-e^{-b_1T}\right)-1\right], & a_2\neq b_1\\ (1-R_A)\,e^{-rT}e^{-a_1T}\left[e^{-b_1T}\left(1+b_1T\right)\right.\\ \qquad\left.+\dfrac{a_1}{a_1+b_1}\left(e^{a_1T}-e^{-b_1T}\right)-1\right], & a_2=b_1\end{cases}$$

且随 $a_2$ 的增加而减少.

证明与性质 9.2 类似, 这里从略.

为了更清楚体现双方担保债券的金融意义, 下面我们考虑一种特殊情形: $a_1=b_1=a$, $a_2=b_2=b$, 此时若 $R_A=R_B$, 公司 A 债券和公司 B 债券价格相等, 且由 (9.19) 和 (9.21) 式可得

$$P^A(0,T)=\begin{cases}R_Ae^{-rT}+(1-R_A)\,e^{-rT}\left[\dfrac{be^{-2aT}-ae^{-(a+b)T}}{b-a}\right.\\ \qquad\left.+\dfrac{1}{2}\left(1-e^{-2aT}\right)\right], & b\neq a\\ R_Ae^{-rT}+(1-R_A)\,e^{-rT}\left[e^{-2aT}\left(1+aT\right)\right.\\ \qquad\left.+\dfrac{1}{2}\left(1-e^{-2aT}\right)\right], & b=a\end{cases}\tag{9.23}$$

$$\bar{P}^A(0,T)=R_Ae^{-rT}+(1-R_A)\,e^{-(r+a)T}\tag{9.24}$$

**性质 9.1′** 对于任意 $a>0, b>0, T>0$, 均有 $P^A(0,T) \geqslant \bar{P}^A(0,T)$.

这表明两家信用等级相同的公司通过双方互相担保降低了公司债券的信用风险, 提高了债券价格. 该性质暗示了, 通过双方互相担保来行使信用担保的职能, 是解决金融交易中信用不足而产生的金融阻塞问题的有效途径之一, 特别是对于众多难以通过资本市场等途径获得金融支持的中小企业来讲更是如此. 中小企业通过互相担保, 增强其补偿功能, 有利于增强银行对中小企业贷款的信心, 从而解决企业、银行借贷难的问题, 促进资金融通.

具体证明见附录.

**性质 9.2′** 对于任意 $a>0, b>0, T>0$,

$$Q_{0,T}^A = \begin{cases} \dfrac{a-b-e^{-aT}\left[2ae^{-bT}-(a+b)\,e^{-aT}\right]}{a-b-e^{-aT}\left(ae^{-bT}-be^{-aT}\right)}, & a \neq b \\ \dfrac{1-e^{-2aT}\left(1+2aT\right)}{1-e^{-2aT}\left(1+aT\right)}, & a = b \end{cases} \tag{9.25}$$

$$\tilde{Q}_{0,T}^A = \begin{cases} 1-e^{-aT}\dfrac{ae^{-bT}-be^{-aT}}{a-b}, & a \neq b \\ 1-e^{-2aT}\left(1+aT\right), & a = b \end{cases} \tag{9.26}$$

$$\bar{Q}_{0,T}^A = 1-e^{-aT} \tag{9.27}$$

而且 $Q_{0,T}^A \geqslant \tilde{Q}_{0,T}^A \geqslant \bar{Q}_{0,T}^A$. 其中, $Q_{0,T}^A$ 表示公司 B 在 $[0,T]$ 违约情况下, 公司 A 的违约概率; $\tilde{Q}_{0,T}^A$ 表示公司 B 可能在 $[0,T]$ 违约情况下, 公司 A 的违约概率; $\bar{Q}_{0,T}^A$ 表示在无担保情况下, 公司 A 的违约概率.

事实上, 由于公司 A 与公司 B 之间存在互相担保关系, 公司 B 的违约将导致公司 A 直接违约或使其违约概率骤然增大, 引起违约的传染. 但我们需要区分两种观点: 在时段 $[0,T]$, 公司 B 可能违约和肯定违约对公司 A 违约概率的影响. 前者是无条件的, 后者是条件概率. 性质 9.2′ 表明后者的影响比前者大, 且两者均大于无担保条件下公司 A 的违约概率. 这一点也暗示了, 尤其对于银行来说, 在看到两个贷款公司, 特别是中小公司, 由于互相担保增强了中小公司补偿功能, 降低了银行所面临的信用风险的同时, 必须意识到在最坏情况下, 即在其中一个贷款公司在到期日之前肯定违约情况下, 另一个贷款公司违约的可能性将大大增大, 从而增大了两个贷款公司全部违约的可能性, 使得银行面临更大的信用风险. 下面我们也将通过算例给予进一步的分析.

具体证明见附录.

**注释 9.4** 在一般的违约参数 $a_1, a_2, b_1, b_2$ 情形下, $Q_{0,T}^A \geqslant \tilde{Q}_{0,T}^A \geqslant \bar{Q}_{0,T}^A$ 关系式仍然成立. 具体证明见附录.

**性质 9.3′** $P^A(0,T)$ 关于 $a, b$ 递减. 这表明公司 A 自身的违约可能越小或由于公司 B 的违约给公司 A 带来的影响越小, 公司 A 债券信用风险就越小, 相应的债券价格就越高.

具体证明见附录.

## 9.6 数值结果和分析

为了清楚显示各个因素的作用, 除非在图中特别指出, 我们取参数如下: $a_1 = 0.02$, $a_2 = 0.03$, $b_1 = 0.04, b_2 = 0.05, a = 0.03, b = 0.04, r = 0.05, R = 0.5, T = 5$. 主要以讨论公司 A 债券为主. 在下面的数值模拟的 6 个图中, 图 9.1, 图 9.2, 图 9.3 是对一般的违约参数 $a_1, a_2, b_1, b_2$ 进行模拟的, 而图 9.4, 图 9.5, 图 9.6 是对违约参数满足 $a_1 = b_1 = a, a_2 = b_2 = b$ 时模拟的. 其实, 这里图 9.4, 图 9.5, 图 9.6 在特殊情况下模拟, 主要是考虑到当参数满足 $a_1 = b_1 = a, a_2 = b_2 = b$ 时, 该模型在实际上更具有可行性, 也更直观, 相当于两个信用等级相当的公司进行互相担保, 此时两家公司发行的债券价格相等, 避免考虑信用等级高的公司为信用等级低的公司担保可能出现不平等问题. 同时更加突出了两家信用等级相同的公司在看到由于采取互相担保策略提高了公司债券的发行价格同时, 也必须意识到由于公司之间存在的担保关系而可能引发的传染信用风险.

图 9.1, 图 9.2, 图 9.3 中, $GV$ 表示公司债券 A 的担保价值.

图 9.1 显示了对于采取互相担保的两个公司 A, B, 若公司 B 给定, 公司 A 信用越差, 公司 A 债券的担保价值越高; 另一方面, 若公司 B 的信用越差, 公司 A 债券的担保价值越低, 此时对应于性质 9.1 里 $a^*$ 越大. 同时图 9.1 也显示了, 对于任意给定的 $b_1$, 当 $a_1 > a^*$ 时, $P^A(0,T) > \bar{P}^A(0,T)$, 即说明公司 A 通过担保策略提高了公司债券的发行价格, 使公司 A 获益; 而当 $0 < a_1 < a^*$ 时, $P^A(0,T) < \bar{P}^A(0,T)$, 即担保策略并没有使公司 A 受益.

图 9.2 显示了利率对担保价值的影响, 利率越大影响越小, 原因是贴现率变大了; 以及公司 B 的违约对公司 A 的影响越大, 公司 A 的担保价值越低.

图 9.3 显示了回收率对担保价值的影响, 回收率越大, 担保价值越小. 因为担保价值体现在不能回收的部分.

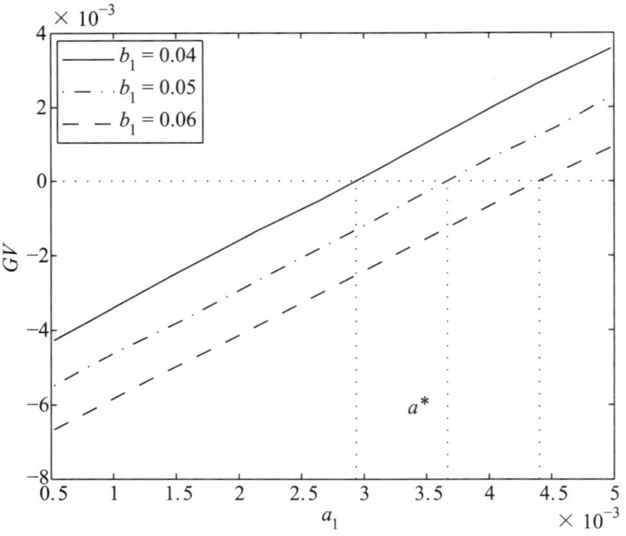


图 9.1

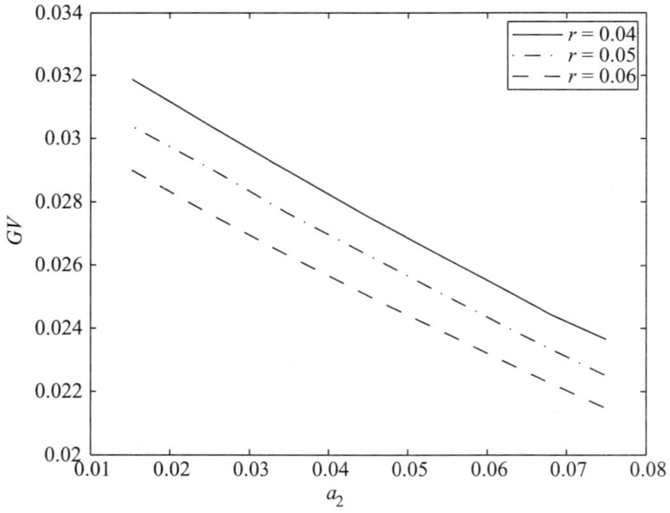


图 9.2

图 9.4 里, $Q_1 = Q^A_{0,T}, Q_2 = \tilde{Q}^A_{0,T}, Q_3 = \bar{Q}^A_{0,T}$. 它显示了在公司 B 肯定违约时公司 A 的违约概率大大高于在公司 B 可能违约或在无担保时公司 A 的违约概率, 之间的差值的数量级达到 0.1, 而在公司 B 可能违约时与在无担保时公司 A 的违约概率差别甚微, 之间的差值的数量级仅为 0.01.

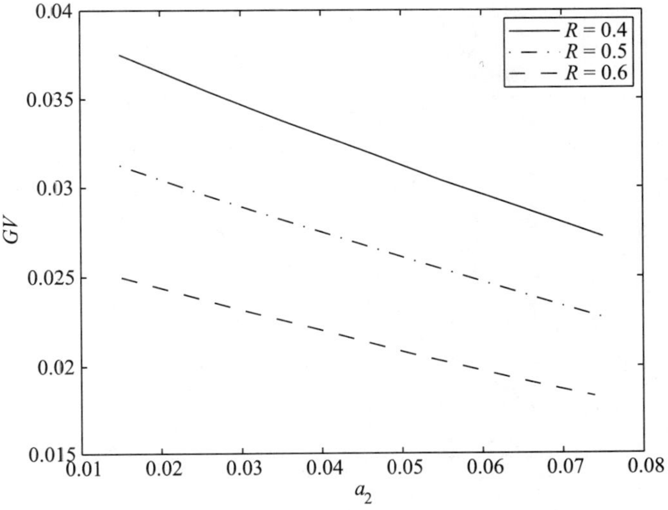


图 9.3

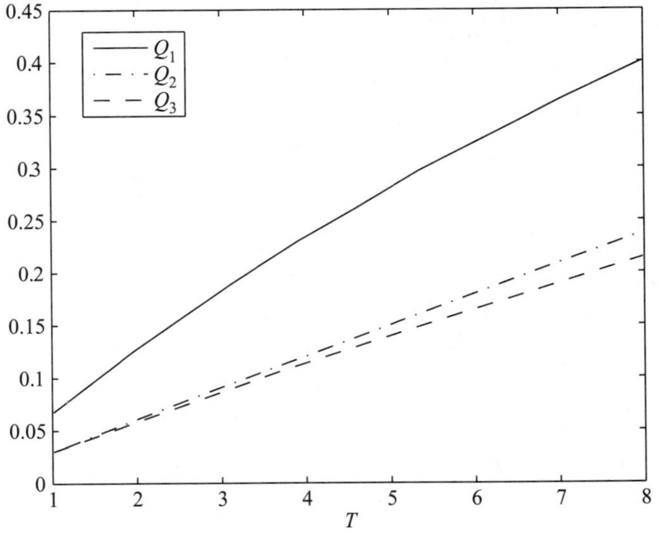


图 9.4

图 9.5 和图 9.6 是公司 B 的违约对公司 A 的影响因子 $b$, 对公司 A 违约概率的影响. 比较两个图, 我们发现在公司 B 肯定违约时, $b$ 对公司 A 的违约概率有显著的影响, 因为根据公司 A 与公司 B 的违约强度的结构, 可知公司 B 的违

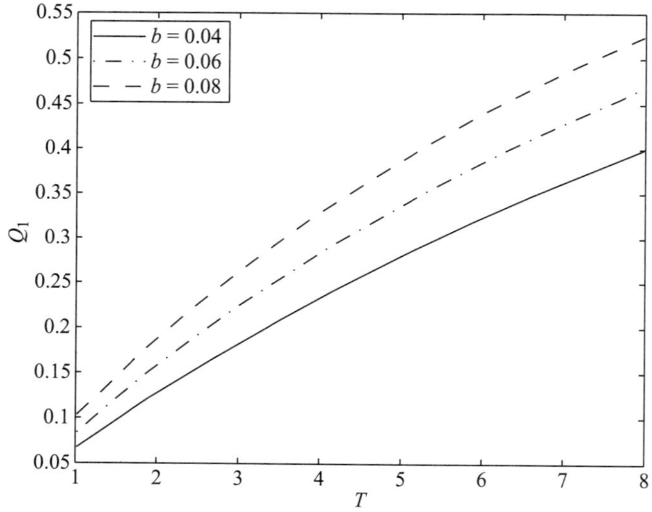


图 9.5

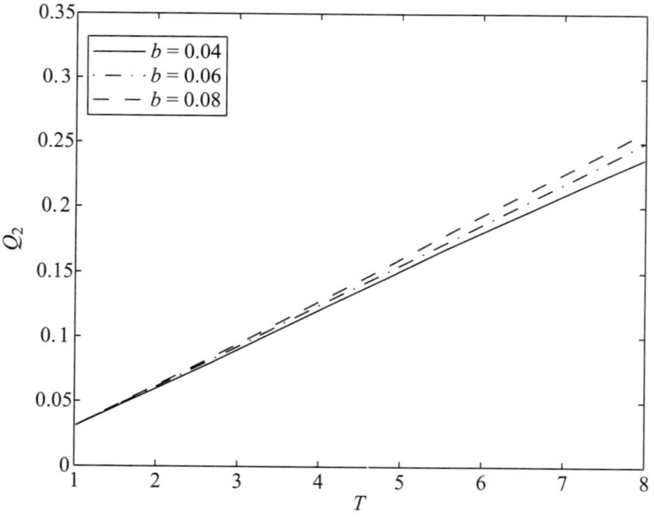


图 9.6

约将直接使公司 A 的违约强度增加 $b$; 而在公司 B 可能违约时则影响甚微, 因为公司 B 的违约毕竟是小概率事件.

## 9.7 结论

至此我们完成了对双方互相担保公司债券的定价, 利用二维违约时间的构建和约化法给出其相应的定价公式. 通过对于担保债券与相应的无担保债券价格的比较, 对双方互相担保公司债券的优势及其存在的风险进行深入的分析, 给出其相应的金融意义. 我们获得了当一个担保公司给定的条件下, 另一个担保公司通过担保达到降低自身公司债券的信用风险时违约强度所满足的条件. 特别对于两个信用等级相同的公司来说, 我们证得通过双方互相担保降低了两个公司债券的信用风险, 提高了债券价格. 但另一方面, 由于两个担保公司之间存在互相担保关系, 一个担保公司的违约将导致另一个担保公司直接违约或使其违约概率骤然增大, 引起违约的传染. 我们证得在最坏情况下, 即在其中一个担保公司在到期日之前肯定违约情况下, 另一个担保公司违约的可能性将大大增大, 从而增大了两个贷款公司全部违约的可能性, 使得投资者面临更大的信用风险. 该性质说明了投资者, 尤其是银行, 在看到两个公司通过双方互相担保提高了其自身债券的信用等级的同时, 必须考虑到由于双方互相担保可能引发的信用风险, 避免由于互相担保所产生的经济泡沫破灭而给投资者造成的重大损失.

## 9.8 附录

$f\left(t_1, t_2 | \mathscr{F}(t)\right)$ **的计算过程**

由 (9.13) 式, 对于任意 $t_1 > t_2 > t$,

$$
\begin{aligned}
& \operatorname{prob}\left(\tau_A > t_1, \tau_B > t_2 \,|\mathscr{F}(t)\right) \\
= & I_{\{\tau_A > t\}} I_{\{\tau_B > t\}} \operatorname{prob}\left(\tau_A > t_1, \tau_B > t_2 \,|\mathscr{F}(t)\right) \\
= & I_{\{\tau_A > t\}} I_{\{\tau_B > t\}} \operatorname{prob}\left(\tau_A > t_1, \tau_B > t_2 \,|\tau_A > t, \tau_B > t\right) \\
= & I_{\{\tau_A > t\}} I_{\{\tau_B > t\}} \frac{\operatorname{prob}\left(\tau_A > t_1, \tau_B > t_2\right)}{\operatorname{prob}\left(\tau_A > t, \tau_B > t\right)} \\
= & I_{\{\tau_A > t\}} I_{\{\tau_B > t\}} \frac{1}{b_1 - a_2}\left[b_1 e^{-(b_1 - a_2)t_2 - (a_1 + a_2)t_1 + (a_1 + b_1)t} - a_2 e^{-(a_1 + b_1)(t_1 - t)}\right]
\end{aligned}
$$

然后, 对于 $\operatorname{prob}\left(\tau_A > t_1, \tau_B > t_2 \,|\mathscr{F}(t)\right)$ 关于 $t_1, t_2$ 求导可得

$$
f(t_1, t_2 \,|\mathscr{F}(t)) = I_{\{\tau_A > t\}} I_{\{\tau_B > t\}} b_1 (a_1 + a_2) e^{(b_1 + a_1)t} e^{-(b_1 - a_2)t_2 - (a_1 + a_2)t_1}
$$

对于 $t < t_1 \leqslant t_2$ 情形, 同理可求.

**$P^A(t,T), P^B(t,T)$ 的求解过程**

根据 (9.9) 式, 可得

$$
\begin{aligned}
P^A(t,T) &= E\bigg[e^{-r(T-t)}\Big(I_{\{\tau_A>T\}}+I_{\{\tau_A\leqslant T\}}I_{\{\tau_A<\tau_B\}} \\
&\qquad +R_A I_{\{\tau_A\leqslant T\}}I_{\{\tau_A>\tau_B\}}\Big)\,|\mathscr{F}(t)\bigg] \\
&= E\bigg[e^{-r(T-t)}\Big(R_A+(1-R_A)\,I_{\{\tau_A>T\}} \\
&\qquad +(1-R_A)\,I_{\{\tau_A\leqslant T\}}I_{\{\tau_A<\tau_B\}}\Big)\,|\mathscr{F}(t)\bigg]
\end{aligned}
$$

下面主要计算 $E\left[I_{\{\tau_A>T\}}\,|\mathscr{F}(t)\right]$ 与 $E\left[I_{\{\tau_A\leqslant T\}}I_{\{\tau_A<\tau_B\}}\,|\mathscr{F}(t)\right]$.

当 $a_2\neq b_1$ 时,

$$
\begin{aligned}
&E\left[I_{\{\tau_A>T\}}\,|\mathscr{F}(t)\right] \\
&= E\left[I_{\{\tau_A>T\}}I_{\{\tau_B>t\}}+I_{\{\tau_A>T\}}I_{\{\tau_B\leqslant t\}}\,|\mathscr{F}(t)\right] \\
&= \int_T^{+\infty}\int_t^{+\infty} f\left(t_1,t_2\,|\mathscr{F}(t)\right)dt_2dt_1+I_{\{\tau_A>t\}}I_{\{\tau_B\leqslant t\}}E\left[I_{\{\tau_A>T\}}I_{\{\tau_B\leqslant t\}}\,|\mathscr{F}(t)\right] \\
&= \int_T^{+\infty}\int_t^{t_1} f\left(t_1,t_2\,|\mathscr{F}(t)\right)dt_2dt_1+\int_T^{+\infty}\int_{t_1}^{+\infty} f\left(t_1,t_2\,|\mathscr{F}(t)\right)dt_2dt_1 \\
&\quad +I_{\{\tau_A>t\}}I_{\{\tau_B\leqslant t\}}E\left[I_{\{\tau_A>T\}}I_{\{\tau_B\leqslant t\}}\,\big|I_{\{\tau_A>t\}}I_{\{\tau_B\leqslant t\}}\right] \\
&= I_{\{\tau_A>t\}}I_{\{\tau_B>t\}}\left[\frac{a_2e^{-(a_1+b_1)(T-t)}-b_1e^{-(a_1+a_2)(T-t)}}{a_2-b_1}\right] \\
&\quad +I_{\{\tau_A>t\}}I_{\{\tau_B\leqslant t\}}e^{-(a_1+a_2)(T-t)}
\end{aligned}
$$

当 $a_2=b_1$ 时, 同理可求得

$$
\begin{aligned}
&E\left[I_{\{\tau_A>T\}}\,|\mathscr{F}(t)\right] \\
&= I_{\{\tau_A>t\}}I_{\{\tau_B>t\}}e^{-(a_1+b_1)(T-t)}\left[1+(T-t)\,b_1\right]+I_{\{\tau_A>t\}}I_{\{\tau_B\leqslant t\}}e^{-(a_1+a_2)(T-t)} \\
&E\left[I_{\{\tau_A\leqslant T\}}I_{\{\tau_A<\tau_B\}}\,|\mathscr{F}(t)\right] \\
&= E\left[I_{\{\tau_A>t\}}I_{\{\tau_A\leqslant T\}}I_{\{\tau_A<\tau_B\}}\,|\mathscr{F}(t)\right]+E\left[I_{\{\tau_A\leqslant t\}}I_{\{\tau_A\leqslant T\}}I_{\{\tau_A<\tau_B\}}\,|\mathscr{F}(t)\right] \\
&= \int_t^{T}\int_{t_1}^{+\infty} f\left(t_1,t_2\,|\mathscr{F}(t)\right)dt_2dt_1+E\left[I_{\{\tau_A\leqslant t\}}I_{\{\tau_A<\tau_B\}}\,|\mathscr{F}(t)\right] \\
&= I_{\{\tau_A>t\}}I_{\{\tau_B>t\}}\frac{a_1}{a_1+b_1}\left[1-e^{-(a_1+b_1)(T-t)}\right]+I_{\{\tau_A\leqslant t\}}I_{\{\tau_A<\tau_B\}}
\end{aligned}
$$

由上述三式即可求得 $P^A(t,T)$ 解的表达式 (9.15) 和 (9.16).

对于 $P^B(t,T)$ 同理可求, 这里从略.

**性质 9.1 的证明**

由 (9.19) 和 (9.21) 式, 可得

$$
\begin{aligned}
&P^A(0,T)-\bar{P}^A(0,T)\\
=&\begin{cases}
(1-R_A)\,e^{-rT}e^{-a_1T}\left[\dfrac{a_2e^{-b_1T}-b_1e^{-a_2T}}{a_2-b_1}\right.\\
\qquad\left.+\dfrac{a_1}{a_1+b_1}\left(e^{a_1T}-e^{-b_1T}\right)-1\right], & a_2\neq b_1\\
(1-R_A)\,e^{-rT}e^{-a_1T}\left[e^{-b_1T}\left(1+b_1T\right)\right.\\
\qquad\left.+\dfrac{a_1}{a_1+b_1}\left(e^{a_1T}-e^{-b_1T}\right)-1\right], & a_2=b_1
\end{cases}
\end{aligned}
$$

当 $a_2\neq b_1$ 时, 让

$$
f\left(a_1;a_2,b_1,T\right)=\frac{a_2e^{-b_1T}-b_1e^{-a_2T}}{a_2-b_1}+\frac{a_1}{a_1+b_1}\left(e^{a_1T}-e^{-b_1T}\right)
$$

对 $f$ 关于 $a_1$ 求一阶导数, 可得

$$
\frac{\partial f}{\partial a_1}=\frac{e^{a_1T}\left(b_1+a_1b_1T+a_1^2T\right)-b_1e^{-b_1T}}{\left(a_1+b_1\right)^2}
$$

根据 $a_1>0,b_1>0,T>0$, 可证 $\frac{\partial f}{\partial a_1}>0$.

由于对于任意给定的 $a_2>0,b_1>0,T>0$, $\lim_{a_1\to+\infty}f\left(a_1;a_2,b_1,T\right)\to+\infty$, $0\leqslant\lim_{a_1\to0}f\left(a_1;a_2,b_1,T\right)\leqslant1$. 事实上,

$$
\lim_{a_1\to0}f\left(a_1;a_2,b_1,T\right)=\frac{a_2e^{-b_1T}-b_1e^{-a_2T}}{a_2-b_1},
$$

而 $\frac{a_2e^{-b_1T}-b_1e^{-a_2T}}{a_2-b_1}$ 对于任意给定的 $a_2,b_1$, 关于 $T$ 递减, 即

$$
\frac{\partial\lim\limits_{a_1\to0}f\left(a_1;a_2,b_1,T\right)}{\partial T}=\frac{a_2b_1\left(e^{-a_2T}-e^{-b_1T}\right)}{a_2-b_1}<0
$$

结合 $\lim_{a_1\to0}f\left(a_1;a_2,b_1,0\right)=1$, 以及 $\lim_{a_1\to0}f\left(a_1;a_2,b_1,+\infty\right)=0$, 可证

$$
0\leqslant\lim_{a_1\to0}f\left(a_1;a_2,b_1,T\right)\leqslant1
$$

由此可证得, 存在唯一一个 $a^* > 0$, 使得

$$\begin{cases} f(a_1; a_2, b_1, T) < 1, & 0 < a_1 < a^* \\ f(a_1; a_2, b_1, T) = 1, & a_1 = a^* \\ f(a_1; a_2, b_1, T) > 1, & a_1 > a^* \end{cases}$$

命题得证.

当 $a_2 = b_1$ 时, 同理可证.

**性质 9.2 的证明**

由 (9.19) 式, 当 $0 < a_2 < b_1$ 时, 对 $P^A(0,T)$ 关于参数 $a_2$ 求一阶导数可得,

$$\frac{\partial P^A(0,T)}{\partial a_2} = 2(1-R_A)e^{-rT}e^{-a_1T}\frac{\left(a_2b_1T - b_1^2T + b_1\right)e^{-a_2T} - b_1e^{-b_1T}}{(a_2-b_1)^2}$$

让

$$g(a_2; b_1, T) = \left(a_2b_1T - b_1^2T + b_1\right)e^{-a_2T} - b_1e^{-b_1T}$$

由 $(a_2-b_1)^2 > 0$, 以及 $\lim_{a_2\to b_1-}\frac{\partial P^A(0,T)}{\partial a_2} < 0$, 可知对于任意给定 $b_1, T$, 欲证 $\frac{\partial P^A(0,T)}{\partial a_2} \leqslant 0$, 只需证 $g(a_2; b_1, T) \leqslant 0$. 事实上, 由 $g(0; b_1, T) = b_1\left(1 - b_1T - e^{-b_1T}\right) < 0$ 和 $g(b_1; b_1, T) = 0$, 以及 $\frac{\partial g(a_2;b_1,T)}{\partial a_2} = b_1T^2(b_1 - a_2)e^{-a_2T} > 0$, 即可证得命题成立.

当 $b_1 < a_2 < +\infty$ 时, 同理可证.

**性质 9.1′ 的证明**

由 (9.23) 和 (9.24) 式, 当 $b = a$ 时, 性质 9.1′ 易证; 当 $b \neq a$ 时, 考虑

$$P^A(0,T) - \bar{P}^A(0,T) = (1-R_A)e^{-rT}e^{-aT}\left[\frac{be^{-aT} - ae^{-bT}}{b-a} + \frac{1}{2}\left(e^{aT} - e^{-aT}\right) - 1\right]$$

让

$$h(a,b,T) = \frac{be^{-aT} - ae^{-bT}}{b-a} + \frac{1}{2}\left(e^{aT} - e^{-aT}\right)$$

当 $a > b$ 时,

$$\begin{aligned} h(a,b,T) &= \frac{2ae^{-bT} + (a-b)e^{aT} - (a+b)e^{-aT}}{2(a-b)} \\ &> \frac{(a-b)e^{-bT} + (a-b)e^{aT}}{2(a-b)} \\ &= \frac{e^{-bT} + e^{aT}}{2} > \frac{e^{-aT} + e^{aT}}{2} \geqslant 1 \end{aligned}$$

即性质 9.1′ 成立.

当 $a<b$ 时, 同理可证.

**性质 9.2′ 的证明**

由 (9.13) 式, 以及结合 $Q_{0,T}^A, \tilde{Q}_{0,T}^A, \bar{Q}_{0,T}^A$ 的定义, 经过简单计算, (9.25) (9.26) 和 (9.27) 式能容易得到. 下面主要证明对于任意 $a>0, b>0, T>0$, 均有 $Q_{0,T}^A \geqslant \tilde{Q}_{0,T}^A \geqslant \bar{Q}_{0,T}^A$ 成立.

当 $a \neq b$ 时, 由 (9.25) 和 (9.26) 式, 可得

$$Q_{0,T}^A - \tilde{Q}_{0,T}^A = e^{-2aT}\left[1-\left(\frac{ae^{-bT}-be^{-aT}}{a-b}\right)^2\right]$$

从上述性质 9.1 的证明过程, 可知 $0 \leqslant \frac{ae^{-bT}-be^{-aT}}{a-b} \leqslant 1$, 因此 $Q_{0,T}^A \geqslant \tilde{Q}_{0,T}^A$.

同理可证 $\tilde{Q}_{0,T}^A \geqslant \bar{Q}_{0,T}^A$.

当 $a=b$ 时, 由 (9.25) (9.26) 和 (9.27) 式, 易证 $Q_{0,T}^A \geqslant \tilde{Q}_{0,T}^A \geqslant \bar{Q}_{0,T}^A$.

**注释 9.4 的证明**

与性质 9.2′ 的证明相仿, 首先当 $a_1 \neq b_2$, $a_2 \neq b_1$ 时, 由 $(\tau_A, \tau_B)$ 联合密度函数表达式 (9.13) 以及 $Q_{0,T}^A, \tilde{Q}_{0,T}^A, \bar{Q}_{0,T}^A$ 的定义, 我们可计算出

$$\begin{aligned}
Q_{0,T}^A &= P(\tau_A \leqslant T \,|\tau_B \leqslant T) \\
&= [(a_1-b_2)(b_1-a_2)+(a_1b_1-a_2b_2)e^{-(a_1+b_1)T}-(b_1-a_2)a_1e^{-(b_1+b_2)T} \\
&\quad -b_1(a_1-b_2)e^{-(a_1+a_2)T}]\cdot[(a_1-b_2)(b_1-a_2)-(b_1-a_2)a_1e^{-(b_1+b_2)T} \\
&\quad +b_2(b_1-a_2)e^{-(a_1+b_1)T}]^{-1}
\end{aligned}$$

$$\tilde{Q}_{0,T}^A = P(\tau_A \leqslant T) = 1-\frac{b_1e^{-(a_1+a_2)T}-a_2e^{-(b_1+a_1)T}}{b_1-a_2}, \quad \bar{Q}_{0,T}^A = 1-e^{-a_1T}$$

然后由上述表达式, 经过计算, 可得

$$Q_{0,T}^A - \tilde{Q}_{0,T}^A = \frac{e^{-(a_1+b_1)T}\left[1-\dfrac{a_1e^{-b_2T}-b_2e^{-a_1T}}{a_1-b_2}\dfrac{b_1e^{-a_2T}-a_2e^{-b_1T}}{b_1-a_2}\right]}{1-e^{-b_1T}\dfrac{a_1e^{-b_2T}-b_2e^{-a_1T}}{a_1-b_2}}$$

$$\tilde{Q}_{0,T}^A - \bar{Q}_{0,T}^A = e^{-a_1T}\left[1-\frac{b_1e^{-a_2T}-a_2e^{-b_1T}}{b_1-a_2}\right]$$

再根据 $0 \leqslant \frac{a_1e^{-b_2T}-b_2e^{-a_1T}}{a_1-b_2} \leqslant 1$, $0 \leqslant \frac{b_1e^{-a_2T}-a_2e^{-b_1T}}{b_1-a_2} \leqslant 1$, 立证 $Q_{0,T}^A \geqslant \tilde{Q}_{0,T}^A \geqslant \bar{Q}_{0,T}^A$ 成立.

剩下其他情形, 同理可证 $Q_{0,T}^A \geqslant \tilde{Q}_{0,T}^A \geqslant \bar{Q}_{0,T}^A$ 关系式成立.

**性质 9.3′ 的证明**

当 $0<a<b$ 时, 由 (9.23) 式, 对 $P^A(0,T)$ 关于参数 $a$ 求一阶偏导数可得,

$$\frac{\partial P^A(0,T)}{\partial a}=(1-R_A)\,e^{-rT}e^{-aT}\frac{\left[b-\left(b^2-a^2\right)T\right]e^{-aT}+\left(abT-a^2T-b\right)e^{-bT}}{(b-a)^2}$$

让

$$l\,(a;b,T)=\left[b-\left(b^2-a^2\right)T\right]e^{-aT}+\left(abT-a^2T-b\right)e^{-bT}$$

由 $(a-b)^2>0$, 以及 $\lim_{a\to b-}\frac{\partial P^A(0,T)}{\partial a}\leqslant 0$, 可知对于任意给定 $b,T$, 欲证 $\frac{\partial P^A(0,T)}{\partial a}\leqslant 0$, 只需证 $l\,(a;b,T)\leqslant 0$.

事实上, 由 $l\,(0;b,T)<0, l\,(b;b,T)=0$, 首先, 当 $\frac{b}{2}<a<b$ 时,

$$\frac{\partial l\,(a;b,T)}{\partial a}=e^{-aT}\left[2aT-bT+\left(b^2-a^2\right)T^2\right]+e^{-bT}\,(bT-2aT)\geqslant 0$$

然后, 当 $0<a\leqslant\frac{b}{2}$ 时, 为了证明对于任意 $0<a\leqslant\frac{b}{2}$, $a>0,b>0,T>0$, $\frac{\partial l(a;b,T)}{\partial a}\geqslant 0$, 让

$$k\,(a;b,T)=\frac{\partial l\,(a;b,T)}{\partial a}$$

由于当 $b=2a$ 时, $k\,(a;b,T)\geqslant 0$, 以及当 $b=+\infty$ 时, $k\,(a;b,T)=+\infty$, 结合 $\frac{\partial k(a;b,T)}{\partial b}>0$, 即可证得命题成立. 事实上, 由

$$\frac{\partial k\,(a;b,T)}{\partial b}=e^{-aT}\,(2bT-1)+e^{-bT}\,(1-bT+2aT)$$

当 $2bT>1$ 时, 显然 $\frac{\partial k(a;b,T)}{\partial b}>0$;

当 $0<2bT\leqslant 1$ 时, $bT\leqslant\frac{1}{2}$,

$$\begin{aligned}\frac{\partial k\,(a;b,T)}{\partial b}&\approx(1-aT)\,(2bT-1)+(1-bT)\,(1-bT+2aT)\\&=T\left(3a+b^2T-4abT\right)\\&\geqslant 3aT\left[1+\frac{4}{3}T\,(a-b)\right]\end{aligned}$$

由 $0<bT\leqslant\frac{1}{2}, 0<aT\leqslant\frac{1}{4}$, 可得 $\frac{\partial k(a;b,T)}{\partial b}>0$.

当 $a>b$ 时, 同理可证.

由上面分析, 我们证明了 $P^A(0,T)$ 关于 $a$ 递减.

对于 $P^A(0,T)$ 关于 $b$ 递减证明方法与性质 9.2 类似, 这里从略.

# 参考文献


[1] Lando D. On Cox Processes and Credit Risky Securities. Review of Derivatives Research, 1998: 2 (2–3), 99–120.

[2] Duffie D, Singleton K J. Modeling Term Structures of Defaultable Bonds. Review of Financial Studies, 1999: 12 (1), 687–720.

[3] Jarrow R, Yu F. Counterparty Risk and the Pricing of Defaultable Securities. Journal of Finance, 2001: 56(5), 1765–1800.

[4] Collin-Dufresne P, Goldstein R, Hugonnier J. A General Formula for Valuing Defaultable Securities. Econometrica, 2004: 72 (5), 1377–1407.

[5] Yu F. Correlated Defaults in Intensity-Based Models. Mathematical Finance, 2007: 17 (2), 155–173.

[6] Norros I. A Compensator Representation of Multivariate Life Length Distributions with Applications. Scandinavian Journal of Statistics, 1986: 13, 99–112.

[7] Shaked M, Shanthikumar G. The Multivariate Hazard Construction. Stochastic Processes and Their Applications, 1987: 24, 241–258.

[8] 任学敏. 第三方担保下公司债券的定价. Working paper, 2005.

[9] Aalen O O, Hoem J M. Random Time Changes for Multivariate Counting Processes. Sc and Actualrial J, 1978: 81–101.

# 第 10 章

# 标准 CDS 定价[①]

## 10.1 问题的提出

信用违约互换 (CDS) 是一种信用衍生产品. 信用衍生产品是交易风险资产的信用风险的衍生金融工具, 将信用风险从原来的风险承担者转移给那些愿意承担信用风险的人. 信用衍生产品的价值依赖于标的资产的信用质量, 标的资产通常是具有违约风险的债权类金融产品, 如银行贷款、公司债券等.

通过信用衍生产品转移信用风险的承担主体并非是一个新概念, 其基本原理就是通过交易方式转移风险资产的信用风险, 但同时并不转移风险资产的所有权.

信用衍生产品的出现是世界金融领域的一次意义深远的革命, 是近 30 年来世界金融领域最重大和发展最快速的金融创新和金融工具. 它起源于美国, 现已推广到全球各地. "巴塞尔新资本协议" 对银行资本充足率和风险资产的关注和约束则极大刺激了各国金融机构从事信用衍生产品交易的需要, 从而推动了其在世界各地的发展. 目前, 这种日益灵活、高效和低成本的融资方式正在给世界各地的投资者和证券发行者提供更大的机会去获取或开发某些产品, 以便加强资金流动、创造收益和优化资金利用. 资产负债表上的资产部分正在提供着越来越多的开发高附加值结构融资的途径. 再则, 风险度量技术的发展、信用价

①本章由梁进、周鹏撰写.

差数据的可获取性、不断改进的风险度量工具以及网络交易平台和 ISDA 标准合同文本的出现, 都有力地推动了市场的发展, 交易量的持续增长使市场的流动性和透明度不断提高. 现在, 以信用衍生合约和信用衍生结构创造的各类信用衍生产品已经成为金融市场成长最快的金融产品, 从而, 管理资产信用风险的操作方式逐渐从贷款合同附属安排发展成为独立进行的信用风险转移过程, 以信用衍生工具构造的信用衍生产品和内嵌信用衍生结构的票据形式已成为独立的金融产品和资产类别.

根据 2002 年英国银行家协会 (British Banker's Association, BBA) 的信用衍生产品研究报告 ([1]), 近年来信用违约互换已成为国外债券市场上最常见的信用衍生产品. 信用违约互换占信用衍生产品市场接近 50% 的份额. 其中单一信用违约互换 (Single-name Credit Swaps) 仍然是最流行的产品, 而组合产品 (Portfolio Products/CLOs) 的比例则在逐年稳定增长中. 在违约互换交易中, 互换购买方定期向互换售出方支付费用. 一旦债券出现违约, 互换购买方将有权利以面值将违约债券卖给互换售出方. 通过这种设计, 信用违约互换为信用类债券投资者提供了充分规避信用风险的工具. 它在保留资产的前提下, 将贷款或债券等资产的信用风险剥离出来, 经过市场定价后转移给愿意承担风险的投资者. 信用违约互换的出现为长期以来只能依靠内部管理或多样化来分散信用风险的金融机构提供了一种新的对冲工具, 从根本上改变了信用风险管理的传统特征. 1998 年国际互换衍生物协会 (International Swaps and Derivatives Association) 将信用违约互换合约标准化, 促进了这种金融衍生产品交易的蓬勃发展. 在国际市场上, 信用衍生产品的市场参与者主要是银行、保险公司、证券公司和对冲基金, 其中保险公司占产品出售方的绝大部分份额, 从其他市场参与者处吸收了大量的信用风险.

尽管目前国内市场上信用违约互换还没有形成标准规模, 但存量已经超过千亿元的企业债与方兴未艾的短期融资券为信用违约互换的市场提供了条件. 在短期融资券市场, 尽管目前的发行主体资质很高, 但随着发行主体迅速增多, 信用风险出现的概率逐渐增大; 在企业债券市场, 尽管大多企业债都有大型银行担保, 但发债企业一旦出现违约, 债券将丧失其流动性, 造成投资者的流动性风险. 因此, 基本面不佳的企业发行的企业债也需要违约互换保护. 这些都为信用违约互换在国内市场发展提供了条件. 在国内现有的市场格局中, 四大行等大型金融机构完全可以成为信用违约互换的创造者, 通过出售乃至做市信用违约互换以获得收益. 各类货币基金、债券基金及中小投资机构则可以通过购买信用违约互换规避信用风险. 可以说, 信用违约互换在中国是有市场基础的. 随着中国入世后金融市场的不断完善和发展, 信用违约互换形成市场规模只是时间问题.

有了信用违约互换这种信用衍生产品, 信用风险就可以像利率风险、汇率风险等市场风险一样进行转移. 通过信用违约互换, 金融机构可以将持有的具有信用风险的资产中的信用风险进行转移, 同时保留对该资产的所有权. 这是一种全新的衍生产品模式, 为广大金融机构, 尤其是银行提供了良好的避险工具. 随着信用违约互换市场的高速发展, 针对一些公司的信用违约互换的交易活跃程度已经超过这些公司发行的债券的交易活跃程度.

信用违约互换 (CDS) 的交易流程如图 10.1 和图 10.2 所示.

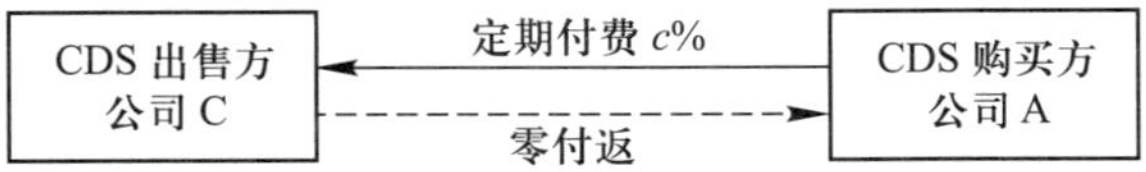


图 10.1 信用事件发生之前

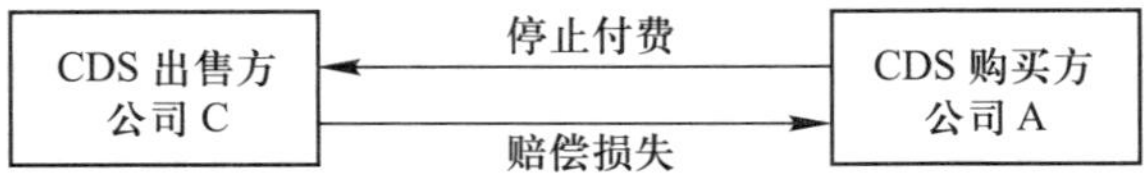


图 10.2 信用事件发生时 (实物结算)

CDS 本质上是一份针对具有违约风险债券的保险合约. 假设公司 A 持有公司 B 发行的一份公司债券, 于是它就面临着公司 B 违约而带来的信用风险. 为了管理这种风险, 公司 A 与公司 C 签订一份信用违约互换合约, 并定期向公司 C 支付费用, 直至公司 B 违约或持有的 B 公司债券到期. 当 B 公司违约时, 公司 C 将补偿公司 A 在其持有的 B 公司债券 (Reference Obligation) 上面所遭受的损失. 信用违约互换作为一份保险合约, 它涉及三方, 违约保险的购买者公司 A, 违约保险的售出者公司 C (Counterparty) 及公司债券的发行者公司 B (Reference Entity), 公司 B 发生的违约称为信用事件 (Credit Event).

由于信用违约互换具有保险合约的性质, 所以 CDS 购买方 A 需要定期向出售方 C 支付固定的费用, 直至信用事件发生时或者 CDS 合约到期, 这个费用一般称为 CDS 保费 (Spread). 当信用事件发生时, 停止支付保费, 同时 CDS 出售方 C 赔偿购买方 A 因信用事件所遭受的损失. 现实中有两种赔偿方式: 实物结算方式 (Physical Settlement) 和现金结算方式 (Cash Settlement). 这两种交割方式的本质其实是相同的, 都是在违约事件发生时将 CDS 合约购买方因违约事件所遭受的损失转移给 CDS 的出售方. 因而 CDS 的本质是针对公司因持有债券而可能遭受的潜在损失的一种保险.

下面通过一个具体例子来说明什么是信用违约互换. 假设 2002 年 1 月 1 日 A 保险公司和 X 银行签订一份五年期的针对 GM 公司的面值为 \$1000 万的债券的 CDS 合约. X 银行同意向 A 保险公司每年支付 1.6% 的保险费. 那么如果 GM 公司在五年之内不违约, 即没有信用事件发生, 则 X 银行在 2003 年、2004 年、2005 年、2006 年和 2007 年的 1 月 1 日向 A 保险公司支付保费, 每次支付的金额为 \$16 万. 如果 2006 年 9 月 1 日 GM 公司违约, 即信用事件在 CDS 合约第 5 年的中途发生, 若采用实物结算方式, 则合约购买方 X 银行有权按面值将 GM 公司的 \$1000 万债券出售给 A 保险公司. 若采用现金结算方式, 假设由于 GM 公司违约, X 银行仅能收回债券面值的 40%, 则损失的 60%要由 A 保险公司赔偿, 即需要支付给 X 银行 \$600 万. 无论采用哪种结算方式, 由于保费是按年度支付的, 而信用事件发生在年中, 所以 X 银行需要向 A 保险公司补交 2006 年 1 月 1 日到 9 月 1 日这段时间的保费 \$12 万.

## 10.2 模型的建立

CDS 基本定价模型的建立基于 Hull & White ([5]—[7]) 的工作, 本节的方法参考 [8, 9].

考虑一份信用违约互换合约, 其标的债券面值为 1. 假设保费按季度支付, 违约可在信用违约互换到期日之前任何时刻发生, 并且违约事件的发生、贴现率、回收率均相互独立. 定义:

$T$: 信用违约互换的到期日 (以年为单位);

$R$: 违约事件发生时债券的期望回收率;

$r$: 无风险利率;

$q(t)$: 债券发行公司 B 在 $t$ 时刻的违约概率密度;

$w$: 互换购买方 A 公司每年应向出售方 C 公司支付的保费.

标准 CDS 保费按季度支付, 记保费支付日分别为 $t_1 < t_2 < \cdots < t_n = T$, 则相邻支付日之间的时间 $\Delta t = 0.25$, 每次支付的金额为 $w\Delta t$. 若公司 B 在 $\tau$ $(0 < \tau \leqslant T)$ 时刻违约, 则记违约时刻之前和之后的支付日分别为 $t_{n_\tau}$ 和 $t_{n_\tau+1}$, 当违约恰好发生在某个支付日时, 记 $t_{n_\tau} = \tau$, 即有 $t_{n_\tau} \leqslant \tau < t_{n_\tau+1}$, 则在 0 到 $\tau$ 公司 A 支付给公司 C 的所有保费的现值为

$$w\left[\sum_{i=1}^{n_\tau}\Delta te^{-rt_i}+(\tau-t_{n_\tau})e^{-rt_{n_\tau+1}}\right]\triangleq w[u(\tau)+v(\tau)]$$

其中 $wu(\tau)=w\sum_{i=1}^{n_\tau}\Delta te^{-rt_i}$ 表示违约发生之前已经支付的所有保费的现值, $wv(\tau)=w(\tau-t_{n_\tau})e^{-rt_{n_\tau+1}}$ 表示尚未支付的应计保费, 这部分将在下一个保费支付日 $t_{n_\tau+1}$ 支付. 在 $T$ 之前没有违约事件发生的概率是

$$1-\int_0^T q(\tau)d\tau$$

于是得到购买信用违约互换所支付保费现值的期望为

$$\int_0^T q(\tau)w[u(\tau)+v(\tau)]d\tau+\left(1-\int_0^T q(\tau)d\tau\right)wu(T)$$

另一方面, $\tau$ 时刻违约事件发生时, 公司 A 得到的赔偿的现值为

$$(1-R)e^{-r\tau}$$

则信用违约互换得到的赔付现值的期望为

$$\int_0^T q(\tau)(1-R)e^{-r\tau}d\tau$$

于是得到信用违约互换的价值为

$$\left(\int_0^T q(\tau)(1-R)e^{-r\tau}d\tau\right)-\left(\int_0^T q(\tau)w[u(\tau)+v(\tau)]d\tau+\left(1-\int_0^T q(\tau)d\tau\right)wu(T)\right)$$

由于互换在其初始时刻的价值为零, 所以每年应支付的保费为

$$w^*=\frac{\displaystyle\int_0^T q(\tau)(1-R)e^{-r\tau}d\tau}{\displaystyle\int_0^T q(\tau)[u(\tau)+v(\tau)]d\tau+\left(1-\int_0^T q(\tau)d\tau\right)u(T)} \tag{10.1}$$

$w^*$ 被称为 CDS 保费. 求该定价问题的 $w^*$ 关键是如何求出上面的违约概率密度函数 $q(t)$.

如前章所述, 我们可以用约化法处理违约概率密度, 读者可以自行试解。在这一章里, 我们用结构法讨论这个问题 [2].

假设债券发行公司 B 的资产遵循下面的几何布朗运动

$$\frac{dV(t)}{V(t)} = rdt + \sigma dW(t)$$

其中 $r, \sigma$ 为常数, $W(t)$ 为标准布朗运动. $D$ 为公司的破产边界, 即当公司资产 $V(t) < D$ 时, 违约事件发生. 记

$$\tau = \inf\{t > 0; V(t) < D\}$$

即 $\tau$ 为公司发生违约事件的时间, 则违约概率为

$$P(V, t; T) = \Pr(\tau \leqslant T) = \int_t^T p(\tau; V, t) d\tau$$

$P(V, t; T)$ 表示 $t$ 时刻资产价值为 $V$ 的公司在 $T$ 之前违约的概率, 简记为 $P(V, t)$, $p(\tau; V, t)$ 表示相应的违约概率密度. 由 Kolmogorov 定理 [5] 知, $P(V, t; T)$ 满足如下偏微分方程

$$\begin{cases} \dfrac{\partial P}{\partial t} + rV\dfrac{\partial P}{\partial V} + \dfrac{1}{2}\sigma^2 V^2 \dfrac{\partial^2 P}{\partial V^2} = 0, \quad 0 < V < \infty,\ 0 \leqslant t < T \\ P(D, t; T) = 1 \\ P(V, T; T) = 0 \end{cases} \tag{10.2}$$

根据 $P(V, t; T)$ 的定义知

$$p(T; V, t) = \frac{\partial P(V, t; T)}{\partial T}$$

那么公司破产概率密度 $q(t)$ 可表示为

$$q(t) = \frac{\partial P(V_0, 0; t)}{\partial t}, \tag{10.3}$$

其中 $V_0$ 是初始 0 时刻公司的价值.

## 10.3 模型的求解

首先令 $u(V, t; T) = 1 - P(V, t; T)$, 由 (10.2) 式知 $u(V, t; T)$ 满足

$$\begin{cases} \dfrac{\partial u}{\partial t} + rV\dfrac{\partial u}{\partial V} + \dfrac{1}{2}\sigma^2 V^2 \dfrac{\partial^2 u}{\partial V^2} = 0 \\ u(D, t; T) = 0 \\ u(V, T; T) = 1 \end{cases}$$

这是一个倒向半无界的线性抛物型偏微分方程的初值问题. 通过变换可化成标准的半无界热传导方程的初值问题. 这个问题有解析解 [5]:

$$u(V,t)=N\left(\frac{\left(r-\frac{\sigma^2}{2}\right)(T-t)-\ln\frac{D}{V}}{\sigma\sqrt{T-t}}\right)$$
$$-e^{\frac{2}{\sigma^2}\left(r-\frac{\sigma^2}{2}\right)\ln\frac{D}{V}}N\left(\frac{\left(r-\frac{\sigma^2}{2}\right)(T-t)+\ln\frac{D}{V}}{\sigma\sqrt{T-t}}\right)$$

从而可得 $P(V,t;T)$, 由 (10.3) 式所求违约概率密度 $q(t)$ 为

$$q(t)=\frac{\partial P(V_0,0;t)}{\partial t}=-\frac{\left(r-\frac{\sigma^2}{2}\right)t+\ln\frac{D}{V_0}}{2\sigma\sqrt{t^3}}\varphi\left(\frac{\left(r-\frac{\sigma^2}{2}\right)t-\ln\frac{D}{V_0}}{\sigma\sqrt{t}}\right)$$
$$+e^{\frac{2}{\sigma^2}\left(r-\frac{\sigma^2}{2}\right)\ln\frac{D}{V_0}}\cdot\frac{\left(r-\frac{\sigma^2}{2}\right)t-\ln\frac{D}{V_0}}{2\sigma\sqrt{t^3}}\varphi\left(\frac{\left(r-\frac{\sigma^2}{2}\right)t+\ln\frac{D}{V_0}}{\sigma\sqrt{t}}\right) \tag{10.4}$$

其中 $\varphi(x)=\frac{1}{\sqrt{2\pi}}e^{-\frac{x^2}{2}}$.

最后, 将 $q(t)$ 代入 (10.1) 式即可得到所求的 CDS 保费. 即求出了 CDS 定价.

## 10.4 数值计算

我们下面以具体实例说明本文的信用违约互换定价模型. 考虑一份五年期的信用违约互换合约, 无风险利率为 5%, 期望回收率为 30%. 债券发行公司的资产初始值为 100 万美元, 违约边界为 70 万美元.

利用违约概率密度的计算公式 (10.4) 可得违约概率密度如图 10.3 所示. 当其他条件不变时, CDS 价格与信用违约互换到期时间 $T$、回收率 $R$ 分别具有图 10.4、图 10.5 所示的关系. CDS 价格与 $D/V_0$ (其中 $D$ 为违约边界, $V_0$ 为初始时刻公司资产价值) 具有如图 10.6 所示的关系. 随着到期时间 $T$ 的增加, CDS 价格在离 0 很近的一段迅速增大, 随后减小并趋于平稳. 而随着债券违约回收率 $R$ 的增加, CDS 发行方的违约赔偿随之减少, 因而 CDS 价格也减小. 最后,

考虑起始时刻违约边界 $D$ 与发行债券公司价值 $V_0$ 的比值 $D/V_0$ 的变化对 CDS 价格的影响, 当 $D/V_0 \to 1$ 时, $V_0$ 离违约边界越来越近, 从而在随后的时间里公司违约的可能越来越大, 因而 CDS 价格越来越高.

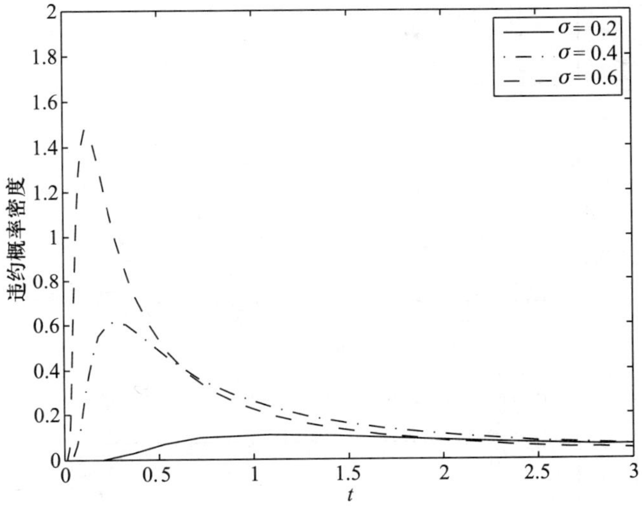


图 10.3 波动率和违约概率密度的关系

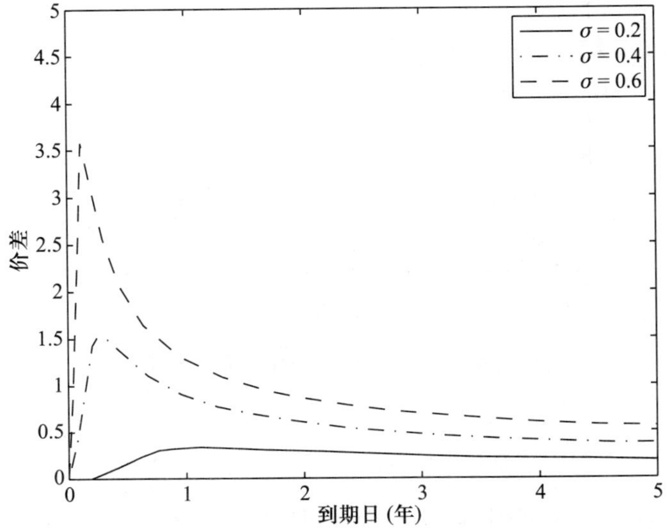


图 10.4 波动率和 CDS 价差的关系

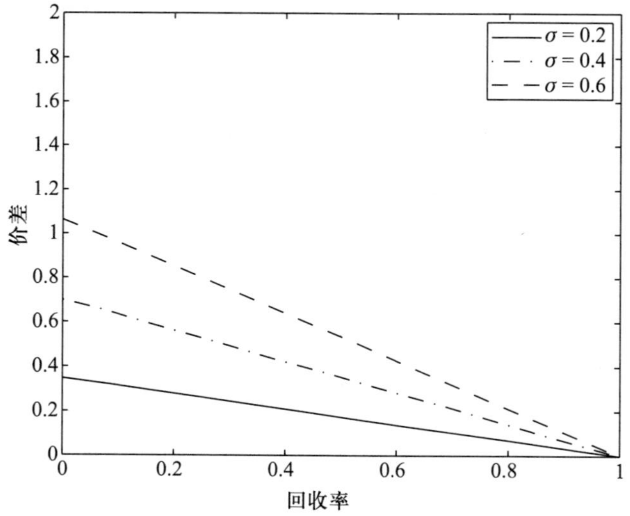


图 10.5　不同波动率下回收率对 CDS 价差的影响

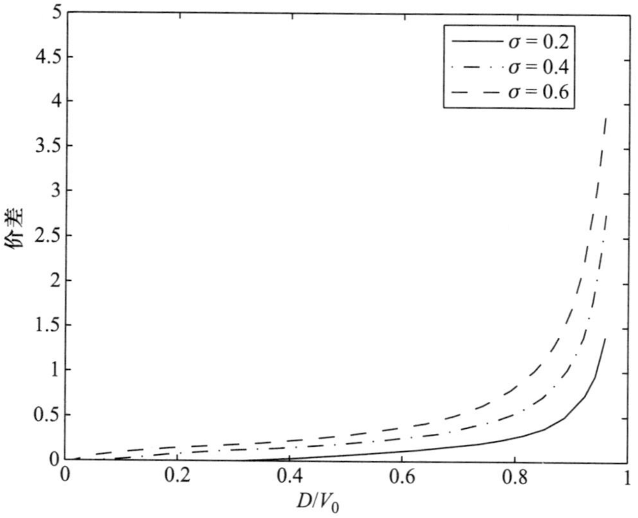


图 10.6　债务资产比对 CDS 价差的影响

## 参考文献


[1] British Banker's Association. BBA Credit Derivatives Report, 2001/2002: 1–2.

[2] Vasicek O. An Equilibrium Characterization of the Term Structure. Journal of Financial Economics, 1977: 5, 177–188.

[3] 姜礼尚. 期权定价的数学模型和方法 (第二版). 北京: 高等教育出版社, 2008.

[4] 姜礼尚, 陈亚浙等. 数学物理方程讲义 (第二版). 北京: 高等教育出版社, 1996.

[5] Hull J, White A. Valuing Credit Default Swaps I: No Counter Party Default Risk. Journal of Derivatives, 2000: 8, 29–40.

[6] Hull J, White A. Valuing Credit Default Swaps II: Modeling Default Correlations. Journal of Derivatives, 2001: 8, 12–22.

[7] Hull J, White A. Valuation of a CDO and nth to Default CDS without Monte Carlo Simulation. Journal of Derivatives, 2004: 12, 8–23.

[8] 周鹏, 梁进. 信用违约互换定价分析. 高校应用数学学报, 2007: 22, 311–315.

[9] 周鹏. 信用违约互换定价分析. 硕士论文, 2007.

# 第 11 章

# 一篮子信用违约互换定价[①]

## 11.1 问题的提出

一篮子信用违约互换 (Basket CDS) 是指针对有违约相关性的多个公司的违约事件发生的信用衍生产品. 本章将在标准 CDS 定价的基础上, 用结构法框架讨论一篮子 CDS 定价.

虽然违约风险从金融交易活动产生的那一天就存在了, 但这个问题近些年才变得越来越严重和复杂. 首先, 由于金融市场近几十年的飞速发展使得信用风险这个古老问题已经成为世界范围内的问题. 在美国, 仅衍生金融产品的市场规模在 1999 年就达到了 33 万亿美元的水平. 在衍生品市场面前, 世界上最大的股票市场也只能相形见绌 —— 纽约股票交易所的最大日交易额 (1987 年 10 月 19 日) 也只有 210 亿美元. 金融衍生品市场飞速发展的同时, 场外交易 (OTC) 的衍生品占衍生品交易总量的比例也逐年增大, 1999 年第一季度已经达到 88%. OTC 市场的衍生产品由于可以为顾客量身定制而受到广大投资者, 尤其是大型金融机构的欢迎, 但由于没有保证金制度约束, 随之产生的是巨大的信用风险. 除此之外, 固定收益证券、政府债券、公司贷款等产生信用风险的传统市场也具有数以万亿美元计的规模. 同时这个市场还在伴随着 OTC 衍生金融工具的增长高速发展. 其次, 与信用风险市场的高速增长相对应, 信用风险的复杂程度

①本章由梁进、周鹏撰写.

也在不断上升, 尤其是 OTC 衍生金融工具涉及的信用风险, 它要比公司贷款中的信用风险复杂得多. 再次, 最近兴起的信用风险工具使信用风险的管理和定价变得相对容易, 但同时这些工具也带来了额外的复杂性. 于是, 与多个公司的违约有关的信用衍生产品越来越流行, 这类信用衍生产品的代表就是一篮子信用违约互换 (Basket CDS)、CDO 等. 这种涉及多个公司违约的信用衍生产品定价的关键就是求解多个公司的联合违约函数. Hull 和 White (2001) 用 Monte Carlo 方法研究了违约相关性的问题 ([9]). 用 Copula 方法研究多个公司的违约相关性问题目前也很流行. 更多的方法是用约化方法假设相关性只与一个公共因素有关. 在一篮子 CDS 里根据不同的条款还分为第一违约赔付, 第 $n$ 违约赔付, 市值赔付, 面值赔付等 (如 [5],[6] 等).

在上一章我们在结构化模型的框架下, 用 PDE 的方法讨论了标准的 CDS 定价. 在这一章中我们研究当篮子中有两个公司时, 首次违约信用违约互换的定价问题. 这个问题的关键在于研究两个公司违约的联合概率分布.

首次违约赔付的一篮子 CDS 的本质是指一份针对多个有违约相关的公司发生违约事件的保险合约. 如图 11.1, 假设篮子里只有两个公司, 而这份合约共涉及四个公司, 分别记为 A, B, C, D. 公司 A 与公司 B 签订一份针对篮子 (Basket) 中的公司 C 及公司 D 的合约.

合约规定的交易流程如下:

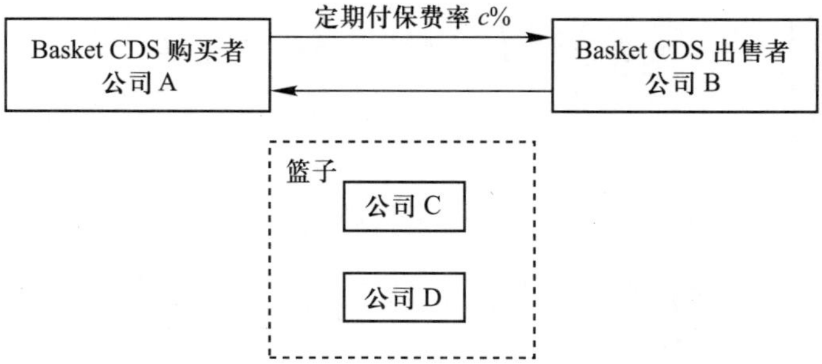


图 11.1

(1) 从合约签署之日起, 公司 A 定期向公司 B 支付一笔固定数额的费用 (CDS 保费) $c_{\rm st}$, 直至任何一个公司首先发生违约的时刻. 如果在合约期限内任何一个公司都没有违约, 则保费一直支付到合约到期日;

(2) 当篮子中有公司违约时, CDS 出售者公司 B 赔偿 CDS 购买者公司 A 因违约事件所遭受的损失. 该赔偿一般采取以下两种方式支付:

① 实体交割: 当违约事件发生时, A 公司按面值将自己持有的违约公司 (公司 C 或公司 D, 取决于篮子中到底哪个公司先违约) 发行的债券 (也可以是其他债务等, 下同) 全部转移给公司 B.

② 现金交割: 当违约事件发生时, 公司 A 继续持有违约公司发行的债券, 但 B 公司需要就 A 公司在该债券上因为发行债券公司违约所遭受的损失做出补偿. 如果违约发生后. 该债券的回收率 (Recovery Rate) 为 $R$, 则 B 公司需要支付的金额为该笔债券总面值的 $1-R$ 倍.

## 11.2　模型的建立

下面分析如何给首次违约 CDS 定价, 即计算出公司 A 需要为这份保险所支付的保费率 $c_{\mathrm{st}}$. 为了方便分析, 我们下面的讨论均假设保费是连续支付的.

假设该合约的期限为 $T$, 记公司 A 和 B 的违约时刻分别为 $\tau_1, \tau_2$, 首次违约事件发生的时刻为 $\tau_{\mathrm{st}}$, 则

$$\tau_{\mathrm{st}} = \min\{\tau_1, \tau_2\}$$

设无风险利率为 $r$. 在首次违约信用互换中, 设 A 公司连续支付的保费率为 $c_{\mathrm{st}}$, 在违约事件发生后的回收率为 $R$, 债券面值为 $L$, 则 A 公司支付的保费现值的期望和违约事件发生时从 B 公司收到的赔付的现值的期望:

保费现值:

$$c_{\mathrm{st}} L \int_0^T e^{-rt} P(\tau_{\mathrm{st}} > t) dt \tag{11.1}$$

未定赔付:

$$\begin{aligned}
&(1-R)L \int_0^T e^{-rt} \frac{\partial}{\partial t} P(\tau_{\mathrm{st}} \leqslant t) dt \\
&= (1-R)L \int_0^T e^{-rt} \frac{\partial}{\partial t} (1 - P(\tau_{\mathrm{st}} > t)) dt \\
&= (1-R)L \left[ 1 - e^{-rT} P(\tau_{\mathrm{st}} > T) - r \int_0^T e^{-rt} P(\tau_{\mathrm{st}} > t) dt \right]
\end{aligned} \tag{11.2}$$

根据无套利原理 (Arbitrage Free) 可得保费率:

$$c_{\mathrm{st}} = \frac{(1-R)\left[ 1 - e^{-rT} P(\tau_{\mathrm{st}} > T) - r \displaystyle\int_0^T e^{-rt} P(\tau_{\mathrm{st}} > t) dt \right]}{\displaystyle\int_0^T e^{-rt} P(\tau_{\mathrm{st}} > t) dt} \tag{11.3}$$

## 11.3 模型的求解

我们来研究如何求上式中的概率密度函数, 方法参见参考文献 [10, 11].

假设篮子里公司 C 和公司 D 的价值分别为 $V_i, i=1,2$, 它们只发行了股票和具有相同到期日 $T$ 的零息票债券 $B_i(t,T)$, 债券面值为 $F_i$. 公司价值遵循几何布朗运动

$$dV_i(t) = (r - D_i)V_i dt + \sigma_i V_i dW_i(t), \quad i = 1, 2,$$

其中无风险利率 $r$、股票红利率 $D_i$ 和波动率 $\sigma_i$ 都是常数. $W_i(t)$ 是标准布朗运动, 满足

$$\mathrm{Cov}(dW_1(t), dW_2(t)) = \rho dt$$

其中 $\rho$ 是常数, 称为相关系数. 假设公司 $i$ 具有类似 Black-Cox (1976, [2]) 的违约边界

$$M_i(t) = F_i e^{-\gamma_i (T-t)}$$

做变换 $X_i(t) = \ln(\frac{V_i(t)}{V_i(0)} e^{-\gamma_i t})$, 则 $X_i(t)$ 满足 $X_i(0) = 0$ 且

$$dX_i(t) = \mu_i dt + \sigma_i dW_i(t)$$

其中 $\mu_i = r - D_i - \gamma_i - \frac{1}{2}\sigma_i^2$, 相应的违约边界变为 $m_i = \ln(\frac{M_i(0)}{V_i(0)}) \leqslant 0$.

定义 $\underline{X}_i(t) = \min_{0 \leqslant s \leqslant t} X_i(s)$, 则公司 C 违约而公司 D 不违约的概率和公司 D 违约而公司 C 不违约的概率分别为

$$u(x_1, x_2, t) = \mathrm{Prob}(\underline{X}_1(T) < m_1, \underline{X}_2(T) > m_2 | X_1(t) = x_1, X_2(t) = x_2)$$

$$v(x_1, x_2, t) = \mathrm{Prob}(\underline{X}_1(T) > m_1, \underline{X}_2(T) < m_2 | X_1(t) = x_1, X_2(t) = x_2)$$

$u(x_1, x_2, t)$ 满足倒向 Kolmogorov 方程 (参见 [1, 3]):

$$\begin{cases} Lu = \dfrac{\partial u}{\partial t} + \mu_1 \dfrac{\partial u}{\partial x_1} + \mu_2 \dfrac{\partial u}{\partial x_2} + \dfrac{\sigma_1^2}{2} \dfrac{\partial^2 u}{\partial x_1^2} + \dfrac{\sigma_2^2}{2} \dfrac{\partial^2 u}{\partial x_2^2} + \rho \sigma_1 \sigma_2 \dfrac{\partial^2 u}{\partial x_1 \partial x_2} = 0 \\ u(m_1, x_2, t) = 1 \\ u(x_1, m_2, t) = 0 \\ u(x_1, x_2, T) = 0 \end{cases} \tag{11.4}$$

其中 $x_1 > m_1, x_2 > m_2, m_1, m_2 \leqslant 0$. 事实上, 根据二维 Itô 公式 (参见 [5]), 有

$$u(x_{1t}, x_{2t}, t) = u(x_{10}, x_{20}, 0) + \int_0^t \left(\frac{\partial u}{\partial s} + \mu_1 \frac{\partial u}{\partial x_1} + \mu_2 \frac{\partial u}{\partial x_2} + \frac{1}{2}\sigma_1^2 \frac{\partial^2 u}{\partial x_1^2} + \frac{1}{2}\sigma_2^2 \frac{\partial^2 u}{\partial x_2^2} + \rho\sigma_1\sigma_2 \frac{\partial^2 u}{\partial x_1 \partial x_2}\right) ds + \int_0^t \sigma_1 \frac{\partial u}{\partial x_1} dW_{1s} + \int_0^t \sigma_2 \frac{\partial u}{\partial x_2} dW_{2s} \tag{11.5}$$

假设 $u$ 是问题 (11.4) 的解, 则

$$u(x_{1t}, x_{2t}, t) = u(x_{10}, x_{20}, 0) + \int_0^t \sigma_1 \frac{\partial u}{\partial x_1} dW_{1s} + \int_0^t \sigma_2 \frac{\partial u}{\partial x_2} dW_{2s}$$

且

$$E[u(x_{1t}, x_{2t}, t)] = u(x_{10}, x_{20}, 0) \tag{11.6}$$

定义首次通过时间 (First Passage Time, 参见 [2]) 为

$$\tau = \inf\{s | \underline{X}_1(s) \leqslant m_1, \underline{X}_2(s) > m_2, s \geqslant 0\}$$

令 $t = \tau \wedge T$, 于是 (11.6) 式可表示为

$$\begin{aligned} u(x_{10}, x_{20}, 0) &= E[u(x_{1t}, x_{2t}, t)] \\ &= \int_0^T u(m_1, x_2, s) p(m_1, x_2, s; x_{10}, x_{20}, 0) ds \\ &\quad + \int_0^T u(x_1, m_2, s) p(x_1, m_2, s; x_{10}, x_{20}, 0) ds \\ &\quad + \int_{m_1}^{\infty} \int_{m_2}^{\infty} u(\xi_1, \xi_2, T) p(\xi_1, \xi_2, T; x_{10}, x_{20}, 0) d\xi_1 d\xi_2 \end{aligned}$$

其中 $p(\xi_1, \xi_2, t; x_{10}, x_{20}, 0) d\xi_1 d\xi_2 = dP(\xi_1, \xi_2, t; x_{10}, x_{20}, 0)$ 表示零时刻在 $(x_{10}, x_{20})$, $t$ 时刻转移到 $(\xi_1, \xi_2)$ 的转移概率密度.

再根据问题 (11.4) 中的边界和终值条件, 可得

$$u(x_{10}, x_{20}, 0) = E[u(x_{1t}, x_{2t}, t)] = \int_0^T p(m_1, x_2, s; x_{10}, x_{20}, 0) ds$$

从而满足问题 (11.4) 的 $u$ 是到 $T$, 公司 C 违约而公司 D 不违约的概率. 同理, $v$ 满足问题:

$$\begin{cases} Lv = \dfrac{\partial v}{\partial t} + \mu_1 \dfrac{\partial v}{\partial x_1} + \mu_2 \dfrac{\partial v}{\partial x_2} + \dfrac{\sigma_1^2}{2} \dfrac{\partial^2 v}{\partial x_1^2} + \dfrac{\sigma_2^2}{2} \dfrac{\partial^2 v}{\partial x_2^2} + \rho\sigma_1\sigma_2 \dfrac{\partial^2 v}{\partial x_1 \partial x_2} = 0 \\ v(m_1, x_2, t) = 0 \\ v(x_1, m_2, t) = 1 \\ v(x_1, x_2, T) = 0 \end{cases} \tag{11.7}$$

则在 $t$ 到 $T$, 两个公司都不违约的概率为

$$\begin{aligned}\pi(x_1,x_2,t) &= \text{Prob}(\underline{X}_1(T) > m_1, \underline{X}_2(T) > m_2 | X_1(t) = x_1, X_2(t) = x_2) \\ &= P(\tau_1 > T, \tau_2 > T) = P(\tau_{\text{st}} > T) = 1 - u(x_1,x_2,t) - v(x_1,x_2,t)\end{aligned}$$

这样, $\pi(x_1,x_2,t)$ 满足问题:

$$\begin{cases} L\pi = \dfrac{\partial \pi}{\partial t} + \dfrac{\sigma_1^2}{2}X_1^2\dfrac{\partial^2\pi}{\partial x_1^2} + \dfrac{\sigma_1^2}{2}X_2^2\dfrac{\partial^2\pi}{\partial x_2^2} + \rho\sigma_1\sigma_2\dfrac{\partial^2\pi}{\partial x_1\partial x_2} + \mu_1 X_1\dfrac{\partial\pi}{\partial x_1} + \mu_2 X_2\dfrac{\partial \pi}{\partial x_2} = 0 \\ \pi(m_1,x_2,t) = 0 \\ \pi(x_1,m_2,t) = 0 \\ \pi(x_1,x_2,T) = 1 \end{cases} \tag{11.8}$$

其中 $m_1 < x_1 < \infty, m_2 < x_2 < \infty, 0 \leqslant t < T$.

为消除一次项, 令 $\tau = T - t$, 以及

$$\pi(x_1,x_2,\tau) = e^{a_1x_1 + a_2x_2 + b\tau}p(x_1,x_2,\tau)$$

其中

$$a_1 = \frac{\rho\mu_2\sigma_1 - \mu_1\sigma_2}{(1-\rho^2)\sigma_1^2\sigma_2}, \quad a_2 = \frac{\rho\mu_1\sigma_2 - \mu_2\sigma_1}{(1-\rho^2)\sigma_1\sigma_2^2}$$

$$b = \mu_1 a_1 + \mu_2 a_2 + \frac{1}{2}\sigma_1^2\mu_1^2 + \frac{1}{2}\sigma_2^2\mu_2^2 + \rho\sigma_1\sigma_2\mu_1\mu_2$$

从而 $p(x_1,x_2,\tau)$ 满足

$$\begin{cases} \dfrac{\partial p}{\partial \tau} - \dfrac{\sigma_1^2}{2}X_1^2\dfrac{\partial^2 p}{\partial x_1^2} - \dfrac{\sigma_2^2}{2}X_2^2\dfrac{\partial^2 p}{\partial x_2^2} - \rho\sigma_1\sigma_2 X_1X_2\dfrac{\partial^2 p}{\partial x_1\partial x_2} = 0 \\ p(m_1,x_2,\tau) = 0 \\ p(x_1,m_2,\tau) = 0 \\ p(x_1,x_2,0) = e^{-(a_1x_1 + a_2x_2)} \end{cases} \tag{11.9}$$

其中 $m_1 < x_1 < \infty, m_2 < x_2 < \infty, 0 \leqslant \tau < T$. 为消除交叉项, 做坐标变换 [8]

$$z_1 = \frac{1}{\sqrt{1-\rho^2}}\left[\left(\frac{x_1 - m_1}{\sigma_1}\right) - \rho\left(\frac{x_2 - m_2}{\sigma_2}\right)\right]$$

$$z_2 = \frac{x_2 - m_2}{\sigma_2}$$

令 $q(z_1, z_2, \tau) = p(x_1, x_2, \tau)$, 可得到

$$\begin{cases} \dfrac{\partial q}{\partial \tau} = \dfrac{1}{2}\left(\dfrac{\partial^2 q}{\partial z_1^2} + \dfrac{\partial^2 q}{\partial z_2^2}\right) \\ q(L_1, \tau) = 0 \\ q(L_2, \tau) = 0 \\ q(z_1, z_2, 0) = e^{-(a_1\sigma_1\sqrt{1-\rho^2}z_1 + (a_1\sigma_1\rho + a_2\sigma_2)z_2 + a_1 m_1 + a_2 m_2)} \end{cases} \tag{11.10}$$

其中

$$L_1 = \{(z_1, z_2) | z_2 = 0\}, \quad L_2 = \left\{(z_1, z_2) | z_2 = -\frac{\sqrt{1-\rho^2}}{\rho} z_1\right\}$$

将直角坐标 $(z_1, z_2)$ 化为极坐标 $(r, \theta)$, 即

$$r = \sqrt{z_1^2 + z_2^2}, \quad \tan\theta = \frac{z_2}{z_1}$$

于是 $q(r, \theta, t)$ 满足方程

$$\begin{cases} \dfrac{\partial q}{\partial \tau} = \dfrac{1}{2}\left(\dfrac{\partial^2 q}{\partial r^2} + \dfrac{1}{r}\dfrac{\partial q}{\partial r} + \dfrac{1}{r^2}\dfrac{\partial^2 q}{\partial \theta^2}\right) \\ q(r, 0, \tau) = 0 \\ q(r, \beta, \tau) = 0 \\ q(r, \theta, 0) = e^{-(a_1\sigma_1\sqrt{1-\rho^2}r\cos\theta + (a_1\sigma_1\rho + a_2\sigma_2)r\sin\theta + a_1 m_1 + a_2 m_2)} \end{cases} \tag{11.11}$$

其中 $\beta$ 满足 $\tan\beta = -\frac{\sqrt{1-\rho^2}}{\rho}$. 用分离变量法 [4] 可解出方程 (11.11) 的格林函数:

$$G(r, \theta, \tau; r_0, \theta_0, \tau_0) = \frac{2r_0}{\beta(\tau - \tau_0)} \sum_{n=1}^{\infty} e^{-\frac{r^2 + r_0^2}{2(\tau - \tau_0)}} \sin\left(\frac{n\pi}{\beta}\theta_0\right) \sin\left(\frac{n\pi}{\beta}\theta\right) I_{\frac{n\pi}{\beta}}\left(\frac{r r_0}{\tau - \tau_0}\right)$$

其中函数 $I_s(x)$ 是第一类修正贝塞尔函数 [7]. 于是方程 (11.11) 的解为

$$q(r, \theta, \tau) = \iint_\Omega G(r, \theta, \tau; r_0, \theta_0, 0) f(r_0, \theta_0) dr_0 d\theta_0$$

其中

$$\Omega = \{(r,\theta)|0 \leqslant r < +\infty, 0 \leqslant \theta \leqslant \beta\}$$

$$f(r,\theta) = e^{-(a_1\sigma_1\sqrt{1-\rho^2}r\cos\theta+(a_1\sigma_1\rho+a_2\sigma_2)r\sin\theta+a_1m_1+a_2m_2)}$$

从而可以得到问题 (11.8) 的解为

$$\pi(x_1,x_2,t) = e^{a_1x_1+a_2x_2+b(T-t)}p(x_1,x_2,T-t) = e^{a_1x_1+a_2x_2+b(T-t)}q(r,\theta,T-t)$$

最后, 取 $t=0, T=t$, 可得 $P(\tau_{\mathrm{st}} > t)$. 我们就得到了该情形下的 CDS 定价.

## 11.4 数值计算

假设已知篮子中的两个公司的 $\sigma_1=\sigma_2=0.2, F_1=F_2=1000, \gamma_1=\gamma_2=0.02$, $q_1=q_2=0$, $V_1(0)=V_2(0)=1800$, $r=0.05$.

如图 11.2、图 11.3 所示, 对于首次违约信用违约互换, 随着两个公司相关系数 $\rho$ 的增加, 该互换的保费随之递减. 对于两种互换, 合约期限 $T$ 越长, 即合约提供的保险期限越长, 相应的保费也越大.

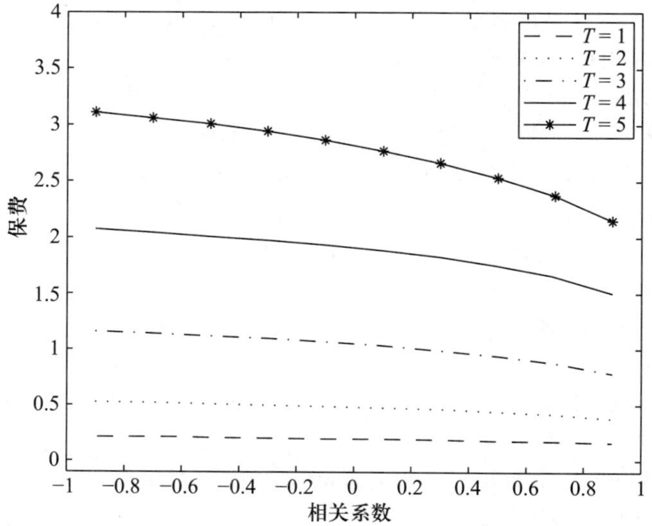


图 11.2

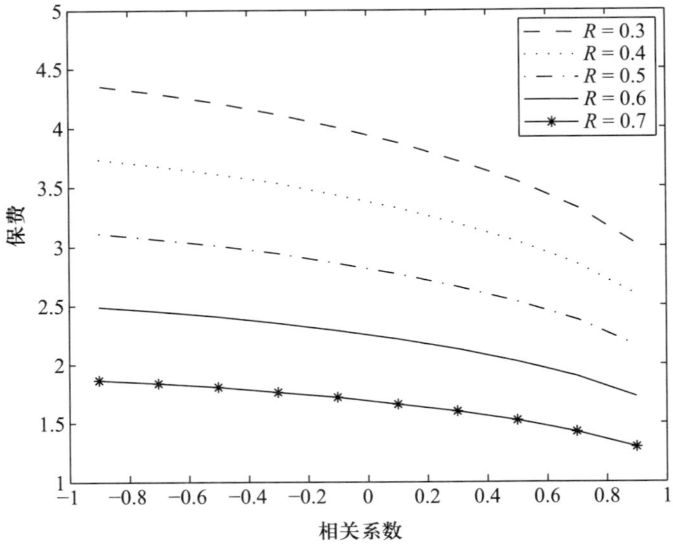


图 11.3

## 参考文献

[1] Wilmott P. Derivatives. John Wiley & Sons Ltd, 1999.

[2] Black F, Cox J. Valuing Corporate Securities: Some Effects of Bond Indenture Provisions. Journal of Finance, 1976: 31, 351–367.

[3] 姜礼尚. 期权定价的数学模型和方法 (第二版). 北京: 高等教育出版社, 2008.

[4] 姜礼尚, 陈亚浙等. 数学物理方程讲义 (第二版). 北京: 高等教育出版社, 1996.

[5] Duffie D, Singleton K J. Modeling Term Structures of Defaultable Bonds. Review of Financial Studies, 1999: 12, 687–720.

[6] Duffie D, Singleton K J. Credit Risk. Princeton, New Jersey: Princeton University Press, 2003.

[7] Gradshteyn I S, Ryzhik M. Table of Integrals, Series, and Products. New York: Academic Press, 1980.

[8] He H, Keirstead W, Rebholz J. Double Lookbacks. Mathematical Finance, 1998: 8, 201–228.

[9] Hull J, White A. Valuing Credit Default Swaps II: Modeling Default Correlations. Journal of Derivatives, 2001: 8, 12–22.

[10] 周鹏, 梁进. 信用违约互换定价分析. 高校应用数学学报, 2007: 22, 311–315.

[11] 周鹏. 信用违约互换定价分析. 硕士论文, 2007.

# 第 12 章

# 结构化模型下考虑交易对手风险 CDS 合约定价模型[①]

## 12.1 前言

### 12.1.1 交易对手风险

2008 年爆发于美国的 "次贷危机" 已经扩散蔓延至全球, 引发这一大规模金融危机主要有两方面原因, 一方面银行和金融机构盲目扩大其贷款规模, 对部分不符合贷款要求的公司和个人发放住房贷款, 忽视了贷款风险的管理和控制. 另一方面, 金融衍生产品大量的交易和贷款的证券化对金融危机的扩散和蔓延起到推波助澜的作用. 金融衍生产品、贷款被证券化后打包出售给全球其他金融机构和实体行业, 使得原本可以加以控制的危机迅速蔓延到了全球的各个地区、各个行业之中.

从上述分析中不难发现, 金融机构对交易对手风险的忽略是引发金融危机的根本原因之一. 交易对手风险 (Counterparty Credit Risk, CCR) 是指由于合约的交易对手可能先于合约到期日之前违约, 从而导致合约中规定的现在和未来的现金流无法得以支付的风险. 按风险资产确定的不同交易对手风险可分为

①本章由刘易、任学敏、姜礼尚撰写.

单向交易对手风险 (Uniliateral Counterparty Credit Risk) 和双向交易对手风险 (Bilateral Counterparty Credit Risk). 单向交易对手风险只考虑交易对手违约的可能性, 其大小由交易对手信用风险调整值 (Credit Valuation Adjustment, CVA) 来度量. 双向交易对手风险同时考虑交易对手和投资者自身违约的可能性, 由双向交易对手信用风险调整值 (Bilateral Credit Valuation Adjustment, BCVA) 来度量.

尽管一直以来交易对手风险都是传统的信用风险之一, 但在实际操作中, 许多金融机构通过与信用等级良好的公司进行交易, 基于 "大而不倒" (too big to fall) 的假设, 低估甚至忽略了交易对手违约的可能性. 此次金融危机使人们真正意识到现代金融业的一个新危险: 你可能会在几天内就被你的交易对手送上破产的道路. 正如摩根大通 (JP Morgan Chase) 董事长兼首席执行官杰米 · 戴蒙 (Jamie Dimon) 所指出的: "美联储对于贝尔斯登的救助真正救助的是贝尔斯登的交易对手, 从而避免整个金融市场因贝尔斯登的倒闭而瘫痪." 为更好地规范市场、降低风险, 巴塞尔委员会紧急出台了 "巴塞尔协议 III", 协议中对交易对手风险的度量、存在交易对手风险的金融衍生产品定价等进行了明确的要求和规定:

> Banks will be subject to a capital charge for potential mark-to-market losses (ie credit valuation adjustment-CVA-risk) associated with a deterioration in the credit worthiness of a counterparty.
>
> Basel III 14(b)

这一系列法规制度的修订和实施要求金融机构在计算金融衍生产品的公平价格 (Fair Value, FV) 时必须考虑交易对手的违约风险, 即:

$$FV = MtM(Mark\text{-}to\text{-}Market) - CVA$$

其中信用风险调整值 (Credit Valuation Adjustment, CVA) 为交易对手可能违约从而导致投资者潜在的损失, 是对交易对手风险的一种度量, 其大小为不考虑交易对手风险的合约价值 $U_t$ 与考虑单向交易对手风险的合约价值 $V_t$ 之差, 即:

$$CVA_t = U_t - V_t$$

通过对交易对手信用事件的分析, 我们进一步得到 CVA 如下的表达式:

$$CVA_t = E[(1-R)I_{\tau \leqslant T}U_\tau^+]$$

这里 $R$ 为交易对手违约后的回收率, $\tau$ 为交易对手的违约时刻, $T$ 为合约的到期日, $U_t$ 为不考虑交易对手违约时合约的风险敞口. 因而 CVA 的计算依赖于三个部分, 分别为交易对手违约后的损失率 $(1-R)$、交易对手的违约事件 $I_{\tau\leqslant T}$, 以及交易对手违约时合约的风险敞口 $U_\tau^+$.

### 12.1.2　信用风险模型

现代信用风险模型包括两种主要模型: 结构化模型和约化模型. 结构化模型是以 Black 和 Scholes [3] 及 Merton [14] 的期权定价理论为基础, 通过公司的结构变量指标 (公司资产、违约边界等) 的变动过程来刻画违约. 在 Merton 模型中, 假设只在公司债券的到期日, 若公司资产值低于债务值, 则公司发生违约. 在这种方法下, 公司债券可表示为关于公司资产价值的一份欧式看跌期权, 其敲定价格为公司负债值. Black 和 Cox [2] 提出了首次跃出模型, 模型中假设一旦公司资产值下降到事先约定的违约边界时公司即发生违约, 从而将 Merton 模型扩展到公司可能在合约到期日之前违约的情况. Longstaff 和 Schwartz [13] 将首次跃出模型推广到随机利率情形, 但假定违约边界是常数 $K$. Briys 和 de Varenne [6] 在此基础上进一步假定违约边界为 $KD(t,r;T)$, 这里 $D(t,r;T)$ 为具有相同到期日的零息票债券. Zhou [15] 引入了公司资产的跳扩散模型, 其中在描述公司资产的变动的过程中加入一个泊松跳过程.

不同于结构化模型, 约化模型并不深究公司违约发生的具体原因, 而是将公司的违约看作是一个外生的、不可料的概率事件, 直接用一个外生的泊松过程来刻画, 泊松过程的第一次跳的时刻即为公司的违约时刻. 泊松过程跳的强度 $\lambda$, 又称为违约强度, 表示公司违约的可能性, 公司在时间段 $[t,t+dt]$ 的违约概率近似表示为 $\lambda dt$. Duffie 和 Singleton [8] 等均采用约化模型来研究违约风险的相关问题.

### 12.1.3　错向风险

Jon Gregory 在 *Counterparty Credit Risk* 一书中指出: 在实际操作中, CVA 通常采用一种近似的方法进行计算, 由不同部门分别计算交易对手违约后的损失率 (Loss Given Default)、交易对手的违约概率 (Probability of Default) 和合约的风险敞口 (Exposure at Default), 然后相乘得到, 即

$$CVA_t \approx LGD \times PD \times EAD$$

这一传统方法较为简单, 但只是实际 CVA 值的近似. 在大多数情况下两者不相等, 而且可能有显著差异.

造成两者差异的主要原因是合约存在错向风险. 错向风险是指由于交易对手与合约的标的公司之间的相关性, 从而导致交易对手的信用等级与合约的风险敞口呈负相关的风险. 错向风险的一个极端的例子就是投资者向公司买入一份以该公司为标的的看跌期权. 对于投资者而言, 当公司资产下降时, 看跌期权的风险敞口上升的同时, 公司的信用等级下降, 违约的可能性上升, 加大了公司违约时投资者可能的损失. 因而错向风险的存在导致了 CVA 的上升, 合约价值的下降. 为更好地量化错向风险, 降低交易对手风险, "巴塞尔协议 III" 中对错向风险的度量给予了明确的要求和规定:

A bank must have procedures in place to identify, monitor and control cases of specific wrong way risk, beginning at the inception of a trade and continuing through the life of the trade.

Basel III 100

错向风险和 CVA 计算关系紧密. 当合约存在错向风险时, CVA 的实际值大于传统方法中得到的 CVA 值, 因而采用传统方法将低估 CVA 的值, 加大了投资者潜在的损失.

在不同的模型中对于错向风险的刻画方式各不相同, 在结构化模型中错向风险由公司资产的正相关性来刻画. 两者资产的同时下降将使得合约潜在损失加大的同时, 交易对手违约的可能性上升, 使得交易对手风险加大.

而在约化模型中公司违约时间相关性是通过违约强度的相关性引入的. 两家公司的违约强度正相关性较大表明, 当一家公司的违约强度较大时, 另一家公司的违约的可能性也较大, 从而加大了交易对手违约时合约的损失, 加大了交易对手风险.

### 12.1.4 信用违约互换

信用违约互换 (CDS) 是一份为特定公司的违约风险提供保护的合约, 这一特定的公司称为参考公司. 当投资者买入参考公司发行的参考债券, 为减少或避免参考公司违约对投资者造成的损失, 投资者 (即 CDS 买方) 会向交易对手 (即 CDS 卖方) 买入一份 CDS 合约. 合约规定, 当参考公司违约时, 交易对手须对投资者的损失进行赔偿. 为此投资者须定期向交易对手支付保费, 直至合约到期或信用事件的发生. 在考虑交易对手风险的 CDS 合约中, 合约中的信用事件不仅包含参考公司的违约, 还包括交易对手, 即 CDS 卖方的违约事件.

当采用结构化模型来对考虑交易对手风险的 CDS 合约进行定价时, 错向风险是通过参考公司和交易对手资产的相关性引入的. 对投资者而言, 此时在参考公司违约可能性上升, 合约的风险敞口增大的同时, 恰恰发生交易对手的信用等级下降 (即违约概率上升). 这种担保作用的缺失, 在大多数情况下导致交易对手风险的急剧上升, 投资环境的恶化. 因而是交易对手风险研究的重点之一, 忽视这一风险可能导致对合约价值的高估, 可能对投资者造成不可估量的损失.

随着金融危机的持续扩大和蔓延, 交易对手风险的研究更是成为当今金融市场中的热门话题之一. 由于篇幅的限制, 在此仅列举部分相关文献, Bielecki 和 Rutkowski [1] 中的第 14 章已经给出了对于交易对手风险的计算方法; Gregory [10] 对交易对手风险给出了全面的介绍和分析; Blanchet 和 Patras [4] 在结构化模型下, 给出了存在相关性的参考公司和交易对手之间的违约时间的联合分布, 导出了考虑单向交易对手风险的 CDS 合约价值; Lipton 和 Sepp [12] 在结构化模型中, 假设公司资产服从跳扩散过程的情况下, 推导出了考虑单向交易对手风险的 CDS 合约价值所满足的积分微分方程; Crépey 等 [7] 在马氏链模型中, 采用不同的回收方式, 给出了考虑单向交易对手风险 CDS 合约价值所满足的非线性常微分方程.

基于交易对手风险的重要性, 本章针对考虑交易对手风险的 CDS 合约, 根据参考公司和交易对手违约的不同情况, 对合约的现金流进行分析. 采用结构化框架下的首次通过模型, 推导出合约满足的数学模型, 给出模型解的解析表达式. 并通过数值计算将考虑交易对手风险和不考虑交易对手风险的 CDS 合约价值进行比较, 并分析资产相关性, 特别是正相关性 (错向风险) 对 CVA 的影响.

## 12.2 考虑交易对手风险 CDS 合约定价模型

### 12.2.1 现金流分析

对于一份考虑交易对手风险的 CDS 合约, 合约的到期日为 $T$, 投资者连续支付保费, 保费率为 $k$, 不失一般性设参考债券面值为 1. 设 $\tau_1$ 和 $\tau_2$ 分别为参考公司和交易对手的违约时刻, $R_1$ 和 $R_2$ 分别为参考公司和交易对手违约后的回收率. 站在投资者的角度, 根据参考公司和交易对手违约的不同情况, 我们有,

- 当参考公司和交易对手在合约到期之前均未发生违约, 即 $\tau_1 > s, \tau_2 > s, t <$

$s \leqslant T$ 时, 则投资者所支付保费在时刻 $t$ 的价值为,

$$-k \int_t^T I_{\tau_1 > s} I_{\tau_2 > s} e^{-r(s-t)} ds$$

- 当参考公司先于交易对手及合约到期日之前违约, 即 $\tau_1 < \tau_2, t < \tau_1 \leqslant T$ 时, 则交易对手向投资者支付的赔付值在时刻 $t$ 的价值为,

$$I_{\tau_1 < \tau_2} I_{t < \tau_1 \leqslant T} (1 - R_1) e^{-r(\tau_1 - t)}$$

- 当交易对手先于参考公司及合约到期日之前违约, 即 $\tau_2 < \tau_1, t < \tau_2 \leqslant T$ 时, 在交易对手违约时, 投资者只能得到不考虑交易对手风险的 CDS 合约 $U_{\tau_2}$ 的部分正向价值, 或支付全部的负向价值. 则投资者的回收值在时刻 $t$ 的价值为:

$$I_{\tau_2 < \tau_1} I_{t < \tau_2 \leqslant T} (R_2 U_{\tau_2}^+ - U_{\tau_2}^-) e^{-r(\tau_2 - t)}$$

综上所述, 考虑单向交易对手风险 CDS 合约的价值为 $V_t = E[\prod_t |\mathscr{F}_t]$, 其中

$$\begin{aligned} \prod_t = & -k \int_t^T I_{\tau_1 > s} I_{\tau_2 > s} e^{-r(s-t)} ds + I_{\tau_1 < \tau_2} I_{t < \tau_1 \leqslant T} (1 - R_1) e^{-r(\tau_1 - t)} \\ & + I_{\tau_2 < \tau_1} I_{t < \tau_2 \leqslant T} (R_2 U_{\tau_2}^+ - U_{\tau_2}^-) e^{-r(\tau_2 - t)} \end{aligned} \tag{12.1}$$

令 $\tau_2 \to \infty$, 即当交易对手不可能发生违约时, 不考虑交易对手风险 CDS 合约的价值为 $V_t = E[\pi_t|\mathscr{F}_t]$

$$\pi_t = -k \int_t^T I_{\tau_1 > s} e^{-r(s-t)} ds + I_{t < \tau_1 \leqslant T} (1 - R_1) e^{-r(\tau_1 - t)} \tag{12.2}$$

### 12.2.2 模型建立

**假设 12.1 (市场)** 考虑带流概率空间 $(\Omega, \mathscr{F}, \{\mathscr{F}_t\}_{t \geqslant 0}, P)$, $P$ 为市场的风险中性测度, $\{\mathscr{F}_t\}_{t \geqslant 0}$ 为公司信息流. 市场不存在套利机会, 无风险利率为常数 $r > 0$; 无交易费和税收.

**假设 12.2 (CDS 合约)** 对于一份考虑交易对手风险的 CDS 合约, 合约的到期日为 $T$, 投资者连续支付保费, 保费率为 $k$, 不失一般性设参考债券面值为 1. 不妨设参考公司和交易对手的相应变量分别用指标 1 和 2 表示.

设 $V_t$ 为考虑交易对手风险 CDS 合约的价值, $U_t$ 为不考虑交易对手风险 CDS 合约的价值.

**假设 12.3 (公司)** 设 $S_{it}$ 为第 $i$ 家公司资产, 满足如下几何布朗运动:

$$\begin{cases} dS_{it} = rS_{it}dt + \sigma_i S_{it} dW_{it}, \\ S_i(0) = s_i, \end{cases} \quad i = 1, 2 \tag{12.3}$$

其中: 常数 $\sigma_i$ 为第 $i$ 家公司资产的波动率, $(W_{it})_{t\geqslant 0}$ 为标准布朗运动. $\mathrm{Cov}(dW_{1t}, dW_{2t}) = \rho dt$, $\rho$ 为两家公司资产的相关性, $0 \leqslant |\rho| \leqslant 1$. 当 $0 < \rho \leqslant 1$ 时, 合约存在错向风险.

设第 $i$ 家公司违约后的回收率分别为常数 $R_i, 0 \leqslant R_i < 1, i = 1, 2$.

**假设 12.4 (违约时刻)** 在首次通过模型中, $\tau_i$ 为公司资产首次下降至违约边界 $b_i(t)$ 的时刻, 即,

$$\tau_i = \inf\{t | S_{it} = b_i(t), t \in (0, T]\}, \quad i = 1, 2 \tag{12.4}$$

其中: $b_i(t)$ 为公司的违约边界, $b_i(t) = F_i e^{-r(T-t)}$, 正常数 $F_i$ 为公司的负债值.

由 Feynman-Kac 公式, 考虑单向交易对手风险 CDS 合约的价值 (12.1) 满足如下偏微分方程终边值问题:

$$\begin{cases} LV - rV = k, & S_1 \in (b_1, \infty), S_2 \in (b_2, \infty), t \in (0, T) \\ V(b_1, S_2, t) = 1 - R_1, & S_2 \in (b_2, \infty), t \in (0, T) \\ V(S_1, b_2, t) = R_2 U^+ - U^-, & S_1 \in (b_1, \infty), t \in (0, T) \\ V(S_1, S_2, T) = 0, & S_1 \in (b_1, \infty), S_2 \in (b_2, \infty) \end{cases} \tag{12.5}$$

其中:

$$L = \frac{\partial}{\partial t} + \frac{1}{2}\sigma_1^2 S_1^2 \frac{\partial^2}{\partial S_1^2} + \rho\sigma_1\sigma_2 S_1 S_2 \frac{\partial^2}{\partial S_1 \partial S_2} + \frac{1}{2}\sigma_2^2 S_2^2 \frac{\partial^2}{\partial S_2^2} + rS_1 \frac{\partial}{\partial S_1} + rS_2 \frac{\partial}{\partial S_2}$$

不考虑交易对手风险 CDS 合约的价值 (12.2) 满足如下偏微分方程终边值问题:

$$\begin{cases} \dfrac{\partial U}{\partial t} + \dfrac{1}{2}\sigma_1^2 S_1^2 \dfrac{\partial^2 U}{\partial S_1^2} + rS_1 \dfrac{\partial U}{\partial S_1} - rU = k \\ U(b_1, t) = 1 - R_1 \\ U(S_1, T) = 0 \end{cases} \tag{12.6}$$

### 12.2.3 模型求解

下面我们求解偏微分方程终边值问题 (12.5)

令 $x_1 = \ln \frac{S_1}{b_1}, x_2 = \ln \frac{S_2}{b_2}, \tau = T - t$, 则 $V(x_1, x_2, \tau)$ 满足如下偏微分方程初边值问题:

$$\begin{cases} \dfrac{\partial V}{\partial t} - \dfrac{1}{2}\sigma_1^2 \dfrac{\partial^2 V}{\partial x_1^2} - \rho\sigma_1\sigma_2 \dfrac{\partial^2 V}{\partial x_1 \partial x_2} - \dfrac{1}{2}\sigma_2^2 \dfrac{\partial^2 V}{\partial x_2^2} - \dfrac{1}{2}\sigma_1^2 \dfrac{\partial V}{\partial S_1} - \dfrac{1}{2}\sigma_2^2 \dfrac{\partial V}{\partial S_2} + rV = k \\ V(0, x_2, t) = 1 - R_1 \\ V(x_1, 0, t) = R_2 U^+ - U^- \\ V(x_1, x_2, T) = 0 \end{cases}$$

令 $V(x_1, x_2, \tau) = e^{a_1 x_1 + a_2 x_2 + b\tau}(p(x_1, x_2, \tau) - k\tau)$, 其中:

$$a_1 = \frac{\rho\sigma_1\theta_2 - \sigma_2\theta_1}{(1-\rho^2)\sigma_1^2\sigma_2}, \quad a_2 = \frac{\rho\sigma_2\theta_1 - \sigma_1\theta_2}{(1-\rho^2)\sigma_1\sigma_2^2}$$
$$b = \frac{1}{2}\sigma_1^2 a_1^2 + \rho\sigma_1\sigma_2 a_1 a_2 + \frac{1}{2}\sigma_2^2 a_2^2 + \theta_1 a_1 + \theta_2 a_2 + r$$

从而 $p(x_1, x_2, \tau)$ 满足如下偏微分方程初边值问题:

$$\begin{cases} \dfrac{\partial p}{\partial \tau} - \dfrac{1}{2}\sigma_1^2 \dfrac{\partial^2 p}{\partial x_1^2} - \rho\sigma_1\sigma_2 \dfrac{\partial^2 p}{\partial x_1 \partial x_2} - \dfrac{1}{2}\sigma_2^2 \dfrac{\partial^2 p}{\partial x_2^2} = 0 \\ p(0, x_2, \tau) = (1 - R_1)e^{-(a_2 x_2 + b\tau)} \\ p(x_1, 0, \tau) = (R_2 U^+ - U^-)e^{-(a_1 x_1 + b\tau)} \\ p(x_1, x_2, 0) = 0 \end{cases}$$

做坐标变换:

$$z_1 = \frac{1}{\sqrt{1-\rho^2}}\left(\frac{x_1}{\sigma_1} - \rho\frac{x_2}{\sigma_2}\right), \quad z_2 = \frac{x_2}{\sigma_2}$$

令 $q(z_1, z_2, \tau) = p(x_1, x_2, \tau)$, 消去方程中的交叉项, 可得:

$$\begin{cases} \dfrac{\partial q}{\partial \tau} - \dfrac{1}{2}\left(\dfrac{\partial^2 q}{\partial z_1^2} + \dfrac{\partial^2 q}{\partial z_2^2}\right) = 0 \\ q(L_1, \tau) = (1 - R_1)e^{-(a_2\sigma_2 z_2 + b\tau)} \\ q(L_2, \tau) = (R_2 U^+ - U^-)e^{-(a_1\sigma_1\sqrt{1-\rho^2} z_2 + b\tau)} \\ q(x_1, x_2, 0) = 0 \end{cases}$$

其中 $L_1 = \{(z_1, z_2) | z_2 = -\frac{\sqrt{1-\rho^2}}{\rho} z_1\}, L_2 = \{(z_1, z_2) | z_2 = 0\}$

将直角坐标 $(z_1, z_2)$ 化为极坐标 $(r, \theta)$, 即

$$r = \sqrt{z_1^2 + z_2^2}, \quad \tan\theta = \frac{z_2}{z_1}$$

从而 $q(r, \theta, \tau)$ 满足如下偏微分方程初值问题

$$\begin{cases} \dfrac{\partial q}{\partial \tau} - \dfrac{1}{2}\left(\dfrac{\partial^2 q}{\partial r^2} + \dfrac{1}{r}\dfrac{\partial q}{\partial r} + \dfrac{1}{r^2}\dfrac{\partial^2 q}{\partial \theta^2}\right) = 0 \\ q(r, 0, \tau) = (1 - R_1)e^{-b\tau} \\ q(r, \beta, \tau) = (R_2 U^+ - U^-)e^{-(a_1\sigma_1\sqrt{1-\rho^2}r\cos\beta + b\tau)} \\ q(r, \theta, 0) = 0 \end{cases}$$

其中 $\beta$ 满足 $\tan\beta = -\frac{\sqrt{1-\rho^2}}{\rho}$.

令 $g(r, \theta, \tau) = q(r, \theta, \tau) - f(r, \theta, \tau)$, 其中

$$\begin{aligned} f(r, \theta, \tau) &= \frac{\theta}{\beta}(R_2 U^+ - U^-)e^{-(a_1\sigma_1\sqrt{1-\rho^2}r\cos\beta + b\tau)} + \frac{\beta - \theta}{\beta}(1 - R_1)e^{-b\tau} \\ &= \frac{\theta}{\beta}f_1(r, \beta, \tau) + \frac{\beta - \theta}{\beta}f_2(r, 0, \tau) \end{aligned}$$

则 $g(r, \theta, \tau)$ 满足如下偏微分方程初边值问题

$$\begin{cases} \dfrac{\partial g}{\partial \tau} - \dfrac{1}{2}\left(\dfrac{\partial^2 g}{\partial r^2} + \dfrac{1}{r}\dfrac{\partial g}{\partial r} + \dfrac{1}{r^2}\dfrac{\partial^2 g}{\partial \theta^2}\right) = \varphi(r, \theta, \tau) \\ g(r, 0, \tau) = 0 \\ g(r, \beta, \tau) = 0 \\ g(r, \theta, 0) = -f(r, \theta, 0) \end{cases} \tag{12.7}$$

其中

$$\begin{aligned} \varphi(r, \theta, \tau) &= bf(r, \theta, \tau) + \frac{\theta}{r\beta}(a_1\sigma_1\sqrt{1-\rho^2}\cos\beta - a_1^2\sigma_1^2 r(1-\rho^2)\cos^2\beta)f_1(r, \beta, \tau) \\ f(r, \theta, \tau) &= \frac{\theta}{\beta}(R_2 U^+ - U^-)e^{-(a_1\sigma_1\sqrt{1-\rho^2}r\cos\beta + b\tau)} + \frac{\beta - \theta}{\beta}(1 - R_1)e^{-b\tau} \\ &= \frac{\theta}{\beta}f_1(r, \beta, \tau) + \frac{\beta - \theta}{\beta}f_2(r, 0, \tau) \end{aligned}$$

为求解偏微分方程初边值问题 (12.7), 我们考虑该方程的格林函数 $G(r, \theta, \tau;$

$r_0,\theta_0,\tau_0)$ 所满足的如下方程

$$\begin{cases} \dfrac{\partial G}{\partial \tau}-\dfrac{1}{2}\left(\dfrac{\partial^2 G}{\partial r^2}+\dfrac{1}{r}\dfrac{\partial G}{\partial r}+\dfrac{1}{r^2}\dfrac{\partial^2 G}{\partial \theta^2}\right)=0 \\ G(r,0,\tau)=0 \\ G(r,\beta,\tau)=0 \\ G(r,\theta,r_0)=\delta(r-r_0)\delta(\theta-\theta_0) \end{cases} \tag{12.8}$$

根据 Gradshteyn 和 Ryzhik [9], $G(r,\theta,\tau;r_0,\theta_0,\tau_0)$ 可表示为

$$G(r,\theta,\tau;r_0,\theta_0,\tau_0)=\frac{2r_0}{\beta(\tau-\tau_0)}\sum_{n=1}^{\infty}e^{-\frac{r^2+r_0^2}{2(\tau-\tau_0)}}\sin\left(\frac{n\pi}{\beta}\theta_0\right)\sin\left(\frac{n\pi}{\beta}\theta\right)I_{\frac{n\pi}{\beta}}\left(\frac{rr_0}{\tau-\tau_0}\right) \tag{12.9}$$

这里 $I_s(x)$ 是第一类修正贝塞尔函数.

则偏微分方程初边值问题 (12.7) 的解

$$\begin{aligned} g(r,\theta,\tau)=&\int_0^{\tau}d\tau_0\iint G(r,\theta,\tau;r_0,\theta_0,\tau_0)\varphi(r_0,\theta_0,\tau_0)dr_0d\theta_0 \\ &-\iint G(r,\theta,\tau;r_0,\theta_0,0)f(r_0,\theta_0,0)dr_0d\theta_0 \end{aligned} \tag{12.10}$$

因此偏微分方程终边值问题 (12.5) 的解为:

$$\begin{aligned} V(x_1,x_2,\tau)&=e^{a_1x_1+a_2x_2+b\tau}p(x_1,x_2,\tau)=e^{a_1x_1+a_2x_2+b\tau}q(z_1,z_2,\tau) \\ &=e^{a_1x_1+a_2x_2+b\tau}(g(r,\theta,\tau)+f(r,\theta,\tau)) \end{aligned} \tag{12.11}$$

最终代回原变量可得偏微分方程终边值问题 (12.5) 的解.

## 12.3　数值计算

在此我们的主要目的是将考虑交易对手风险和不考虑交易对手风险的合约价值进行比较, 并分析资产相关性, 特别是正相关性, 即错向风险对 CVA 的影响. 因而此时我们自行选取的数据如下:

$$\sigma_1=0.3,\quad \sigma_2=0.5,\quad \rho=0.3,\quad r=0.05,\quad R_1=0.4,\quad R_2=0.4,\quad k=0.1,$$
$$F_1=0.5,\quad F_2=0.5,\quad T=1$$

图 12.1(a) 中分别为考虑交易对手风险的 CDS 合约 (实线) 和不考虑交易对手风险的 CDS 合约 (虚线), 从中我们发现当交易对手资产较小, 违约可能性较大时, 两份合约有显著的差异, 交易对手风险是不可忽视的.

图 12.1(b) 表明了错向风险对 CVA 的影响显著. 我们发现 CVA 随着交易对手与参考公司资产相关性上升而上升. 这是因为在一般情况下, 资产相关性的上升导致违约时间相关性的上升, 两者资产同时下降使得当交易对手违约时, 投资者的损失上升, 从而导致 CVA 上升. 然而当资产相关性较大且参考公司资产值较小时, CVA 会发生反转, 反而下降, 下页表中给出了详细数值. 这是因为当参考公司资产远小于交易对手资产, 且两者具有较高的资产相关性时, 参考公司几乎总是在交易对手之前违约, 使得交易对手风险下降, 从而 CVA 下降. 这一结论与 Brigo 和 Choudakis [5], Hui [11] 的结论是一致的.

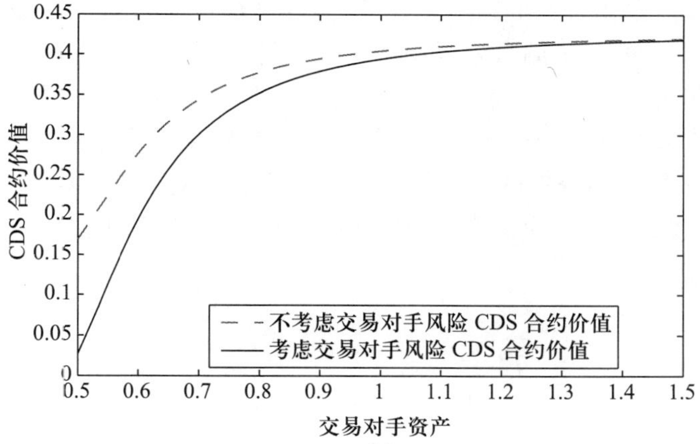


(a)

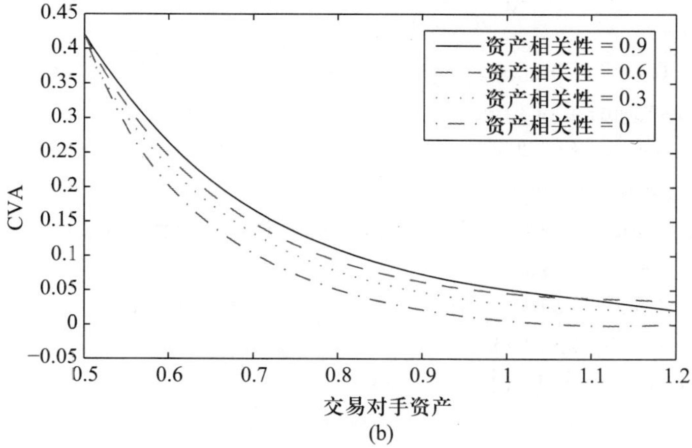


(b)

图 12.1

| | $X_2 = 0.7$ | $X_2 = 1.2$ |
|---|---|---|
| $\eta = 0.0$ | 0.100 8 | 0.001 2 |
| $\eta = 0.3$ | 0.130 0 | 0.018 2 |
| $\eta = 0.6$ | 0.145 0 | 0.033 2 |
| $\eta = 0.9$ | 0.164 5 | 0.019 4 |

## 12.4 结论

针对考虑交易对手风险的 CDS 合约, 通过对合约的参考公司和交易对手违约情况的分析, 给出合约的现金流分析. 并在结构化框架下的首次通过模型中, 推导出合约满足的二维偏微分方程终边值问题, 通过对坐标轴进行变换消去交叉项, 得到了解析表达式. 最后采用数值计算将考虑交易对手风险和不考虑交易对手风险情况下的 CDS 合约的价值进行比较, 结果表明交易对手的违约事件对合约价值的影响显著. 同时分析了参考公司和交易对手之间的资产相关性, 特别是正相关, 此时 CDS 合约存在错向风险, 两者资产同时下降将导致担保作用的缺失, 导致 CVA 的上升.

## 参考文献


[1] Bielecki T, Rutkowski M. Credit Risk: Modeling, Valuation and Hedging. Springer, 2002.

[2] Black F, Cox J C. Valuing Corporate Securities: Some Effects of Bond Indenture Provisions. Journal of Finance, 1976: 31, 351–367.

[3] Black F, Scholes M. The Pricing of Options and Corporate Liabilities. Journal of Political Economy, 1973: 81, 637–654.

[4] Blanchet-Scalliet C, Patras F. Counterparty Risk Valuation for CDS. Quantitative Finance, 2008: 7, 1–12.

[5] Brigo D, Chourdakis K. Counterparty Risk for Credit Default Swaps: Impact of Spread Volatility and Default Correlation. Forthcoming in International Journal of Theoretical and Applied Finance, 2008.

[6] Briys E, de Varenne F. Valuing Risky Fixed Rate Debt: An Extension. Journal of Financial and Quantitative Analysis, 1997: 32(2), 239–248.

[7] Crépey S, Jeanblanc M, Zargari B. Counterparty Risk on a CDS in a Markov Chain Copula Model with Joint Defaults. Recent Advances in Financial Engineering, 2009.

[8] Duffie J D, Singleton K J. Modeling Term Structure of Defaultable Bonds. Review of Financial Studies, 1999: 12, 687–720.

[9] Gradshteyn I S, Ryzhik I M. Table of Integrals, Series, and Products. New York: Academic Press, 1980.

[10] Gregory J. Counterparty Credit Risk: the New Challenge for Global Financial Markets. Wiley, 2009.

[11] Hui Li. Double Impact on CVA for CDS: Wrong-Way Risk with Stochastic Recovery. Working paper, 2010.

[12] Lipton A, Sepp A. Credit Value Adjustment for Credit Default Swaps via the Structural Default Model. The Journal of Credit Risk, 2009: 6(2), 123–146.

[13] Longstaff F A, Schwartz E S. A Simple Approach to Valuing Risky Fixed and Floating Rate Debt. Journal of Finance, 1995: 50(3), 789–819.

[14] Merton R. On the Pricing of Corporate Debt: The Risk Structure of Interest Rates. Journal of Finance, 1974: 29, 449–470.

[15] Zhou C S. A Jump-Diffusion Approach to Modeling Credit Risk and Valuing Defaultable Securities. Finance and Economic Discussion Series, 1997: 1997–15.

[16] 姜礼尚, 徐承龙, 任学敏, 李少华等. 金融衍生产品定价的数学模型与案例分析 (第二版). 北京: 高等教育出版社, 2013.

[17] 姜礼尚, 陈亚浙, 刘西垣, 易法槐. 数学物理方程讲义 (第三版). 北京: 高等教育出版社, 1997.

# 第 13 章

# 结构化模型下的贷款违约互换定价[①]

## 13.1 前言

近年来信用衍生产品已成为国际银行和大型金融机构信用风险管理的重要手段, 全球各大银行和金融机构, 如 JP 摩根银行、美洲银行和瑞士联合银行等, 都已较大规模应用信用违约互换管理信用资产, 解决不良资产问题; 但另一方面, 由于其内在的复杂和不确定性, 不恰当地使用衍生产品也给市场带来了更深的风险. 最近美国的次级债风波引发的金融危机就是一个例证. 在我国, 信用风险是银行业面临的主要问题, 使用信用违约互换管理信用风险, 对银行业具有重要意义. 随着中国入世后金融市场的不断完善和发展, 信用违约互换的出现只是时间问题. 因此, 对信用衍生产品这一工具进行研究, 做出定价具有重要的现实意义.

贷款信用违约互换 (Loan Credit Default Swap, LCDS) 就是一个市场上很流行的信用衍生产品. 它在次贷危机中扮演着重要角色. 所以其定价问题一直引人注目. LCDS 合约与标准信用违约互换 (CDS) 主要有两个不同, 第一, CDS 的标的物 (Reference Obligation) 一般是无担保的债券 (Senior Unsecured Bond), 而 LCDS 的标的物一般是一份银团担保贷款 (Syndicated Secured Loan), 那么当违约时, 有担保的贷款的回收率要高于无担保的债券的回收率. 第二, 也是主

①本章由梁进、戎嫣妘、杨晓丽撰写.

要的不同, LCDS 所担保的贷款具有提早还贷的风险, 那么 LCDS 合约就面临提前结束的风险, 也就是说, LCDS 担保的贷款不仅存在违约风险, 同时存在早偿风险.

对于信用衍生产品定价的研究主要有两种方法: 结构化方法和约化法, 而约化法更加常用. Dobranszky. P ([1—2]) 用约化方法和单因子模型对 CDS 和 LCDS 合约中的违约、早偿、清收风险进行了建模, 在连续时间框架和随机回收率条件下得到了显式解, 还利用不同的 Levy 过程模型对 LCDX 进行定价.Zhen Wei [3] 使用约化方法, 在违约强度满足仿射跳扩散模型和 CIR 过程的条件下得到了 LCDS 定价的显式解, 并在 [4] 中使用结构化模型研究 LCDS 定价问题, 将其转变为一个双障碍期权定价问题. 吴森, 梁进 ([5]) 用结构化方法, 考虑公司资产与抵押品价值的变化, 研究 LCDS 定价问题. 周宇晶, 梁进 ([6—7]) 使用约化方法结合 Top down 模型对一篮子 LCDS 产品进行定价. 王涛, 梁进 ([8—10]) 使用约化方法研究 LCDS 定价问题, 考虑其交易对手风险, 用 Bottom up 模型对一篮子 LCDS 产品进行定价.

本文考虑一张 LCDS 合约的定价, 所担保的对象是一份抵押住房贷款, 贷款人 A 向银行 B 申请住房贷款, 每次按固定利率偿还房贷, 一旦房价发生下跌使贷款人理性违约, 或者当利率浮动低于固定还贷利率, 贷款人提前偿还贷款, 银行都将面临损失. 为了担保这份风险, 银行 B 向 C 签订一张 LCDS 合约, 参考债务为有抵押住房贷款, C 为保护卖方, B 为保护买方. B 定期向 C 支付保费, 直至合约参考实体 C 发生信用事件; 在 C 发生信用事件时, B 相应的损失由 C 来承担. 因此, 对于有抵押的贷款, 在发生信用事件时, 保护卖方的赔付应为此时剩余本金扣除抵押资产之后的金额, 与此时抵押资产即房产的价值有关.

本文将结构化方法和约化方法有机结合起来研究 LCDS 定价问题. 本文的一个重要的模型假定是当房价过低情况下贷款人将理性违约. 我们用结构化方法刻画这种情况下的违约. 而贷款人早偿的动机比较复杂, 我们用早偿率来刻画. 定价模型主要影响因素是随机利率和房价. 所以我们的定价模型建立在这两个相关的随机过程上, 并假定早偿因子为常数. 由此建立了高维的偏微分方程的定解问题. 我们利用降维技巧得到了定价的解析解.

## 13.2 模型建立

### 13.2.1 符号假设

假设 LCDS 合约的到期日为 $T$, 在 $t$ $(0 < t < T)$ 时刻无风险利率为 $r_t$, 房产

价值为 $H_t$. 假设无风险利率 $r_t$ 满足 Vasicek 过程, 房产价值 $H_t$ 满足几何 Brown 运动过程 (关于这一模型的相关研究见文献 [11])

$$dr_t = k(\theta - r_t)dt + \sigma_r dW_t^r, \quad dH_t = r_t H_t dt + \sigma_H H_t dW_t^H \tag{13.1}$$

其中 $k$, $\theta$, $\sigma_r$, $\sigma_H$ 是常数, $W_t^r$, $W_t^H$ 是标准 Brown 运动, $\mathrm{Cov}(dW_t^r, dW_t^H) = \rho dt, |\rho| < 1$. $t$ 时刻的保费支付率 (即单位时间单位实际剩余贷款额所支付的保费) 为 $S_t$, 此时剩余的未偿还贷款额为 $D(t,T)$. 设 $D(0,T) = D_0$ 为初始时刻贷款额, $\tilde{r}$ 为固定还贷利率, 是常数.

### 13.2.2 模型建立

住房贷款的还款方式有完全均付抵押贷款、均押抵押贷款和累进偿付抵押贷款三种, 其中又以完全均付抵押贷款方式 (或称等额本息还款法) 最为常用. 本文用到的模型就是这种还款方式在连续还款假设下的模型. 根据贷款利率计算方式的不同, 住房抵押贷款又可以分为固定利率抵押贷款和可调整利率抵押贷款两种, 本文使用的是固定利率模型, 是考虑了前一种情形, 对后一种情形, 模型将卷入随机利率, 可在本文模型的基础上进一步发展.

在初始时刻 $(t = 0)$ 贷款人向银行申请住房贷款 $D_0$, 以固定利率 $\tilde{r}$ 连续还贷, 单位时间内还贷额为 $x$, 剩余贷款额为 $D(t,T)$ 则 $D(t,T)$ 满足如下微分方程

$$\begin{cases} \dfrac{dD(t,T)}{dt} = \tilde{r}D(t,T) - x \\ D(0,T) = D_0, \quad D(T,T) = 0 \end{cases} \tag{13.2}$$

解得 $D(t,T) = D_0 \frac{e^{\tilde{r}T} - e^{\tilde{r}t}}{e^{\tilde{r}T} - 1}, x = D_0 \frac{\tilde{r}e^{\tilde{r}T}}{e^{\tilde{r}T} - 1}$.

考虑加入早偿的情况下, 用一个早偿因子 $Q_t$ 来刻画提前还贷. $Q_t$ 表示在 $t$ 时刻实际剩余贷款额与计划剩余贷款额之比. 则 $Q_t$ 是一个随时间递减的过程, 且 $0 \leqslant Q_t \leqslant 1$, 初始时刻 $Q_0 = 1$, 用 $\lambda_t$ 表示 $Q_t$ 的变化强度, $\frac{dQ_t}{Q_t} = -\lambda_t dt$, 则 $Q_t = e^{-\int_0^t \lambda_u du}$. 根据 $Q_t$ 的定义, 可以得到 $t$ 时刻实际剩余贷款额. 简单起见, 假设 $\lambda$ 是常数, 则有

$$\tilde{D}(t,T) = e^{-\lambda t} D_0 \frac{e^{\tilde{r}T} - e^{\tilde{r}t}}{e^{\tilde{r}T} - 1} \tag{13.3}$$

当房价下降到一定程度购房者选择理性违约, 不再偿还之后的贷款. 假设违约边界是: $H_t \leqslant K\tilde{D}(t,T)P(r,t,T)$, 其中 $0 < K < 1$ 是常数, $P(r,t,T)$ 是无风险零息票国债的价格, 起着贴现因子的作用. 这个违约边界的金融意义是, 当抵

押的房价小于贴现后的剩余贷款 (这里可以理解为房价在 $P(r;t;T)$ 生成的等价鞅测度下小于剩余贷款值) 再乘以一个心理因子后, 理性违约将会发生. 这种贴现违约边界的设定在结构法中常为采用, 如参考文献 [12]. 则违约时间 $\tau$ 的表达式为

$$\tau=\inf\{s\geqslant t, H_s\leqslant K\tilde{D}(s,T)P(r,s,T)\} \tag{13.4}$$

此时银行无法收回此贷款剩余本金 $\tilde{D}(\tau,T)$, 面临的损失是 $\tilde{D}(\tau,T)P(r,\tau,T)-H_\tau$. 所以期望的赔付现值是

$$PVloss(t)=E\left[e^{-\int_t^\tau r_u du}(\tilde{D}(\tau,T)P(r,\tau,T)-H_\tau)1_{\{\tau\leqslant T\}}|r_t=r,H_t=h\right] \tag{13.5}$$

假设保费是按照固定保费率 $S$ 连续支付的, 那么在 $(t,\tau)$ 区间内某一时刻 $s$ 要支付的保费贴现到 $t$ 时刻的值为 $Se^{-\int_t^s r_u du}\tilde{D}(s,T)$, 到违约时刻支付的保费总额为

$$PVfee(t)=SE\left[\int_t^\tau e^{-\int_t^s r_u du}\tilde{D}(s,T)ds\,|H_t=h,r_t=r\right] \tag{13.6}$$

由于进入这张合约时无初始费用, 假如签合约的时刻是 $t$ 时刻, 就有 $PVloss(t)=PVfee(t)$. 也就是说, 此时未来可能的赔付的现值与未来所有可能支付的保费的现值相等, 就可以得到这份 LCDS 合约在当前时间 $t$ 的公平支付保费率

$$S_t=\frac{E\left[e^{-\int_t^\tau r_u du}(\tilde{D}(\tau,T)P(r,\tau,T)-H_\tau)1_{\{\tau\leqslant T\}}|H_t=h,r_t=r\right]}{E\left[\int_t^\tau e^{-\int_t^s r_u du}\tilde{D}(s,T)ds\,|H_t=h,r_t=r\right]} \tag{13.7}$$

## 13.3 模型求解

### 13.3.1 LCDS 的预期赔付

由上一节的建模与分析, 到违约时刻借款方所承受的损失的期望由 (13.5) 为

$$\begin{aligned}A(r,H,t;T)&=PVloss(t)\\&=E\left[e^{-\int_t^\tau r_u du}(\tilde{D}(\tau,T)P(r,\tau,T)-H_\tau)1_{\{\tau\leqslant T\}}|r_t=r,H_t=h\right]\end{aligned} \tag{13.8}$$

由 Feynman-Kac 公式 (详见参考文献 [13]), 上述期望在区域 ($H > KD(t)P(r,t)$, $-\infty < r < \infty, 0 < t < T$) 上满足如下二阶抛物型偏微分方程的初边值问题

$$\begin{cases} \dfrac{\partial A}{\partial t} + \dfrac{1}{2}\sigma_H^2 H^2 \dfrac{\partial^2 A}{\partial H^2} + \dfrac{1}{2}\sigma_r^2 \dfrac{\partial^2 A}{\partial r^2} + rH\dfrac{\partial A}{\partial H} + k(\theta - r)\dfrac{\partial A}{\partial r} \\ \quad +\rho\sigma_H\sigma_r H\dfrac{\partial^2 A}{\partial r \partial H} - rA = 0 \\ A(r, K\tilde{D}(t,T)P(r,t;T), t; T) = (1-K)\tilde{D}(t,T)P(r,t;T) \\ A(r,H,T;T) = 0 \end{cases} \tag{13.9}$$

如参考文献 [13—15] 可解得

$$\begin{aligned} A(r,H,t;T) &= (1-K)\tilde{D}(\tilde{t},\tilde{T})P(r,t;T) \\ &\quad +P(r,t;T)\int_0^{\tilde{T}-\tilde{t}} g(m)\left[2N\left(d(r,H,t,m)\right)-1\right]dm \end{aligned} \tag{13.10}$$

其中 $g(m)$ 和下面的 $\sigma(\xi)$ 在附录中定义,

$$d(r,H,t,m) = \frac{\ln H - \ln P(r,t;T) - \ln K\tilde{D}(\tilde{t},\tilde{T}) - \gamma(\tilde{T}-\tilde{t},\tilde{T}) + \gamma(m,\tilde{T})}{\sqrt{\tilde{T}-\tilde{t}-m}} \tag{13.11}$$

$$\tilde{t} = \int_0^t \sigma(\xi)^2 d\xi, \quad \gamma(t,\tilde{T}) = -\int_0^t f(\xi,\tilde{T})d\xi, \quad N(x) = \frac{1}{\sqrt{2\pi}}\int_{-\infty}^x e^{-\frac{w^2}{2}}dw \tag{13.12}$$

详细解法见附录.

### 13.3.2 截至违约时刻 LCDS 合约已经支付的保费

由上一节的假设, 到违约时刻为止支付的保费总额如下

$$PVfee = SE\left[\int_t^\tau e^{-\int_t^s r_u du}\tilde{D}(s,T)ds \,|H_t = h, r_t = r\right] \tag{13.13}$$

由 Fubini 定理, 该期望可以表示为

$$\begin{aligned} PVfee(t) &= S\int_t^T E[e^{-\int_t^s r_u du}\tilde{D}(s,T)1_{\{s\leqslant\tau\leqslant T\}}|H_t = h, r_t = r]ds \\ &\triangleq S\int_t^T B(r,H,t;s)ds \end{aligned} \tag{13.14}$$

由 Feynman-Kac 公式得到 $B(r,H,t;s)$ (下文中称之为 "期望剩余贷款额",

相应积分称为“累积剩余贷款额”) 满足下列方程和定解条件

$$\begin{cases} \dfrac{\partial B}{\partial t}+\dfrac{1}{2}\sigma_H^2H^2\dfrac{\partial^2 B}{\partial H^2}+\dfrac{1}{2}\sigma_r^2\dfrac{\partial^2 B}{\partial r^2}+rH\dfrac{\partial B}{\partial H}+k(\theta-r)\dfrac{\partial B}{\partial r} \\ \quad +\rho\sigma_H\sigma_rH\dfrac{\partial^2 B}{\partial r\partial H}-rB=0 \\ B(r,K\tilde{D}(t,T)P(r,t;s),t;s)=0 \\ B(r,H,s;s)=\tilde{D}(s,T) \end{cases} \tag{13.15}$$

类似上文可以解得

$$B(r,H,t;s)=P(r,t;s)\tilde{D}(\tilde{s},\tilde{T})\left[2N(d(r,H,t,s,T))-1\right] \tag{13.16}$$

其中

$$d(r,H,t,s,T)=\frac{\ln H-\ln P(r,t;s)-\ln K\tilde{D}(\tilde{t},\tilde{T})-\gamma(\tilde{s}-\tilde{t},\tilde{s})}{\sqrt{\tilde{s}-\tilde{t}}} \tag{13.17}$$

$$\tilde{t}=\int_0^t\sigma(\xi)^2d\xi,\ \ \gamma(t,\tilde{s})=-\int_0^t f(\xi,\tilde{s})d\xi,\ N(x)=\frac{1}{\sqrt{2\pi}}\int_{-\infty}^{x}e^{-\frac{w^2}{2}}dw \tag{13.18}$$

详细解法见附录.

由等式 $PVloss=PVfee$ 可以得到零时刻保费率 $S$ 的表达式

$$S=\frac{A(r,H,0;T)}{\displaystyle\int_0^T B(r,H,0;s)ds}.$$

由此得到保费率的显式解. 用数值积分的方法可以计算出 $S$.

## 13.4 解的性质分析与算例

### 13.4.1 预期损失与利率 $r$, 房价 $H$ 和时间 $t$ 的关系

从图 13.1 中可以看出预期损失 $L$ 是随着利率 $r$ 和房价 $H$ 的增大而减小的, 这与实际情况吻合. 首先, 按照文中的违约边界假设, 房价 $H$ 越高, 就越不可能触及违约边界, 贷款人的违约可能性就越小, 相应的损失就越小. 其次, 由于本文中的贷款是按照约定的固定利率偿付, 则实际利率 $r$ 越大, 按照约定的利率付款对贷款人就越有利, 此时贷款人就更不容易违约. 同时, 实际利率 $r$ 增大时相应的贴现因子的值减小, 也会导致预期损失的减小.

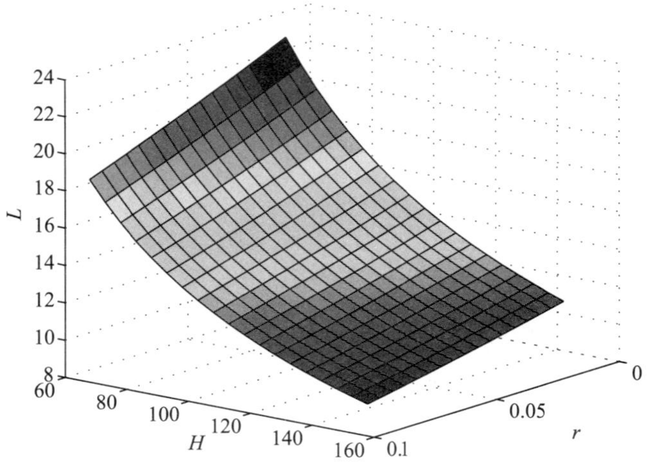


图 13.1　预期损失 $L$ 与利率 $r$ 和房价 $H$ 的关系 $(t=0)$

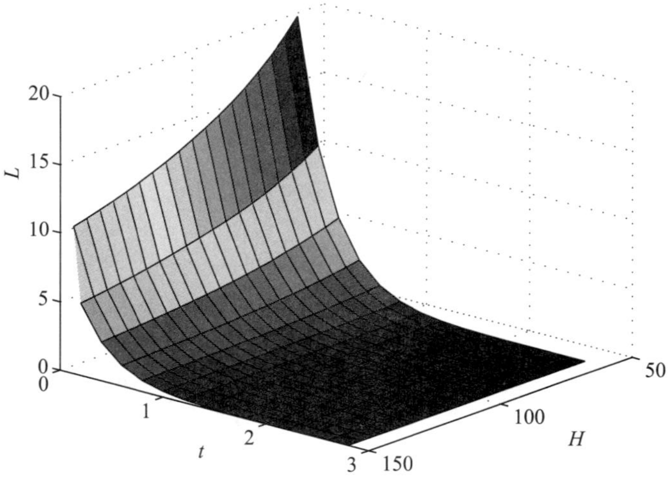


图 13.2　预期损失与 $H$ 和 $t$ 的关系 $(r=0.06)$

从图 13.2 中可以看出预期损失是随时间减小的, 这也是一个比较直观的结果. 随着时间推移, 贷款合约中的剩余贷款额不断减小, 同时贷款人行为的不确定性也减小了, 所以预期损失会减小. 预期损失与 $r$ 和 $t$ 的关系图与之类似, 不再赘述.

### 13.4.2 保费率与利率 $r$ 和房价 $H$ 的关系

在初始时刻 ($t = 0$ 时), LCDS 保费率 $S$ 与利率 $r$ 和房价 H 的关系如图 13.3 所示.

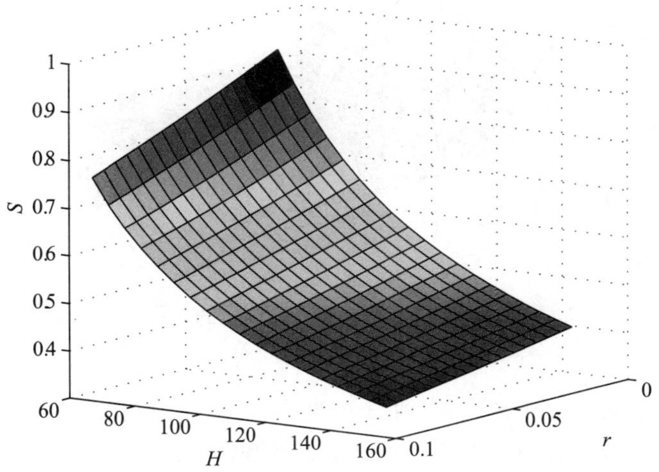


图 13.3 初始时刻 LCDS 保费率 $S$ 与利率 $r$ 和房价 $H$ 关系图

从图中可以看出保费率 $S$ 是随着利率 $r$ 和房价 $H$ 的增大而减小的, 这与实际情况吻合. 首先, 房价 $H$ 越高, 贷款人继续还贷就越有价值, 因此违约可能性就越小, 相应的保费率就越小. 其次, 由于本文中的贷款是按照约定的固定利率偿付, 则实际利率 $r$ 越大, 按照约定的利率付款对贷款人就越有利, 此时贷款人就更不容易违约, 因此保费率减小. 另外, 从 13.3.1 节条件期望的定义可以看出, 当 $r$ 增大时, 预期损失 $A(r, H, t; T)$ 和累积剩余贷款额 $B(r, H, t; T)$ 都会减小, 对保费率的影响是反向的. 从图 13.4 中可以看出预期损失减小的速度更快, 导致最终保费率的减小.

从图 13.4 中可以看出保费率 $S$ 随时间推移不断减小, 这与上一节中预期损失随时间减小的趋势比较一致, 成因也类似. 同时可以看出随着时间推移, 预期损失减小的速度快于累积剩余贷款额减小的速度.

### 13.4.3 保费率与相关性系数的关系

由图 13.5 可知保费率随相关性系数 $\rho$ 的增大而增大. 由于相关性系数影响

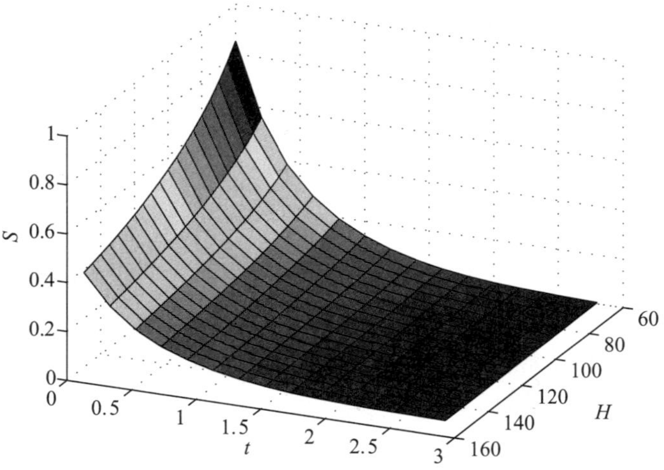


图 13.4 保费率 $S$ 随房价 $H$ 和时间 $t$ 的变化 $(r = 0.04)$

到 $r$ 和 $H$ 的波动率, 还间接影响到 $H$ 的回报率, 从这个角度分析, 它对保费率 $S$ 的影响过程比较复杂. 从方程的角度来看, $\rho$ 的增大会导致预期损失 $A(r, H, t; T)$ 和累积剩余贷款额 $B(r, H, t; T)$ 同时增大, 因此也无法判断保费率变化的最终趋势. 由图可知 $\rho$ 增大时预期损失的增长速度是快于累积剩余贷款额的增速的.

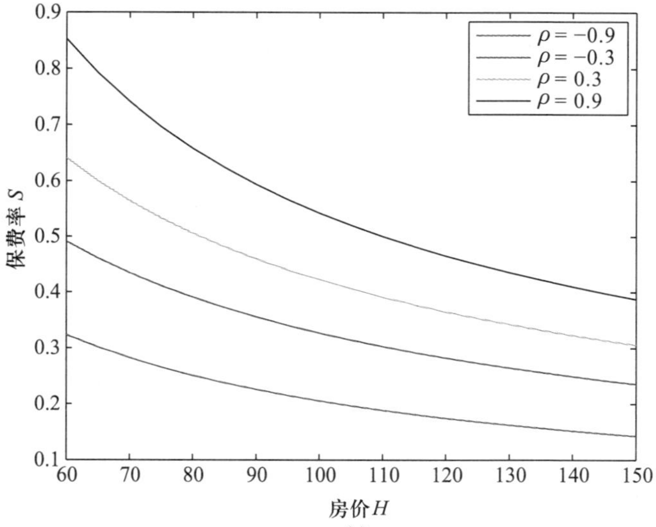


(a)

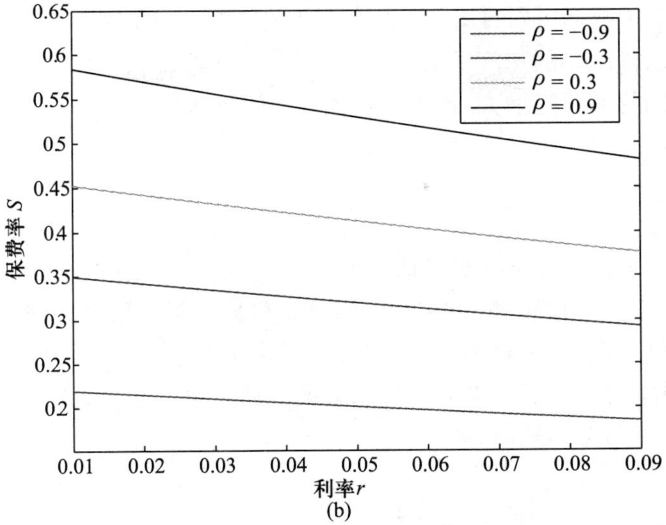

(b)

图 13.5 保费率 $S$ 随相关性系数 $\rho$ 的变化

### 13.4.4 保费率与早偿强度之间的关系

由图 13.6 可以看出, 保费率随早偿强度的增大而增大. 容易看出, 当早偿强度增大时, 预期损失和期望剩余贷款额都将减小, 在 LCDS 保费定价式 $S =$

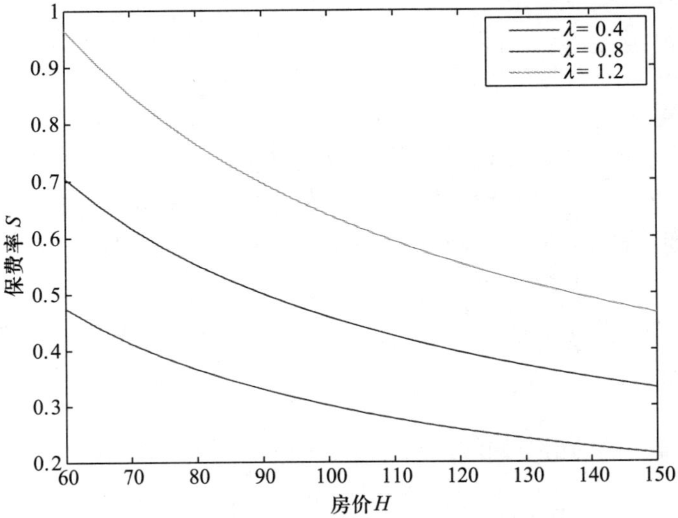


图 13.6 保费率 $S$ 随房价和早偿强度的变化

$\frac{A(r,H,0;T)}{\int_0^T B(r,H,0;s)ds}$ 中我们可以看出, 早偿强度的增大对分母的影响是累积的作用, 即累积剩余贷款额减小的速度更快, 所以最终保费率增大. 同时, 早偿强度增大也表明贷款方面临的风险增大, 因此相应的保费率增大.

## 13.5 结论

本文给出了在结构化模型下 LCDS 的定价过程, 考虑在结构化模型下 LCDS 的定价模型, 引入早偿因子, 即表示实际剩余贷款额和计划剩余贷款额之比, 来描述提前偿付, 建立时间模型, 违约描述是当房价低于一定剩余贷款额, 借贷者理性违约. 由此给出违约边界. 通过求解偏微分方程的方法给出 LCDS 的保费的定价公式, 同时给出数值算例.

## 13.6 附录

本文中预期赔付的现值 $A(r,H,t;T)$ 满足如下偏微分方程初边值问题:

$$\begin{cases} \dfrac{\partial A}{\partial t}+\dfrac{1}{2}\sigma_H^2H^2\dfrac{\partial^2 A}{\partial H^2}+\dfrac{1}{2}\sigma_r^2\dfrac{\partial^2 A}{\partial r^2} \\ \quad +rH\dfrac{\partial A}{\partial H}+k(\theta-r)\dfrac{\partial A}{\partial r}+\rho\sigma_H\sigma_r H\dfrac{\partial^2 A}{\partial r\partial H}-rA=0 \\ A(r,K\tilde{D}(t,T)P(r,t;T),t;T)=(1-K)\tilde{D}(t,T)P(r,t;T) \\ A(r,H,T;T)=0 \end{cases} \tag{13.19}$$

下面来解这个方程:

(1) 用计价单位转换方法, 以到期日为 $T$ 的零息票 $P(r,t;T)$ 作为计价单位, 考虑相对于 $P(r,t;T)$ 的相对价格 $\frac{A_t}{P_t}$ 和 $\frac{H_t}{P_t}$, 消除利率的影响, 把上述问题化为一维问题, 到期日 $T$ 的零息票价格 $P(r,t;T)$ 满足以下方程:

$$\begin{cases} \dfrac{\partial P}{\partial t}+k(\theta-r)\dfrac{\partial P}{\partial r}+\dfrac{1}{2}\sigma_r^2\dfrac{\partial^2 P}{\partial r^2}-rp=0, \quad -\infty<r<\infty, 0\leqslant t\leqslant T \\ P(r,T;T)=1 \end{cases} \tag{13.20}$$

上述方程有唯一的仿射结构解: $P(r,t;T)=F(t)e^{-rG(t)}$, 其中

$$F(t)=e^{\frac{(B(t)-T+t)(k^2\theta-\frac{\sigma_T^2}{2})}{k^2}-\frac{\sigma_r^2B^2(t)}{4k}}, \quad G(t)=\frac{1-e^{-k(T-t)}}{k} \tag{13.21}$$

令 $y=\frac{H}{P(r,t;T)}, V(y,t)=\frac{A(r,H,t;T)}{P(r,t;T)}$, 则 (19) 式变为:

$$\begin{cases}\dfrac{\partial V}{\partial t}+\dfrac{1}{2}\sigma(t)^2y^2\dfrac{\partial^2 V}{\partial y^2}=0, \quad y>\tilde{D}(t), 0<t<T\\ V(K\tilde{D}(t,T),t;T)=(1-K)\tilde{D}(t,T)\\ V(y,T;T)=0\end{cases} \tag{13.22}$$

其中

$$\sigma^2(t)=G^2(t)\sigma_r^2+\sigma_H^2+2\rho\sigma_r\sigma_H G(t)=\frac{\sigma_r^2}{P^2}\left(\frac{\partial P}{\partial r}\right)^2+\sigma_H^2-\frac{2\rho\sigma_r\sigma_H}{P}\frac{\partial P}{\partial r}>0 \tag{13.23}$$

(2) 令 $\tilde{t}=\int_0^t\sigma(\xi)^2d\xi, \tilde{T}=\int_0^T\sigma(\xi)^2d\xi$, 上式变为:

$$\begin{cases}\dfrac{\partial V}{\partial \tilde{t}}+\dfrac{1}{2}y^2\dfrac{\partial^2 V}{\partial y^2}=0, \quad y>\tilde{D}(\tau), 0<\tau<\tilde{T}\\ V(K\tilde{D}(\tilde{t},\tilde{T}),\tilde{t};\tilde{T})=(1-K)\tilde{D}(\tilde{t},\tilde{T})\\ V(y,\tilde{T};\tilde{T})=0\end{cases} \tag{13.24}$$

(3) 令 $x=\ln\frac{y}{k\tilde{D}(\tilde{t},\tilde{T})}, U=V-(1-K)\tilde{D}(\tilde{t},\tilde{T}), \tau=\tilde{T}-\tilde{t}$, 上式变为:

$$\begin{cases}\dfrac{\partial U}{\partial \tau}-\dfrac{1}{2}\dfrac{\partial^2 U}{\partial x^2}-\left[\dfrac{1}{2}+\dfrac{(\lambda-\tilde{r})e^{\tilde{r}(\tilde{T}-\tau)}-\lambda e^{\tilde{r}\tilde{T}}}{e^{\tilde{r}\tilde{T}}-e^{\tilde{r}(\tilde{T}-\tau)}}\right]\dfrac{\partial U}{\partial x}\\ =-(1-K)e^{-\lambda(\tilde{T}-\tau)}D_0\dfrac{-\lambda e^{\tilde{r}\tilde{T}}+(\lambda-r)e^{\tilde{r}(\tilde{T}-\tau)}}{e^{\tilde{r}\tilde{T}}-1}\\ U(0,\tau;\tilde{T})=0\\ U(x,0;\tilde{T})=0\end{cases} \tag{13.25}$$

(4) 令

$$\begin{cases}f(\tau,\tilde{T})\triangleq\dfrac{1}{2}+\dfrac{(\lambda-\tilde{r})e^{\tilde{r}(\tilde{T}-\tau)}-\lambda e^{\tilde{r}\tilde{T}}}{e^{\tilde{r}\tilde{T}}-e^{\tilde{r}(\tilde{T}-\tau)}}\\ g(\tau)\triangleq-(1-K)e^{-\lambda(\tilde{T}-\tau)}D_0\dfrac{-\lambda e^{\tilde{r}\tilde{T}}+(\lambda-r)e^{\tilde{r}(\tilde{T}-\tau)}}{e^{\tilde{r}\tilde{T}}-1}\end{cases}$$

再将原问题奇延拓至 $(-\infty,\infty)\times(0,\tilde{T}]$ 上, 定义

$$\bar{g}(\tau)\triangleq\begin{cases}g(\tau), & x>0\\ 0, & x=0\\ -g(\tau), & x<0\end{cases}$$

设上述方程延拓至 $(-\infty,\infty)\times(0,\tilde{T}]$ 后的解为 $\bar{U}(x,\tau;\tilde{T})$, 则 $\bar{U}(x,\tau;\tilde{T})$ 满足如下方程和初值条件:

$$\begin{cases}\dfrac{\partial\bar{U}}{\partial\tau}-\dfrac{1}{2}\dfrac{\partial^2\bar{U}}{\partial x^2}+f(\tau,\tilde{T})\dfrac{\partial\bar{U}}{\partial x}=\bar{g}(\tau), \quad x\in R, t\in(0,\tilde{T}]\\ \bar{U}(x,0;\tilde{T})=0\end{cases}\tag{13.26}$$

(5) 令 $x=s+\int_0^\tau f(\xi,\tilde{T})d\xi=s+\gamma(\tau,\tilde{T})$, 即 $\gamma(\tau,\tilde{T})=\int_0^\tau f(\xi,\tilde{T})d\xi$, 上述方程化为:

$$\begin{cases}\dfrac{\partial U}{\partial\tau}-\dfrac{1}{2}\dfrac{\partial^2 U}{\partial s^2}=\tilde{g}(s,\tau), \quad x\in R, t\in(0,\tilde{T}]\\ U(s,0;\tilde{T})=0\end{cases}\tag{13.27}$$

直接应用 Poisson 公式解得:

$$\begin{aligned}U(s,\tau)&=\int_0^\tau dm\int_{-\infty}^{+\infty}\frac{1}{\sqrt{2\pi(\tau-m)}}e^{-\frac{(x-\xi)^2}{2(\tau-m)}}\tilde{g}(\xi,m)d\xi\\ &=\int_0^\tau g(m)\left[2N\left(\frac{\gamma(m)+s}{\sqrt{\tau-m}}\right)-1\right]dm\end{aligned}\tag{13.28}$$

返回原来的变量和函数, 得到:

$$\begin{aligned}A(r,H,t;T)=&(1-K)\tilde{D}(\tilde{t},\tilde{T})P(r,t;T)\\ &+P(r,t;T)\int_0^{\tilde{T}-\tilde{t}}g(m)\left[2N\left(d(r,H,t,m)\right)-1\right]dm\end{aligned}\tag{13.29}$$

其中

$$d(r,H,t,m)=\frac{\ln H-\ln P(r,t;T)-\ln K\tilde{D}(\tilde{t},\tilde{T})-\gamma(\tilde{T}-\tilde{t},\tilde{T})+\gamma(m,\tilde{T})}{\sqrt{\tilde{T}-\tilde{t}-m}}\tag{13.30}$$

$$\begin{aligned}&\tilde{t}=\int_0^t\sigma(\xi)^2d\xi, \quad \tilde{T}=\int_0^T\sigma(\xi)^2d\xi\\ &\gamma(t,\tilde{T})=-\int_0^t f(\xi,\tilde{T})d\xi, \quad N(x)=\frac{1}{\sqrt{2\pi}}\int_{-\infty}^x e^{-\frac{w^2}{2}}dw\end{aligned}\tag{13.31}$$

相应预期保费现值 $B(r,H,t;T)$ 满足的方程的解法与上面过程类似.

# 参考文献

[1] Dobranszky P. Joint Modeling of CDS and LCDS Spreads with Correlated Default and Prepayment Intensities and with Stochastic Recovery Rate. Working paper, Katholieke Universiteit Leuven, 2008.
http://wis.kuleuven.be/stat/Paper/TR0804.pdf.

[2] Dobranszky P, Schoutens W. Generic Levy One-Factor Models for the Joint Modeling of Prepayment and Default: Modeling LCDX. Working paper, Katholieke Universiteit Leuven, 2008.
http://wis.kuleuven.be/stat/Paper/TR0803.pdf.

[3] Zhen Wei. Valuation of Loan CDS under Intensity Based Model. Working paper, Stanford University, 2007.
http://www.stanford.edu/~zhenwei/papers/lcds.pdf.

[4] Shek H, Uematsu S, Zhen W. Valuation of Loan CDS and LCDX. Working paper, Stanford University, 2007.
http://papers.ssrn.com/so13/papers.cfm?abstract_id=1008201.

[5] 吴森, 梁进. 抵押贷款信用违约互换的定价. 高校应用数学学报, 2011: 3 (26), 269–278.

[6] Zhou Yujing, Liang Jin. Valuation of a Basket Loan Credit Default Swap. International Journal of Financial Research, 2010: 1 (1), 21–29.

[7] Liang Jin, Zhou Yujing. Valuation of a Tranched Loan Credit Default. Technology and Investment, 2011: 2 (4), 240–246.

[8] Liang Jin, Wang Tao. Valuation of Loan-only Credit Default Swap with Negatively Correlated Default and Prepayment Intensities. International Journal of Computer Mathematics, 2012: 89 (9): 1255–1268.

[9] Wang Tao, Liang Jin, Yang Xiaoli. Pricing for a Basket CDS and LCDS. Modern Economy, 2012: 3 (2), 171–178.

[10] 王涛, 梁进, 杨晓丽. 考虑交易对手违约的单名 LCDS 定价以及 CVA 的计算. 已被同济大学学报接受.

[11] Lee Yung-Tsung, Wang Chou-Wen, Huang Hong-Chih. On the Valuation of Reverse Mortgages with Regular Tenure Payments. Insurance: Mathematics and Economics, 2012: 51, 430–441.

[12] Bielecki T R, Rutkowski M. Credit Risk, Modeling, Valuation and Hedging. New York: Springer, 2002.

[13] 姜礼尚, 徐承龙, 任学敏, 李少华等. 金融衍生产品定价的数学模型与案例分析 (第二版). 北京: 高等教育出版社, 2013.

[14] 李杨帆, 任学敏. 基于约化方法的可违约债券期权定价. 上海: 同济大学数学系, 2011.

[15] 姜礼尚. 期权定价的数学模型和方法 (第二版). 北京: 高等教育出版社, 2008.

# 第 14 章

# 考虑交易对手违约的单名 LCDS 定价及其 CVA 计算[①]

## 14.1 引言

贷款信用违约互换 (LCDS) 是在传统信用违约互换 (CDS) 基础上发展而来的一种金融衍生产品. 一张 LCDS 合约涉及三方: 合约的售出者 A 方, 合约的购买者 B 方及贷款的发行者 C 方. 借款人 C 向银行 B 申请抵押贷款, B 面临 C 可能无法按时偿付本息的信用风险, 于是 B 与 A 签订一张 LCDS 合约, 参考债务为有抵押的贷款, A 为保护卖方, B 为保护买方. B 定期向 A 支付保费, 直至合约参考实体 C 发生信用事件. 在 C 发生信用事件时, B 相应的损失由 A 来承担. 由于贷款是可提前偿付的, 因此 C 亦可能提前偿还贷款而造成 LCDS 合约的提前终止, 此时 A 方无须赔偿. LCDS 担保的贷款不仅存在违约风险, 同时存在早偿风险. 这是 LCDS 和 CDS 最大的区别.

常用的 LCDS 定价框架一般有结构化方法和约化方法两种. 在以往用约化方法研究 LCDS 定价问题的文献中, Zhen Wei ([1]) 用泊松过程的强度分别来刻画 LCDS 的违约过程和早偿过程, 并在单因子的框架下得到了单名 LCDS 定价的显式结构解. 由于在单因子模型下, 早偿和违约的负相关性是以相关系数取

①本章由梁进、王涛、杨晓丽撰写.

负值来体现的, 从而导致早偿强度可能会取到负值, 使得模型与实际不符. Peter Dobranszky ([2]) 在 [1] 的基础上, 没有假设因子模型, 而是直接利用 PDE 和数值方法求解, 指出了 [1] 中模型的不足和错误之处; 但他并没有能够给出模型的显式解. 吴森, 梁进 ([3]) 考虑公司资产与抵押品价值的变化, 用结构化方法研究 LCDS 定价. 周宇晶, 梁进 ([4], [5]) 使用约化方法结合 Top down 模型对一篮子 LCDS 产品进行定价. 王涛, 梁进 ([6], [7]) 用 Bottom up 模型解决这一问题.

大多数的场外衍生品交易都有交易对手的信用风险 (Counterparty Credit Risk, CCR), 由此产生了交易对手估值调整 (Counterparty Valuation Adjustment, CVA). 为了更好地理解 CVA 的内涵, 我们介绍错位风险 (Wrong Way Risk), 即风险暴露与交易对手信用质量负相关的一种风险. 在学术界, 许多学者都专注于 CCR 或 CVA 的研究, 例如 [8—10]. 在前几年的金融风暴中, 由于忽略交易对手风险而对信用产品的错误估价, 以此所引起的错位风险起着相当大的作用. 所以对信用衍生产品的交易对手估值调整越来越重要.

本章从对早偿与违约的负相关性的建模入手, 在约化方法的框架下, 建立了单因子反 CIR 模型, 对早偿与违约过程做了条件独立假设 ([11]), 给出了单名 LCDS 定价的基本模型和一般定价公式. 在此基础上, 给出了考虑交易对手违约的单名 LCDS 的 CVA 值, 得到了 CVA 的计算模型, 其计算公式可由一个非线性偏微分方程的解来表达. 最后, 我们还对错位风险做了一些讨论, 举了一个规避错位风险的例子, 并通过数值计算的结果得以验证.

## 14.2 LCDS 问题的研究

### 14.2.1 条件独立假设下的约化模型

定义概率空间 $(\Omega, G_t, \{G_t\}_{t\geqslant 0}, P)$, 其中 $G=\{G_t\}_{t\geqslant 0}$ 表示市场中所有信息所构成的信息流, $G_t = h_t^1 \vee h_t^2 \vee F_t, \{F_t\}_{t\geqslant 0}$ 包含了市场上所有可知信息, $\sigma$-域流 $h_t^i$ 包括了所有观察早偿与违约的信息. $P$ 是风险中性概率. 假设 $\tau_1$ 表示标的贷款的早偿时间, $\tau_2$ 表示标的贷款的违约时间, $\tau_1$ 和 $\tau_2$ 是 $G_t$-停时. 设 $\lambda^1$ 是早偿强度过程、$\lambda^2$ 是违约强度过程, 则由约化法定义可知: 从 $t$ 时刻开始, 到 $s$ 时刻不发生违约的概率和不发生早偿的概率分别为:

$$P\{\tau_i > s|F_t\} = E[e^{-\int_t^s \lambda_\theta^i d\theta}|F_t], \quad i=1,2 \tag{14.1}$$

如果已知了 $F_t$ 中的所有信息, 则事件 $\{\tau_1 > s\}$ 与 $\{\tau_2 > s\}$ 是条件独立的,

则有

$$P\{\tau_1 > s, \tau_2 > s | F_t\} = E[e^{-\int_t^s (\lambda_\theta^1 + \lambda_\theta^2) d\theta} | F_t], \quad \text{对所有 } s > t \tag{14.2}$$

假设 $P_t^{cancel}(s)(s \geqslant t)$ 表示站在 $t$ 时刻一张 LCDS 合约在 $s$ 时刻前早偿的概率, $P_t^{default}(s)$ 表示站在 $t$ 时刻一张 LCDS 合约在 $s$ 时刻前违约的概率, 由于 LCDS 合约中的早偿和违约时间是互斥的, 那么 $1 - P_t^{cancel}(s) - P_t^{default}(s) = P_t^{survive}(s)$ 表示一张 LCDS 合约在 $s$ 时刻前的生存概率. 则有:

$$P_t^{survive}(s) = 1_{\{\tau > t\}} E[e^{-\int_t^s (\lambda_\theta^1 + \lambda_\theta^2) d\theta} | F_t] \tag{14.3}$$

并且 (参见 [1]),

$$\begin{aligned} P_t^{default}(s) &= 1_{\{\tau > t\}} E\left[\int_t^s \lambda_u^2 e^{-\int_t^u (\lambda_\theta^1 + \lambda_\theta^2) d\theta} du \,\middle|\, F_t\right] \\ P_t^{cancel}(s) &= 1_{\{\tau > t\}} E\left[\int_t^s \lambda_u^1 e^{-\int_t^u (\lambda_\theta^1 + \lambda_\theta^2) d\theta} du \,\middle|\, F_t\right] \end{aligned} \tag{14.4}$$

其中 $\tau = \min\{\tau_1, \tau_2\}$.

### 14.2.2 单名 LCDS 定价公式

LCDS 的早偿与违约是互斥的, 在到期日前, 如果 LCDS 既没有违约也没有早偿, 那么这张合约继续生存. 当 LCDS 因为参考贷款被提前偿付而提前终止合约时, 除了最后一期应缴保费 (按比例缴付), 没有其他的现金流发生. 所以, LCDS 和标准的 CDS 一样, 只有两个现金流, 即买方的保费现金流和卖方的赔付现金流. 一般而言保费是定期支付的, 赔付是当违约发生时进行支付. 当贷款被提前支付或者发生违约时, 当期的部分保费将在下一个保费支付日进行支付.

对于买方来说, 一张 LCDS 的价值等于赔付的现值与保费现值的差, 即

$$V(LCDS) = E[PV(\text{赔付})] - E[PV(\text{保费})] \tag{14.5}$$

其中 $PV(\cdot)$ 表示对括号内现金流量求现值.

假设合约的到期日为 $T$, 在 $t$ 时刻签订的合约的保费为 $S_t$, 参考贷款的面值或公允价值为 $F$. 假设保费支付日为 $t_1 < t_2 < \cdots < t_M = T$, 其中 $M$ 就为总期数. 令 $\Delta t$ 表示相邻两次保费支付日的时间间隔.

根据 (14.1)–(14.5) 式, 保费的现值 (设为 $PV_{premium}$) 和赔付的现值 (设为 $PV_{protection}$) 分别为:

$$PV_{premium} = 1_{\{\tau_1>t\}}1_{\{\tau_2>t\}}S_t \cdot F \cdot t \cdot \sum_{t_i \geqslant t}\left\{E_t[D(t_i,t)e^{-\int_t^{t_i}(\lambda_u^1+\lambda_u^2)du}]\right.$$
$$\left. + \frac{1}{t}E_t\left[\int_{t\vee t_{i-1}}^{t_i} D(s,t)(s-t_{i-1})(\lambda_s^1+\lambda_s^2)e^{-\int_t^s(\lambda_u^1+\lambda_u^2)du}ds\right]\right\} \quad (14.6)$$

$$PV_{protection} = 1_{\{\tau_1>t\}}1_{\{\tau_2>t\}}F \cdot E_t\left[\int_t^T (1-R)D(s,t)\lambda_s^2 e^{-\int_t^s(\lambda_u^1+\lambda_u^2)du}ds\right] \quad (14.7)$$

其中, $R$ 是违约回收率, $D(s,t)$ 表示从 $s$ 到 $t$ 时刻的贴现因子, $D(s,t)=e^{-\int_t^s -r_u du}$, $-r_t$ 为无风险利率.

令 $PV_{premium} = PV_{protection}$ 即可得单名 LCDS 的公平价格:

$$S_t = \frac{E_t\left[\int_t^T (1-R)D(s,t)\lambda_s^2 e^{-\int_t^s(\lambda_u^1+\lambda_u^2)du}ds\right]}{\sum\limits_{t_i\geqslant t}\left\{tE_t[D(t_i,t)e^{-\int_t^{t_i}(\lambda_u^1+\lambda_u^2)du}]+E_t\left[\int_{t\vee t_{i-1}}^{t_i} D(s,t)(s-t_{i-1})(\lambda_s^1+\lambda_s^2)e^{-\int_t^s(\lambda_u^1+\lambda_u^2)du}ds\right]\right\}} \quad (14.8)$$

在下一节中, 我们将假设利率为随机过程而回收率设为常数, 对 LCDS 的保费进行计算.

### 14.2.3 单因子反 CIR 模型及模型求解

为计算 LCDS 定价模型中的 $P_t^{cancel}(s)$, $P_t^{default}(s)$ 和 $P_t^{survive}(s)$, 需要对早偿强度过程 $\lambda_t^1$ 和违约强度过程 $\lambda_t^2$ 进行建模.

我们考虑违约率和早偿率通过一个公共因子而相关. 利率作为一个重要的宏观经济影响因素, 充当这个公共因子是适合的. 一般情形下, 当利率上升时, 贷款的成本提高, 贷款的违约率也相应提高. 于是我们可以认为违约强度与利率呈正相关关系; 而利率与早偿的关系比较复杂. 但当利率与早偿率正相关时, 我们可以认为早偿是一种特殊的回收率为 1 的违约, 可以和违约同样处理, 其对应 LCDS 保费率计算的模型与一般 CDS 合约相似. 而当早偿率与利率负相关 (例如贷款为固定利率) 的情形下 LCDS 的定价是个有趣的问题, 而本章关心的就是这种情形下的 LCDS 定价问题. 取利率 $r_t$ 作为系统性的风险因子. 而 $\beta_t^1$ 和 $\beta_t^2$ 则分别表示早偿和违约的特有因子即非系统性风险因子. 此时, 模型中的可知信息流即为 $F_t=\sigma(r_s,\beta_s^1,\beta_s^2,s\leqslant t)$. 进而, 我们假设早偿与违约的负相关

性用下面的模型来刻画:

$$\lambda_t^1 = \frac{a_1}{r_t} + b_1\beta_t^1, \quad \lambda_t^2 = a_2 r_t + b_2\beta_t^2 \tag{14.9}$$

其中 $a_i$ 和 $b_i$ 都是非负常数, 并且 $r_t, \beta_t^1$ 和 $\beta_t^2$ 是相互独立的随机过程. 对于信用衍生品而言, 信用事件发生的概率不可能为负, 所以在该模型中, 采用了反比例函数关系来刻画 $\lambda_t^1$ 和 $\lambda_t^2$ 的负相关性. 这样如果能保证 $r_t$ 是正过程, 那么就可以保证强度过程 $\lambda_t^1$ 和 $\lambda_t^2$ 是正随机过程.

我们假设瞬时无风险利率 $r_t$ 和 $\beta_t^i$ $(i=1,2)$ 满足 CIR 过程, 即

$$dr_t = \kappa_0(\theta_0 - r_t)dt + \sigma_0\sqrt{r_t}dW_t^0, \quad d\beta_t^i = \kappa_i(\theta_i - \beta_t^i)dt + \sigma_i\sqrt{\beta_t^i}dW_t^i \tag{14.10}$$

其中 $\kappa_i$、$\theta_i$ 和 $\sigma_i$ 是正的常数, 并且满足 $2\kappa_i\theta_i > \sigma_i^2$; $W_t^i$ 是相互独立的标准布朗运动, $i=0,1,2$. 此时可以满足 $\lambda_t^1$ 和 $\lambda_t^2$ 的非负性.

模型 (14.9) 中 $\lambda_t^1$ 含有 $1/r_t$ 项, 其为 CIR 过程的倒数, 满足反 CIR 过程 (Inverse CIR Process, ICIR), 我们以此来刻画 $\lambda_t^1$ 与 $r_t$ 的负相关性. 由 Itô 公式, $\lambda_t^1$ 满足以下随机微分方程:

$$\frac{d\lambda_t^1}{\lambda_t^1} = [\kappa_0 - (\kappa_0\theta_0 - \sigma_0^2)\lambda_t^1]dt - \sigma_0\sqrt{\lambda_t^1}dW_t^0 \tag{14.11}$$

在 $\kappa_0\theta_0 > \sigma_0^2, \kappa_0 > 0, \theta_0 > 0$ 的条件下, 原 CIR 过程 $r_t$ 的均值回复性和恒正性自然满足. 建立了单因子反 CIR 模型后, 我们便可以对定价公式 (14.8) 进行求解了. 求解的关键在于求类似于 $E_t[e^{-\int_t^s(\lambda_v^1+\lambda_v^2+r_t)dv}]$ 和 $E_t[\int_t^s \lambda_u^1 e^{-\int_t^u(\lambda_v^1+\lambda_v^2+r_t)dv}du]$ 的条件期望.

将模型 (14.9) 代入两个期望的表达式计算可得:

$$\begin{aligned}
&E_t\left[e^{-\int_t^s(\lambda_v^1+\lambda_v^2+r_v)dv}\right] \\
&\quad = E_t\left[e^{-\int_t^s\left((a_2+1)r_v+\frac{a_1}{r_v}\right)dv}\right]E_t\left[e^{-\int_t^s b_1\beta_v^1 dv}\right]E_t\left[e^{-\int_t^s b_2\beta_v^2 dv}\right];\\
&E_t\left[\int_t^s \lambda_u^1 e^{-\int_t^u(\lambda_v^1+\lambda_v^2+r_v)dv}du\right]\\
&\quad = \int_t^s\left\{E_t\left[\frac{a_1}{r_u}e^{-\int_t^u\left((a_2+1)r_v+\frac{a_1}{r_v}\right)dv}\right]E_t\left[e^{-\int_t^u b_1\beta_v^1 dv}\right]E_t\left[e^{-\int_t^u b_2\beta_v^2 dv}\right]\right.\\
&\qquad \left. + E_t\left[b_1\beta_u^1 e^{-\int_t^u b_1\beta_v^1 dv}\right]E_t\left[e^{-\int_t^u\left((a_2+1)r_v+\frac{a_1}{r_v}\right)dv}\right]E_t\left[e^{-\int_t^u b_2\beta_v^2 dv}\right]\right\}du
\end{aligned}$$

所以, $E_t[e^{-\int_t^s(\lambda_v^1+\lambda_v^2+r_v)dv}]$ 和 $E_t[\int_t^s \lambda_u^1 e^{-\int_t^u(\lambda_v^1+\lambda_v^2+r_v)dv}du]$ 的求解转化为求解如下两个基本类型的期望:

$$\text{(I)}\quad E_t\left[\beta_u^i e^{-\int_t^u b_1\beta_v^i dv}\right],\qquad \text{(II)}\quad E_t\left[f(r_u)e^{-\int_t^u\left(\frac{a_1}{r_v}+(a_2+1)r_v\right)dv}\right] \tag{14.12}$$

对于形式 (I) 的期望, 定义 $\mathrm{A}_i(\beta^i,t;u,k,z)=E_t[e^{-\int_t^u k\beta_v^i dv+z\beta_u^i}](i=1,2)$, 那么 $\partial_z\mathrm{A}_i(\beta^i,t;u,k,z)=E_t[\beta_u^i e^{-\int_t^u k\beta_v^i dv+z\beta_u^i}]$. 则 $E_t[\beta_u^i e^{-\int_t^u b_1\beta_v^i dv}]=\partial_z\mathrm{A}_i(\beta^i,t;u,k,z)|_{z=0}$. 由 Feynman-Kac 公式, 我们可以得到 $\mathrm{A}_i(\beta^i,t;u,k,z)$ 是下面偏微分方程的 Cauchy 问题的解:

$$\begin{cases}\dfrac{\partial \mathrm{A}_i}{\partial t}+\kappa_i(\theta_i-\beta^i)\dfrac{\partial \mathrm{A}_i}{\partial \beta^i}+\dfrac{\sigma_i^2}{2}\beta^i\dfrac{\partial^2 \mathrm{A}_i}{\partial^2\beta^i}-k\beta^i\mathrm{A}_i=0\\ \mathrm{A}_i(\beta^i,t;u,k,z)|_{t=u}=e^{z\beta_u^i}\end{cases} \tag{14.13}$$

由文献 [12] 知上述偏微分方程有仿射形结构解如下:

$$\mathrm{A}_i(\beta^i,t;u,k,z)=\left[\frac{(\sigma_i^2z-2d_2)e^{-d_1(u-t)}+(2d_1-\sigma_i^2z)e^{-d_2(u-t)}}{(\sigma_i^2z-2d_2)+(2d_1-\sigma_i^2z)}\right]^{-\frac{2\kappa_i\theta_i}{\sigma_i^2}}\cdot e^{\frac{2\beta^i}{\sigma_i^2}\cdot\frac{(\sigma_i^2z-2d_2)d_1e^{-d_1(u-t)}+(2d_1-\sigma_i^2z)d_2e^{-d_2(u-t)}}{(\sigma_i^2z-2d_2)e^{-d_1(u-t)}+(2d_1-\sigma_i^2z)e^{-d_2(u-t)}}}$$

其中 $d_1=\frac{\kappa_i-\sqrt{\kappa_i^2+2k\sigma_i^2}}{2}, d_2=\frac{\kappa_i+\sqrt{\kappa_i^2+2k\sigma_i^2}}{2}$.

同时能够得到 $\partial_z\mathrm{A}_i(\beta^i,t;u,k,z)$ 的表达式:

$$\begin{aligned}\partial_z A_i=&\left\{\frac{-2\kappa_i\theta_i(e^{-d_1(u-t)}-e^{-d_2(u-t)})}{(\sigma_i^2z-2d_2)e^{-d_1(u-t)}+(2d_1-\sigma_i^2z)e^{-d_2(u-t)}}\right.\\&\left.+\frac{\beta^ie^{-(d_1+d_2)(u-t)}(d_1-d_2)^2}{[(\sigma_i^2z-2d_2)e^{-d_1(u-t)}+(2d_1-\sigma_i^2z)e^{-d_2(u-t)}]^2}\right\}\\&\cdot\left[\frac{(\sigma_i^2z-2d_2)e^{-d_1(u-t)}+(2d_1-\sigma_i^2z)e^{-d_2(u-t)}}{(\sigma_i^2z-2d_2)+(2d_1-\sigma_i^2z)}\right]^{-\frac{2\kappa_i\theta_i}{\sigma_i^2}}\\&\cdot e^{\frac{2\beta^i}{\sigma_i^2}\cdot\frac{(\sigma_i^2z-2d_2)d_1e^{-d_1(u-t)}+(2d_1-\sigma_i^2z)d_2e^{-d_2(u-t)}}{(\sigma_i^2z-2d_2)e^{-d_1(u-t)}+(2d_1-\sigma_i^2z)e^{-d_2(u-t)}}}\end{aligned}$$

再定义 $\mathrm{B}(r,t;u,a,b,f)=E_t\left[f(r_u)e^{-\int_t^u\left(ar_v+\frac{b}{r_v}\right)dv}\right](i=1,2)$ 以计算形式 (II) 的期望. 由 Feynman-Kac 公式, $\mathrm{B}(r,t;u,a,b,f)$ 满足以下偏微分方程的 Cauchy 问题:

$$\begin{cases}\dfrac{\partial B}{\partial t}+\kappa_0(\theta_0-r)\dfrac{\partial B}{\partial r}+\dfrac{\sigma_0^2}{2}r\dfrac{\partial^2 B}{\partial^2 r}-\left(ar+\dfrac{b}{r}\right)B=0\\ \mathrm{B}(r,t;u,a,b,f)|_{t=u}=f(r)\end{cases} \tag{14.14}$$

该方程有合流超几何函数闭合解 (参见 [13],[14]) 如下:

$$\mathrm{B}\left(r,t;u,a,b,\frac{1}{r}\right)=e^{-\nu_1 r}r^{\nu_2}e^{-(\kappa_0\theta_0\nu_1+\kappa_0\nu_2+\nu_1\nu_2\sigma_0^2)(u-t)}\times$$
$$\left\{\eta_{u-t}^{\mu+1}(\eta_{u-t}-\nu_1)^{\nu_2-\mu}\frac{\Gamma(\mu-\nu_2)}{\Gamma(\mu+1)}\exp[-r\eta_{u-t}e^{-d(u-t)}]\right.$$
$$\left.\Phi\left(\mu-\nu_2,\mu+1;\frac{r\eta_{u-t}^2e^{-d(u-t)}}{\eta_{u-t}-\nu_1}\right)\right\}$$

方程 (14.13), (14.14) 的具体求解过程见参考文献 [11].

由上述 $\mathrm{A}_i(\beta^i,t;u,k,z),\partial_z\mathrm{A}_i(\beta^i,t;u,k,z)$ 和 $\mathrm{B}(r,t;u,a,b,f)$ 的显式表达式, 定价公式 (14.8) 中的期望就能显式地表达出来, 从而可以得到单名 LCDS 定价的封闭解公式.

## 14.3 单名 LCDS 的 CVA 计算模型

类似上一节, 定义概率空间 $(\Omega,G_t,\{G_t\}_{t\geqslant0},P),G_t=h_t^1\vee h_t^2\vee h_t^3\vee F_t$, 其中 $h_t^3$ 包括了所有交易对手的违约信息. $P$ 是风险中性概率. 假设 $\tau_1$ 表示标的贷款的早偿时间, $\tau_2$ 表示标的贷款的违约时间, $\tau_3$ 表示交易对手的违约时间, $\tau_1,\tau_2$ 和 $\tau_3$ 是 $G_t$-s 停时. 假设交易对手的违约强度为 $\lambda_t^3$.

继续沿用 14.2 中单名 LCDS 的符号假设. 假设 $V$ 为考虑 CCR 的单名 LCDS 的价值, $U$ 为不考虑 CCR 的单名 LCDS 的价值, $R_1$ 为标的贷款发生违约时的回收率, 即当标的发生违约时, LCDS 卖方的赔付为 $F(1-R_1)$. 设 $R_2$ 为交易对手 (LCDS 卖方) 发生违约时的回收率, 则 LCDS 卖方先于贷款违约或者早偿时, 买方的损失 (或收益) 为 $R_2V^+-V^-$. 考虑 CCR 的单名 LCDS 的现金流就是在不考虑 CCR 的 LCDS 现金流基础上加入 LCDS 卖方先于参考贷款违约的条款: 当 LCDS 的卖方先于参考贷款发生违约时, 买方的损失 (或收益) 为 $R_2V^+-V^-$. 根据 14.2.3 节的模型, $t$ 时刻, 不含 CCR 的单名 LCDS 的价值为:

$$U(t)=1_{\{\tau>t\}}E_t\left\{\int_t^T(1-R_1)D(s,t)\lambda_s^2e^{-\int_t^s(\lambda_u^1+\lambda_u^2)du}ds\right.$$
$$-\sum_{t_i\geqslant t}\left[\Delta t\cdot S_t\cdot D(t_i,t)e^{-\int_t^{t_i}(\lambda_u^1+\lambda_u^2)du}\right.$$
$$\left.\left.+S_t\int_{t\vee t_{i-1}}^{t_i}D(s,t)(s-t_{i-1})(\lambda_s^1+\lambda_s^2)e^{-\int_t^s(\lambda_u^1+\lambda_u^2)du}ds\right]\right\}\quad(14.15)$$

而含 CCR 的单名 LCDS 的价值为:

$$
\begin{aligned}
V(t) = 1_{\{\tau>t\}}E_t\Bigg\{ & \int_t^T (1-R_1)D(s,t)\lambda_s^2 e^{-\int_t^s(\lambda_u^1+\lambda_u^2+\lambda_u^3)du}ds \\
& -\sum_{t_i\geqslant t}\Bigg[\Delta t\cdot S_t\cdot D(t_i,t)e^{-\int_t^{t_i}(\lambda_u^1+\lambda_u^2+\lambda_u^3)du} \\
& +S_t\int_{t\vee t_{i-1}}^{t_i} D(s,t)(s-t_{i-1})(\lambda_s^1+\lambda_s^2)e^{-\int_t^s(\lambda_u^1+\lambda_u^2+\lambda_u^3)du}ds\Bigg] \\
& -\int_t^T (R_2V^+-V^-)D(s,t)\lambda_s^3 e^{-\int_t^s(\lambda_u^1+\lambda_u^2+\lambda_u^3)du}ds\Bigg\}
\end{aligned} \tag{14.16}
$$

其中一些符号假设与 14.2.1–14.2.3 节类似. 那么单名 LCDS 的 CVA 在 $t$ 时刻的估值即为 $CVA(t)=U(t)-V(t)$. 再利用单因子反 CIR 模型对 $\lambda_t^1$、$\lambda_t^2$ 和 $\lambda_t^3$ 建模:

$$
\lambda_t^1=\frac{a_1}{r_t}+b_1\beta_t^1,\quad \lambda_t^2=a_2r_t+b_2\beta_t^2,\quad \lambda_t^3=a_3r_t+b_3\beta_t^3 \tag{14.17}
$$

其中 $a_i$ 和 $b_i$ 均为非负常数. 假设公共因子 $r_t$ 和特有因子 $\beta_t^i$ $(i=1,2,3)$ 由 CIR 过程来驱动:

$$
dr_t=\kappa_0(\theta_0-r_t)dt+\sigma_0\sqrt{r_t}dW_t^0,\quad d\beta_t^i=\kappa_i(\theta_i-\beta_t^i)dt+\sigma_i\sqrt{\beta_t^i}dW_t^i \tag{14.18}
$$

其中 $\kappa_i$、$\theta_i$ 和 $\sigma_i$ 是正的常数, 并且满足 $2\kappa_i\theta_i>\sigma_i^2$; $W_t^i$ 是相互独立的标准布朗运动, $i=0,1,2,3$.

(14.15) 式在 14.2.3 节中已经得到了封闭解. 将 (14.16) 式写成如下形式:

$$
V(t)=W(t)+E_t\left[\int_t^T(R_2V^+-V^-)\lambda_s^3e^{-\int_t^s(\lambda_u^1+\lambda_u^2+\lambda_u^3+r_u)du}ds\right] \tag{14.19}
$$

其中 $W(t)$ 可以用 14.2.3 节的方法写成 $\mathrm{A}_{t,u}^{\beta^{ij}}(k,z)$, $\partial_z\mathrm{A}_{t,u}^{\beta^{ij}}(k,z)$ 和 $\mathrm{B}_{t,u}^{r}(a,b,f)$ 的函数形式, 而后一部分期望利用 Feynman-Kac 公式后, 得到一个非线性偏微分方程:

$$
\begin{cases}
\dfrac{\partial V'}{\partial t}+\dfrac{1}{2}\sigma_0^2\dfrac{\partial^2V'}{\partial r^2}+\kappa_0(\theta_0-r)\dfrac{\partial V'}{\partial r}+\displaystyle\sum_{i=1}^3\left(\frac{1}{2}\sigma_i^2\frac{\partial^2V'}{\partial\beta_i^2}+\kappa_i(\theta_i-r)\frac{\partial V'}{\partial\beta_i}\right) \\
-(\lambda^1(r,\beta^1)+\lambda^2(r,\beta^2)+\lambda^3(r,\beta^3)+r)V'=-\lambda^3(r,\beta^3)(R_2V^+-V^-) \\
V'|_{t=T}=0
\end{cases} \tag{14.20}
$$

其中 $V'$ 是期望 $E_t[\int_t^T (R_2V^+ - V^-)\lambda_s^3 e^{-\int_t^s(\lambda_u^1+\lambda_u^2+\lambda_u^3+r_u)du}ds]$ 的解.

(14.20) 式是一个非线性偏微分方程的终值问题, 根据压缩映射原理, 我们将用迭代的方法对其进行数值求解. 首先假设第 $i$ 步迭代的线性偏微分方程的解为 $V_i'$. 当 $i=0$ 时, $V_0'$ 即为 $U-W$; 当 $i=n+1$ 时, $V_{n+1}'$ 即为以下线性偏微分方程的解:

$$\begin{cases}\dfrac{\partial V_{n+1}'}{\partial t}+\dfrac{1}{2}\sigma_0^2\dfrac{\partial^2 V_{n+1}'}{\partial r^2}+\kappa_0(\theta_0-r)\dfrac{\partial V_{n+1}'}{\partial r}+\displaystyle\sum_{i=1}^{3}\left(\dfrac{1}{2}\sigma_i^2\dfrac{\partial^2 V_{n+1}'}{\partial \beta_i^2}+\kappa_i(\theta_i-r)\dfrac{\partial V_{n+1}'}{\partial \beta_i}\right)\\ -(\lambda^1(r,\beta^1)+\lambda^2(r,\beta^2)+\lambda^3(r,\beta^3)+r)V'=-\lambda^3(r,\beta^3)(R_2V_n^+-V_n^-)\\ V_{n+1}'|_{t=T}=0\end{cases} \tag{14.21}$$

其中 $V_n'$ 是上一步迭代的结果. 参考文献 [15] 中给出了该迭代收敛性的证明.

## 14.4 数值分析

本节我们将利用上节最后提出的迭代方法对单名 LCDS 的 CVA 值进行计算, 并做数值分析. 在上节的迭代格式中, 在每一步只需求解四维线性偏微分方程, 并将方程分解成若干个一维方程, 这些方程是有封闭解的. 这样, 经过一定的迭代步数, 就能得到 $V'(t)$ 的解, 进而得到 $V(t)$ 的解. 基本参数取定如下 (当该参数被设为定值时取以下值):

$$T=5,\quad R_1=0.8,\quad R_2=0.8,\quad \Delta t=0.25,\quad S_t=200bp,\quad a_1=0.015,\quad b_1=10,$$
$$a_2=3,\quad b_2=2,\quad a_3=3,\quad b_3=2,\quad \kappa_i=0.15,\quad \theta_i=0.03,\quad \sigma_i=0.05,$$
$$r_0=0.03,\quad \beta_0^j=0.03\quad (i=0,1,2,3,j=1,2,3)$$

图 14.1 显示当迭代次数 $n\geqslant 3$ 时, $V(t)$ 几乎不发生变化, 说明了迭代的收敛速度非常快. 也就是说, 利用本章的模型计算 LCDS 的 CVA 值有较高的效率.

图 14.2 两图分别显示了单名 LCDS 的 CVA 值与合约期限 $T$ 和公共因子 $r_t$ 的关系. 单名 LCDS 的 CVA 值与合约期限正相关, 且在 $T$ 相对较小时 CVA 增长较快. 这一点很容易理解, 因为当合约期限较长时, 交易对手违约的可能性增大, 故 CVA 值相应增大. 单名 LCDS 的 CVA 值与无风险利率亦正相关, 利率增大时, 表明整个市场正在收紧, 违约风险进而加大, 故 CVA 值也会增大; 从图中也可看出, 在利率较小时, CVA 变化速率较小, 而当利率较大时, CVA 增加的速率加快.

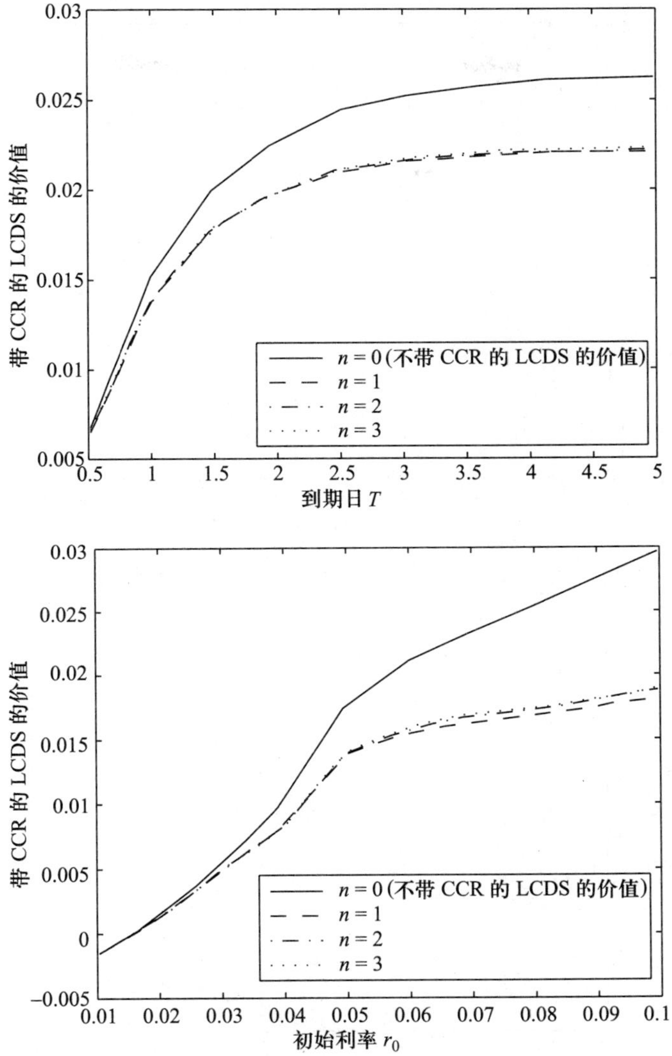


图 14.1 迭代的收敛性和收敛速度

以上是对保费费率已定的单名 LCDS 的 CVA 值的计算, 并且我们建立的模型能够较为正确地反映单名 LCDS 的 CVA 值. 同样, 我们也可以计算考虑 CCR 的单名 LCDS 的公平保费价格. 图 14.3 即为考虑 CCR 的单名 LCDS 的公平保费价格, 从图中可以看出, 由于考虑了交易对手违约, 单名 LCDS 的价格将变低, 并且价差随时间的增大而增大.

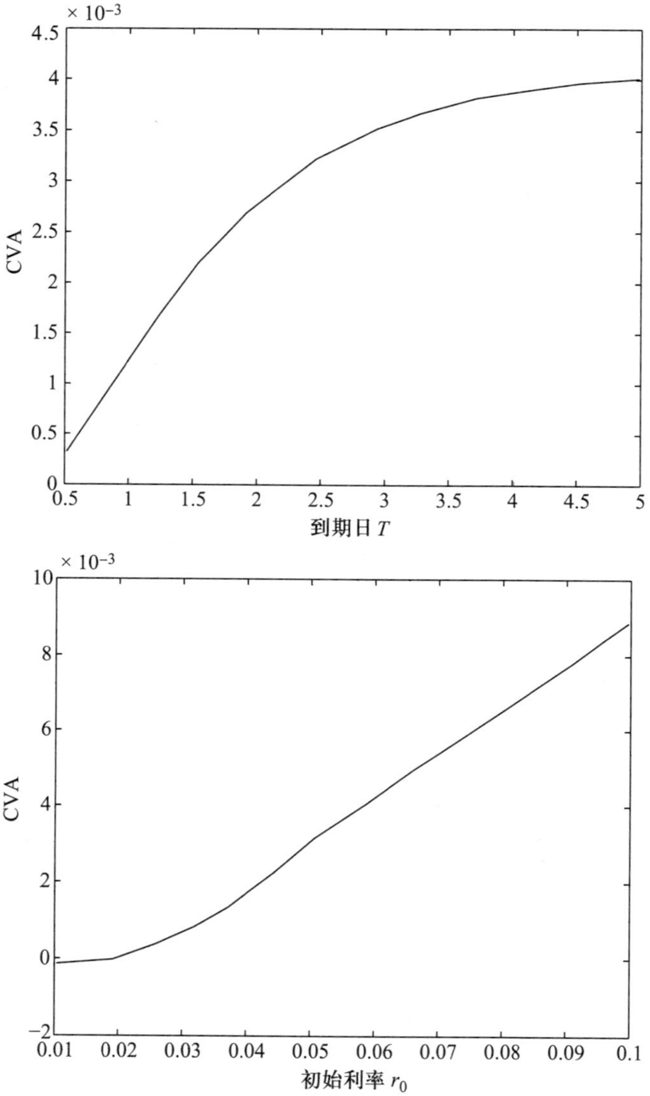


图 14.2　CVA 与合约期限 (左) 以及利率 (右) 的关系

我们通过改变系统风险因子占违约强度的比例来研究违约相关性对单名 LCDS 的 CVA 值的影响. 由于 CVA 主要是由交易对手违约而产生的, 所以这里暂不讨论早偿相关性的影响. 从表 14.1 中的结果可以看出, 当系统风险因子的比例增大时, 标的贷款和交易对手 (合约卖方) 的违约相关性增大, 而 CVA

值也相应增大.

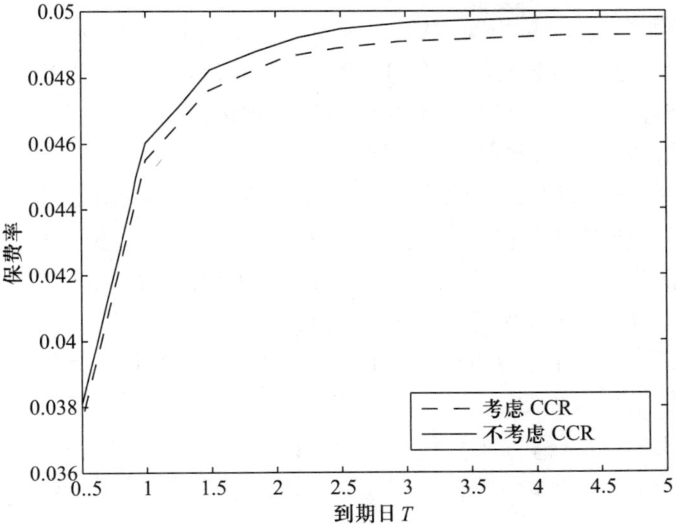


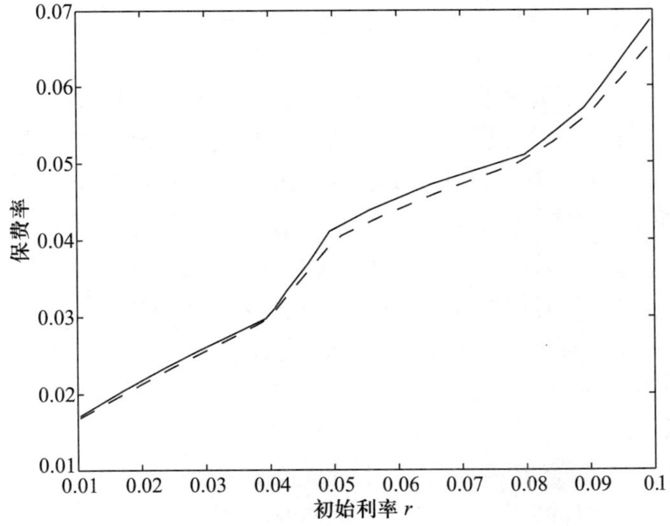


图 14.3 考虑 CCR 的单名 LCDS 公平保费率

**表 14.1 违约相关性对 CVA 值的影响**

| $a_3/(a_3+b_3)$ | 0/5 | 1/5 | 2/5 | 3/5 | 4/5 | 5/5 |
|---|---|---|---|---|---|---|
| CVA | 0.0000337 | 0.0002567 | 0.0004693 | 0.0006685 | 0.0008620 | 0.0010468 |

## 14.5 对错位风险的讨论

本章开头提到, 错位风险 (Wrong Way Risk) 定义为: "风险暴露与交易对手信用质量负相关的一种风险". 换句话说, 保险方和被保险方受某个宏观经济变量的同向影响, 当宏观经济因素变坏时, 两方的违约可能同时增大, 这一情形下, 保险方很可能失去了对被保险方的保障作用.

从 §14.3 的模型以及 §14.4 的数值分析中我们不难看出, LCDS 标的贷款和交易对手 (卖方) 的违约是正相关的. 当宏观经济因素 (这里为利率) 变得较差时, 标的贷款和交易对手将同时受到不良影响, 信用等级下降, 违约的可能性也就同时增大. 所以, 由于参考贷款和交易对手关于系统风险因子的同向性而产生了错位风险, 进而有较大的 CVA 值. 可以说, 正因为有了错位风险才会产生 CVA, 两者是相互依存的.

现在考虑参考贷款与交易对手之间的违约是负相关的, 即宏观利率因素对两者的影响是反向的. 故对模型 (14.17) 式进行修改后得如下模型:

$$\lambda_t^1 = \frac{a_1}{r_t} + b_1\beta_t^1, \quad \lambda_t^2 = a_2 r_t + b_2\beta_t^2, \quad \lambda_t^3 = \frac{a_3}{r_t} + b_3\beta_t^3 \tag{14.22}$$

其中 $a_i$ 和 $b_i$ 均为非负常数. 这样, $\lambda_t^2$ 和 $\lambda_t^3$ 就是负相关的. 下面再利用 §14.3 的迭代模型, 对该模型假设下的 LCDS 的 CVA 进行讨论.

图 14.4 显示的是参考贷款和交易对手违约负相关的情形下, 两者相关性对 LCDS 的 CVA 值的影响. 我们可以清楚地看到, 此时 CVA 值随着相关性的增大反而减小. 这是因为当增大系统性风险因子占贷款违约强度的比例时, 对于交易对手方来说, 其违约的可能性反而降低, 从而使得 CVA 值减小. 实际上, 这也是一种规避错位风险的有效方法, 即选择保险卖方时, 尽可能选择与参考贷款相异的经济个体. 取 $a_3 = 0.015, b_3 = 10$, 其余参数与上一节相同, 得到的结果如图 14.4 所示.

由 (14.22) 式建模知, $\frac{a_2}{a_2+b_2}$ 表示系统性风险因子占贷款违约强度的比例. 当其他参数取定 (为排除其他因素对结果可能的干扰, 也取 $a_2 + b_2$ 为定值) 时, 这一比值越大, 表示 $\lambda_t^2, \lambda_t^3$ 之间的负相关性越强. 从图中可以看出, 此时 CVA 的值随着相关性的增大反而减小. 这是因为增大系统性风险因子占贷款违约强度的比例时, 对于交易对手方来说, 其违约的可能性反而降低, 从而使得 CVA 值减小. 实际上, 这也是一种规避错位风险的有效方法, 即选择保险卖方时, 尽可能选择与参考贷款相异的个体.

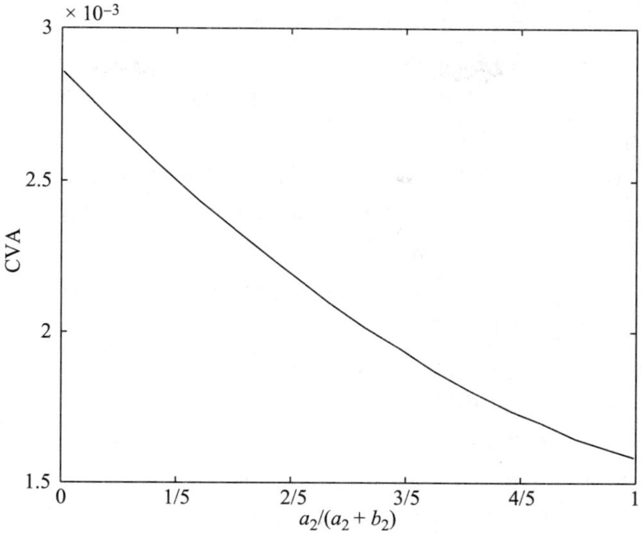


图 14.4 参考贷款与交易对手负相关时 CVA 的变化

## 14.6 小结

本章我们研究了含交易对手违约的单名 LCDS 的 CVA 值的测算. 在 LCDS 定价模型基础上, 我们考虑了交易对手 (即 LCDS 卖方) 的违约强度过程. 通过分析考虑交易对手违约 LCDS 的现金流, 我们得到了 CVA 的计算模型, 其计算公式可由一个非线性偏微分方程的解来表达. 我们给出了一个收敛速度较快的迭代算法, 从而可以计算单名 LCDS 的 CVA 值, 并且做了一些数值结果的分析. 最后, 我们还对错位风险做了一些讨论, 举了一个规避错位风险的例子, 并通过数值计算的结果给出了验证.

## 参考文献

[1] Zhen Wei. Valuation of Loan CDS under Intensity Based Model. Working paper, Stanford University, 2007.

[2] Dobranszky P. Joint Modeling of CDS and LCDS Spreads with Correlated Default and Prepayment Intensities and with Stochastic Recovery Rate. Working paper, Katholieke Universiteit Leuven, 2008.

[3] 吴森, 梁进. 抵押贷款信用违约互换的定价. 高校应用数学学报, 2011: 26(3), 269–278.

[4] Liang Jin, Zhou Yujing. Valuation of a Basket Loan Credit Default Swap. International Journal of Financial Research, 2010: 1, 21–29.

[5] Liang Jin, Zhou Yujing. Valuation of a tranched Loan Credit Default Swap Index. Technology and Investment, 2011: 2(4), 240–246.

[6] Liang Jin, Wang Tao. Valuation of Loan-Only Credit Default Swap with Negatively Correlated Default and Prepayment Intensities. International Journal of Computer Mathematics, 2012: 89(9), 1255–1268.

[7] Liang Jin, Wang Tao, Yang Xiaoli. Pricing for a basket CDS and LCDS. Modern Economy, 2012: 3(2), 171–178.

[8] Pyjhtin M, Zhu S. A Guide to Modeling Counterparty Credit Risk. Global Association of Risk Professionals, 2009: 37, 16–22.

[9] Redon C. Wrong Way Risk Modeling. Risk, 2006: 4, 90–95.

[10] Lipton A, Sepp A. Credit Value Adjustment for Credit Default Swaps via the Structural Default Model. The Journal of Credit Risk, 2009: 5(2), 123–146.

[11] 王涛. LCDS 定价研究. 硕士论文, 同济大学, 2011.

[12] Duffie D, Filipovic D, Schachermayer W. Affine Processes and Applications in Finance. The Annals of Applied Probability, 2003: 13(3), 984–1053.

[13] Qiang X S, Jiang L S, Xu C L, Wu S. Explicit Formulas for Pricing of Mortgage-Backed Securities in a Case of Prepayment Rate Negatively Correlated to Interest rate. Journal of Mathematical Analysis and Applications, 2012: 393 (2), 421–433.

[14] Hurd T R. Explicit Formulas for Laplace Transforms of Stochastic Integrals. Working paper, McMaster University, 2006.

[15] Wei W, Jiang L S. One Factor CVA Model for CDS with Counterparty Credit Risk Within the Reduced Form Framework. Working paper, Tongji University, 2010.

# 第 15 章

# 信用攸关的利率互换定价研究[①]

## 15.1 引言

2007 年以来, 随着国际金融危机的不断加深, 人们对场外市场中衍生产品的信用风险日益关注, 交易对手风险自然成为了学界和实务界研究的焦点. 与在交易所交易的衍生产品不同, 场外利率互换合约的设定更为灵活, 但由于缺乏保证金、抵押品、盯市等机制, 其对利率的波动和交易对手信用等级的变化十分敏感, 违约风险很高. 针对利率互换的交易对手风险, Duffie & Huang [7] 在约化方法的框架下讨论了相应的信用利差, 而 Li [9] 则利用 PDE 的方法讨论了利率互换的违约风险, 并利用数值手段得到了相关结果.

在市场对规避 IRS 交易对手风险的需求之下, 作为场外市场交易量最大的品种 —— 利率互换 (IRS) 的信用保护也引起人们越来越多的兴趣, 信用攸关的利率互换 (Credit Contingent Interest Rate Swap, CCIRS) 应运而生. 该产品将 IRS 中的信用风险直接分离出来并进行交易和转移, 因此成为了市场中规避交易对手信用风险的一种重要的创新信用衍生工具, 其交易量也越来越大.

作为一款新型信用产品, CCIRS 实际上是一种将一笔 (单名) 或多笔 (组合) 利率互换的交易对手风险由信用保护买方转移到卖方的金融合约. 在合约期限内, 信用保护买方在初始时刻向保护卖方支付一笔事先约定好的保费; 信用保护

①本章由梁进、徐寅、郭高月撰写.

卖方在接受保费的同时, 一旦在合约存续期发生所约定的信用事件, 则须向买方立即支付由违约事件所带来的所有损失. 其现金流如图 15.1 所示.

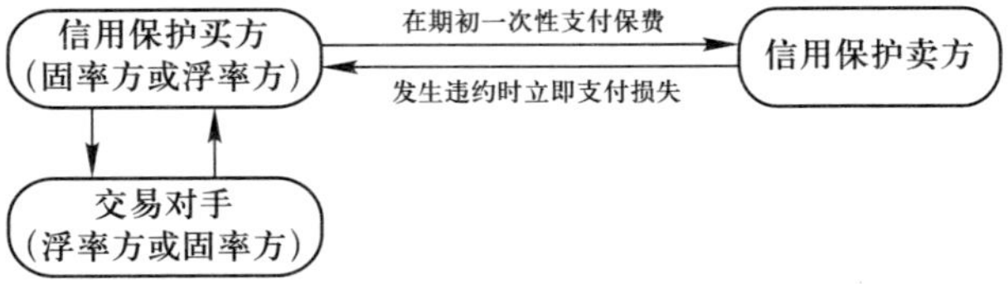


图 15.1 CCIRS 结构

从前面对 CCIRS 描述中不难发现, 它与传统的 CDS (Credit Default Swaps) 信用违约互换 (参见 [4]) 有着非常类似的结构与特点, 在本质上都是一份保险合约, 一方支付保费, 一方进行或有赔付; 但它们之间也有重要的不同之处, 那就是 CDS 所参考的标的资产往往是债券, 担保的是债券的违约, 而 CCIRS 的标的是利率互换, 担保的是交易对手的违约. 一般来说, 债券的违约虽然也受到利率的影响, 但其更主要的因素为发债公司自身的经营财务状况, 因而在 CDS 的定价过程中我们往往不考虑随机利率的影响; 但对于利率互换而言, 利率的波动和随机性对于交易方违约与否有重大影响, 因而假设利率为常数的 CDS 定价模型就不再适用了, 我们有必要对原有的方法进行改进. 所以此问题的困难之处在于本质上就是一个多维的问题. 而对 CCIRS 研究的有关文章和模型 —— 由于其场外交易的性质 —— 大多局限在投资银行等金融机构内部, 且相关数据一般不被公开, 很难获取. 我们目前还未找到公开发表的对 CCIRS 定价进行探讨的文献. 作者首次接触该问题, 是在 2008 年 10 月于山东威海举行的中国加拿大数理金融研讨会上, 由加拿大皇家银行提出的 [1]. 关于该产品定价问题, 除了 Monto Carlo 模拟, 目前还没有更好的定价.

本文是在威海会议相关讨论的基础上, 针对 CCIRS 这一信用衍生品, 以 PDE 为方法, 在约化法的框架下, 建立了单名 CCIRS 的定价的模型, 并对该模型进行了数值计算, 对定价函数的性质及其与相关参数的依赖关系进行了分析. CCIRS 的保护方可以是利率互换的固率方, 也可以是浮率方. 在建模计算中, 定价方法是相似的. 这里只考虑一种情形, 即担保固率方的 CCIRS 的情形, 另一种情形可类似推出.

## 15.2 CCIRS 定价的 PDE 模型

关于信用风险的建模方法, 在学术界主要有两大流派 —— 结构化方法与约化方法. 结构化方法以期权定价理论为基础, 公司资产为基础变量, 当其低于某一水平时即判断发生违约; 而约化方法则将违约视为一个完全外生、不可预料的突发事件, 约化方法并不考虑违约的原因, 而是将信用事件与公司价值分离开来, 把违约概率当作外生变量, 直接通过违约发生的 "强度" 来刻画, 违约时刻就是泊松过程发生第一次跳的时刻 (更详细的研究请参见参考文献 [6,8]). 本文是在约化方法的框架下对利率互换交易对手的违约时间进行描述的.

### 15.2.1 模型假设

我们首先对问题给出基本假设:

(1) 信用保护买方即为利率互换的固定利率支付方, 不考虑其违约风险; 我们采用约化方法刻画交易对手的违约风险: 违约时间是泊松过程发生第一次跳的时间, 跳的强度满足一个随机过程 $\lambda_t$.

(2) 利率互换的面值为 1; 保费在初始时刻由信用保护买方向卖方一次性付清.

(3) 整个 CCIRS 存续期内只有浮动利率支付方可能发生违约, 一旦违约发生合约立即终止, 同时信用保护卖方向买方支付损失为: $(1-R)\max(F(\tau),0)=(1-R)F^+(\tau)$; 其中 $R$ 表示违约的回收率, $F(\tau)$ 表示在违约时刻对于信用保护买方而言该利率互换的价值, 由利率互换的基本理论知 (参见 [11], Wilmott (1999) 422 页),

$$F(t)=1-P_1(r,t;T)-K\sum_{t_i>t}P_1(r,t;t_i)$$

$P_1(r,t;T)$ 代表一定利率模型下的零息票债券价格.

(4) 无风险短期利率 $r_t$ 和交易对手违约强度 $\lambda_t$ 是两相关的非负的随机过程, 我们假定它们都服从 CIR 模型

$$dr_t=\kappa_1(\theta_1-r_t)dt+\sigma_1\sqrt{r_t}dw_{1t},\quad d\lambda_t=\kappa_2(\theta_2-\lambda_t)dt+\sigma_2\sqrt{\lambda_t}dw_{2t}$$

这里 $\kappa_i$, $\theta_i$, $\sigma_i$ 都是正常数, 其中 $\kappa_1$、$\kappa_2$ 分别表示利率与违约强度回归长期均值的速度; $\theta_1$, $\theta_2$ 分别表示利率和违约强度的长期均值; $\sigma_1$, $\sigma_2$ 分别表示利率和违约强度的波动率. $2\kappa_i\theta_i>\sigma_i^2$ $(i=1,2)$ (此条件保证 $r_t$ 和 $\lambda_t$ 均取正值), $\mathrm{Cov}(dw_{1t},dw_{2t})=\rho dt$ $(0<\rho<1)$. $\rho$ 表示短期利率与违约强度的相关系数.

(5) 市场是无摩擦和无套利的.

### 15.2.2 模型推导

我们记 $V(r,\lambda,t)=V_t$ 表示一份 CCIRS 在 $t$ 时刻的价值, 很显然它受到利率风险和违约风险的共同影响. 记 $P_1(r,t;T)=P_{1t}, P_2(r,\lambda,t;T)=P_{2t}$ 分别表示

一张无违约风险的零息票债券和可违约、零回收率的零息票债券的价值. 在假定 (4) 下, $P_1(r,t;T)$ 有解析表达式 (参见参考文献 [2], [3]), 而 $P_2(r,\lambda,t;T)$ 的解析表达式目前还未知. 它们分别满足方程 (见参考文献 [3])

$$\begin{cases} \dfrac{\partial P_1}{\partial t}+\kappa_1(\theta_1-r)\dfrac{\partial P_1}{\partial r}+\dfrac{\sigma_1^2 r}{2}\dfrac{\partial^2 P_1}{\partial r^2}=rP_1 \\ \dfrac{\partial P_2}{\partial t}+\kappa_1(\theta_1-r)\dfrac{\partial P_2}{\partial r}+\kappa_2(\theta_2-\lambda)\dfrac{\partial P_2}{\partial \lambda}+\dfrac{\sigma_1^2 r}{2}\dfrac{\partial^2 P_2}{\partial r^2} \\ \qquad +\dfrac{\sigma_2^2 \lambda}{2}\dfrac{\partial^2 P_2}{\partial \lambda^2}+\rho\sigma_1\sigma_2\sqrt{r\lambda}\dfrac{\partial^2 P_2}{\partial r\partial \lambda}=(r+\lambda)P_2 \end{cases} \tag{15.1}$$

现在我们来推导 $V(r,\lambda,t)$ 所适合的 PDE 定解问题.

构造投资组合 $\Pi_t, \Pi_t=V_t-\Delta_1 P_{1t}-\Delta_2 P_{2t}$. 经典的对冲方法 (参见参考文献 [3]) 是通过调整 $\Delta_1,\Delta_2$ 的取值, 使得 $\Pi_t$ 成为一个无风险组合. 但现在 $\Pi_t$ 价值的变化与是否发生违约有关, 从而 $d\Pi_t$ 并不确定, 有违约发生和不发生两种可能; 又因为市场无套利, 故在相应的风险中性测度下, 投资组合 $\Pi_t$ 的期望收益率是无风险利率 (参见参考文献 [10]), 即

$$E[d\Pi_t]=r_t\Pi_t dt \tag{15.2}$$

我们分别就这两种情况来讨论

**情形 I**　在 $[t,t+dt]$ 时间段内若发生违约, 其可能性为 $\lambda dt$, 而 CCIRS 的价值 $V_t$ 和可违约债券的价值 $P_{2t}$ 分别变成互换价值可回收的部分和零, 即

$$d\Pi_t=[(1-R)F^+(t)-V_t]-\Delta_1 dP_{1t}-\Delta_2(0-P_{2t})$$

**情形 II**　若在 $[t,t+dt]$ 内违约不发生, 其可能性为 $1-\lambda dt$, 则

$$d\Pi_t=dV_t-\Delta_1 dP_{1t}-\Delta_2 dP_{2t}$$

综合两种情形, (15.2) 式变成:

$$\begin{aligned} &\lambda dt\left([(1-R)F^+(t)-V_t]-\Delta_1 dP_{1t}-\Delta_2(0-P_{2t})\right) \\ &+(1-\lambda dt)\left(dV_t-\Delta_1 dP_{1t}-\Delta_2 dP_{2t}\right)=r_t\left(V_t-\Delta_1 P_{1t}-\Delta_2 P_{2t}\right)dt \end{aligned} \tag{15.3}$$

由 Itô 公式和 (15.1) 式计算 $dV_t, dP_{1t}, dP_{2t}$, 得:

$$
\begin{aligned}
dV_t =& \left[\frac{\partial V}{\partial t} + \kappa_1(\theta_1 - r)\frac{\partial V}{\partial r} + \kappa_2(\theta_2 - \lambda)\frac{\partial V}{\partial \lambda} + \frac{1}{2}\sigma_1^2 r\frac{\partial^2 V}{\partial r^2} + \frac{1}{2}\sigma_2^2\lambda\frac{\partial^2 V}{\partial \lambda^2}\right.\\
&\left.+\rho\sigma_1\sigma_2\sqrt{r\lambda}\frac{\partial^2 V}{\partial r\partial \lambda}\right]dt + \sigma_1\sqrt{r}\frac{\partial V}{\partial r}dw_{1t} + \sigma_2\sqrt{\lambda}\frac{\partial V}{\partial \lambda}dw_{2t}\\
dP_{1t} =& rP_1dt + \sigma_1\sqrt{r}\frac{\partial P_1}{\partial r}dw_{1t}\\
dP_{2t} =& (r+\lambda)P_2dt + \sigma_1\sqrt{r}\frac{\partial P_2}{\partial r}dw_{1t} + \sigma_2\sqrt{\lambda}\frac{\partial P_2}{\partial \lambda}dw_{2t}
\end{aligned}
$$

将上述计算结果代入到 (3) 式中, 取定 $\Delta_2 = \frac{\partial V}{\partial \lambda}\Big/\frac{\partial P_2}{\partial \lambda}$, $\Delta_1 = (\frac{\partial P_1}{\partial r})^{-1}(\frac{\partial V}{\partial r} - \Delta_2\frac{\partial P_2}{\partial r})$, 同时忽略 $dt$ 的高阶无穷小, 就可得到微分方程表达式. 再考虑到在到期日 $T$ 时刻, CCIRS 的标的资产利率互换的价值为 0, 那么我们最终得到 $V$ 所满足的偏微分方程的终值问题为:

$$
\begin{cases}
\dfrac{\partial V}{\partial t} + LV - (r+\lambda)V + \lambda(1-R)F^+ = 0 \quad (0 < r, \lambda < \infty, 0 \leqslant t \leqslant T)\\
V(r,\lambda,T) = 0
\end{cases}
\tag{15.4}
$$

其中 $LV = \kappa_1(\theta_1 - r)\frac{\partial V}{\partial r} + \kappa_2(\theta_2 - \lambda)\frac{\partial V}{\partial \lambda} + \frac{1}{2}\sigma_1^2 r\frac{\partial^2 V}{\partial r^2} + \frac{1}{2}\sigma_2^2\lambda\frac{\partial^2 V}{\partial \lambda^2} + \rho\sigma_1\sigma_2\sqrt{r\lambda}\frac{\partial^2 V}{\partial r\partial \lambda}$. 这就是我们得到的单名 CCIRS 的 PDE 定价模型. 这是一个二维双重强退化的抛物型方程的终值问题. 目前为止, 尚没有显式解. 我们将在下节中对其进行数值计算.

## 15.3 模型计算与结果分析

问题 (15.2) 很难得到解析解, 我们利用差分方法对它进行数值求解, 为了克服方程的退化性我们采用了相应特征线的迎风格式来进行计算 (参见参考文献 [5]).

### 15.3.1 两种格式选择的定性分析

具体在计算的过程中, 我们分别采用显式格式和隐式格式进行编程计算. 我们发现, 对于显式格式有三个缺陷: 首先, 对两个空间变量, 即利率和违约强度的步长有很严格的要求, 不能取得太小, 于是计算精度受到限制; 其次, 受到 CFL 稳定性条件的限制, 各个量的范围有限, 超出后计算结果不稳定; 再次, 显式运算时间很长, 效率低, 实验发现其运算时间是隐式方法的 5 倍左右. 所以在这里,我们选择隐式差分格式中的 Crank-Nicolson 格式配合迎风格式的计算方法所得到的结果.

**Crank-Nicolson 格式的处理**

通过离散偏微分方程定解问题 (15.4) 中的方程, 我们得到:

$$
\begin{aligned}
&\frac{V_{i,j}^{k}-V_{i,j}^{k+1}}{\Delta t}+\frac{\kappa_1(\theta_1-r_i)}{2}\left[\frac{V_{i+1,j}^{k}-V_{i-1,j}^{k}}{2\Delta r}+\frac{V_{i+1,j}^{k+1}-V_{i-1,j}^{k+1}}{2\Delta r}\right]\\
&\quad+\frac{\kappa_2(\theta_2-\lambda_j)}{2}\left[\frac{V_{i,j+1}^{k}-V_{i,j-1}^{k}}{2\Delta\lambda}+\frac{V_{i,j+1}^{k+1}-V_{i,j-1}^{k+1}}{2\Delta\lambda}\right]\\
&\quad+\frac{\sigma_1^2 r_i}{4}\left[\frac{V_{i+1,j}^{k}+V_{i-1,j}^{k}-2V_{i,j}^{k}}{\Delta r^2}+\frac{V_{i+1,j}^{k+1}+V_{i-1,j}^{k+1}-2V_{i,j}^{k+1}}{\Delta r^2}\right]\\
&\quad+\frac{\sigma_2^2 \lambda_j}{4}\left[\frac{V_{i,j+1}^{k}+V_{i,j-1}^{k}-2V_{i,j}^{k}}{\Delta \lambda^2}+\frac{V_{i,j+1}^{k+1}+V_{i,j-1}^{k+1}-2V_{i,j}^{k+1}}{\Delta \lambda^2}\right]\\
&\quad+\frac{\rho\sigma_1\sigma_2}{2}\sqrt{r_i\lambda_j}\left[\frac{V_{i+1,j+1}^{k}+V_{i-1,j-1}^{k}-V_{i+1,j-1}^{k}-V_{i-1,j+1}^{k}}{4\Delta r\Delta\lambda}\right.\\
&\quad\left.+\frac{V_{i+1,j+1}^{k+1}+V_{i-1,j-1}^{k+1}-V_{i+1,j-1}^{k+1}-V_{i-1,j+1}^{k+1}}{4\Delta r\Delta\lambda}\right]\\
&\quad-\frac{r_i+\lambda_j}{2}\left[V_{i,j}^{k}+V_{i,j}^{k+1}\right]+\lambda_j(1-R)F^{+}(r_i,t_k)=0
\end{aligned}
$$

终值条件可离散为: $V_{i,j}^0=0, i,j=1,2,\cdots,n$, 其中 $V_{i,j}^k=V\ (r_i,\lambda_j,t_k)$, $t_k=T-k\Delta t, r_i=i\Delta r, \lambda_j=j\Delta\lambda, \Delta r=\frac{X}{n}, \Delta\lambda=\frac{X}{n}, \Delta t=\frac{T}{m}$, $X$ 代表在求解中空间变量所取的最大值.

**退化边界的处理**

对于接近退化边界 $\lambda=0$, 考虑到在违约强度接近零的情况下, 该合约已经失去了保险的用途, 故其价值也就为零. 事实上 $\lambda$ 不会真正为零, 故我们在计算中设 $V_{i,0}^{k+1}=0, 0\leqslant i\leqslant n$, 其中 $V_{i,0}^{k+1}$ 是合约在 $\lambda$ 为一个很小正数时的价值.

对于退化边界 $r=0$, 首先把这个条件带入原方程得到:

$$
\frac{\partial V}{\partial t}+\frac{1}{2}\sigma_2^2\lambda\frac{\partial^2 V}{\partial\lambda^2}+\kappa_1\theta_1\frac{\partial V}{\partial r}+\kappa_2(\theta_2-\lambda)\frac{\partial V}{\partial\lambda}-\lambda V+\lambda(1-R)F^{+}=0
$$

接着对得到的方程进行显式差分, 对空间变量的一阶偏微分采用迎风格式得到 (在假定 (4) 的 $\kappa_2(\theta_2-\lambda)\geqslant 0$ 的条件下):

$$\begin{aligned}V_{0j}^{k+1}=V_{0j}^{k}+\Delta t\Bigg[&0.5\sigma_2^2(j\Delta\lambda)\frac{V_{0,j+1}^k-2V_{0j}^k+V_{0,j-1}^k}{(\Delta\lambda)^2}+\kappa_1\theta_1\frac{V_{1j}^k-V_{0j}^k}{\Delta r}\\&+\kappa_2(\theta_2-j\Delta\lambda)\frac{V_{0,j+1}^k-V_{0j}^k}{\Delta\lambda}-(j\Delta\lambda)V_{0j}^k+(j\Delta\lambda)(1-R)F_0^{+k+1}\Bigg]\end{aligned}$$

这样通过上述计算格式我们就可以得到: $V_{0,j}^{k+1}, 0\leqslant j\leqslant n$.

**非退化边界的处理**

对于无穷远处的两条非退化边界, 如数值计算的常规处理, 我们人为地加上一个边界条件. 其实际意义为, 当 $\lambda$ 充分大时, 对手必然违约, 即此时合约的价值也就是保险公司的赔付 $(1-R)F^+$; 而当 $r$ 充分大时, 交易对手不堪巨额的利率支付最终必然也会违约, 因此合约价值也应该与保险公司的赔付 $(1-R)F^+$ 相等. 由此, 我们得到了在利率 $r$ 和违约强度 $\lambda$ 充分大时离散化后的边界条件:

$$V_{n,j}^{k+1}=(1-R)F^+(r_n,t_{k+1}),\quad V_{i,n}^{k+1}=(1-R)F^+(r_i,t_{k+1}),\quad 0\leqslant i,j\leqslant n$$

这样我们就有了 $(n+1)^2$ 个方程和 $(n+1)^2$ 个变量, 对 $k+1$ 层变量的求解事实上就是一个矩阵求逆的过程, 而偏微分数值方法理论告诉我们得到的系数矩阵是一个严格对角占优的矩阵, 因此一定可逆, 这就保证了算法的可行性.

### 15.3.2 CCIRS 价格函数的计算结果

通过 MATLAB 编程, 取初始参数 $\kappa_1=0.2,\kappa_2=0.4,\theta_1=0.04,\theta_2=0.05,\sigma_1=\sigma_2=0.1$, $\rho=0.6,X=0.2,T=1,\Delta r=\Delta\lambda=0.01,\Delta t=0.01,R=0.4,K=0.03$, 计算结果如图 15.2 所示.

由图 15.2 我们可以看到所求得的初始时刻 CCIRS 的价值相对应于 1 元钱的本金来说数量级在 $10^{-3}$ 到 $10^{-4}$, 这也就相当于 1 到 10 个基点的量级.

进一步不难观察到, 随着利率的增加, 一开始合约的价值基本保持在 0 附近, 这是由于当浮动利率较小时, 交易对手几乎不可能违约, 因此作为保险的 CCIRS 的价值也就保持在低位. 但随着利率的进一步增大, 对手的违约可能性越来越高, 保险的价值也就快速地增加. 显然, 随着违约强度的升高, 违约概率在增大, 相应的保险合约也就越值钱了.

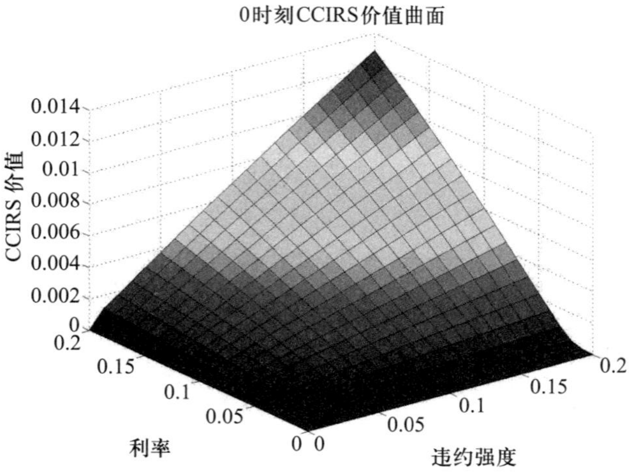


图 15.2 初始时刻的 CCIRS 价值曲面

### 15.3.3 CCIRS 价格函数与相关参数的关系

下面我们通过调整违约强度及利率的相关参数来分析 CCIRS 价格函数与参数的关系.

(1) 将 $\lambda$ 的长期均值调整为 $\theta_2 = 0.1$. 图 15.3 表示了初始时刻合约价值对

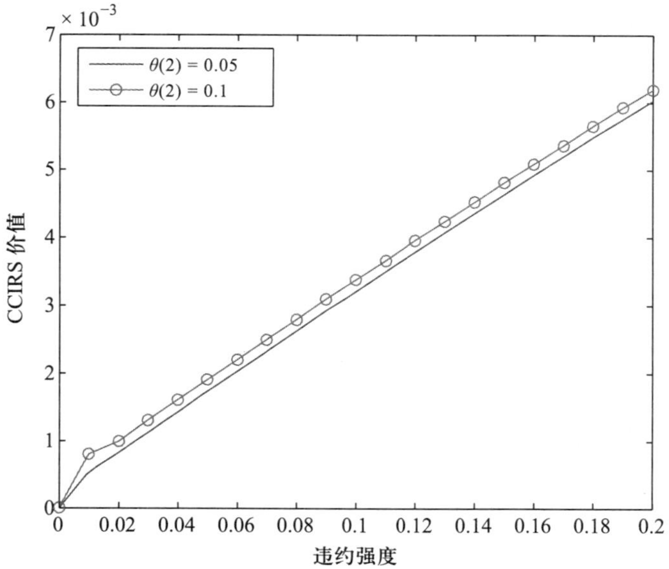


图 15.3 不同违约强度长期均值下的 CCIRS 价值与违约强度关系

违约强度长期均值水平的敏感性, 画出了不同 $\theta_2$ 的取值下, 合约价值与违约强度之间的关系图 (除 $\theta_2$ 外的其他参数与初始参数取值相同, 其中利率取为 0.1). 从图 15.3 中可看出, $\theta_2$ 越大, CCIRS 价值越大. 这是因为当违约强度的长期均值偏大时, 违约概率总体偏高, 保险合约也就越值钱.

(2) 将 $\lambda$ 的回归速度调整为 $\kappa_2 = 0.8$. 图 15.4 表示了初始时刻合约价值对违约强度回归速度的敏感性. 画出了不同回归速度下 CCIRS 价格与违约强度的关系 (除 $\kappa_2$ 外其他参数都取为初始参数, 其中利率取为 0.1). 由图 15.4 可见, $\kappa_2$ 越大, 合约价格曲线的斜率越小, 即价格的变动越小. 这是因为均值回归速度越大, 违约强度回到长期均值的能力就越强, 因而合约价值也就越稳定.

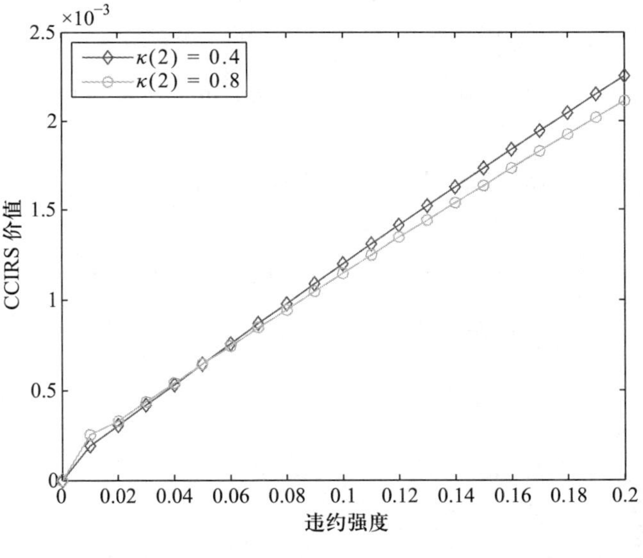


图 15.4 不同违约强度回归速度下的 CCIRS 价值与违约强度的关系

(3) 将 $r$ 的长期均值调整为 $\theta_1 = 0.08$. 图 15.5 表现了初始时刻合约价值对利率长期均值水平的敏感性, 画出了不同 $\theta_1$ 的取值下, 合约价值与利率之间的关系图 (除 $\theta_1$ 外的其他参数与初始参数取值相同, 违约强度取为 0.1). 从图 15.5 中可以看出, $\theta_1$ 越大, CCIRS 价值越大. 这是因为当利率的长期均值偏大时, 交易对手支付的浮动利率数量平均水平较高, 因而违约概率总体偏高, 保险合约也就越值钱.

(4) 将 $r$ 的回归均值速度调整为 $\kappa_1 = 0.15$. 图 15.6 表现了初始时刻合约价值对利率回归速度的敏感性. 画出了不同回归速度下 CCIRS 价格与利率的关

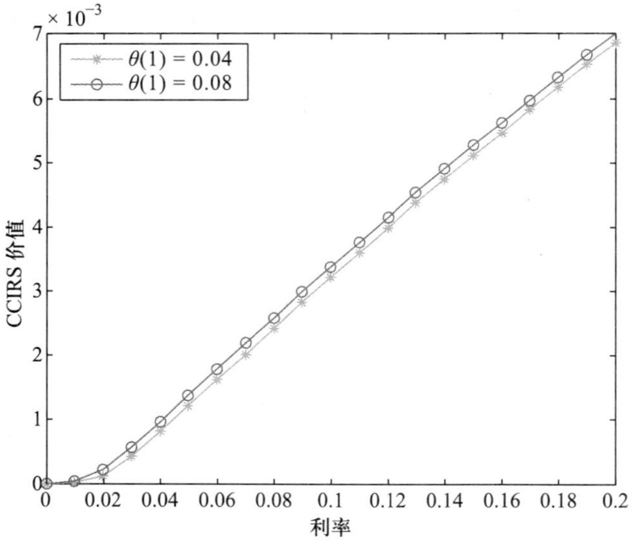


图 15.5　不同利率长期均值下产品价值与利率的关系

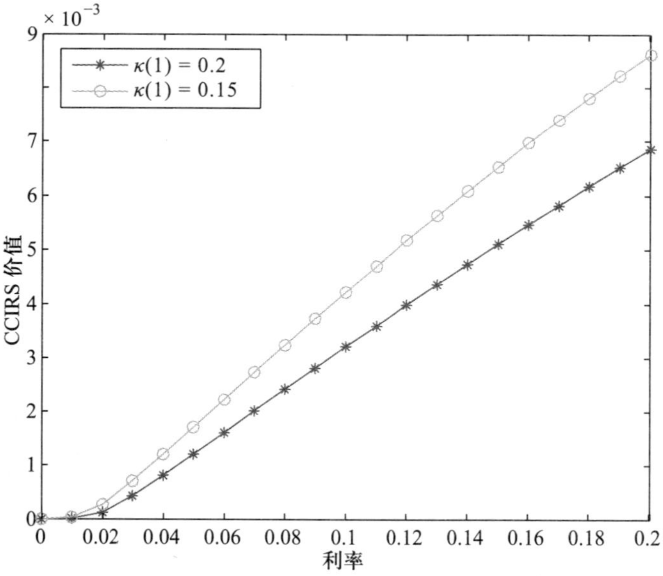


图 15.6　不同利率回归速度下产品价值与利率关系

系 (除 $\kappa_1$ 外其他参数都取为初始参数, 违约强度取为 0.1). 由图 15.6 看出, $\kappa_1$ 越大, 合约价格曲线的斜率越小, 即价格变动越小. 意即均值回归速度越大, 利率回到长期均值能力越强, 因而合约价值也就越稳定.

违约强度和利率的其他参数也有类似的分析结果.

### 15.3.4 参数取值与计算结果的进一步说明

CCIRS 是一款场外信用衍生产品, 因此主要是相关公司之间直接商定具体条款进行交易, 其中所涉及的有关浮动利率、固定利率、交易对手等信息一般不被公开, 因而实际中较难获取相关数据. 考虑到上述问题, 我们在本文中将着眼点放在了对 CCIRS 定价模型和计算方法的研究之上. 这里对参数的假设以及所得到的结果, 主要是为了在我们建立的框架下, 对所得定价函数的基本性质做出定量分析, 并说明该定价方法的合理性和计算的可行性, 从而便于银行等市场参与者对具体 CCIRS 定价应用. 事实上, 在获得相应历史数据的情况下, 可以对模型参数进行有效的估计, 可以使用统计方法, 如极大似然估计、矩估计等已是学界普遍认可的通用方法确定模型参数, 然后代入模型, 用本文研究的方法计算出结果.

## 15.4 小结

本文采用 PDE 的方法对信用衍生产品 CCIRS 的定价进行了探讨, 通过 $\Delta$-对冲的方法推导出了该产品价格所应服从的偏微分方程问题; 并用隐式差分法的迎风格式得到了计算结果; 还对结果与相关参数的依赖关系进行了详细分析.

## 参考文献

[1] 2008 中国加拿大数理金融研讨会. http://riskdata973.sdu.edu.cn/ehtml/ws_problem_1.html
[2] 姜礼尚. 期权定价的数学模型和方法 (第二版). 北京: 高等教育出版社, 2008.
[3] 姜礼尚, 徐承龙, 任学敏, 李少华等. 金融衍生产品定价的数学模型案例分析 (第二版). 北京: 高等教育出版社, 2013.
[4] 周鹏, 梁进. 信用违约互换定价分析. 高校应用数学学报, 2007: 22, 311–315.
[5] Morton K W, Mayers D F. 偏微分方程数值解. 北京: 人民邮电出版社, 2006.

[6] Duffie D, Singleton K J. Modeling Term Structures of Defaultable Bonds. Review of Financial Studies, 1999: 12, 687–720.

[7] Duffie D, Huang M. Swap Rates and Credit Quality. The Journal of Finance, 1996: 51 (3), 921–949.

[8] Jarrow R A, Turnbull S M. Pricing Derivatives on Financial Securities Subject to Credit Risk. Journal of Finance, 1995: 50 (1), 53–86.

[9] Li H. Pricing of Swaps with Default Risk. Review of Derivatives Research, 1998: 2, 231–250.

[10] Schonbucher P. Credit Derivatives Pricing Models: Models, Pricing and Implementation. Chichester, UK: Wiley, 2003.

[11] Wilmott P. Derivatives. London: John Wiley & Sons, 1999.

# 第 16 章

# 结构化方法下欧式价差期权定价[①]

## 16.1 前言

企业直接发行债券在发达国家已成为一种重要的融资方式. 在我国证券市场也将变得越来越重要. 证监会鼓励企业直接发行债券融资而不仅仅是发行新股. 但企业债券与国债不同, 它存在信用风险, 即企业在债券存续期内有可能破产, 从而不能到期足额偿付其债务. 因此从债券市场上观察可知, 具有同样收益的企业债的交易价要低于国债的交易价.

目前对企业债的定价主要有两种方法: 结构化方法和约化方法. 结构化方法又称公司资产模型. 它把公司资产值作为衡量标准. 如资不抵债则公司破产并进入清算程序, 公司资产要被拍卖以偿债, 通常资产在变现过程中其价值会有一个下降. 因此影响公司债券价值的主要有两个因素: 破产概率和破产时的回收率. 结构化方法最早是由 Merton 等人提出的 ([2], [9]). 但这个简单模型加了一些很强的假设, 如利率是常数, 公司在债券到期前不违约等, 为克服这些缺陷, Black 和 Cox ([1]) 提出首次跃出模型. 它假定公司资产在存续期内一旦达到某个边界 $Ke^{-\gamma(T-t)}$ ($\gamma$ 为常数) 时即违约. 这个边界又称违约边界. Longstaff 和 Schwartz ([7]) 引入随机利率, 但假定违约边界是常数 $K$, 这时债券价格不存在显式解, Briys 和 de Varenne ([3]) 对 Longstaff 和 Schwartz 模型做了修改, 假

① 本章由任学敏撰写.

定在随机利率下的违约边界为 $KD(t,r,T)$, $D(t,r,T)$ 为具有同样到期日的国债零息票. 约化方法把违约看成是完全不可预料的. 由 Jarrow 和 Turnbull ([6]), Duffie 和 Singleton ([5]) 等提出. 其特点是直接对违约概率给出模型, 具体应用时只需债券市场的数据.

公司债券作为一种重要投资品种, 它除了像国债一样有利率风险, 还面临信用风险. 作为管理信用风险的工具, 信用衍生物受到市场的欢迎. 这是一种类似保险的工具. 主要分两类, 一种是传统的违约担保合约, 购买者在公司债券违约时, 其损失部分将由合约出售方偿付; 第二种较复杂的信用衍生物, 是近年来出现的第二类信用衍生物 (又称信用价差期权). 与第一类不同, 它并不对违约进行保护, 而只对信用等级变化提供保护. 实际上, 信用风险应包含违约风险和信用等级迁移风险. 例如, 当投资人不打算持有公司债券到到期日时, 除了直接违约风险, 投资人还会由于企业经营不善而导致其资产值下降 (但还没到破产边缘), 这时, 公司未来违约的可能会增大, 反映到债券市场就是其价格的下跌, 从而使投资者遭受损失. 第二类信用衍生物主要是在这种情况下为投资者提供保护. Das ([4]) 利用 Merton 模型对该类衍生物进行定价, 但其模型过于简单. Longstaff 和 Schwartz ([8]) 直接对公司债券与国债的收益率价差给出模型并给出了该类欧式期权的定价公式, 但在实用中很难确定模型中的参数. 本章利用结构化方法中的首次跃出模型, 把该期权看成是公司资产值和短期利率的复合期权, 得到了显式定价公式.

## 16.2 数学模型

### 16.2.1 基本假定 (对发行债券的公司)

(1) 假定发行债券的公司的资产值在风险中性测度下满足随机微分方程

$$\frac{dV}{V} = rdt + \sigma dZ_1 \tag{16.1}$$

其中 $r$、$\sigma$ 是常数, $Z_1$ 是标准 Wiener 过程, 即 $E(dZ_1) = 0, Var(dZ_1) = dt$;

(2) 短期利率模型为 Vasicek ([10]) 模型

$$dr_t = (\zeta - \beta r_t)\, dt + \eta dZ_2 \tag{16.2}$$

其中 $\zeta$、$\beta$、$\eta$ 是常数, $Z_2$ 是另一个标准 Wiener 过程且

$$\text{Cor}\,(dZ_1, dZ_2) = \rho dt \ \ (|\rho| < 1)\,;$$

(3) 公司资产值与其资本结构无关;

(4) 违约边界为 $KD(r,t,T)$, $K$ 是零息票债券总面值. $D(t,r,T)$ 是无违约可能的零息票国债. 当 $V > KD(t,r,T)$ 时公司能继续运营. 而一旦公司总资产达到 $KD(t,r,T)$ 时公司立即破产并进入清算重组程序;

(5) 公司一旦破产, 由于拍卖, 资产值将由 $KD$ 变成 $(1-\omega)KD$, $0 \leqslant \omega \leqslant 1$, $\omega$ 称破产成本, 即每份债券在违约日可得 $(1-\omega)D$, 或等价地在到期日得 $(1-\omega)$;

(6) 市场是完全的, 无摩擦的, 所有相关证券是连续交易的.

### 16.2.2 关于价差期权的假定

(1) 期权是欧式的, 到期日 $T_1 < T$, $T$ 为公司债券的到期日;

(2) 对企业债和国债设定一个价差, 即当 $P(V,r,T_1,T) = D(r,T_1,T)e^{-k(T-T_1)}$ ($k$ 为敲定的收益率价差), 由于同样到期日和收益率的企业债券的价格一定低于国债的价格, 从而 $k > 0$; 又由于信用价差期权不为违约提供保护, 因此 $P(V,r,T_1;T)$ 一定大于违约时债券的价值, 即

$$P(V,r,T_1;T) > (1-\omega)D(r,T_1;T)$$

也就是

$$k < -\frac{\ln(1-\omega)}{T-T_1}$$

记 $V^*$ 是使

$$P(V^*,r,T_1,T) = D(r,T_1,T)e^{-k(T-T_1)}$$

成立的值, 由于企业债券的价值关于其资产值是单调上升的, 这样的 $V^*$ 是唯一的 (参见附录). 如公司在 $T_1$ 前破产, 则期权自然中止, 其价值自然为零; 否则在 $T_1$ 时刻, 如把 $P(V,r,T_1;T)$ 表示成

$$P(V,r,T_1;T) = D(r,T_1;T)e^{-d(T-T_1)}$$

则 $d > k$ 时, 即与国债的收益率价差超过敲定的收益率价差, 这时期权买方可获得

$$P(V^*,r,T_1,T) - P(V,r,T_1,T)$$

$d \leqslant k$ 时为零. 由于不保护违约, $T_1$ 时刻的期权的收益为:

$$H(V_{T_1} - KD(T_1,r,T)) \cdot (P(V^*,r,T_1,T) - P(V,r,T_1,T))^+ \tag{16.3}$$

这里,

$$H(x)=\begin{cases}1, & x>0\\ 0, & x\leqslant 0\end{cases}$$

是 Heaviside 函数. 即该期权不对公司破产导致债券持有人的损失赔付. 由于采用与国债的价差, 它基本上不对由于利率上升导致的债券价格的下降提供保护 (当然, 由于相关性, 利率变化会对资产价值有一定影响), 而主要对由于公司资产值下降而引起的信用等级下降导致的债券价格的下降提供保护. 我们的问题是: 在 $t<T_1$ 时刻, 该期权的合理价格是多少?

## 16.3 问题的求解

公司债券和信用价差期权显然都是公司资产 $V$ 和短期利率 $r$ 的衍生物, 因此它们满足相同的偏微分方程, 但终值和边值的条件不同. 令 $X=\frac{V}{K}$, 则在风险中性鞅测度下,

$$\frac{dX}{X}=rdt+\sigma dZ_1 \tag{16.4}$$

### 16.3.1 公司债券价格的确定

设 $P(V,r,t;T)$ 为公司零息票债券的价格, $D(r,t;T)$ 为相应的零息国债, 则在 Vasicek 模型下, 可得到 (参考文献 [10]):

$$D(r,t;T)=\exp(A(T-t)-rB(T-t)) \tag{16.5}$$

这里

$$A(t)=\left(\frac{\eta^2}{2\beta^2}-\frac{\alpha}{\beta}\right)t+\left(\frac{\eta^2}{\beta^3}-\frac{\alpha}{\beta^2}\right)(\exp(-\beta t)-1)-\frac{\eta^2}{4\beta^3}(\exp(-2\beta t)-1)$$

$$B(t)=\frac{1-\exp(-\beta t)}{\beta}$$

而 $P(V,r,t;T)$ 满足

$$\begin{cases}LP=P_t+\dfrac{\sigma^2}{2}X^2P_{XX}+\rho\sigma\eta XP_{Xr}\\ \qquad+\dfrac{\eta^2}{2}P_{rr}+rXP_X+(\alpha-\beta r)P_r-rP=0, \quad \Sigma\\ P(X,r,T;T)=1, \quad X>1, r\in R\\ P(D(r,t;T),r,t;T)=(1-\omega)D(r,t;T), \quad 0\leqslant t\leqslant T, r\in R\end{cases} \tag{16.6}$$

这里 $\Sigma$ 为区域 $\{X > D(r_t,t;T), r\in R, 0\leqslant t\leqslant T\}$, $\alpha=\zeta+\lambda\eta$, 这里 $\lambda$ 是利率的市场风险价格. 它可从国债价格反求, 也可从投资者的效用或偏好求出.

**定理 16.1** 在假定 16.1—16.6 下, 公司零息票债券的价格 $P(V,r,t;T)$ 可表示成

$$\begin{aligned}P_t &= P(V,r,t;T)\\ &= D_t(1-\omega)+D_t\omega\left[e^{-\frac{x}{2}+\frac{T^*-\tau}{8}}N\left(x-\frac{T^*-\tau}{2}\right)\right.\\ &\quad\left.-e^{\frac{x}{2}+\frac{T^*-\tau}{8}}N\left(-x-\frac{T^*-\tau}{2}\right)\right]\end{aligned}\tag{16.7}$$

这里

$$x=\ln\frac{V}{KD},\quad \tau=\int_0^t\widehat{\sigma}^2(\zeta)d\zeta,\quad T^*=\int_0^T\widehat{\sigma}^2(\zeta)d\zeta$$

$$\widehat{\sigma}^2(t)=\frac{1}{D^2}\left(\frac{\partial D}{\partial r}\right)^2\eta^2+\sigma^2-2\rho\eta\sigma\frac{1}{D}\frac{\partial D}{\partial r}=B^2(T-t)\eta^2+\sigma^2+2\rho\eta\sigma B(T-t)$$

**证明** 见附录.

### 16.3.2 信用价差期权的定价

记期权的价值为 $W(V,r,t;T_1)$, 则其满足

$$\begin{cases}LW=0,\quad \Sigma_1\\ W(D,r,t;T_1)=0,\quad 0\leqslant t\leqslant T_1, r\in R\\ W(X_{T_1},r,T_1;T_1)=H(X_{T_1}-D_{T_1})\left(P\left(X^*_{T_1},r,T_1;T\right)-P\left(X_{T_1},r,T_1;T\right)\right)^+\end{cases}\tag{16.8}$$

其中 $\Sigma_1$ 为区域 $\{X > D(r,t,T); 0\leqslant t\leqslant T_1, r\in R\}$.

令 $\widehat{W}=\frac{W}{D_t}$, $\widehat{P}_t=\frac{P_t}{D_t}$, $Z_t=\frac{X_t}{D_t}$, 则可化为一维问题

$$\begin{cases}\dfrac{\partial\widehat{W}}{\partial t}+\dfrac{1}{2}\hat{\sigma}^2(t)Z^2\dfrac{\partial^2\widehat{W}}{\partial Z^2}=0\\ \widehat{W}(1,t;T_1)=0,\quad 0\leqslant t\leqslant T_1\\ \widehat{W}(Z_{T_1},T_1;T_1)=H(Z_{T_1}-1)\left(\widehat{P}^d(Z_{T_1},T_1;T)-\widehat{P}(Z_{T_1},T_1;T)\right)^+\end{cases}\tag{16.9}$$

再令 $x=\ln Z$, $\tau=\int_0^t \hat{\sigma}^2(s)ds$, $T_1^*=\int_0^{T_1}\hat{\sigma}^2(s)ds$, $T^*=\int_0^T\hat{\sigma}^2(s)ds$, $\xi=T_1^*-\tau$,

$$\begin{cases}\dfrac{\partial \widehat{W}}{\partial \xi}-\dfrac{1}{2}\dfrac{\partial^2\widehat{W}}{\partial x^2}+\dfrac{1}{2}\dfrac{\partial \widehat{W}}{\partial x}=0\\ \widehat{W}(0,\xi)=0\\ \widehat{W}(x,0)=H\left(e^x-1\right)\left(\widehat{P}^d(x,0)-\widehat{P}(x,0)\right)^+\end{cases}\tag{16.10}$$

令 $\tilde{W}=e^{-\left(\frac{x}{2}-\frac{\xi}{8}\right)}\widehat{W}$, 并注意到 $H\left(e^x-1\right)=H(x)$, 则

$$\begin{cases}\dfrac{\partial \tilde{W}}{\partial \xi}-\dfrac{1}{2}\dfrac{\partial^2\tilde{W}}{\partial x^2}=0\\ \tilde{W}(0,\xi)=0\\ \tilde{W}(x,0)=e^{-\frac{x}{2}}H(x)\left(\widehat{P}^d(x,0)-\widehat{P}(x,0)\right)^+\end{cases}\tag{16.11}$$

由附录并注意到在 $T_1$ 时刻相应的

$$\begin{aligned}\widehat{P}^d(x,0)-\widehat{P}(x,0)=\omega e^{\frac{\mu}{8}}\Bigg\{&e^{-\frac{x^*}{2}}N\left(x^*-\frac{\mu}{2}\right)-e^{\frac{x^*}{2}}N\left(-x^*-\frac{\mu}{2}\right)\\&-\left(e^{\frac{x}{2}}N\left(x-\frac{\mu}{2}\right)-e^{\frac{x^*}{2}}N\left(x^*-\frac{\mu}{2}\right)\right)\Bigg\}\end{aligned}$$

这里 $\mu=T^*-T_1^*=\int_{T_1}^T\hat{\sigma}^2(s)ds$.

类似于附录, 先做奇延拓化为柯西问题, 求解后把解限制在 $x\geqslant 0$ 可得

$$\tilde{W}(x,\xi)=\frac{1}{\sqrt{2\pi\xi}}\int_{-\infty}^0\left[e^{-\frac{(x-s)^2}{2\xi}}-e^{-\frac{(x+s)^2}{2\xi}}\right]\tilde{W}(s,0)ds\tag{16.12}$$

## 16.4 附录

### 定理 16.1 的证明

用零息国债 $D(r,t;T)$ 作为计价单位, 即令 $\widehat{P}_t=\frac{P_t}{D_t}$, $Z_t=\frac{X_t}{D_t}$, 我们可把原问题化为一维问题:

$$\begin{cases}\dfrac{\partial \widehat{P}}{\partial t}+\dfrac{1}{2}\hat{\sigma}^2(t)Z^2\dfrac{\partial^2\widehat{P}}{\partial Z^2}=0, & \widetilde{\Sigma}\\ \widehat{P}(Z_T,T;T)=1, & Z>1\\ \widehat{P}(1,t;T)=1-\omega, & 0\leqslant t\leqslant T\end{cases}\tag{16.13}$$

这里 $\widetilde{\Sigma}$ 为区域 $\{Z>1,0\leqslant t\leqslant T\}$,

$$\begin{aligned}\widehat{\sigma}^2(t)&=\frac{1}{D^2}\left(\frac{\partial D}{\partial r}\right)^2\eta^2+\sigma^2-2\rho\eta\sigma\frac{1}{D}\frac{\partial D}{\partial r}\\&=B^2(T-t)\eta^2+\sigma^2+2\rho\eta\sigma B(T-t)\end{aligned}\tag{16.14}$$

注意到 $\widehat{\sigma}^2(t)$ 与 $r$ 无关, 由极值原理, $\widehat{P}(Z,t;T)$ 只在区域 $\widetilde{\Sigma}$ 边界上取最大最小值, 即在区域内部有

$$1-\omega<\widehat{P}(Z,t;T)<1\tag{16.15}$$

而如前所述, 敲定收益率差 $k$ 满足

$$1-\omega<e^{-k(T-T_1)}<1\tag{16.16}$$

由连续性, 一定有 $Z$ 使

$$\widehat{P}(Z,T_1;T)=e^{-k(T-T_1)}\tag{16.17}$$

且这样的 $Z$ 是唯一的, 因为 $\widehat{P}(Z,t;T)$ 关于 $Z$ 单调, 这同样可由极值原理得到. 记 $\frac{\partial\widehat{P}(Z,t;T)}{\partial Z}=Q(Z,t;T)$, 则 $Q(Z,t;T)$ 适合

$$\begin{cases}\dfrac{\partial Q}{\partial t}+\dfrac{1}{2}\widehat{\sigma}^2(t)Z^2\dfrac{\partial^2 Q}{\partial Z^2}+\widehat{\sigma}^2(t)Z\dfrac{\partial Q}{\partial Z}=0\\Q(Z_T,T;T)=0\\Q(1,t;T)>0\end{cases}\tag{16.18}$$

由极值原理, $Q(Z,T_1;T)>0$, 即 $\widehat{P}(Z,t;T)$ 关于 $Z$ 单调.

为求解问题 (16.13), 令

$$\tau=\int_0^t\widehat{\sigma}^2(\xi)d\xi,\quad T^*=\int_0^T\widehat{\sigma}^2(\xi)d\xi$$

这样,

$$\begin{cases}\dfrac{\partial\widehat{P}}{\partial\tau}+\dfrac{1}{2}Z^2\dfrac{\partial^2\widehat{P}}{\partial Z^2}=0,\quad\widetilde{\Sigma}\\\widehat{P}(Z_{T^*},T^*;T^*)=1,\quad Z>1\\\widehat{P}(1,\tau;T^*)=1-\omega,\quad 0\leqslant\tau\leqslant T^*\end{cases}\tag{16.19}$$

这里 $\widetilde{\Sigma}$ 为区域 $\{Z>1,0\leqslant\tau\leqslant T^*\}$.

令

$$x = LnZ, \quad \xi = T^* - \tau$$

则有

$$\begin{cases} \dfrac{\partial \widehat{P}}{\partial \xi} - \dfrac{1}{2}\dfrac{\partial^2 \widehat{P}}{\partial x^2} + \dfrac{1}{2}\dfrac{\partial \widehat{P}}{\partial x} = 0, & \widehat{\Sigma} \\ \widehat{P}(x,0) = 1, & 0 < x < \infty \\ \widehat{P}(0,\xi) = 1 - \omega, & 0 \leqslant \xi \leqslant T^* \end{cases} \tag{16.20}$$

其中 $\widehat{\Sigma}$ 为区域 $\{x > 0, 0 \leqslant \xi \leqslant T^*\}$.

取

$$\widehat{W} = e^{-(\frac{x}{2} - \frac{\xi}{8})}[\widehat{P} - (1 - \omega)] \tag{16.21}$$

我们有

$$\begin{cases} \dfrac{\partial \widehat{W}}{\partial \xi} - \dfrac{1}{2}\dfrac{\partial^2 \widehat{W}}{\partial x^2} = 0, & \widehat{\Sigma} \\ \widehat{W}(x,0) = e^{-x/2}\omega, & 0 < x < \infty \\ \widehat{W}(0,\xi) = 0, & 0 \leqslant \xi \leqslant T^* \end{cases} \tag{16.22}$$

由镜像法, 我们先在区域 $\widetilde{\Sigma}: \{-\infty < x < +\infty, 0 \leqslant \xi \leqslant T^*\}$ 上解柯西问题

$$\begin{cases} \dfrac{\partial W}{\partial \xi} - \dfrac{1}{2}\dfrac{\partial^2 W}{\partial x^2} = 0 \\ W(x,0) = \begin{cases} e^{-x/2}\omega, & x > 0 \\ -e^{x/2}\omega, & x < 0 \end{cases} \end{cases} \tag{16.23}$$

然后把解限制在区域 $\widehat{\Sigma}: \{x > 0, 0 \leqslant \xi \leqslant T^*\}$ 上, 即可得到 (16.22) 式的解

$$\widehat{W}(x,\xi) = W(x,\xi), \quad (x,\xi) \in \widehat{\Sigma}: \{x > 0, 0 \leqslant \xi \leqslant T^*\}$$

由泊松公式,

$$\begin{aligned}W(x,\xi) &= \frac{1}{\sqrt{2\pi\xi}}\int_{-\infty}^{+\infty} e^{-\frac{(x-s)^2}{2\xi}} W(s,0)ds \\ &= -\frac{1}{\sqrt{2\pi\xi}}\int_{-\infty}^{0}\left(e^{-\frac{(x-s)^2}{2\xi}} - e^{-\frac{(x+s)^2}{2\xi}}\right)e^{s/2}\omega ds \\ &= \frac{\omega}{\sqrt{2\pi\xi}}\int_{-\infty}^{0}\left(e^{-\frac{(s+(x-\frac{\xi}{2}))^2}{2\xi}}e^{-\frac{x}{2}+\frac{\xi}{8}} - e^{-\frac{(s-(x+\frac{\xi}{2}))^2}{2\xi}}e^{\frac{x}{2}+\frac{\xi}{8}}\right)ds \\ &= \omega\left[e^{-\frac{x}{2}+\frac{\xi}{8}}N\left(x-\frac{\xi}{2}\right) - e^{\frac{x}{2}+\frac{\xi}{8}}N(-x-\frac{\xi}{2})\right]\end{aligned}$$

从而

$$\widehat{P} = (1-\omega) + \omega\left[e^{-\frac{x}{2}+\frac{\xi}{8}}N\left(x-\frac{\xi}{2}\right) - e^{\frac{x}{2}+\frac{\xi}{8}}N\left(-x-\frac{\xi}{2}\right)\right] \tag{16.24}$$

即

$$\begin{aligned}P_t = D_t\widehat{P} &= D_t(1-\omega) + D_t\omega\left[e^{-\frac{x}{2}+\frac{\xi}{8}}N\left(x-\frac{\xi}{2}\right) - e^{\frac{x}{2}+\frac{\xi}{8}}N\left(-x-\frac{\xi}{2}\right)\right] \\ &= D_t(1-\omega) + D_t\omega\left[e^{-\frac{x}{2}+\frac{T^*-\tau}{8}}N\left(x-\frac{T^*-\tau}{2}\right)\right. \\ &\quad \left.-e^{\frac{x}{2}+\frac{T^*-\tau}{8}}N\left(-x-\frac{T^*-\tau}{2}\right)\right]\end{aligned} \tag{16.25}$$

这里

$$x = \ln\frac{V}{KD}, \quad \tau = \int_0^t \widehat{\sigma}^2(\zeta)d\zeta, \quad T^* = \int_0^T \widehat{\sigma}^2(\zeta)d\zeta$$

## 参考文献

[1] Black F, Cox J C. Valuing Corporate Securities: Some Effects of Bond Indenture Provisions. Journal of Finance, 1976: 31, 351–367.

[2] Black F, Scholes M. The Pricing of Options and Corporate Liabilities. Journal of Political Economy, 1973: 81, 637–654.

[3] Briys E, de Varenne F. Valuing Risky Fixed Rate Debt: An Extension. Journal of Financial and Quantitative Analysis, 1997: 32 (2), 239–248.

[4] Das S R. Credit Risk Derivatives. Journal of Derivatives, 1995: 2 (3), 7–23.

[5] Duffie D, Singleton K J. Modeling Term Structures of Defaultable Bonds. Review of Financial Studies, 1999: 12, 687–720.

[6] Jarrow R A, Turnbull S. Pricing Options on Financial Securities Subject to Default Risk. Journal of Finance, 1995: 24, 271–299.

[7] Longstaff F, Schwartz E. A Simple Approach to Valuing Risky Fixed and Floating Rate Debt. Journal of Finance, 1995: 50, 789–819.

[8] Longstaff F, Schwartz E. Valuing Credit Derivatives. Journal of Fixed Income, 1995: 5 (1), 6–12.

[9] Merton R. On the Pricing of Corporate Debt: The Risk Structure of Interest Rates. Journal of Finance, 1974: 29, 449–470.

[10] Vasicek O. An Equilibrium Characterization of the Term Structure. The Journal of Financial Economics, 1977: 5, 177–188.

# 第 17 章

# 本外币贷款风险比较及定价模型[①]

## 17.1 问题的提出

随着全球经济一体化的进程, 各国货币的兑换变得更为便捷. 本国公司在贷款时, 可根据实际情况或需求在本币贷款和外币贷款中进行选择. 前者是直接借入本币, 在贷款到期日按本币还款; 而后者是公司借入外币, 将其兑换成本币用于投资经营, 在贷款到期日兑换回外币用以还款. 当外币的利率低于本币, 且货币可自由兑换时, 公司可能会采用外币贷款来降低贷款成本. 如在东南亚金融危机前, 泰国实行盯住美元的汇率制度, 当美元由贬值转向升值时, 泰铢相应升值. 泰国央行被迫不断提高利率, 本币贷款成本上升, 大量泰国公司寻求外币贷款以降低融资成本, 且由于盯住制度屏蔽了汇率风险, 而使得外币贷款备受追捧. 然而危机爆发后, 泰国政府宣布放弃盯住制度, 泰铢的大幅度贬值使得公司资产兑换成外币后资产价值急剧下降, 公司无力偿还外币贷款额, 造成资不抵债而违约. 由此可见, 当外国利率较低时, 本国公司采用外币贷款在降低公司的贷款成本的同时, 可能的汇率风险也增加了公司潜在的风险, 除非有相应汇率衍生品来控制. 本章试图在此情况下, 对公司本外币贷款时公司违约概率和贷款价值建立相应的模型. 并通过对汇率和公司资产值之间的相关性分析表明, 当两者存在正相关或负相关程度较小时, 公司采用外币贷款时公司违约概率相对较大;

---

① 本章由任学敏、刘易撰写.

反之当两者负相关程度较大时, 采用外币贷款的违约概率反而相对较小. 从违约概率的角度出发, 我们给出公司选择本外币贷款的一个基本标准, 即当某外国的利率较低, 且两国汇率与本国公司资产存在负相关程度较大时, 本国公司采用外币贷款要优于本币贷款.

## 17.2 模型的基本假设

(1) 汇率: 设 $S_t$ 为本币兑外币汇率, 服从下列随机微分方程:

$$\begin{cases} dS_t = (r_F - r)S_t dt + \sigma_1 S_t dW_{1t} \\ S(0) = S_0 \end{cases} \tag{17.1}$$

其中常数 $r$, $r_F$ 和 $\sigma_1$ 分别为本币无风险利率、外币无风险利率和汇率的波动率, $(W_{1t})_{t\geqslant 0}$ 为标准布朗运动.

(2) 公司: 设贷款公司的资产 $X_t$ (以本币计), 服从下列随机微分方程:

$$\begin{cases} dV_t = rV_t dt + \sigma_2 V_t dW_{2t} \\ V(0) = V_0 \end{cases} \tag{17.2}$$

其中常数 $\sigma_2$ 为公司资产的波动率, $(W_{2t})_{t\geqslant 0}$ 为标准布朗运动, 且与 $(W_{1t})_{t\geqslant 0}$ 相关, 即 $\mathrm{Cov}(dW_{1t}, dW_{2t}) = \rho dt$.

由 Itô 公式, 以外币计的公司资产值 $\bar{V}_t = V_t S_t$ 满足如下随机微分方程:

$$d\ln \bar{V}_t = dX_t = (r_F - \mu)dt + \sigma dW_t \tag{17.3}$$

其中 $\mu = \frac{1}{2}(\sigma_1^2 + \sigma_2^2), dW_t = \frac{\sigma_1 dW_{1t} + \sigma_2 dW_{2t}}{\sigma}, \sigma^2 = \sigma_1^2 + 2\rho\sigma_1\sigma_2 + \sigma_2^2$.

设贷款公司违约后的回收率为常数 $R, 0 \leqslant R < 1$.

(3) 贷款: 我们分别考虑公司以本币贷款和外币贷款的情况, 并假设公司除此之外不存在其他债务. 设两者的到期日均为 $T$, 且以本币计时, 初始时刻的贷款额均为 $F$.

- 本币贷款: 本国公司在时刻 0 借入本币 $F$, 在时刻 $T$ 偿还贷款, 本币还款额为 $Fe^{rT}$. 若公司在贷款到期日之前违约, 违约时刻贷款的回收值为部分到期本币还款额, 反之贷款的价值为全部到期本币还款额.
- 外币贷款: 本国公司在时刻 0 借入外币 $FS_0$, 在时刻 $T$ 偿还贷款, 外币还款额为 $FS_0e^{r_F T}$. 若公司在贷款到期日之前违约, 违约时刻贷款的回收值为部分到期外币还款额, 反之贷款的价值为全部到期外币还款额.

设 $U(X,S,t)$ 和 $U_1(X,t)$ 分别为 $t$ 时刻以外币计的外币贷款价值和以本币计的本币贷款价值; 以外币和本币贷款时, 公司的违约概率为 $P(X,S,t)$ 和 $P_1(X,t)$.

(4) 公司违约: 设 $\tau_1$ 为公司采用外币贷款情况下的违约时刻, 我们采用结构化模型中的首次跃出模型来刻画违约, 公司资产须兑换成外币用于还款, 则违约时刻分别为

$$\tau = \inf\{t > 0|\bar{V}_t = b_{1t}\} = \inf\{t > 0|X_t = \ln b_{1t}\} \tag{17.4}$$

这里 $b_{1t}$ 为公司采用外币贷款时的违约边界, 我们采用与 Black & Cox (1976) 中对违约边界的假设, 设为公司负债值的贴现, 即 $b_{1t} = FS_0e^{r_FT}e^{-r_F(T-t)} = FS_0e^{r_Ft}$.

设 $\tau_2$ 为公司采用本币贷款情况下的违约时刻, 则违约时刻分别为

$$\tau_2 = \inf\{t > 0|V_t = b_{2t}\} \tag{17.5}$$

这里 $b_{2t}$ 为公司采用本币贷款时的违约边界, 设为公司本币还款额的贴现值, 即 $b_{2t} = Fe^{rt}$.

## 17.3 模型的建立

### 17.3.1 公司违约概率的数学模型

在按外币贷款时, $t$ 时刻公司的违约概率满足如下表达式:

$$P(V,S,t) = P(X,t) = E[I_{\tau\leqslant T}|X_t = X] \tag{17.6}$$

$P(X,t)$ 是以下终边值问题在区域 $\{\ln b_{1t} \leqslant X < \infty, 0 < t \leqslant T\}$ 上的解 (参考文献 [6]),

$$\begin{cases} \dfrac{\partial P}{\partial t} + \dfrac{1}{2}\sigma^2\dfrac{\partial^2 P}{\partial X^2} + (r_F - \mu)\dfrac{\partial P}{\partial X} = 0, & \ln b_{1t} < X < \infty, 0 < t < T \\ P(\ln b_{1t}, t) = 1, & 0 < t < T \\ P(X,T) = 0, & \ln b_{1t} < X < \infty \end{cases} \tag{17.7}$$

公司采用外币贷款时, $t$ 时刻公司的违约概率 $P(V,S,t)$ 有如下形式的显示解,

$$P(V,S,t) = N(-d_1) - \left(\frac{VS}{FS_0e^{r_Ft}}\right)^{-2\alpha_1} N(-d_2) \tag{17.8}$$

其中 $N(\cdot)$ 为正态分布累积函数;

$$\alpha=-\frac{\mu}{\sigma^2},\quad \beta=\frac{\mu^2}{2\sigma^2},\quad \sigma^2=\sigma_1^2+2\rho\sigma_1\sigma_2+\sigma_2^2,\quad \mu=\frac{1}{2}(\sigma_1^2+\sigma_2^2) \tag{17.9}$$

$$d_1=\frac{\ln V+\ln S-\ln FS_0+(r_F-\mu)(T-t)-r_FT}{\sigma\sqrt{T-t}} \tag{17.10}$$

$$d_2=\frac{\ln V+\ln S-\ln FS_0+(r_F+\mu)(T-t)-r_FT}{\sigma\sqrt{T-t}}=d_1+\frac{2\mu}{\sigma}\sqrt{T-t} \tag{17.11}$$

**证明**　由变换 $\bar{x}=X-\ln b_{1t},\eta=T-t,P(X,t)=\bar{P}(\bar{x},\eta)$, 可得

$$\begin{cases}\dfrac{\partial\bar{P}}{\partial\eta}-\dfrac{1}{2}\sigma^2\dfrac{\partial^2\bar{P}}{\partial\bar{x}^2}+\mu\dfrac{\partial\bar{P}}{\partial\bar{x}}=0, & 0<\bar{x}<\infty,0<\eta<T\\ \bar{P}(0,\eta)=1, & 0<\eta<T\\ \bar{P}(\bar{x},0)=0, & 0<\bar{x}<\infty\end{cases}$$

令 $\tilde{P}(\bar{x},\eta)=(\bar{P}(\bar{x},\eta)-1)e^{\alpha\bar{x}+\beta\eta}$, 其中 $\alpha=-\frac{\mu}{\sigma^2},\beta=\frac{\mu^2}{2\sigma^2}$,

$$\begin{cases}\dfrac{\partial\tilde{P}}{\partial\eta}-\dfrac{1}{2}\sigma^2\dfrac{\partial^2\tilde{P}}{\partial\bar{x}^2}=0, & 0<\bar{x}<\infty,0<\eta<T\\ \tilde{P}(0,\eta)=0, & 0<\eta<T\\ \tilde{P}(\bar{x},0)=-e^{\alpha\bar{x}}, & 0<\bar{x}<\infty\end{cases}$$

做奇开拓, 并由 Poisson 公式 (参考文献 [7]) 得,

$$\tilde{P}(\bar{x},\eta)=-e^{\frac{\alpha^2\sigma^2}{2}\eta+\alpha\bar{x}}N\left(\frac{\bar{x}+\alpha\sigma^2\eta}{\sigma\sqrt{\eta}}\right)-e^{\frac{\alpha^2\sigma^2}{2}\eta-\alpha\bar{x}}N\left(-\frac{\bar{x}-\alpha\sigma^2\eta}{\sigma\sqrt{\eta}}\right) \tag{17.12}$$

代回原来的变量即可得 (17.8) 式.

同理可得, 采用本币贷款时, $t$ 时刻公司的违约概率 $Q_2(X,t)$ 有如下形式的显示解:

$$P_1(V,t)=N(-\bar{d}_1)-\left(\frac{V}{Fe^{rt}}\right)^{-2\alpha_1}N(-\bar{d}_2) \tag{17.13}$$

其中

$$\alpha_1=-\frac{1}{2},\quad \beta_1=\frac{\sigma_1^2}{8} \tag{17.14}$$

$$\bar{d}_1=\frac{\ln V-\ln F+\left(r-\dfrac{1}{2}\sigma_2^2\right)(T-t)-rT}{\sigma_2\sqrt{T-t}} \tag{17.15}$$

$$\bar{d}_2=\frac{\ln V-\ln F+\left(r+\dfrac{1}{2}\sigma_2^2\right)(T-t)-rT}{\sigma_2\sqrt{T-t}}=\bar{d}_1+\sigma_2\sqrt{T-t} \tag{17.16}$$

### 17.3.2 本外币贷款价值的数学模型

为给出公司采用外币贷款时, 贷款的现金流, 我们根据借款公司资产的不同情况, 对贷款的价值进行分析. 站在贷款者的角度, 我们有:

当借款公司资产兑换成外币后的价值大于外币到期还款额的贴现, 即 $\bar{X} > b_{1t}$ 时, 则 $t$ 时刻贷款的价值为外币到期还款额的贴现, 即

$$FS_0e^{r_Ft}$$

当借款公司资产兑换成外币后的价值不大于外币到期还款额的贴现, 即 $\bar{X} \leqslant b_{1t}$ 时, 借款公司因资不抵债而违约, 则 $t$ 时刻贷款的价值为部分外币到期还款额的贴现, 即

$$RFS_0e^{r_Ft}$$

综合上述所有情况, $t$ 时刻贷款的价值为,

$$U(V,S,t) = U(X,t) = E[I_{\tau>T}FS_0e^{r_Ft} + I_{\tau\leqslant T}RFS_0e^{r_Ft}|X_t = X] \tag{17.17}$$

由 Feynman-Kac 公式, 外币贷款的价值 (17.17) 满足如下偏微分方程终边值问题:

$$\begin{cases} \dfrac{\partial U}{\partial t} + \dfrac{1}{2}\sigma^2\dfrac{\partial^2 U}{\partial X^2} + (r_F - \mu)\dfrac{\partial U}{\partial X} - r_FU = 0, & \ln b_{1t} \leqslant X < \infty, 0 \leqslant t \leqslant T \\ U(\ln b_{1t}, t) = RFS_0e^{r_Ft}, & 0 \leqslant t \leqslant T \\ U(X,T) = FS_0 & \ln b_{1t} \leqslant X < \infty \end{cases} \tag{17.18}$$

我们得到了 $t$ 时刻贷款的价值有如下解析表达式:

$$U(V,S,t) = FS_0e^{r_Ft} - (1-R)FS_0e^{r_Ft}\left(N(-d_1) - \left(\frac{VS}{FS_0e^{r_Ft}}\right)^{-2\alpha}N(-d_2)\right) \tag{17.19}$$

其中 $\alpha, \beta, d_1, d_2$ 分别如 (17.9), (17.10) 及 (17.11) 式所示.

**证明** 由变换: $\bar{x} = X - \ln b_{1t}, \eta = T - t, \bar{U}(\bar{x},\eta) = \frac{U(X,t)}{e^{r_Ft}}$, 可得:

$$\begin{cases} \dfrac{\partial \bar{U}}{\partial \eta} - \dfrac{1}{2}\sigma^2\dfrac{\partial^2 \bar{U}}{\partial \bar{x}^2} + \mu\dfrac{\partial \bar{U}}{\partial \bar{x}} = 0, & 0 \leqslant \bar{x} < \infty, 0 \leqslant \eta \leqslant T \\ \bar{U}(0,\eta) = RFS_0, & 0 \leqslant \eta \leqslant T \\ \bar{U}(\bar{x},0) = FS_0, & 0 \leqslant \bar{x} < \infty \end{cases}$$

令 $\tilde{U}(\bar{x},\eta)=(\bar{U}(\bar{x},\eta)-RFS_0)e^{\alpha\bar{x}+\beta\eta}$,

$$\begin{cases}\dfrac{\partial\tilde{U}}{\partial\eta}-\dfrac{1}{2}\sigma^2\dfrac{\partial^2\tilde{U}}{\partial\bar{x}^2}=0, & 0\leqslant\bar{x}<\infty,0\leqslant\eta\leqslant T\\ \tilde{U}(0,\eta)=0, & 0\leqslant\eta\leqslant T\\ \tilde{U}(\bar{x},0)=(1-R)FS_0e^{\alpha\bar{x}}, & 0\leqslant\bar{x}<\infty\end{cases}$$

做奇开拓, 并由 Poisson 公式 (参考文献 [7]) 得,

$$\tilde{U}(\bar{x},\eta)=(1-R)FS_0\left[e^{\frac{\alpha^2\sigma^2}{2}\eta+\alpha\bar{x}}N\left(\frac{\bar{x}+\alpha\sigma^2\eta}{\sigma\sqrt{\eta}}\right)+e^{\frac{\alpha^2\sigma^2}{2}\eta-\alpha\bar{x}}N\left(-\frac{\bar{x}-\alpha\sigma^2\eta}{\sigma\sqrt{\eta}}\right)\right]$$

代回原来的变量即可得 (17.19) 式.

在 (17.19) 式中的第一项即为无风险贷款在 $t$ 时刻贷款的价值; 第二项中 $(1-R)FS_0e^{r_Ft}$ 为借款者违约时贷款的损失,

$$\left(N(-d_1)-\left(\frac{VS}{FS_0e^{r_Ft}}\right)^{-2\alpha}N(-d_2)\right)$$

为其公司采用外币贷款时的违约概率, 如 (17.8) 式所示, 故第二项为由于外币贷款可能违约而造成的潜在损失.

相应的, 可得以本币计的本币贷款的贷款价值如下,

$$U_1(X,t)=Fe^{rt}-(1-R)Fe^{rt}\left(N(-\bar{d}_1)-\left(\frac{X}{Fe^{rt}}\right)^{-2\alpha_1}N(-\bar{d}_2)\right) \tag{17.20}$$

其中 $\alpha_1$ 和 $\beta_1,\bar{d}_1,\bar{d}_2$ 分别如 (17.14), (17.15), (17.16) 式所示.

## 17.4　数值计算及分析

计算得到数值结果包含:

(1) 公司以本外币贷款时, 违约概率的比较;

(2) 公司以本外币贷款时, 贷款价值的比较;

(3) 公司以外币贷款时, 资产与汇率的相关性对公司违约概率的影响.

在此我们的主要目的是通过比较本外币贷款情况下公司的违约概率, 给出选择本外币贷款时的基本标准, 并分析汇率与贷款公司相关性对于外币贷款的影响. 因而此时我们自行选取数据进行数值计算和分析, 而不涉及数据的拟合. 并

且为了能将初始时刻本外币贷款的价值进行比较, 我们设初始时刻的汇率 $S_0 = 1$. 我们所选取的数据如下:

$$F = 1,\quad S_0 = 1,\quad T = 6,\quad \sigma_1 = 0.1,\quad \sigma_2 = 0.1,$$
$$\rho = 0.3,\quad r = 0.05,\quad r_F = 0.03,\quad R = 0.4$$

图 17.1 为公司分别采用本外币贷款时, 违约概率的比较. 通过观察可知, 公司违约概率均随时间的上升而上升. 这是因为, 时间越长, 则公司违约的可能性越大. 且当汇率与公司资产呈正相关时, 外币贷款时公司违约概率高于本币贷款时公司违约概率. 这是因为在以外币贷款时, 公司不仅存在着自身资产变动的影响, 同时面临着汇率的风险, 两者的同向变化会加大贷款违约的可能性.

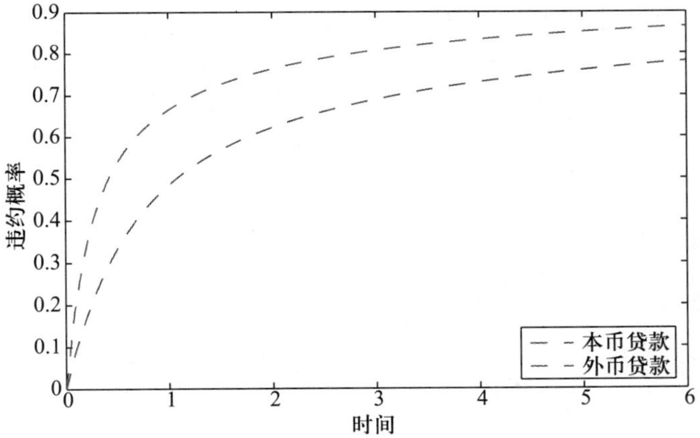


图 17.1 本外币贷款时公司违约概率的比较

图 17.2 为公司分别采用本外币贷款时, 贷款在初始时刻价值的比较. 可以看到, 贷款价值均随时间的上升而下降; 这是因为, 时间越长, 则公司违约的可能性越大, 贷款的风险越大, 价值越低. 且当汇率与公司资产呈正相关时, 外币贷款时贷款价值低于本币贷款时贷款价值. 这是因为, 在以外币贷款时, 公司不仅存在着自身资产变动的影响, 同时面临着汇率的风险, 因而贷款价值小于本币贷款时贷款价值.

图 17.3 为公司以外币贷款时, 资产与汇率的相关性对公司违约概率的影响. 我们观察得到, 随着借款者公司资产与汇率相关性的下降, 公司的违约概率下降. 且当两者具有较大负相关性时, 公司采用外币借款时的违约概率要小于本币借款时的违约概率. 这是因为, 当公司资产与汇率为正相关时, 两者同向的变化可能导致资产兑换成外币后的价值更低, 使得公司违约的可能性更大. 且随着

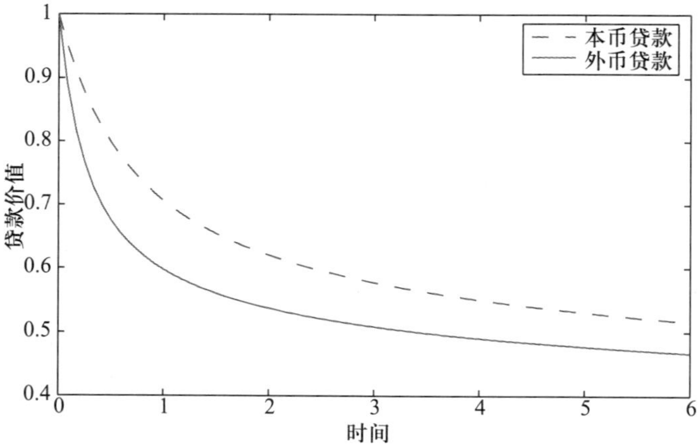


图 17.2　本外币贷款时贷款价值的比较

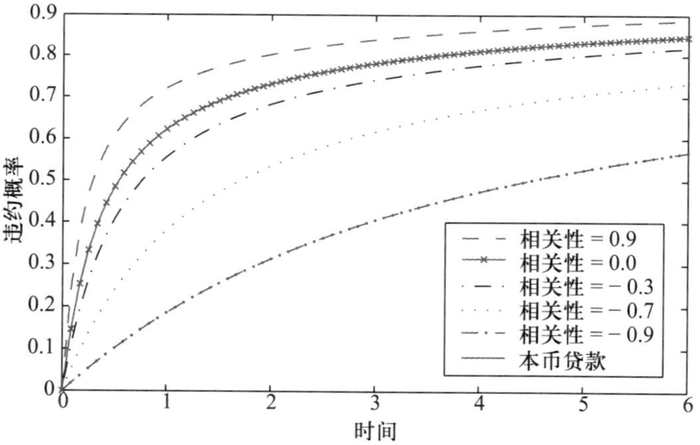


图 17.3　不同借款者资产和汇率相关性的情况下, 外币贷款时公司的违约概率

相关性的下降, 两者同向变化的可能性下降, 因而公司违约概率下降. 反之, 当两者为负相关时, 尽管公司资产下降, 但汇率上升的可能性增加, 使得资产兑换成外币后的价值上升, 反而可能使得公司违约概率下降. 且随着负相关程度的上升, 这种负相关对公司违约概率的下降的影响更显著, 特别当负相关程度较大时, 公司外币贷款时的违约概率将小于本币贷款时的违约概率. 所以我们认为本国公司在选择贷款者时, 通常情况下采用本币贷款可以规避汇率的风险. 但当某外国的利率较低, 且两国汇率与本国公司资产存在负相关程度较大的外国贷款者, 则此时采用外币贷款要优于本币贷款.

图 17.4 为公司以外币贷款时, 公司违约概率以及贷款价值与汇率的关系. 我们发现, 随着汇率的上升, 公司违约概率下降, 且贷款的价值上升. 这是因为, 外币随着汇率的上升而相应地贬值, 公司采用外币贷款的贷款成本下降, 则其违约概率下降, 外币贷款的价值上升.

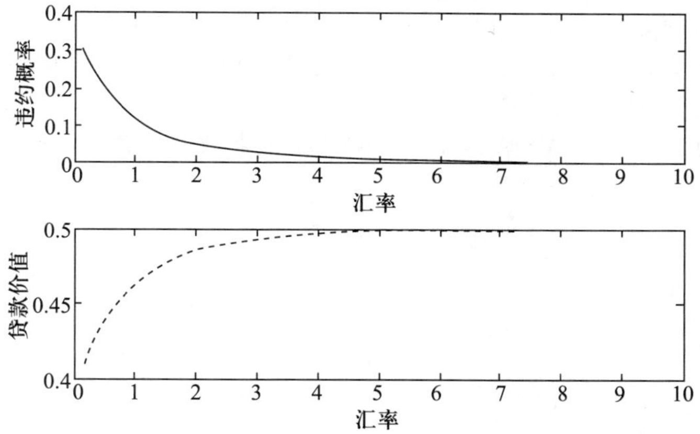


图 17.4　公司以外币贷款时, 公司违约概率及贷款价值与汇率的关系

## 17.5　结论

在本文中, 我们在本外币贷款时, 分别建立了公司违约概率和贷款价值模型, 并给出了显式解. 通过计算比较, 我们发现公司本外币贷款时违约概率和贷款价值的相对大小依赖于公司资产和汇率相关性. 当两者存在正相关或负相关程度较小时, 公司采用外币贷款时的违约概率相对较大; 但随着相关性的下降, 当两者负相关程度较大时, 采用外币贷款的违约概率反而相对较小. 以公司违约概率作为衡量本外币贷款的标准之一, 当某外国的利率较低, 且两国汇率与本国公司资产存在负相关程度较大时, 本国公司采用外币贷款要优于本币贷款, 公司可结合自身情况和需求进行选择.

## 参考文献

[1] Jarrow R A, Turnbull S. Pricing Derivatives on Financial Securities Subject to Credit Risk. Journal of Finance, 1995: 50(1), 53–86.

[2] Duffie D, Singleton K. Modeling Term Structures of Defaultable Bonds. Review of Financial Studies, 1999: 12, 687–720.

[3] Merton R. On the Pricing of Corporate Debt: The Risk Structure of Interest Rates. Journal of Finance, 1974: 29, 449–470.

[4] Black F, Cox J C. Valuing Corporate Securities: Some Effects of Bond Indenture Provisions. Journal of Finance, 1976: 31, 351–367.

[5] Zhou C. A Jump-Diffusion Approach to Modeling Credit Risk and Valuing Defaultable Securities. Finance and Economic Discussion Series, 1997: 1997–15.

[6] 姜礼尚, 徐承龙, 任学敏, 李少华等. 金融衍生产品定价的数学模型与案例分析 (第二版). 北京: 高等教育出版社, 2013.

[7] 姜礼尚, 陈亚浙等. 数学物理方程讲义 (第三版). 北京: 高等教育出版社, 2007.

# 第 18 章

# 具有违约观察期公司债券的定价①

## 18.1 引言

违约条款的界定是公司债券的一个本质特征. 一般来说, 债券合约里规定债务人需定期向债权人支付利息, 到期日支付本金, 且债务人一旦不能按合约规定支付或延迟支付, 都被视为违约. 根据美国破产保护法, 违约公司既可以申请美国破产法第七章, 对公司进行清算保护, 也可以申请美国破产法第十一章, 在其相应规定的条款下, 对未付的债务进行重新谈判.

美国破产法第七章规定: 公司一旦违约, 马上进入清算阶段, 此时违约等同于清算. 在美国破产法第七章下对公司债券进行定价可追溯到 Merton [1] 和 Black 和 Cox [2], 以及 Leland [3], Morellec [4] 等.

与美国破产法第七章不同, 美国破产法第十一章规定: 公司一旦违约, 公司并没有马上进入清算阶段, 而是被赋予一个违约观察期, 在观察期期间, 公司权益双方, 股东和债权人对于未付债务进行重新谈判②, 若在违约观察期内, 通过权益双方的谈判策略, 成功地使公司摆脱困境, 则公司继续正常运营, 否则, 公司将被清算. 现有的文献主要通过两种模型对违约观察期内双方的谈判策略进

①本章由林建伟撰写.

②由于清算将导致债权人承受巨大损失以及股东所持有的股票将一文不值, 所以在这种情况下, 权益双方都愿意对违约公司的未付债务进行重新谈判.

行刻画: 策略债务支付和尾款账户债务支付策略. 第一种谈判策略规定: 在违约观察期期间, 按照纳什均衡原理对权益双方的利益进行分配, 公司将停止支付按照合约事先规定的息票数额给债权人, 而按照由纳什均衡原理确定的息票数额支付给债权人, 直至违约公司的资产价格 $V_t$ 重新回到公司的违约门槛 $V_B$①. 但同时规定若公司的资产价值 $V_t$ 在违约门槛 $V_B$ 下持续徘徊的时间超过规定的观察期长度, 则公司将被强行清算, 否则公司继续正常运营. 另外, 公司在违约观察期内将失去由于发行了债券而获得的税盾收益, 且必须支付一定比例的谈判费用, 该谈判策略最早由 Fan 和 Sundaresan [5] 提出, 他们在违约观察期长度为无穷大, 且不考虑谈判费用的假设下, 按照这种谈判策略, 通过 ODE 对永久公司债券和股票进行定价, 获得相应解的解析表达式, 以及相应的最佳违约边界 $V_B$ 的解析表达式; Francois 和 Morellec [6] 推广 Fan 和 Sundaresan [5] 的模型至考虑有限违约观察期和支付谈判费用情形, 利用随机分析方法, 得到永久公司债券和股票解析的定价表达式, 以及相应的最佳违约边界 $V_B$ 的解析表达式. 但文章尚未讨论资产价格在小于违约门槛值时, 公司债券的价格和公司在违约观察期长度内债券持有人应该得到的息票收益.

第二种谈判策略规定: 在违约观察期期间, 公司暂时停止向债权人支付按照合约事先规定的息票数额, 并把这些未付的息票数额记录在尾款账户 $A_t$ 里, 同时公司所产生的所有现金流也都被记录在另外一个现金流账户 $S_t$ 里, 直至违约公司的资产价格 $V_t$ 重新回到公司的违约门槛 $V_B$, 并在该时刻, 公司将从账户 $S_t$ 里支付 $\theta A_t$ $(0 \leqslant \theta \leqslant 1)$② 给债权人, 而股东获得 $S_t - \theta A_t$ 红利收益, 若 $S_t < \theta A_t$ 时, 公司将通过增发股票来支付不足的部分, 直至股票价值为零. 类似第一种谈判策略, 规定若公司并没有在规定的观察期内使得公司的资产价值重新回到公司的违约门槛, 则公司将被强行清算. 同样公司在违约观察期内将失去由于发行了债券而获得的税盾收益, 且必须支付一定比例的谈判费用. 该谈判策略由 Broadie, Chernov 和 Sundaresan [7] 提出, 他们通过二叉树方法给出永久公司债券和股票定价的数值解, 以及相应的最佳违约边界的数值解.

本章将在 Francois 和 Morellec [6] 框架下, 按照策略债务支付谈判策略, 采用 PDE 方法, 刻画出具有违约观察期的公司债券和股票满足的相应的定价问题, 不但在资产价值高于违约边界时, 获得了与 Francois 和 Morellec [6] 推出的

---

①违约门槛的位置由股东决定, 即股东有权选择双方进行债务谈判的时机, 以便使得股东权益最大化.

②$1-\theta$ 表示在违约观察期期间, 债权人为了使得公司能够在观察期期间成功摆脱困境, 而避免由于清算所遭受的损失, 对于公司的未付债务所做出的让步比例.

相同的公司股票和债券的定价表达式以及相应的最佳违约边界的表达式, 而且推出资产价值低于违约边界时, 相应的公司股票和债券的定价表达式, 并由此获得公司在违约观察期期间, 通过纳什均衡原理确定的, 债券持有人应该得到的息票收益.

首先对于任意给定的违约边界值 $V_B$, 在违约观察期期间, 按照纳什均衡原理对公司的总价值 $v$[①] 进行重新分配, 得到股票与公司债券在公司资产价值小于或等于违约边界值时的价值; 然后按照策略债务支付谈判策略, 通过现金流贴现法和巴黎型期权定价的思想建立股票与公司债券的定价模型; 进而从股东权益最大化, 获得股票价值在最佳违约边界所满足的自由边界条件, 由此把公司股票所满足的定价问题归结为一个自由边界问题, 并通过 PDE 方法推出股票与公司债券价格的闭合表达式以及最佳违约边界的解的显式表达式, 不但给出 $V \geqslant V_B$ 时定价结果, 同时考虑 $V < V_B$ 时股票与公司债券价格以及给出公司在观察期期间债券持有人应该得到的息票收益. 最后依赖于所得到的股票和公司债券的定价表达式, 本章还对公司的几个重要指标: 最优杠杆、信用利差和清算概率进行讨论, 给出它们相应解的显式表达式. 并从数值计算方面, 对最佳违约边界、债券和股票价值关于参数的依赖性进行分析, 以及把数值结果与在 Leland 模型下相应的结果进行比较.

## 18.2 Nash 均衡分配

### 18.2.1 基本假定

(1) 在概率空间 $(\Omega, F, \{\mathscr{F}_t\}_{t\geqslant 0}, Q)$ 下, $Q$ 为风险中性测度, 公司资产价值 $V_t$ 满足几何 Brown 运动:

$$\frac{dV_t}{V_t} = (r-\delta)dt + \sigma dW_t \tag{18.1}$$

其中, $r$ 为无风险利率, $\delta$ 为公司总的现金支付率, $\sigma$ 为波动率, $\{W_t\}_{t\geqslant 0}$ 为一个标准的 Brown 运动, $E(dW_t)=0, \mathrm{Var}(dW_t)=dt$;

(2) 市场不存在套利机会和市场是完全的;

(3) 公司发行股票 $E$ 与永久公司债券 $D$, 且规定债权人在清算之前, 在观察期以外可获得每单位时间 $C$ 元的息票收益, 但在观察期期间获得按照纳什均衡原理确定的息票收益 $S(V,\cdot)$, 这里 $S(V,\cdot)$ 待求, 股东按红利获得收益;

①其价值由公司资产、税盾收益、损失的谈判费用和可能面临的清算损失组成, 具体的定价模型和定价公式见 18.3 节.

(4) 企业税率为 $\tau$ $(0 < \tau < 1)$, 即企业可从发行公司债券中每单位时间获得税盾收益 $\tau C$, 但企业在违约观察期期间失去税盾收益;

(5) 清算损失率为 $\alpha$, 谈判费用比例为 $\phi$.

### 18.2.2 Nash 均衡分配

对于任意给定的违约边界 $V_B$, 当 $V \leqslant V_B$ 时, 若公司不申请美国破产法第十一章保护, 则据美国破产法第七章, 违约公司将直接被清算, 相应的股票价值为零, 债券的价值为 $(1-\alpha)V$; 但若公司申请美国破产法第十一章保护, 则公司并没有直接被清算, 而是进入违约观察期阶段. 在此期间, 根据策略息票支付谈判策略, 公司的权益双方按照纳什原理对公司的总价值 $v$ 进行再分配, 即权益双方的价值为: $E(V,\cdot;V_B) = \theta v(V,\cdot;V_B), D(V,\cdot;V_B) = (1-\theta)v(V,\cdot;V_B)$, 这里, $\theta$ 为股东的分配比例.

据纳什均衡原理可以得到权益双方谈判的最佳分配比例 $\theta^*$ 如下:

$$\theta^* = \arg\max\{[\theta v(V,\cdot;V_B)]^\eta[(1-\theta)v(V,\cdot;V_B) - (1-\alpha)V]^{1-\eta}\}$$

即

$$\theta^* = \eta\left[1 - \frac{(1-\alpha)V}{v(V,\cdot;V_B)}\right] \tag{18.2}$$

这里 $\eta(0 \leqslant \eta \leqslant 1)$ 表示股东的谈判能力.

因此, 当 $V \leqslant V_B$ 时, 股票和债券的价值分别为:

$$E(V,\cdot;V_B) = \eta[v(V,\cdot;V_B) - (1-\alpha)V] \tag{18.3}$$

$$D(V,\cdot;V_B) = (1-\eta)[v(V,\cdot;V_B) - (1-\alpha)V] + (1-\alpha)V \tag{18.4}$$

这里, 公司总价值 $v(V,\cdot;V_B)$ 的定价模型和定价公式将在下一部分给出.

## 18.3 给定违约边界时股票和公司债券定价模型

对于任意给定的违约边界 $V_B$, 在给出股票与公司债券定价模型之前, 首先给出公司总价值 $v$ 的定价模型和定价公式.

记

$$\begin{aligned} g_u &= \sup\{s | V_s \geqslant V_B, 0 \leqslant s \leqslant u\} \\ \hat{\tau}_u &= u - g_u \\ \theta_t^{V_B} &= \inf\{s \geqslant 0 | \hat{\tau}_{s+t} \geqslant d\} \end{aligned}$$

这里, $g_u$ 表示在 $u$ 时刻之前公司资产价值大或等于违约边界的最后时刻; $\hat{\tau}_u$ 表示在 $u$ 时刻之前公司资产价值在违约边界以下持续徘徊时间; $\theta_t^{V_B}$①表示从时刻 $t$ 开始公司距清算的时间长度, 即清算时刻为 $\theta_t^{V_B}+t$.

按照 Francois 和 Morellec 的框架, 在鞅测度 $Q$ 下, 在任意 $t$ 时刻, 由现金流贴现法, 可得

$$v(V_t,\hat{\tau}_t;V_B)=E_Q\left\{\int_t^{\theta_t^{V_B}+t}e^{-r(u-t)}\left[\delta V_u+\tau CI_{\{V_u<V_B\}}-\phi V_u I_{\{V_u<V_B\}}\right]du\right\}$$
$$+(1-\alpha)E_Q\{e^{-r\theta_t^{V_B}}V_{\theta_t^{V_B}+t}\} \tag{18.5}$$

等式表示公司的总价值由公司从 $t$ 时刻开始直到清算期间所产生的现金流的贴现值和在清算时刻剩余的公司资产价值 (清算时刻的公司资产价值扣去由于清算所带来损失) 的贴现现值两部分组成. 第一部分包含三项: 每单位时间公司资产所产生的现金流 $\delta V_u$; 当 $V_u>V_B$ 时, 公司由于发行债券所获得的税盾收益 $\tau C$; 第三项为当 $V_u<V_B$ 时, 公司进入重新谈判阶段所支付的谈判费用 $\phi V_u$.

由 (18.5) 式, 利用 Itô 公式, 对任意给定的违约边界 $V_B$, 公司的总价值 $v$ 满足的定解问题如下:

解的形式

$$v=\begin{cases}v(V;V_B), & V>V_B\\ v(V,\hat{\tau};V_B), & 0<V<V_B, 0\leqslant\hat{\tau}\leqslant d\end{cases}$$

偏微分方程

$$\frac{1}{2}\sigma^2V^2\frac{\partial^2 v}{\partial V^2}+(r-\delta)V\frac{\partial v}{\partial V}-rv+\delta V+\tau C=0,\quad V>V_B \tag{18.6}$$

$$\frac{\partial v}{\partial\hat{\tau}}+\frac{1}{2}\sigma^2V^2\frac{\partial^2 v}{\partial V^2}+(r-\delta)V\frac{\partial v}{\partial V}-rv+\delta V-\phi V=0,\quad 0<V<V_B, 0\leqslant\hat{\tau}<d \tag{18.7}$$

边界条件

$$\lim_{V\to\infty}\left\{v(V;V_B)-\left[V+\frac{\tau C}{r}\right]\right\}=0 \tag{18.8}$$

$$c(V,d;V_B)=(1-\alpha)V \tag{18.9}$$

① 由于公司债券为无到期日的债券, 所以从任意时刻 $t$ 来看, 公司距清算的时间长度 $\theta_t^{V_B}$ 与 $t$ 无关, 而与 $\hat{\tau}_t$ 有关, 其取值范围均为 $[d-\hat{\tau}_t,+\infty]$.

连接条件

$$v(V_B-0,\hat{\tau};V_B)=v(V_B-0,0;V_B)=v(V_B+0;V_B) \tag{18.10}$$

$$\frac{\partial v}{\partial V}(V_B+0;V_B)=\frac{\partial v}{\partial V}(V_B-0,0;V_B) \tag{18.11}$$

详细的推导过程可参见 Haber, Schonbucher 和 Wilmott [8] 或者姜礼尚 [9].

利用 PDE 可对上述定解问题进行求解, 写成引理如下.

**引理 18.1**　对于任意给定的违约边界 $V_B$, 公司的总价值 $v$ 能被表示为:

$$v=\begin{cases} V+\dfrac{\tau C}{r}+AV^{\lambda_-}, & V>V_B \quad (18.12)\\ g(A;V_B)+e^{ax+b(d-\hat{\tau})}w(x,\hat{\tau})\big|_{x=\ln\frac{V_B}{V}}, & 0<V\leqslant V_B, 0\leqslant\hat{\tau}\leqslant d \quad (18.13)\end{cases}$$

其中

$$a=\frac{r-\delta-\dfrac{1}{2}\sigma^2}{\sigma^2} \tag{18.14}$$

$$b=-\frac{\left(r-\delta-\dfrac{1}{2}\sigma^2\right)^2}{2\sigma^2}-r \tag{18.15}$$

$$\lambda_-=\frac{1}{2}-\frac{r-\delta}{\sigma^2}-\sqrt{\left(\frac{1}{2}-\frac{r-\delta}{\sigma^2}\right)^2+\frac{2r}{\sigma^2}} \tag{18.16}$$

$$g(A;V_B)=V_B+\frac{\tau C}{r}+AV_B^{\lambda_-} \tag{18.17}$$

$$\begin{aligned} w(x,\hat{\tau})=&V_B(1-\alpha)[M_1(x,\hat{\tau};d,a+1)-M_1(-x,\hat{\tau};d,a+1)]\\ &-g(A;V_B)[M_1(x,\hat{\tau};d,a)-M_1(-x,\hat{\tau};d,a)]\\ &+V_B(\delta-\phi)\int_{\hat{\tau}}^{d}[M_1(x,\hat{\tau};\hat{\eta},a+1)-M_1(-x,\hat{\tau};\hat{\eta},a+1)]d\hat{\eta}\\ &-rg(A;V_B)\int_{\hat{\tau}}^{d}[M_1(x,\hat{\tau};\hat{\eta},a)-M_1(-x,\hat{\tau};\hat{\eta},a)]d\hat{\eta} \end{aligned} \tag{18.18}$$

$$\begin{aligned} A=&-\left\{\phi M_3(a+1,d)V_B+\alpha M_2(a+1,d)V_B+\frac{\tau C}{r}[M_2(a,d)+rM_3(a,d)]\right\}\\ &\cdot\{[M_2(a,d)+rM_3(a,d)-\lambda_-](V_B)^{\lambda_-}\}^{-1} \end{aligned} \tag{18.19}$$

$$M_1(x,\hat{\tau};\xi,a) = e^{-xa+\frac{a^2}{2}\sigma^2(\xi-\hat{\tau})}N\left(\frac{x-a\sigma^2(\xi-\hat{\tau})}{\sigma\sqrt{\xi-\hat{\tau}}}\right)e^{-b(d-\xi)} \tag{18.20}$$

$$M_2(a,d) = -2e^{bd+\frac{\sigma^2a^2d}{2}}aN(-\sigma a\sqrt{d}) + \frac{2e^{bd}}{\sigma\sqrt{2\pi d}} \tag{18.21}$$

$$\begin{aligned} M_3(a,d) = &\frac{-4a}{2b+a^2\sigma^2}\left[e^{\frac{2b+a^2\sigma^2}{2}d}N(-\sigma a\sqrt{d}) - N(0)\right.\\ &\left.+\frac{\sigma a}{\sqrt{-2b}}(N(\sqrt{-2bd})-N(0))\right] + \frac{4}{\sigma\sqrt{-2b}}[N(\sqrt{-2bd})-N(0)] \end{aligned} \tag{18.22}$$

$$N(x) = \frac{2}{\sqrt{2\pi}}\int_{-\infty}^{x} e^{-\frac{\xi^2}{2}}d\xi \tag{18.23}$$

具体证明见附录.

现在考虑股票与公司债券定价模型.

对于任意给定违约边界 $V_B$, 为了给出股票与公司债券定价模型, 考虑股东和债权人从当前时刻 $t$ 直到清算时刻 $\theta_t^{V_B}+t$, 所获得的现金流收益. 对债权人来说, 据 18.2.1 的基本假设, 在美国破产法第十一章下, 对任意时刻 $u, t \leqslant u < \theta_t^{V_B}+t$, 债权人获得息票收益为

$$CI_{\{V_u>V_B\}} + S(V_u,\cdot)I_{\{V_u<V_B\}}$$

股东获得红利收益为

$$[\delta V_u - (1-\tau)C]I_{\{V_u>V_B\}} + [(\delta-\phi)V_u - S(V_u,\cdot)]I_{\{V_u<V_B\}}$$

在清算时刻 $u=\theta_t^{V_B}+t$ 时, 债权人获得 $(1-\alpha)V_{\theta_t^{V_B}+t}$, 而股东一无所获.

在鞅测度 $Q$ 下, 由现金流贴现法, 公司债券和股票在任意时刻 $t$ 的价值可表示为

$$\begin{aligned} D(V_t,\hat{\tau}_t) = &E_Q\left\{\int_t^{\theta_t^{V_B+t}} e^{-r(u-t)}[CI_{\{V_u>V_B\}} + S(V_u,\cdot)I_{\{V_u<V_B\}}]du\right\}\\ &+(1-\alpha)E_Q[e^{-r\theta_t^{V_B}}V_{\theta_t^{V_B+t}}]\\ E(V_t,\hat{\tau}_t) = &E_Q\left\{\int_t^{\theta_t^{V_B+t}} e^{-r(u-t)}([\delta V_u + (1-\tau)C]I_{\{V_u>V_B\}})du\right\}\\ &+[(\delta-\phi)V_u - S(V_u,\cdot)]I_{\{V_u<V_B\}} \end{aligned}$$

由上述两式, 以及结合 (18.3), (18.4) 式, 对于任意给定违约边界 $V_B$, 利用巴黎型期权的推导思想, 股票与公司债券所满足的定价问题 A, B 如下:

**定解问题 A**

$$E=\begin{cases}E(V;V_B), & V>V_B\\ E(V,\hat{\tau};V_B), & 0<V\leqslant V_B, 0\leqslant\hat{\tau}\leqslant d\end{cases}$$

$$\begin{cases}\dfrac{1}{2}\sigma^2V^2\dfrac{\partial^2 E}{\partial V^2}+(r-\delta)V\dfrac{\partial E}{\partial V}-rE+\delta V+C(\tau-1)=0, \quad V>V_B & (18.24)\\ \lim\limits_{V\to\infty}\left\{E(V;V_B)-\left[V+\dfrac{C(\tau-1)}{r}\right]\right\}=0 & (18.25)\\ \lim\limits_{V\to V_B}E(V;V_B)=\theta^*v(V_B,0;V_B)=\eta[v(V_B,0;V_B)-(1-\alpha)V_B] & (18.26)\end{cases}$$

当 $0<V<V_B, 0\leqslant\hat{\tau}\leqslant d$ 时, 由 (18.3) 式, $E(V,\hat{\tau};V_B)=\theta^*v(V,\hat{\tau};V_B)$ 且满足偏微分方程如下:

$$\frac{\partial E}{\partial\hat{\tau}}+\frac{1}{2}\sigma^2V^2\frac{\partial^2 E}{\partial V^2}+(r-\delta)V\frac{\partial E}{\partial V}-rE+(\delta-\phi)V-S(V,\hat{\tau})=0 \qquad (18.27)$$

**定解问题 B**

$$D=\begin{cases}D(V;V_B), & V>V_B\\ D(V,\hat{\tau};V_B), & 0<V\leqslant V_B, \quad 0\leqslant\hat{\tau}\leqslant d\end{cases}$$

$$\begin{cases}\dfrac{1}{2}\sigma^2V^2\dfrac{\partial^2 D}{\partial V^2}+(r-\delta)V\dfrac{\partial D}{\partial V}-rD+C=0, \quad V>V_B & (18.28)\\ \lim\limits_{V\to\infty}\left\{D(V;V_B)-\dfrac{C}{r}\right\}=0 & (18.29)\\ \lim\limits_{V\to V_B}D(V;V_B)=(1-\theta^*)v(V_B,0;V_B) & \\ =(1-\eta)[v(V_B,0;V_B)-(1-\alpha)V_B]+(1-\alpha)V_B & (18.30)\end{cases}$$

当 $0<V<V_B, 0\leqslant\hat{\tau}\leqslant d$ 时, 由 (18.4) 式, $D(V,\hat{\tau};V_B)=(1-\theta^*)v(V,\hat{\tau};V_B)$ 且满足偏微分方程如下:

$$\frac{\partial D}{\partial\hat{\tau}}+\frac{1}{2}\sigma^2V^2\frac{\partial^2 D}{\partial V^2}+(r-\delta)V\frac{\partial D}{\partial V}-rD+S(V,\hat{\tau})=0 \qquad (18.31)$$

类似, 详细的推导过程可参见 Haber, Schonbucher 和 Wilmott [8] 或者姜礼尚 [9].

## 18.4 自由边界下股票定价模型

根据股东权益最大化, 并由定解问题 A, 现在的问题是寻找一个最佳的违约边界 $V_B^*$, 使得股票价值最大, 即最优策略问题: 寻找 $V_B^*$, 使得, 对任意的 $V > V_B^*$ 均有

$$E(V;V_B^*) = \max_{0\leqslant V_B\leqslant\infty} E(V;V_B^*) \tag{18.32}$$

由 (18.32) 式, 可得 $V_B = V_B^*$, 满足的一个必要条件, 对于任意 $V > V_B^*$, 均有

$$\left.\frac{\partial E(V;V_B)}{\partial V_B}\right|_{V_B=V_B^*} = 0 \tag{18.33}$$

我们将通过引理 18.2, 给出 (18.33) 式的一个等价条件来确定最佳的违约边界 $V_B^*$.

**引理 18.2** *存在 $V_B^*$ 使得 $V > V_B^*$ 时均有 (18.33) 式成立的充要条件是: 存在 $V_B^*$ 满足如下条件,*

$$\lim_{V\to V_B^*}\frac{\partial E(V;V_B)}{\partial V_B} = \lim_{V\to V_B^*}\frac{\partial\bar{\psi}(V)}{\partial V} \tag{18.34}$$

这里 $\bar{\psi}(V) = \eta[v(V,0;V) - (1-\alpha)V]$.

**证明** 记 $K(V;V_B) = \frac{\partial E(V;V_B)}{\partial V_B}$, 由 (18.24)—(18.26) 式, 不难验证, 在 $V > V_B^*$ 上, $K(V;V_B)$ 适合方程

$$\frac{1}{2}\sigma^2V^2\frac{\partial^2K}{\partial V^2} + (r-\delta)V\frac{\partial K}{\partial V} - rK = 0$$

以及 $\lim_{V\to\infty} K(V;V_B) = 0$. 下面主要计算当 $V\to V_B$ 时, $K(V;V_B)$ 的值. 首先把满足原问题 (18.24)—(18.26) 式的解 $E$ 分成两部分, 即 $E = E_1+\bar{\psi}(V_B)E_2, E_1, E_2$

分别满足如下定解问题:

$$\begin{cases}\dfrac{1}{2}\sigma^2V^2\dfrac{\partial^2 E_1}{\partial V^2}+(r-\delta)V\dfrac{\partial E_1}{\partial V}-rE_1+\delta V+C(\tau-1)=0, \quad V>V_B\\ \lim\limits_{V\to\infty}\left\{E_1(V;V_B)-\left[V+\frac{C(\tau-1)}{r}\right]\right\}=0\\ \lim\limits_{V\to V_B}E_1(V;V_B)=0\end{cases}$$

$$\begin{cases}\dfrac{1}{2}\sigma^2V^2\dfrac{\partial^2 E_2}{\partial V^2}+(r-\delta)V\dfrac{\partial E_2}{\partial V}-rE_2+C=0, \quad V>V_B\\ \lim\limits_{V\to\infty}\{E_2(V;V_B)-\dfrac{C}{r}\}=0\\ \lim\limits_{V\to V_B}E_2(V;V_B)=1\end{cases}$$

做自变量变换

$$x=\frac{V}{V_B}, \quad \tilde{E}_1(x;V_B)=E_1(V;V_B), \quad \tilde{E}_2(x;V_B)=E_2(V;V_B)$$

则 $\tilde{E}_1(x;V_B),\tilde{E}_2(x;V_B)$ 所满足的定解问题如下:

$$\begin{cases}\dfrac{1}{2}\sigma^2x^2\dfrac{\partial^2 \tilde{E}_1}{\partial V^2}+(r-\delta)x\dfrac{\partial \tilde{E}_1}{\partial V}-r\tilde{E}_1+\delta xV_B+C(\tau-1)=0, \quad x>1\\ \lim\limits_{x\to\infty}\left\{\tilde{E}_1(x;V_B)-\left[xV_B+\dfrac{C(\tau-1)}{r}\right]\right\}=0\\ \lim\limits_{x\to 1}\tilde{E}_1(x;V_B)=0\end{cases}$$

$$\begin{cases}\dfrac{1}{2}\sigma^2x^2\dfrac{\partial^2 \tilde{E}_2}{\partial V^2}+(r-\delta)x\dfrac{\partial \tilde{E}_2}{\partial V}-r\tilde{E}_2=0, \quad x>1\\ \lim\limits_{x\to\infty}\tilde{E}_2(x;V_B)=0\\ \lim\limits_{x\to 1}\tilde{E}_2(x;V_B)=1\end{cases}$$

其实 $\tilde{E}_2(x;V_B)\equiv\tilde{E}_2(x)$, 由于 $\tilde{E}_2(x;V_B)$ 所满足的方程和边界条件都不含有参变量 $V_B$.

由上可得

$$\begin{aligned}\frac{\partial E}{\partial V_B}&=\frac{\partial \tilde{E}_1}{\partial x}\left(-\frac{V}{V_B^2}\right)+\left.\frac{\partial \tilde{E}_1}{\partial y}\right|_{y=V_B}+\bar{\psi}'(V_B)\tilde{E}_2+\bar{\psi}(V_B)\frac{\partial \tilde{E}_2}{\partial x}(-\frac{V}{V_B^2})\\ &=-\frac{V}{V_B^2}\frac{\partial E}{\partial V}(V:V_B)+\left.\frac{\partial \tilde{E}_1}{\partial y}\right|_{y=V_B}+\bar{\psi}'(V_B)\tilde{E}_2\end{aligned}$$

由 $\tilde{E}_1(x;V_B),\tilde{E}_2(x)$ 所满足的定解问题的边界条件, 可得, 当 $x\to 1$,

$$\left.\frac{\partial \tilde{E}_1}{\partial y}\right|_{y=V_B}=0,\quad \tilde{E}_2(x)=1$$

结合 $\bar{\psi}'(V_B)=\bar{\psi}'(V)|_{V=V_B}$, 可得

$$\lim_{V\to V_B}\frac{\partial E}{\partial V_B}(V;V_B)=-\lim_{V\to V_B}\frac{\partial E}{\partial V}(V;V_B)+\lim_{V\to V_B}\frac{\partial\bar{\psi}(V)}{\partial V}\tag{18.35}$$

因此 $K(V;V_B)$ 所满足的定解问题为

$$\begin{cases}\dfrac{1}{2}\sigma^2V^2\dfrac{\partial^2 K}{\partial V^2}+(r-\delta)V\dfrac{\partial K}{\partial V}-rK=0,\quad V>V_B\\ \lim\limits_{V\to\infty}K(V;V_B)=0\\ \lim\limits_{V\to V_B}K(V;V_B)=-\lim\limits_{V\to V_B}\dfrac{\partial E}{\partial V}(V;V_B)+\lim\limits_{V\to V_B}\dfrac{\partial\bar{\psi}(V)}{\partial V}\end{cases}$$

由 $K(V;V_B)$ 所满足的定解问题, 可知若 $V_B=V_B^*$ 使得任意 $V_B>V_B^*$ 时均有 (18.33) 式成立, 则 $K(V;V_B^*)\equiv 0$, 立得 $-\lim_{V\to V_B^*}\frac{\partial E}{\partial V}(V;V_B^*)+\lim_{V\to V_B^*}\frac{\partial\bar{\psi}(V)}{\partial V}=0$, 即 $\lim_{V\to V_B^*}\frac{\partial E}{\partial V}(V;V_B^*)=\lim_{V\to V_B^*}\frac{\partial\bar{\psi}(V)}{\partial V}$. 命题的必要性得证.

另一方面, 若 $V_B=V_B^*,\lim_{V\to V_B^*}\frac{\partial E}{\partial V}(V;V_B^*)=\lim_{V\to V_B^*}\frac{\partial\bar{\psi}(V)}{\partial V}$, 则 $\lim_{V\to V_B^*}K(V;V_B^*)=0$, 由极值定理, 可得 $K(V;V_B^*)\equiv 0$, 即 (18.33) 式成立. 充分性得证. 命题证毕.

由引理 18.2, 股票所满足的定价问题 A 被转化为一个自由边界问题 $\bar{A}$, 即寻找 $\{E(V),V_B^*\}$ 使之满足如下的定解问题:

$$\begin{cases}\dfrac{1}{2}\sigma^2V^2\dfrac{\partial^2 E}{\partial V^2}+(r-\delta)V\dfrac{\partial E}{\partial V}-rE+\delta V+C(\tau-1)=0,\quad V>V_B^* & (18.36)\\ \lim\limits_{V\to\infty}\left\{E(V)-\left[V+\dfrac{C(\tau-1)}{r}\right]\right\}=0 & (18.37)\\ \lim\limits_{V\to V_B}E(V)=\eta[v(V_B^*,0;V_B^*)-(1-\alpha)V_B^*] & (18.38)\\ \lim\limits_{V\to V_B}\dfrac{\partial E}{\partial V}(V)=\lim\limits_{V\to V_B^*}\dfrac{\partial\bar{\psi}(V)}{\partial V} & (18.39)\end{cases}$$

## 18.5 股票和公司债券定价公式和最佳违约边界

对股票满足的自由边界问题 $\bar{A}$ 求解, 可得

**定理 18.1**　股票价值 $E$ 的解可被表示为:

对于任意 $V > V_B^*$

$$E(V) = V - V_B^*\left(\frac{V}{V_B^*}\right)^{\lambda_-} - \left[1 - \left(\frac{V}{V_B^*}\right)^{\lambda_-}\right]\frac{C\,(1-\tau)}{r} + \eta R(d)\left(\frac{V}{V_B^*}\right)^{\lambda_-} \quad (18.40)$$

$$V_B^* = \frac{-\lambda_-}{(1-\lambda_-)}\frac{C[1-\tau+\eta\tau(1-B(d))]}{r - r\eta\left[\alpha\left(1 - C(d) - \dfrac{\phi}{\delta}(\delta A(d) - C(d))\right)\right]} \quad (18.41)$$

这里,

$$R(d) = \alpha V_B^*[1 - C(d)] - \frac{\phi}{\delta}[\delta A(d) - C(d)] + \frac{\tau C}{r}[1 - B(d)] \quad (18.42)$$

$$A(d) = \frac{M_3(a+1,d) + M_2(a+1,d)/\delta}{M_2(a,d) + rM_3(a,d) - \lambda_-} \quad (18.43)$$

$$B(d) = \frac{M_2(a,d) + rM_3(a,d)}{M_2(a,d) + rM_3(a,d) - \lambda_-} \quad (18.44)$$

$$C(d) = \frac{M_2(a+1,d)}{M_2(a,d) + rM_3(a,d) - \lambda_-} \quad (18.45)$$

$a, b, \lambda_-, M_2, M_3$ 的表达式见 (18.14—18.16) 式和 (18.21, 18.22) 式.

具体证明见附录.

由关系式 $v = E + D$, 结合公司的总价值 $v$ 解的表达式 (18.12) 式和股票价值的表达式 (18.40) 式, 可得公司债券解的闭合表达式如下: 对于任意 $V > V_B^*$,

$$D(V) = \frac{C}{r}\left[1 - \left(\frac{V}{V_B^*}\right)^{\lambda_-}\right] + (1-\alpha)V_B^*\left(\frac{V}{V_B^*}\right)^{\lambda_-} + (1-\eta)R(d)\left(\frac{V}{V_B^*}\right)^{\lambda_-} \quad (18.46)$$

**注释 18.1**　当 $0 < V \leqslant V_B^*$ 时, $E(V,\hat{\tau}), D(V,\hat{\tau})$ 的价值可由 (18.3) (18.4) 以及 (18.13) 式获得.

由于, 当 $0 < V \leqslant V_B^*, 0 \leqslant \hat{\tau} \leqslant d$ 时, $E(V,\hat{\tau}) = \eta[v(V,\hat{\tau};V_B^*) - (1-\alpha)V]$, 且满足偏微分方程 (18.27) 式, 结合 (18.7) 式, 可得

$$S(V) = V(\delta - \phi)(1-\eta) + V\delta\eta(1-\alpha) \quad (18.47)$$

**注释 18.2**　综上所述, 本章获得了股票和公司债券以及相应的最佳违约边界解的显式表达式, 同时可以证明, 对于任意 $V \geqslant V_B^*$ 时, 相应的股票和公司债券的定价结果以及最佳违约边界的解与 Francois 和 Morellec [6] 利用随机分析的方法得到的结果完全相同, 证明被放在附录里.

## 18.6 清算概率、最优杠杆和信用利差

### 18.6.1 清算概率

由于违约公司申请美国破产法第十一章保护, 此时违约并不等于清算, 而是被赋予一个额外的违约观察期, 在此期间, 规定若公司资产价值 $V$ 在违约边界 $V_B$ 下持续徘徊的时间超过所规定的观察期长度 $d$, 则公司被清算, 否则公司继续经营. 根据这个规定, 利用巴黎型期权的定价思想 [8, 9], 在相应的实际市场测度 $P$ 下, 清算概率 $Q$ 所满足的定解问题能被刻画如下:

对于任意给定的违约边界 $V_B$, 清算概率 $Q$ 满足如下定解问题 $C$:

解的形式

$$Q=\begin{cases}Q(V;V_B), & V>V_B\\ Q(V,\hat{\tau};V_B), & 0<V\leqslant V_B, \quad 0\leqslant\hat{\tau}\leqslant d\end{cases}$$

偏微分方程

$$\frac{1}{2}\sigma^2V^2\frac{\partial^2 Q}{\partial V^2}+(\mu-\delta)V\frac{\partial Q}{\partial V}=0, \quad V>V_B \tag{18.48}$$

$$\frac{\partial Q}{\partial\hat{\tau}}+\frac{1}{2}\sigma^2V^2\frac{\partial^2 Q}{\partial V^2}+(\mu-\delta)V\frac{\partial Q}{\partial V}=0, \quad 0<V\leqslant V_B, 0\leqslant\hat{\tau}\leqslant d \tag{18.49}$$

边界条件

$$\lim_{V\to\infty}Q(V;V_B)=0 \tag{18.50}$$

$$Q(V,d;V_B)=1 \tag{18.51}$$

连接条件

$$Q(V_B-0,\hat{\tau};V_B)=Q(V_B-0,0;V_B)=Q(V_B+0;V_B) \tag{18.52}$$

$$\frac{\partial Q}{\partial V}(V_B+0;V_B)=\frac{\partial Q}{\partial V}(V_B-0,0;V_B) \tag{18.53}$$

这里, $\mu$ 表示相应于在实际市场测度 $P$ 下公司资产总的期望回报率.

对于定解问题 $C$ 求解, 可得

**定理 18.2** 对于任意给定的违约边界 $V_B$, 当 $\mu>\sigma^2/2+\delta$ 时, 清算概率 $Q$ 能被表示为

$$Q=\begin{cases}\dfrac{H(d)}{H(d)-\varsigma}\left(\dfrac{V}{V_B}\right)^{\varsigma}, & V>V_B \quad (18.54)\\ \dfrac{H(d)}{H(d)-\varsigma}+\epsilon^{a_1x+b_1(d-\hat{\tau})}w'(x,\hat{\tau})\Big|_{x=\ln\frac{V_B}{V}}, & 0<V\leqslant V_B, \quad 0\leqslant\tau\leqslant d \quad (18.55)\end{cases}$$

其中

$$w'(x,\hat{\tau}) = \left[\frac{-\varsigma}{H(d)-\varsigma}\right][H_1(x,\hat{\tau};d) - H_1(-x,\hat{\tau};d)] \tag{18.56}$$

$$\varsigma = 1 - \frac{2(\mu-\delta)}{\sigma^2},\quad a_1 = \frac{\mu-\delta-\sigma^2/2}{\sigma^2},\quad b_1 = -\frac{(\mu-\delta-\sigma^2/2)^2}{2\sigma^2} \tag{18.57}$$

$$H(d) = -2a_1 N(-\sigma a_1\sqrt{d}) + \frac{2e^{b_1 d}}{\sigma\sqrt{2\pi d}} \tag{18.58}$$

$$H_1(x,\hat{\tau};d) = e^{-a_1 x + \frac{\sigma^2 a_1^2(d-\hat{\tau})}{2}} N\left(\frac{x - a_1\sigma^2(d-\hat{\tau})}{\sigma\sqrt{d-\hat{\tau}}}\right) \tag{18.59}$$

这里 $N(x)$ 的定义见 (18.23) 式.

由于求解的方法与引理 18.1 类似, 这里从略.

### 18.6.2 最优杠杆

公司通过发行债券, 虽然一方面, 每单位时间可以获得税盾收益 $\tau C$, 但是另一方面, 也由于增大负债而可能面临更高的清算风险, 因此如何选取最优杠杆比例 (债务占公司总价值的比例) 是至关重要的. 对于永久公司债券来说, 最优杠杆比例主要通过选取最优的息票率 $C^*$, 使得当 $V > V_B^*(C^*)$ 时, 公司的总价值 $v$ 最大而获得.

**定理 18.3** 最优杠杆比例 $L(V;C^*)$ 被表示为:

$$L(V;C^*) = \frac{D(V;C^*)}{v(V;C^*)} \tag{18.60}$$

这里, $C^*$ 满足, 对于任意 $V > V_B^*(C^*)$ 时, $C^* = \arg\max\limits_{C}\{v(V;C)\}$, 即

$$C^* = V\left((1-\lambda_-)\left\{B(d)\,[k(d)]^{\lambda_-} + \frac{r}{\tau}\,[k(d)]^{1-\lambda_-}\left[\alpha C(d) + \frac{\phi}{\delta}\,(\delta A(d) - C(d))\right]\right\}\right)^{\frac{1}{\lambda_-}} \tag{18.61}$$

其中,

$$K(d) = \frac{-\lambda_-}{1-\lambda_-}\frac{[1-\tau+\eta\tau\,(1-B(d))]}{r - r\eta\left[\alpha\left(1 - C(d) - \frac{\phi}{\delta}\,(\delta A(d) - C(d))\right)\right]} \tag{18.62}$$

$\lambda_-, A(d), B(d), C(d)$ 的表达式见 (18.16) 式和 (18.43—18.45) 式.

详细的推导过程见附录.

### 18.6.3 信用利差

对任意给定的息票率 $C$ 和违约边界 $V_B$, 对于任意的 $V > V_B$, 公司债券的信用利差 $Y$ 可被表示为

$$Y = \frac{C}{D(V)} - r \tag{18.63}$$

由 (18.46) 式, 可得信用利差解的表达式. 下面主要通过数值算例来考察它对参数的依赖关系.

**注释 18.3** 上述关于清算概率, 最优杠杆和信用利差的结果, 同样可证在 $V > V_B^*$ 时, 与 Francois 和 Morellec[6] 得到的结果相同, 证明与注释 18.2 类似, 这里从略.

## 18.7 数值计算

跟随 Francois 和 Morellec [6] 对参数的选取, 选取 $V = 100, r = 0.06, \delta = 0.05$, $\sigma = 0.2$, $\tau = 0.2$, $\alpha = 0.4$, $\phi = 0.03$, $d = 3$, $\eta = 0.5$, $\mu = 0.135$, 在债券息票率 $C$ 选为最优息票率 $C^*$ 下, 基于上述得到的股票和公司债券, 最佳违约边界以及清算概率, 最优杠杆比例和信用利差的定价公式, 考察它们对部分参数的依赖关系, 并把相应的结果与 Leland [3] 模型下相应的结果做比较, 分析相应的金融意义.

表 18.1 显示了在公司债券息票率 $C$ 选为最优息票率 $C^*$ 时, 公司的最优杠杆比例 $L(V;C^*)$, 最佳违约边界 $V_B^*(C^*)$, 清算概率 $Q(V;C^*)$ 以及信用利差 $Y(C^*)$ 关于参数的依赖关系, 表 18.1 所得到的数据与 Francois 和 Morellec 在 [6] 中所得到的数据几乎完全相同① (详见 [6] 中的表 18.1). 表 18.1 数据体现了最优杠杆比例 $L(V;C^*)$, 最佳违约边界 $V_B^*(C^*)$ 以及信用利差 $Y(C^*)$ 关于违约观察期的长度 $d$ 递增, 而清算概率 $Q(V;C^*)$ 关于 $d$ 递减. 主要原因是: 随着违约观察期 $d$ 的增大, 公司所面临的清算风险将减少, 股东将可能在公司资产价值较高的时候宣布违约, 在违约观察期间通过少支付息票而获得利益; 而对于信用利差 $Y(C^*)$ 关于 $d$ 的依赖关系主要由两方面的因素来决定, 一方面, 随着 $d$ 增大, 公司所面临的清算风险将减少, 此时公司的信用利差将减少, 但另一方面, 由于违约观察期长度 $d$ 的增大, 导致公司较早地宣布违约, 在违约观察期期间公司债券的持有人将只能收到少于按合约事先规定的息票数额而受到损失, 此时相

①由于当 $V \geqslant V_B^*$ 时, 文章所得到定价结果与 Francois 和 Morellec [6] 所得到的结果相同, 证明见附录.

应的信用利差将增大, 表 18.1 数据显示在该组参数条件下, 第二方面的影响更大; 同样最优杠杆比例 $L(V;C^*)$ 关于 $d$ 的变化关系也取决于两个因素: 一方面, 违约观察期长度的增大, 将降低清算风险, 使得公司债券将更受青睐, 但另一方面, 由于在违约观察期期间, 公司将失去税盾收益以及还必须支付谈判费用, 若公司股东不能从违约观察期中通过策略支付息票获得足够多的利益, 公司的债券将不受青睐, 即其相应的债券的发行价格将更高; 表 18.1 数据显示, 在该组参数设定下, 第二个因素影响更大.

**表 18.1**

| | $L(V;C^*)$ | $V_B^*(C^*)$ | $Q(V;C^*)$ | $Y(C^*)$ |
|---|---|---|---|---|
| 基本参数 | | | | |
| $d=0$ | 0.5680 | 34.66 | 0.0320 | 0.0102 |
| $d=3$ | 0.6288 | 47.48 | 0.0215 | 0.0140 |
| $d=5$ | 0.6383 | 49.34 | 0.0159 | 0.0146 |
| $\sigma=0.15$ | | | | |
| $d=0$ | 0.6266 | 42.56 | 0.0037 | 0.0065 |
| $d=3$ | 0.6496 | 53.11 | 0.0018 | 0.0084 |
| $d=5$ | 0.6552 | 54.59 | 0.0011 | 0.0088 |
| $r=0.07$ | | | | |
| $d=0$ | 0.5996 | 38.85 | 0.0463 | 0.0093 |
| $d=3$ | 0.6508 | 53.10 | 0.0309 | 0.0133 |
| $d=5$ | 0.6603 | 55.26 | 0.0230 | 0.0140 |
| $\alpha=0.5$ | | | | |
| $d=0$ | 0.5334 | 32.09 | 0.0249 | 0.0096 |
| $d=3$ | 0.5818 | 44.77 | 0.0177 | 0.0132 |
| $d=5$ | 0.5922 | 46.98 | 0.0136 | 0.0139 |
| $\phi=0.01$ | | | | |
| $d=0$ | 0.5680 | 34.66 | 0.0320 | 0.0102 |
| $d=3$ | 0.6447 | 51.10 | 0.0272 | 0.0152 |
| $d=5$ | 0.6629 | 54.99 | 0.0226 | 0.0166 |

此外, 表 18.1 也说明了最佳违约边界 $V_B^*(C^*)$ 关于 $\sigma,\alpha,\phi$ 递减, 关于 $r$ 递增; 清算概率 $Q(V;C^*)$ 关于 $\sigma,r$ 递增, 关于 $\alpha,\phi$ 递减. 主要原因为: 当公司的波动率增大时, 公司宣布违约后所面临被清算的风险增大, 因此公司将不会在资产价值较高时宣布违约; 由于公司股东能从违约观察期期间进行策略支付息票中获益, 即通过少支付息票给债权人而获益, 而当无风险利率 $r$ 增大时, 该利益潜在的价值更大, 股东将有兴趣在资产价值较高时进入违约观察期阶段, 但同时由

于违约边界的增大, 在其他条件相同假设下, 增加了公司的清算风险; 此外, 当 $\alpha$ 增大时, 股东能从违约观察期中获得的利益 $\eta[v-(1-\alpha)V]$ 减小, 股东也不会在资产价值较高时宣布违约, 由此也减少了公司的清算风险; 而当谈判费率 $\phi$ 减小时, 同样, 公司将提前进入违约观察期, 而使得清算风险增大. 最后, 最优杠杆比例 $L(V;C^*)$ 和信用利差 $Y(C^*)$ 关于 $\sigma,r,\alpha,\phi$ 的依赖关系同样可以从上述两个决定因素来考虑.

图 18.1 中记号 Leland 表示在 Leland 模型下公司的清算概率, $PD$ 和 $Q$ 分别表示公司的违约概率和清算概率. 图 18.1 显示了, 相比于 Leland 模型①, 美国破产保护法第十一章, 虽然使得公司的违约概率增大, 但是降低了相应的清算概率.

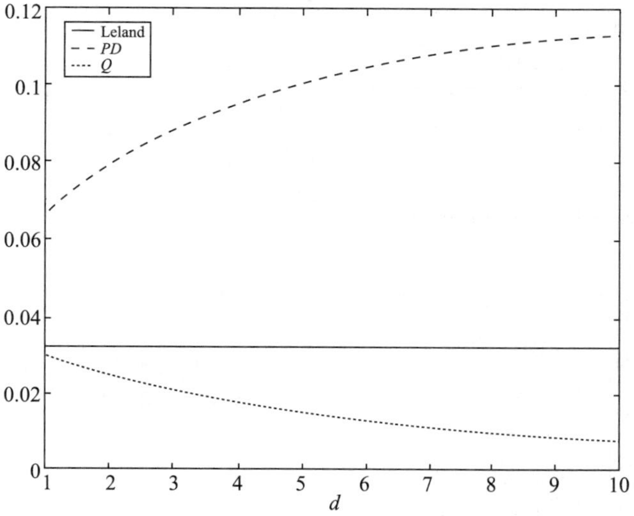


图 18.1 Leland 模型下与本文模型下公司的违约概率和清算概率的比较

图 18.2(a), (b), (c) 和图 18.3(a), (b), (c) 分别展示了在最优息票 $C^*$ 和给定息票 $C(C=2)$ 时, 公司总价值 $v$, 股票价值 $E$ 和公司债券价值 $D$ 关于股东的谈判因子 $\eta$ 和谈判费率 $\phi$ 的依赖关系, 并把数值结果与 Leland 模型下相应的结果做比较, 图 18.2(a), 18.3(a) 显示了在最优息票率 $C^*$ 和给定息票率 $C(C=2)$ 下, 公司的总价值 $v$ 均高于 Leland 模型下相应的公司总价值, 这也说明了, 美国破产法第十一章使得公司获益, 增大了公司的总价值; 图 18.3(b), (c) 体现了在

①Leland [3] 在美国破产法第七章下, 对公司债券进行定价, 此时违约等同于清算, 即违约概率就是清算概率.

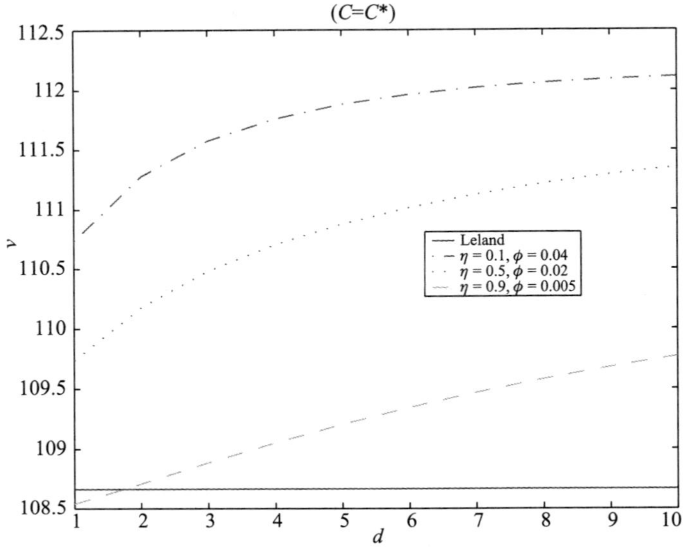
(C=C*)
112.5
112
111.5
111
110.5
110
109.5
109
108.5
v
1
2
3
4
5
6
7
8
9
10
d
Leland
η = 0.1, φ = 0.04
η = 0.5, φ = 0.02
η = 0.9, φ = 0.005

(a)

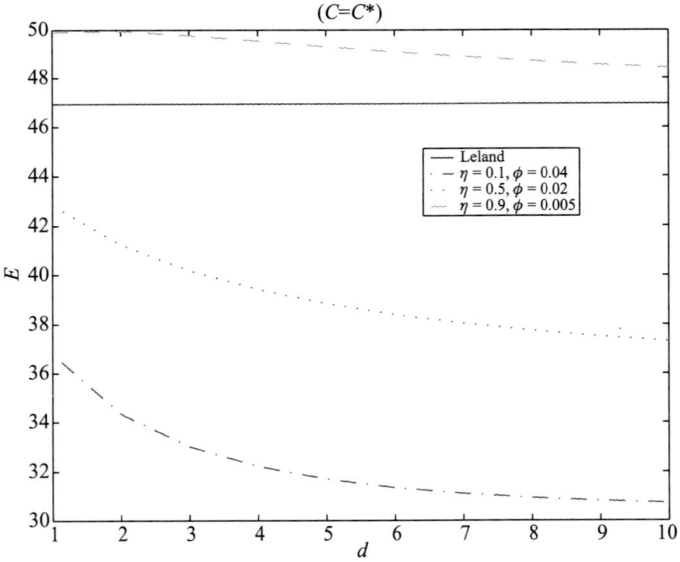
(C=C*)
50
48
46
44
42
40
38
36
34
32
30
E
1
2
3
4
5
6
7
8
9
10
d
Leland
η = 0.1, φ = 0.04
η = 0.5, φ = 0.02
η = 0.9, φ = 0.005

(b)

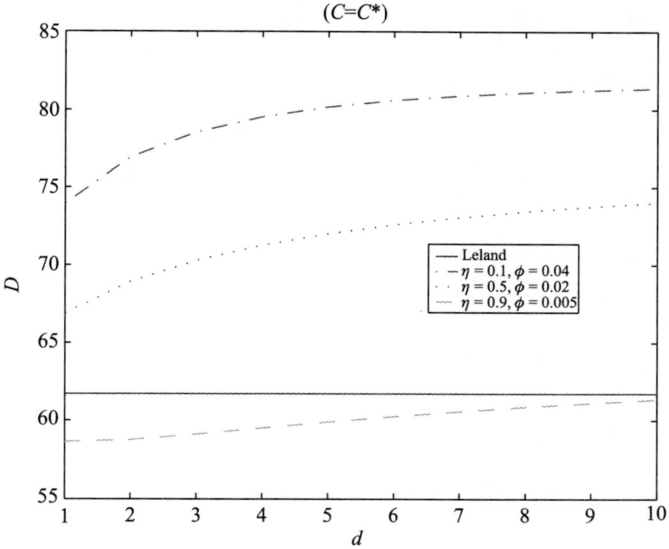


(c)

图 18.2 在最优息票 $C^*$ 下公司总价值 $v$, 股票价值 $E$ 和公司债券价值 $D$ 关于股东的谈判因子 $\eta$ 和谈判费率 $\phi$ 的依赖关系.

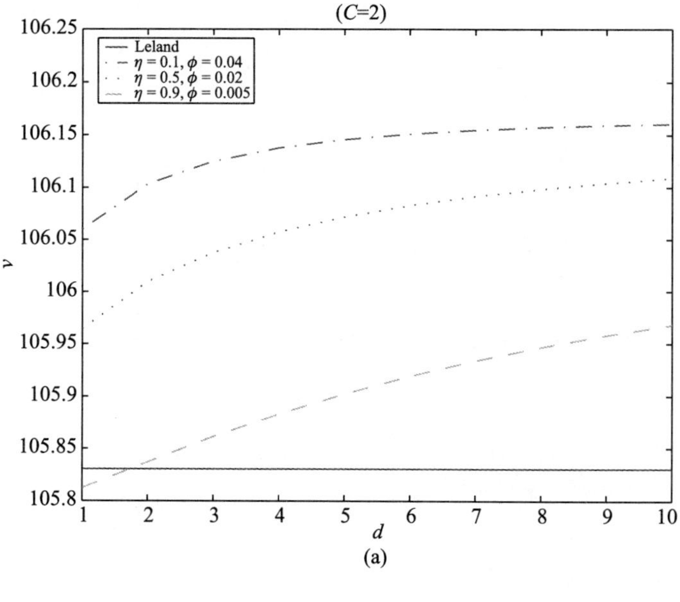


(a)

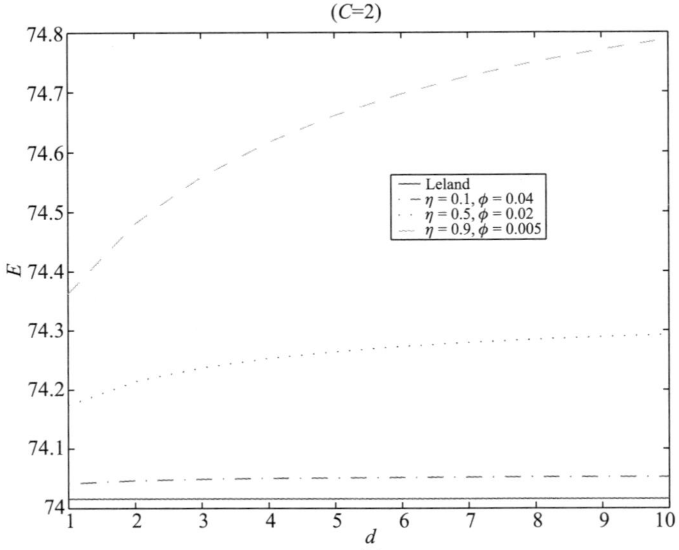


(b)

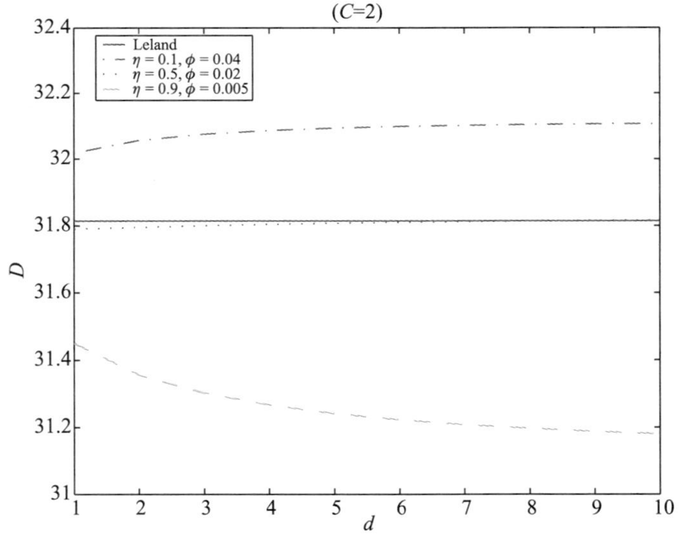


(c)

图 18.3　在给定息票 $C$ ($C = 2$) 下公司总价值 $v$, 股票价值 $E$ 和公司债券价值 $D$ 关于股东的谈判因子 $\eta$ 和谈判费率 $\phi$ 的依赖关系.

给定息票率 $C$ 下, 公司的股东将获得大部分由于从申请美国破产法第十一章保护而获得的利益, 其价值高于在 Leland 模型下相应的股票价值, 且当 $\eta$ 较大和 $\phi$ 较小时, 公司的股票价值较大, 而当 $\eta$ 较小和 $\phi$ 较大时, 公司的股票价值较小, 接近于相应的 Leland 模型下的股票价值; 而相应的公司的债券只有在债权人能从谈判中获得较大利益时, 即当 $\eta = 0.1, \phi = 0.005$ 时, 其价值才高于 Leland 模型下的债券价值. 主要原因是, 当息票率 $C$ 给定时, 公司主要以股东的利益最大化为目的, 股东总能借助于违约观察期, 通过少支付票息而获得利益. 且当 $\eta$ 较大, $\phi$ 较小时, 公司股东能从违约观察中获得更大的利益, 相应的股票价值也将更高, 而当 $\eta$ 较小, $\phi$ 较大时, 由于股东能从违约观察期中获得的利益较小, 股东自然不想较早地进入违约观察期, 此时违约边界将趋于 Leland 模型下的违约边界, 因此股票价格也趋于 Leland 模型下股票的价格. 而图 18.2(b), (c) 则体现了在最优息票率 $C^*$ 下, 股东和债权人谁从美国破产法中受益将取决于各自谈判能力的大小, 当 $\eta = 0.9, \phi = 0.005$ 时, 股东将在违约观察期的谈判中占优, 即其将获得大部分从申请美国破产法第十一章而获得的利益, 相应的价值将高于 Leland 模型下的价值, 而当 $\eta = 0.1, \phi = 0.04$ 时, 债权人将获得谈判中的大部分收益, 相应的价值高于 Leland 模型下的价值. 其主要原因是: 在最优息票率 $C^*$ 下, 公司主要以取得公司的总价值最大化为目标, 其所采取的运营策略不仅要考虑到股东的权益, 而且还需兼顾到公司债券的价值①.

## 18.8 结论

在 Francois 和 Morellec [6] 框架下, 采用偏微分方程的方法, 通过巴黎型期权定价的思想, 刻画出具有违约观察期的公司债券和股票满足的相应的定价问题. 首先对于任意给定的违约边界值 $V_B$, 在违约观察期期间, 按照纳什均衡原理对公司的总价值 $v$ 进行重新分配, 得到股票与公司债券在公司资产价值小于或等于违约边界值时的价值; 然后通过现金流贴现法和巴黎型期权定价的思想建立股票与公司债券的定价模型; 进而从股东权益最大化, 获得股票价值在最佳违约边界所满足的自由边界条件, 由此把公司股票所满足的定价问题归结为一个自由边界问题, 并通过 PDE 方法推出股票于公司债券价格的闭合表达式以及最佳违约边界的解的显式表达式. 当 $V \geqslant V_B$ 时, 验证了所获得的定价结果与 Francois 和 Morellec [6] 利用随机分析方法所得到的结果相同, 同时推广

①相对于在固定息票率 $C$ 下, 在最优息票率 $C^*$ 下, 公司在宣布违约之前, 运营过程中公司需根据公司的资产价值的高低不断地调整息票 $C^*$, 以便使得公司的总价值最大.

Francois 和 Morellec [6] 模型至考虑当 $V < V_B$ 时股票与公司债券价格以及公司在违约观察期期间债券持有人应该得到的息票收益, 获得相应的定价结果. 此外, 公司的最优杠杆、信用利差和清算概率的显式表达式也都被提供. 最后, 在数值计算方面, 首先在最优息票率下考察了最优杠杆, 信用利差、清算概率和最佳违约边界关于各参数的依赖关系, 所得的数值结果与 [6] 中所获得的相同, 然后通过把股票和公司债券以及相应的最佳违约边界的数值结果与在 Leland 模型下相应的结果进行比较, 观察到: 在考虑到美国破产法第十一章条款下, 相比于仅考虑美国破产法第七章条款情形, 公司的违约概率虽然将更大, 但是降低了公司的清算概率, 相应的公司的总价值将更大, 这说明了美国破产保护法第十一章有助于违约公司摆脱困境. 同时, 也注意到, 在给定息票率支付下, 股东将从申请美国破产法第十一章保护中受益, 其价值高于 Leland 模型下相应的股票价值, 而债权人只有在他能从谈判中获得较大利益时, 才能也从美国破产保护法第十一章中获益. 但是, 当在最优息票率支付下, 股东和债权人谁将从美国破产法中受益将更依赖于各自谈判能力的大小.

## 18.9　附录

**引理 18.1 的证明**　由 (18.6) 和 (18.8) 式, 可得当 $V > V_B$ 时, 公司的总价值 $v$ 解的表达式能被表示为

$$v(V) = V + \frac{\tau C}{r} + AV^{\lambda_-} \tag{18.64}$$

这里 $A$ 为待定的常数,

$$\lambda_- = \frac{1}{2} - \frac{r-\delta}{\sigma^2} - \sqrt{\left(\frac{1}{2} - \frac{r-\delta}{\sigma^2}\right)^2 + \frac{2r}{\sigma^2}}$$

当 $0 < V \leqslant V_B, 0 \leqslant \hat{\tau} \leqslant d$ 时, 由 (18.7), (18.9—18.11) 式以及结合 (18.64) 式, $v$ 满足

$$\begin{cases} \dfrac{\partial v}{\partial \hat{\tau}} + \dfrac{1}{2}\sigma^2 V^2 \dfrac{\partial^2 v}{\partial V^2} + (r-\delta)V\dfrac{\partial v}{\partial V} - rv + \delta V - \phi V = 0, \quad 0 < V < V_B, 0 \leqslant \hat{\tau} \leqslant d \\ v(V, d; V_B) = (1-\alpha)V \\ v(V_B - 0, \hat{\tau}; V_B) = g(A, V_B) \\ \dfrac{\partial v}{\partial V}(V_B + 0; V_B) = \dfrac{\partial v}{\partial V}(V_B - 0; V_B) \end{cases}$$

这里 $g(A,V_B)=V_B+\frac{\tau C}{r}+AV_B^{\lambda_-}$.

做变换 $x=\ln\frac{V_B}{V},\bar{v}(x,\hat{\tau})=v(x,\hat{\tau};V_B)-g(A,V_B)$, 可得

$$\begin{cases}\dfrac{\partial\bar{v}}{\partial\hat{\tau}}+\dfrac{1}{2}\sigma^2\dfrac{\partial^2\bar{v}}{\partial x^2}+\left(r-\delta-\dfrac{1}{2}\sigma^2\right)\dfrac{\partial\bar{v}}{\partial x}-r\bar{v}\\ =rg(A,V_B)-(\delta-\phi)V_Be^{-x},\quad 0<x<\infty,\quad 0\leqslant\hat{\tau}\leqslant d\\ \bar{v}(x,d)=(1-\alpha)V_Be^{-x}-g(A,V_B)\\ \bar{v}(0,\hat{\tau})=0\\ \lim\limits_{x\to 0}\frac{\partial\bar{v}(x,0)}{\partial x}=-(V_B+A\lambda_-V_B^{\lambda_-})\end{cases}$$

做变换 $\bar{\tau}=d-\hat{\tau},\bar{v}(x,\hat{\tau})=e^{ax+b\bar{\tau}}w(x,\bar{\tau})$

$$\begin{cases}\dfrac{\partial w}{\partial\bar{\tau}}-\dfrac{1}{2}\sigma^2\dfrac{\partial^2 w}{\partial x^2}=[(\delta-\phi)V_Be^{-x}-rg(A,V_B)]e^{-ax-b\bar{\tau}},\\ \qquad\qquad 0<x<\infty,0\leqslant\bar{\tau}\leqslant d & (18.65)\\ w(x,0)=[(1-\alpha)V_Be^{-x}-g(A,V_B)]e^{-ax} & (18.66)\\ w(0,\bar{\tau})=0 & (18.67)\\ \lim\limits_{x\to 0}e^{bd}\left[aw(x,d)+\dfrac{\partial w(x,d)}{\partial x}\right]=-(V_B+A\lambda_-V_B^{\lambda_-}) & (18.68)\end{cases}$$

这里

$$a=\frac{r-\delta-\frac{\sigma^2}{2}}{\sigma^2},\quad b=-r-\frac{\left(r-\delta-\frac{\sigma^2}{2}\right)^2}{2\sigma^2}$$

记

$$F(x,\bar{\tau};A,V_B)=\left[(\delta-\phi)V_Be^{-x}-rg(A,V_B)\right]e^{-ax-b\bar{\tau}}$$
$$\psi(x;A,V_B)=\left[(1-\alpha)V_Be^{-x}-g(A,V_B)\right]e^{-ax}$$

利用镜像法, 对终值和方程的右端项进行奇开拓, 即定义

$$F(x,\bar{\tau};A,V_B)=\begin{cases}[(\delta-\phi)V_Be^{-x}-rg(A,V_B)]e^{-ax-b\bar{\tau}}, & x>0\\ -[(\delta-\phi)V_Be^{-x}-rg(A,V_B)]e^{-ax-b\bar{\tau}}, & x<0\end{cases}$$

$$\psi(x;A,V_B)=\begin{cases}[(1-\alpha)V_Be^{-x}-g(A,V_B)]e^{-ax}, & x>0\\ -[(1-\alpha)V_Be^{-x}-g(A,V_B)]e^{-ax}, & x<0\end{cases}$$

则 (18.65)—(18.67) 式转化为标准的 Cauchy 问题:

$$\begin{cases}\dfrac{\partial w}{\partial\bar{\tau}}-\dfrac{1}{2}\sigma^2\dfrac{\partial^2 w}{\partial x^2}=F(x,\bar{\tau};A,V_B), & x\in R,0\leqslant\bar{\tau}\leqslant d\\ w(x,0)=\psi(x;A,V_B)\end{cases}$$

由 Poisson 公式, 以及 $\tau = d - \hat{\tau}$, 可求

$$
\begin{aligned}
w(x,\hat{\tau}) = &\int_{-\infty}^{+\infty} \frac{e^{-\frac{(x-\xi)^2}{2\sigma^2(d-\hat{\tau})}}}{\sigma\sqrt{2\pi(d-\hat{\tau})}}\psi(\xi;A,V_B)d\xi \\
&+ \int_{\hat{\tau}}^{d}\int_{-\infty}^{+\infty} \frac{e^{-\frac{(x-\xi)^2}{2\sigma^2(d-\hat{\tau})}}}{\sigma\sqrt{2\pi(\hat{\eta}-\hat{\tau})}}F(\xi,d-\hat{\eta};A,V_B)d\xi d\hat{\eta} \qquad (18.69)
\end{aligned}
$$

由 (18.69) 式以及结合连接条件 (18.68) 式, 即可求得待定常数 $A$, 然后对 (18.69) 式化简, 整理可得 $w(x,\hat{\tau})$, 最后根据

$$
v(V,\hat{\tau};V_B) = g(A,V_B) + e^{ax+b(d-\hat{\tau})}w(x,\hat{\tau})\big|_{x=\ln\frac{V_B}{V}}
$$

立得 $v$ 在 $0<V<V_B, 0\leqslant\hat{\tau}\leqslant d$ 上解的表达式. 引理 18.1 求解完毕.

**定理 18.1 的证明** 由 (18.36), (18.37) 式可知, 当 $V > V_B^*$ 时, 股票的价值 $E(V)$ 解的表达式能被写为

$$
E(V) = V + \frac{C(\tau-1)}{r} + \tilde{A}V^{\lambda_-}
$$

这里 $\tilde{A}$ 为任意待定的常数.

然后由 (18.38) 式, 以及引理 18.1 里公司总价值 $v(V_B^*,0;V_B^*)$ 的表达式, 立得

$$
\tilde{A} = (\eta\alpha-1)V_B^{*1-\lambda_-} + (\eta-1)\frac{\tau C}{r}V_B^{*-\lambda_-} + \frac{C}{r}V_B^{*-\lambda_-} + \eta A
$$

结合 $A$ 的表达式 (18.19) 式, 经过整理, 即可得到定理 18.1 里股票价值表达式 (18.40) 式.

最后由自由边界条件 (18.39) 式, 可推出最佳违约边界 $V_B^*$ 的表达式 (18.41) 式. 定理 18.1 得证.

**结论相同的证明** 下面主要证明当 $V\geqslant V_B^*$ 时, 利用 PDE 方法所得到股票和公司债券以及相应的最佳违约边界的定价表达式与 Francois 和 Morellec [6] 利用随机分析的方法得到的相应的结果是相同的.

为了证明的需要, 先把 Francois 和 Morellec 在 [6] 中所获得的股票和公司

债券以及相应的最佳违约边界的定价表达式和相应的记号提供如下:

$$\begin{aligned} E(d,C) &= V - V_B^*\left(\frac{V}{V_B^*}\right)^{-\xi} \\ &\quad - \left[1-\left(\frac{V}{V_B^*}\right)^{-\xi}\right]\frac{C(\tau-1)}{r} + \eta\bar{R}(d)\left(\frac{V}{V_B^*}\right)^{-\xi} \end{aligned} \tag{18.70}$$

$$\begin{aligned} D(d,C) &= \frac{C}{r}\left[1-\left(\frac{V}{V_B^*}\right)^{-\xi}\right] + (1-\alpha)V_B^*\left(\frac{V}{V_B^*}\right)^{-\xi} \\ &\quad + (1-\eta)\bar{R}(d)\left(\frac{V}{V_B^*}\right)^{-\xi} \end{aligned} \tag{18.71}$$

$$V_B^* = \frac{\xi}{(\xi+1)}\frac{C\left[1-\tau+\eta\tau\left(1-\bar{B}(d)\right)\right]}{r-r\eta\left[\alpha\left(1-\bar{C}(d)-\dfrac{\phi}{\delta}\left(\delta\bar{A}(d)-\bar{C}(d)\right)\right)\right]} \tag{18.72}$$

其中,

$$\bar{R}(d) = \alpha V_B^*\left[1-\bar{C}(d)\right] - \frac{\phi}{\delta}\left[\delta\bar{A}(d)-\bar{C}(d)\right] + \frac{\tau C}{r}\left[1-\bar{B}(d)\right] \tag{18.73}$$

$$\bar{b} = (1/\sigma)\left(r-\delta-\sigma^2/2\right), \quad \bar{\lambda} = \sqrt{2r+\bar{b}^2}, \quad \xi = (1/\sigma)\left(b+\bar{\lambda}\right) \tag{18.74}$$

$$\bar{A}(d) = \frac{1}{\bar{\lambda}}\left[\frac{1}{\bar{\lambda}+\bar{b}+\sigma} + \frac{1}{\bar{\lambda}-\bar{b}-\sigma}\frac{\bar{\Phi}\left(-\bar{\lambda}\sqrt{d}\right)}{\bar{\Phi}\left(\bar{\lambda}\sqrt{d}\right)}\right] \tag{18.75}$$

$$\bar{B}(d) = \frac{\bar{\lambda}-\bar{b}}{2\bar{\lambda}} + \frac{\bar{\lambda}+\bar{b}}{2\bar{\lambda}}\frac{\bar{\Phi}\left(-\bar{\lambda}\sqrt{d}\right)}{\bar{\Phi}\left(\bar{\lambda}\sqrt{d}\right)} \tag{18.76}$$

$$\bar{C}(d) = \frac{\bar{\Phi}\left(-\left(\sigma+\bar{b}\right)\sqrt{d}\right)}{\bar{\Phi}\left(\bar{\lambda}\sqrt{d}\right)} \tag{18.77}$$

$$\bar{\Phi}(x) = 1 + x\sqrt{2\pi}e^{\frac{x^2}{2}}\bar{N}(x) \tag{18.78}$$

$$\bar{N}(x) = \frac{1}{\sqrt{2\pi}}\int_{-\infty}^{x} e^{-\frac{\varsigma^2}{2}}d\varsigma \tag{18.79}$$

现在把股票 $E$ 和公司债券 $D$ 以及相应的最佳违约边界 $V_B^*$ 的定价表达式 (18.40) 式, (18.46) 和 (18.41) 式, 与 Francois 和 Morellec 定价得到的相应结果 (18.70)—(18.72) 式做比较, 可知只要证明 $A(d), B(d), C(d), \lambda_-$ 的表达式 (18.43)—(18.45), (18.16) 式分别等价于 $\bar{A}(d), \bar{B}(d), \bar{C}(d), -\xi$ 的表达式 (18.75)—(18.77), (18.74) 式, 即可证明两者结果的等价性.

首先由 $a, b, \lambda_-$ 的表达式 (18.14)—(18.16), 可得如下关系式:

$$b+r=-\frac{\sigma^2a^2}{2},\quad b+\delta=-\frac{\sigma^2(a+1)^2}{2},\quad \lambda_-=-a-\frac{1}{\sigma}\sqrt{-2b}$$

结合 $M_2(a,d), M_3(a,d)$ 的定义式 (18.21), (18.22) 式, 可得

$$\begin{aligned}
&M_2(a+1,d)=\frac{2e^{bd}}{\sigma\sqrt{2\pi d}}\left[1-(a+1)\sigma\sqrt{2\pi d}N\left(-(a+1)\sigma\sqrt{d}\right)e^{\frac{(a+1)^2\sigma^2 d}{2}}\right]\\
&M_3(a+1,d)+M_2(a+1,d)/\delta\\
=&\frac{1}{\delta}\frac{2e^{bd}}{\sigma\sqrt{2\pi d}}\left\{1+e^{-bd}\sqrt{2\pi d}\left[-\frac{(a+1)\sigma}{2}+\frac{(a+1)^2\sigma^2}{\sqrt{-2b}}\left(N\left(\sqrt{-2bd}\right)-\frac{1}{2}\right)\right]\right\}\\
&+e^{-bd}\sqrt{2\pi d}\left(N\left(\sqrt{-2bd}\right)-\frac{1}{2}\right)\\
=&\frac{1}{\delta}\frac{2e^{bd}}{\sigma\sqrt{2\pi d}}\left[1+e^{-bd}\sqrt{2\pi d}\sqrt{-2b}N\left(\sqrt{-2bd}\right)-\frac{(a+1)\sigma+\sqrt{-2b}}{2}e^{-bd}\sqrt{2\pi d}\right]\\
&M_2(a,d)+rM_3(a,d)-\lambda_-\\
=&\frac{2e^{bd}}{\sigma\sqrt{2\pi d}}\left\{1+e^{-bd}\sqrt{2\pi d}\left[a\sigma\left(-\frac{1}{2}+\frac{a\sigma}{\sqrt{-2b}}\left(N\left(\sqrt{-2bd}\right)-\frac{1}{2}\right)\right)\right]\right\}\\
&+\frac{2r}{\sqrt{-2b}}\left(N\left(\sqrt{-2bd}\right)-\frac{1}{2}\right)+\frac{1}{2}\left(a\sigma+\sqrt{-2b}\right)\\
=&\frac{2e^{bd}}{\sigma\sqrt{2\pi d}}\left[1+e^{-bd}\sqrt{2\pi d}\sqrt{-2b}N\left(\sqrt{-2bd}\right)\right]
\end{aligned}$$

根据 $A(d), B(d), C(d)$ 的定义式 (18.43)—(18.45), 可推出

$$\begin{aligned}
A(d)&=\frac{1}{\delta}\left[1-\frac{\frac{(a+1)\sigma+\sqrt{-2b}}{2}e^{-bd}\sqrt{2\pi d}}{1+e^{-bd}\sqrt{2\pi d}\sqrt{-2b}N\left(\sqrt{-2bd}\right)}\right]\\
B(d)&=1-\frac{a+\frac{1}{\sigma}\sqrt{-2b}}{\frac{2e^{bd}}{\sigma\sqrt{2\pi d}}\left[1+e^{-bd}\sqrt{2\pi d}\sqrt{-2b}N\left(\sqrt{-2bd}\right)\right]}\\
C(d)&=\frac{1-(a+1)\sigma\sqrt{2\pi d}N\left(-(a+1)\sigma\sqrt{d}\right)e^{\frac{(a+1)^2\sigma^2 d}{2}}}{1+e^{-bd}\sqrt{2\pi d}\sqrt{-2b}N\left(\sqrt{-2bd}\right)}
\end{aligned}$$

然后由 $\bar{b}, \bar{\lambda}, \xi$ 的定义式 (18.74), 以及 $a, b, \lambda_-$ 的表达式 (18.14)—(18.16) 式, 可得如下关系式: $\bar{b}=a\sigma, \bar{\lambda}=\sqrt{-2b}, \xi=-\lambda_-$. 结合 $\bar{N}(x)=N(x), N(x)=$

$1-N(-x)$ 以及 $\bar{\Phi}(x)$ 的定义式 (18.78), 根据 $\bar{A}(d), \bar{B}(d), \bar{C}(d)$ 的定义式 (18.75)-(18.77) 式, 可得

$$\begin{aligned}
\bar{A}(d) &= \frac{1}{\sqrt{-2b}}\left[\frac{1}{\sqrt{-2b}+(a+1)\sigma}+\frac{1}{\sqrt{-2b}-(a+1)\sigma}\right.\\
&\quad\left.\frac{1-e^{-bd}\sqrt{2\pi d}\sqrt{-2b}N\left(-\sqrt{-2bd}\right)}{1+e^{-bd}\sqrt{2\pi d}\sqrt{-2b}N\left(\sqrt{-2bd}\right)}\right]\\
&= \frac{1}{\sqrt{-2b}}\left[\frac{1}{\sqrt{-2b}+(a+1)\sigma}+\frac{1}{\sqrt{-2b}-(a+1)\sigma}\right.\\
&\quad\left.\frac{1-e^{-bd}\sqrt{2\pi d}\sqrt{-2b}\left(1-N\left(-\sqrt{-2bd}\right)\right)}{1+e^{-bd}\sqrt{2\pi d}\sqrt{-2b}N\left(\sqrt{-2bd}\right)}\right]\\
&= \frac{1}{\sqrt{-2b}}\left[\frac{2\sqrt{-2b}}{-2b-(a+1)^2\sigma^2}+\frac{1}{\sqrt{-2b}-(a+1)\sigma}\right.\\
&\quad\left.\frac{-e^{-bd}\sqrt{2\pi d}\sqrt{-2b}}{1+e^{-bd}\sqrt{2\pi d}\sqrt{-2b}N\left(\sqrt{-2bd}\right)}\right]\\
&= \frac{1}{\delta}\left[1-\frac{\dfrac{(a+1)\sigma+\sqrt{-2b}}{2}e^{-bd}\sqrt{2\pi d}}{1+e^{-bd}\sqrt{2\pi d}\sqrt{-2b}N\left(\sqrt{-2bd}\right)}\right]\\
\bar{B}(d) &= \frac{\sqrt{-2b}-a\sigma}{2\sqrt{-2b}}+\frac{\sqrt{-2b}+a\sigma}{2\sqrt{-2b}}\frac{1-e^{-bd}\sqrt{2\pi d}\sqrt{-2b}N\left(-\sqrt{-2bd}\right)}{1+e^{-bd}\sqrt{2\pi d}\sqrt{-2b}N\left(\sqrt{-2bd}\right)}\\
&= 1-\frac{a+\dfrac{1}{\sigma}\sqrt{-2b}}{\dfrac{2e^{bd}}{\sigma\sqrt{2\pi d}}\left[1+e^{-bd}\sqrt{2\pi d}\sqrt{-2b}N\left(\sqrt{-2bd}\right)\right]}\\
\bar{C}(d) &= \frac{1-\left(\sigma+\bar{b}\right)\sqrt{2\pi d}N\left(-\left(\sigma+\bar{b}\right)\sqrt{d}\right)e^{\frac{(\sigma+\bar{b})^2 d}{2}}}{1+e^{\frac{\bar{\lambda}^2 d}{2}}\sqrt{2\pi d}\bar{\lambda}N\left(\bar{\lambda}\sqrt{d}\right)}\\
&= \frac{1-(a+1)\sigma\sqrt{2\pi d}N\left(-(a+1)\sigma\sqrt{d}\right)e^{\frac{(a+1)^2\sigma^2 d}{2}}}{1+e^{-bd}\sqrt{2\pi d}\sqrt{-2b}N\left(\sqrt{-2bd}\right)}
\end{aligned}$$

即 $A(d)=\bar{A}(d), B(d)=\bar{B}(d), C(d)=\bar{C}(d)$, 由此证明了当 $V \geqslant V_B^*$ 时, 股票和公司债券以及相应的最佳违约边界的定价表达式与 Francois 和 Morellec 所得

到的相应的结果是相同的.

**定理 18.3 的求解** 对于任意给定一个息票率 $C$, 由定理 18.1, 即可得到相应的最优违约边界 $V_B^*(C)$ 表达式 (18.41) 式, 进而把 (18.41) 式代入引理 18.1 里公司的总价值 $v$ 的表达式 (18.12) 式, 获得 $v(V;C)$ 关于息票率参数 $C$ 的表达式, 最后通过 $\frac{\partial v(V;C)}{\partial C}=0$, 即可求得最优息票率 $C^*$ 的表达式 (18.61) 式. 定理 18.3 求解完毕.

## 参考文献


[1] Merton R C. On the Pricing of Corporate Debt: The Risk Structure of Interest Rates. Jour. of Finance, 1974: 29, 449–469.

[2] Black F, Cox J C. Valuing Corporate Securities: Some Effects of Bond Indenture Provisions. Jour. of. Finance, 1976: 31, 351–367.

[3] Leland H E. Corporate Debt Value, Bond Covenants, and Optimal Capital Structure. Jour. of Finance, 1994: 49, 1213–1252.

[4] Morellec E. Asset Liquidity, Capital Structure, and Secured Debt. Jour. of. Financial Economics, 2001: 61, 173–206.

[5] Hua Fan, Sundaresan S M. Debt Valuation, Renegotiation, and Optimal Dividend Policy. Review of Financial Studies, 2000: 13, 1057–1099.

[6] Francois P, Morellec E. Capital Structure and Asset Prices: Some Effects of Bankruptcy Procedures. Jour. of Business, 2004: 77(2), 387–411.

[7] Broadie M, Chernov M, Sundaresan S. Optimal Debt and Equity Values in the Presence of Chapter 7 and Chapter 11. Jour. of Finance, 2007: 62(3), 1341–1377.

[8] Haber R J, Schonbucher P J, Wilmott P. Pricing Parisian Options. Jour. of Derivatives, 1999: 6(3), 71–79.

[9] 姜礼尚. 期权定价的数学模型和方法 (第二版). 北京: 高等教育出版社, 2008.

# 第 19 章

# 一类创新型权证的数学模型[①]

## 19.1 问题的提出

1992 年下半年, 中国证监会成立后, 大批国有企业在沪深股市上市. 当时上市的公司产权明晰化问题并没解决, 规范的国有资产组织体系和国有资产经营体系也尚未形成, 公司的国有股、国有法人股和法人股暂不流通, 股权分置就此形成. 流通股按市场价挂牌交易, 非流通股则通常按低得多的净资产协议转让.

2004 年 2 月, 国务院从中国实际出发, 颁布了 "国九条", 明确提出了股改的要求. 股权分置改革是非流通股股东通过向流通股股东提供一定的对价作为补偿, 使非流通股获得流通权, 实现同股同价. 股改的实质是使上市公司两类股东通过对价找到利益平衡点, 协商解决股权分置问题.

通常, 非流通股股东用送股和认购或认沽权证的方式来支付对价, 但也有上市公司 (如上海医药和农产品) 送创新型权证, 该创新型权证不同于一般权证的是, 它将股票和权证相捆绑, 承诺流通股股东在一定时间后有权按约定的价格将股票出售给非流通股股东, 这相当于在流通股股票里嵌入了认沽权证, 从而股价将不再呈现几何布朗运动. 由于一般的权证定价都是假设股价服从几何布朗运动, 因此不能简单地从股票价格出发来计算该创新型权证的价格. 为了解决这个问题, 我们借鉴信用风险定价理论中的结构化方法, 以公司资产作为基本变量,

①本章由任学敏、刘易撰写.

运用无套利原理建立数学模型, 对有担保和无担保的情况进行分析, 得出该创新型权证的定价公式. 最后对不同市场变量对创新型权证价格的影响做了理论和数值分析.

## 19.2　数学模型

### 19.2.1　基本假定

(1) 公司负债为 $F$, 公司资产为 $V$, 公司负债到期日为 $T_1$; 其中, $F$、$V$ 是相对每份股票而言的, 且由于在零时刻公司资产应该不能小于负债, 有 $V_0 \geqslant F > 0$; 公司非流通股 $m$ 份, 流通股 $n$ 份.

(2) 对于公司资产, 假设其服从几何布朗运动:

$$\frac{dV_t}{V_t} = \mu dt + \sigma dW_t \tag{19.1}$$

其中 $\mu$, $\sigma$ 为常数, 分别表示期望回报率和波动率; $W_t$ 为标准 Brown 运动, 即:

$$E(dW_t) = 0, \quad Var(dW_t) = dt$$

(3) 创新型权证的价值为 $S(V, t)$, 其到期日 $T \leqslant T_1$, 敲定价即流通股股东有权出售的股票价格为 $K$.

(4) 市场不存在套利机会, 无风险利率为常数 $r > 0$; 股票无股息; 无交易费和税收.

### 19.2.2　建立方程

利用 $\Delta$–对冲原理, 在时间段 $(t, t+dt)$ 上构造投资组合 $\Pi$, 使其在 $(t, t+dt)$ 时间段内无风险, $\Pi$ 由 1 份创新型权证 $S$ 和 $\Delta$ 份公司资产 $V$ 组成, 即:

$$\Pi_t = S_t - \Delta V_t \tag{19.2}$$

由 Itô 公式, 组合在 $(t, t+dt)$ 时间的收益是:

$$d\Pi_t = dS_t - \Delta dV_t = \left(\frac{\partial S}{\partial t} + \frac{1}{2}\sigma^2 V^2 \frac{\partial^2 S}{\partial V^2}\right) dt + \frac{\partial S}{\partial V} dV_t - \Delta dV_t \tag{19.3}$$

取 $\Delta=\frac{\partial S}{\partial V}$, 消去随机项, 则组合是无风险的, 根据无套利原理, 有:

$$d\Pi_t=r\Pi_t dt=r(S_t-\Delta V)dt \tag{19.4}$$

即

$$\left(\frac{\partial S}{\partial t}+\frac{1}{2}\sigma^2V^2\frac{\partial^2 S}{\partial V^2}\right)dt+\frac{\partial S}{\partial V}dV_t-\Delta dV_t=r(S_t-\Delta V)dt \tag{19.5}$$

由 (19.3), (19.5) 式, 可得:

$$\frac{\partial S}{\partial t}+\frac{1}{2}\sigma^2V^2\frac{\partial^2 S}{\partial V^2}+rV\frac{\partial S}{\partial V}-rS=0 \tag{19.6}$$

### 19.2.3 有担保和无担保时的定解条件与求解

#### 19.2.3.1 定解条件

当该创新型权证有担保且不考虑担保公司违约的情况下, 如果公司资产 $V$ 减去负债在权证到期日 $T$ 的贴现 $Fe^{-r(T_1-T)}$ 大于或等于敲定价 $K$, 在到期日 $T$ 该创新型权证的价格 $S$ 就是 $V-Fe^{-r(T_1-T)}$; 否则, 由于有担保, 在不考虑担保方违约的情况下, 在到期日 $T$ 该创新型权证的价格 $S$ 都等于敲定价 $K$. 因此定解问题为

$$\begin{cases}\dfrac{\partial S}{\partial t}+\dfrac{1}{2}\sigma^2V^2\dfrac{\partial^2 S}{\partial V^2}+rV\dfrac{\partial S}{\partial V}-rS=0\\ S\big|_{t=T}=\begin{cases}V-Fe^{-r(T_1-T)}, & V\geqslant Fe^{-r(T_1-T)}+K\\ K, & V<Fe^{-r(T_1-T)}+K\end{cases}\end{cases} \tag{19.7}$$

当该创新型权证无担保且 $V-Fe^{-r(T_1-T)}\geqslant K$ 时, 在到期日 $T$ 该创新型权证的价格 $S$ 即为 $V-Fe^{-r(T_1-T)}$; 否则, 由于无担保, 则需做进一步的讨论: 如果将公司资产 $V$ 减去负债在权证到期日 $T$ 的贴现 $Fe^{-r(T_1-T)}$, 即 $V-Fe^{-r(T_1-T)}$ 这一部分全部给流通股股东, 则对于流通股股东而言即可以获得 $\frac{(m+n)(V-Fe^{-r(T_1-T)})}{n}$, 如果 $V-Fe^{-r(T_1-T)}\geqslant K$, 则在到期日 $T$ 该创新型权证的价格 $S$ 等于敲定价 $K$; 如果 $0\leqslant V-Fe^{-r(T_1-T)}\leqslant K$ (即公司资产大于负债, 公司未破产), 则在到期日 $T$ 该创新型权证的价格 $S$ 就等于 $\frac{(m+n)(V-Fe^{-r(T_1-T)})}{n}$; 如果其值小于 0(即公司资产小于负债, 公司破产), 则在到期日 $T$ 该创新型权证的价格 $S$ 等于 0. 因此定解问题为

$$
\begin{cases}
\dfrac{\partial S}{\partial t}+\dfrac{1}{2}\sigma^2V^2\dfrac{\partial^2 S}{\partial V^2}+rV\dfrac{\partial S}{\partial V}-rS=0\\
S\big|_{t=T}=\begin{cases}
V-Fe^{-r(T_1-T)}, & V\geqslant Fe^{-r(T_1-T)}+K\\
K, & \dfrac{n}{m+n}K+Fe^{-r(T_1-T)}\leqslant V<Fe^{-r(T_1-T)}+K\\
\dfrac{(m+n)(V-Fe^{-r(T_1-T)})}{n}, & Fe^{-r(T_1-T)}\leqslant V<\dfrac{n}{m+n}K+Fe^{-r(T_1-T)}\\
0, & V<Fe^{-r(T_1-T)}
\end{cases}
\end{cases}
\tag{19.8}
$$

#### 19.2.3.2 求解方程

做自变量代换,

$$x=\ln V,\quad \tau=T-t \tag{19.9}$$

方程 (19.6) 可化为常系数抛物型方程:

$$\frac{\partial S}{\partial \tau}-\frac{1}{2}\sigma^2\frac{\partial^2 S}{\partial x^2}-\left(r-\frac{\sigma^2}{2}\right)\frac{\partial S}{\partial x}+rS=0 \tag{19.10}$$

则定解问题 (19.7) 转化为常系数抛物型方程的初值问题:

$$
\begin{cases}
\dfrac{\partial S}{\partial \tau}-\dfrac{1}{2}\sigma^2\dfrac{\partial^2 S}{\partial x^2}-\left(r-\dfrac{\sigma^2}{2}\right)\dfrac{\partial S}{\partial x}+rS=0\\
S\big|_{\tau=0}=\begin{cases}
e^x-M, & x\geqslant \ln(M+K)\\
K, & x<\ln(M+K)
\end{cases}
\end{cases}
\tag{19.11}
$$

其中,

$$M=Fe^{-r(T_1-T)} \tag{19.12}$$

同样的, 定解问题 (19.8) 也可转化为常系数抛物型方程的初值问题:

$$
\begin{cases}
\dfrac{\partial S}{\partial \tau}-\dfrac{1}{2}\sigma^2\dfrac{\partial^2 S}{\partial x^2}-\left(r-\dfrac{\sigma^2}{2}\right)\dfrac{\partial S}{\partial x}+rS=0\\
S\big|_{t=T}=\begin{cases}
e^x-M, & x\geqslant \ln(M+K)\\
K, & \ln\left(\dfrac{n}{m+n}K+M\right)\leqslant x<\ln(M+K)\\
\dfrac{(m+n)(e^x-M)}{n}, & \ln M\leqslant x<\ln\left(\dfrac{n}{m+n}K+M\right)\\
0, & x<\ln M
\end{cases}
\end{cases}
\tag{19.13}
$$

做函数变换,

$$S = ue^{-r-\frac{1}{2\sigma^2}(r-\frac{\sigma^2}{2})^2\tau-\frac{1}{\sigma^2}(r-\frac{\sigma^2}{2})x}, \quad u = u(x,\tau) \tag{19.14}$$

初值问题 (19.11) 变为:

$$\begin{cases} \dfrac{\partial u}{\partial \tau} - \dfrac{\sigma^2}{2}\dfrac{\partial^2 u}{\partial x^2} = 0 \\ u\Big|_{\tau=0} = \begin{cases} (e^x - M)e^{-\beta x}, & x \geqslant \ln(M+K) \\ Ke^{-\beta x}, & x < \ln(M+K) \end{cases} \end{cases} \tag{19.15}$$

初值问题 (19.13) 变为:

$$\begin{cases} \dfrac{\partial u}{\partial \tau} - \dfrac{\sigma^2}{2}\dfrac{\partial^2 u}{\partial x^2} = 0 \\ u\Big|_{\tau=0} = \begin{cases} (e^x - M)e^{-\beta x}, & x \geqslant \ln(M+K) \\ Ke^{-\beta x}, & \ln\left(\dfrac{nK}{m+n}+M\right) \leqslant x < \ln(M+K) \\ \dfrac{(m+n)(e^x-M)}{n}e^{-\beta x}, & \ln M \leqslant x < \ln\left(\dfrac{nK}{m+n}+M\right) \\ 0, & x < \ln M \end{cases} \end{cases} \tag{19.16}$$

根据 Poisson 公式:

$$u(x,\tau) = \int_{-\infty}^{+\infty} \frac{1}{\sigma\sqrt{2\pi\tau}} e^{-\frac{(x-\xi)^2}{2\sigma^2\tau}} \varphi(\xi) d\xi$$

其中, $\varphi(\xi)$ 为初值. 则初值问题 (19.15) 的解为:

$$u(x,\tau) = \int_{\ln(M+K)}^{+\infty} \frac{1}{\sigma\sqrt{2\pi\tau}} e^{-\frac{(x-\xi)^2}{2\sigma^2\tau}-\beta\xi}(e^\xi - M) d\xi$$

$$+ \int_{-\infty}^{\ln(M+K)} \frac{1}{\sigma\sqrt{2\pi\tau}} e^{-\frac{(x-\xi)^2}{2\sigma^2\tau}-\beta\xi} K d\xi$$

$$S(V,t) = Ke^{-r(T-t)} - (K+M)e^{-r(T-t)} N\left(\frac{\ln V - \ln(M+K) + (r-\frac{\sigma^2}{2})(T-t)}{\sigma\sqrt{(T-t)}}\right)$$

$$+ VN\left(\frac{\ln V - \ln(M+K) + (r+\frac{\sigma^2}{2})(T-t)}{\sigma\sqrt{(T-t)}}\right)$$

由此可得:

**定理 19.1** 在有担保情况下, 创新型权证的定价公式:

$$S(V,t)=Ke^{-r(T-t)}+VN(d_1)-(K+Fe^{-r(T_1-T)})e^{-r(T-t)}N(d_2) \tag{19.17}$$

其中,

$$d_1=\frac{\ln V-\ln(Fe^{-r(T_1-T)}+K)+(r+\frac{\sigma^2}{2})(T-t)}{\sigma\sqrt{(T-t)}}$$

$$d_2=\frac{\ln V-\ln(Fe^{-r(T_1-T)}+K)+(r-\frac{\sigma^2}{2})(T-t)}{\sigma\sqrt{(T-t)}}$$

对无担保的情况:

$$\begin{aligned}u(x,\tau)=&\int_{\ln(M+K)}^{+\infty}\frac{1}{\sigma\sqrt{2\pi\tau}}e^{-\frac{(x-\xi)^2}{2\sigma^2\tau}-\beta\xi}(e^{\xi}-M)d\xi\\&+\int_{\ln(\frac{nK}{m+n}+M)}^{\ln(M+K)}\frac{1}{\sigma\sqrt{2\pi\tau}}e^{-\frac{(x-\xi)^2}{2\sigma^2\tau}-\beta\xi}Kd\xi\\&+\int_{\ln M}^{\ln(\frac{nK}{m+n}+M)}\frac{1}{\sigma\sqrt{2\pi\tau}}e^{-\frac{(x-\xi)^2}{2\sigma^2\tau}-\beta\xi}\frac{(m+n)(e^x-M)}{n}d\xi\end{aligned}$$

从而有:

$$\begin{aligned}S(V,t)=&VN\left(\frac{\ln V-\ln(M+K)+\left(r+\dfrac{\sigma^2}{2}\right)(T-t)}{\sigma\sqrt{(T-t)}}\right)\\&-Me^{-r(T-t)}N\left(\frac{\ln V-\ln(M+K)+\left(r-\dfrac{\sigma^2}{2}\right)(T-t)}{\sigma\sqrt{(T-t)}}\right)\\&+Ke^{-r(T-t)}\left[N\left(\frac{\ln V-\ln\left(\dfrac{nK}{m+n}+M\right)+\left(r-\dfrac{\sigma^2}{2}\right)(T-t)}{\sigma\sqrt{(T-t)}}\right)\right.\\&\left.-N\left(\frac{\ln V-\ln(M+K)+\left(r-\dfrac{\sigma^2}{2}\right)(T-t)}{\sigma\sqrt{(T-t)}}\right)\right]\\&+\frac{(m+n)}{n}\left\{V\left[N\left(\frac{\ln V-\ln M+\left(r+\dfrac{\sigma^2}{2}\right)(T-t)}{\sigma\sqrt{(T-t)}}\right)\right.\right.\end{aligned}$$

$$-N\left(\frac{\ln V-\ln\left(\frac{nK}{m+n}+M\right)+\left(r+\frac{\sigma^2}{2}\right)(T-t)}{\sigma\sqrt{(T-t)}}\right)\Bigg]$$

$$-Me^{-r(T-t)}\left[N\left(\frac{\ln V-\ln M+\left(r-\frac{\sigma^2}{2}\right)(T-t)}{\sigma\sqrt{(T-t)}}\right)\right.$$

$$\left.-N\left(\frac{\ln V-\ln\left(\frac{nK}{m+n}+M\right)+\left(r-\frac{\sigma^2}{2}\right)(T-t)}{\sigma\sqrt{(T-t)}}\right)\right]\Bigg\}$$

**定理 19.2** 在无担保情况下, 创新型权证的定价公式:

$$\begin{aligned}S(V,t)=&VN(d_1)-Fe^{-r(T_1-t)}N(d_2)+Ke^{-r(T-t)}[N(d_6)-N(d_2)]\\&+\frac{(m-n)}{n}\{V[N(d_3)-N(d_5)]-Me^{-r(T_1-t)}[N(d_4)-N(d_6)]\}\end{aligned}\tag{19.18}$$

其中:

$$d_1=\frac{\ln V-\ln\left(Fe^{-r(T_1-T)}+K\right)+\left(r+\frac{\sigma^2}{2}\right)(T-t)}{\sigma\sqrt{(T-t)}},\quad d_2=d_1-\sigma\sqrt{(T-t)}$$

$$d_3=\frac{\ln V-\ln Fe^{-r(T_1-T)}+\left(r+\frac{\sigma^2}{2}\right)(T-t)}{\sigma\sqrt{(T-t)}},\quad d_4=d_3-\sigma\sqrt{(T-t)}$$

$$d_5=\frac{\ln V-\ln\left(\frac{nK}{m+n}+Fe^{-r(T_1-T)}\right)+\left(r+\frac{\sigma^2}{2}\right)(T-t)}{\sigma\sqrt{(T-t)}},$$

$$d_6=d_5-\sigma\sqrt{(T-t)}$$

## 19.3 数值分析

### 创新型权证价格与各变量之间的关系

(1) $\sigma$ 与 $S$ 的关系

取 $V=10$, $F=2$, $K=5$, $T1=1.1$, $T=1$, $t=0$, $r=0.1$, $m=5$, $n=5$.

从图 19.1 中可看出, 创新型权证的价格在不同情况下有所差异, 由高到低分别为有担保情况和无担保情况. 这是因为无担保情况相对于有担保情况在公司破产时可能的获利要小. 同时, 在有担保和无担保的情况下, 创新型权证的价格均随波动率的增大而增大. 这是因为波动率的增加对其价格有两方面影响: 其一是增加了在到期日公司破产的可能性; 其二是增加了到期日获利的可能性, 但由于有非流通股东提供的保底因素, 后者的影响起主导作用, 因此创新型权证的价格随波动率的增大而增大.

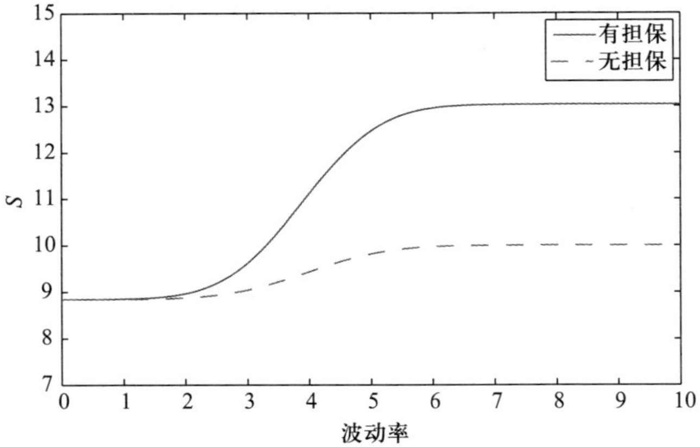


图 19.1　波动率对价格的影响

取 $V=10$, $F=8$, $K=5$, $T1=1.1$, $T=1$, $t=0$, $r=0.1$, $m=5$, $n=5$.

图 19.2 考虑在极端情况下, 即公司的资产大多来自于负债, 这会造成破产可能性增大, 价格的变化与图 19.1 相似, 但是由于破产的可能性增大而降低了

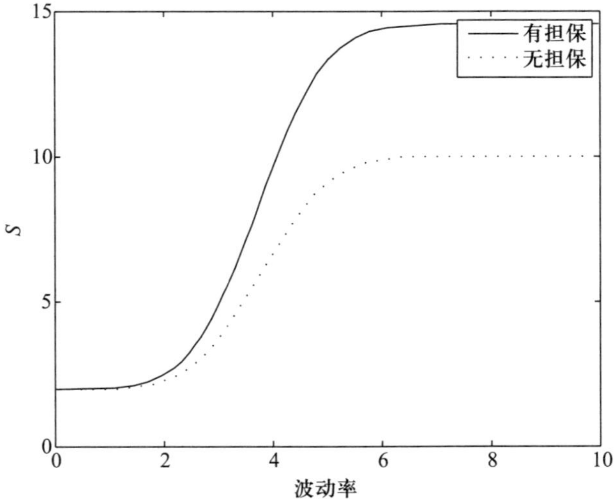


图 19.2　极端情况下波动率对价格的影响

权证的价格.

(2) $F$ 与 $S$ 的关系

取 $V=10$, $\sigma=1$, $K=5$, $T1=1.1$, $T=1$, $t=0$, $r=0.1$, $m=5$, $n=5$.

创新型权证的价格在不同情况下有所差异 (图 19.3), 由高到低分别是有担保情况和无担保情况. 这是因为, 无担保情况相对于有担保情况在公司破产的情况下可能的获利要小. 同时可以看出, 在有担保和无担保的情况下, 创新型权证的价格均随公司负债的增大而增大. 这是因为负债的增大增加了公司破产的可能性, 从而减少了可能的获利.

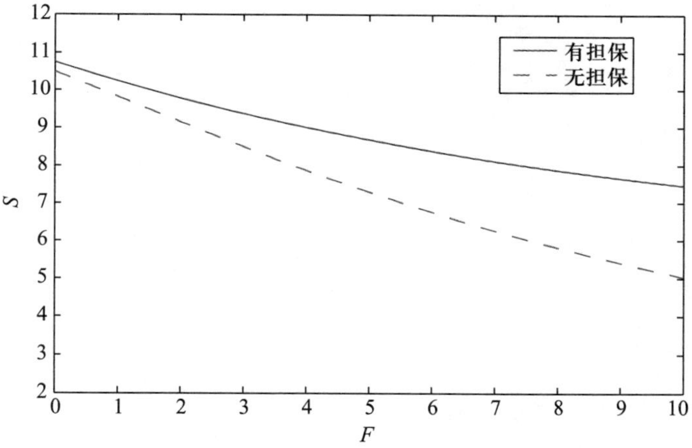


图 19.3　负债率对价格的影响

(3) $m/n$ 与 $S$ 的关系

取 $V=10$, $\sigma=1$, $K=5$, $T1=1.1$, $T=1$, $t=0$, $r=0.1$, $F=2$.

如图 19.4 所示, 在无担保的情况下, 创新型权证的价格随公司非流通股股东和流通股股东所占股份的比值的增大而增大. 这是因为比值的增大增加了非流通股股东在破产时给流通股股东的补偿.

(4) $K$ 与 $S$ 的关系

取 $V=10$, $\sigma=1$, $K=5$, $T1=1.1$, $T=1$, $t=0$, $r=0.1$, $m=5$, $n=5$, $F=2$.

如图 19.5 所示, 无担保情况相对于有担保情况在公司破产的情况下可能的获利要小. 同时在有担保和无担保的情况下, 创新型权证的价格均随其敲定价的增大而增大. 这是因为敲定价的增大增加了可能的获利.

(5) $r$ 与 $S$ 的关系

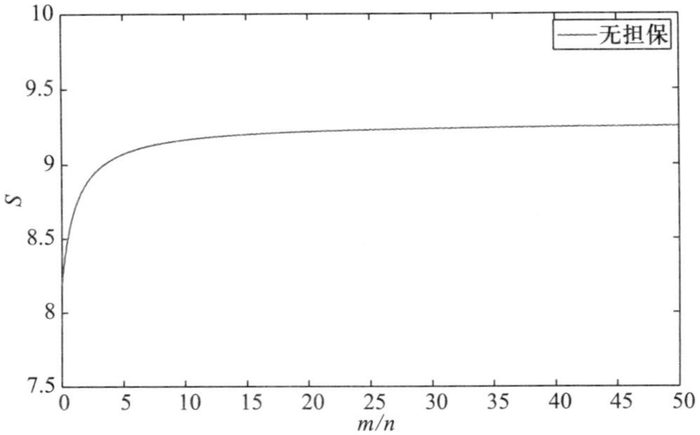


图 19.4　股份比率对价格的影响

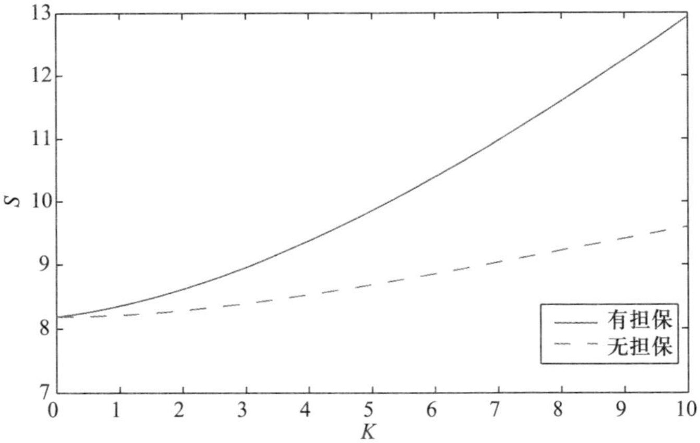


图 19.5　敲定价对价格的影响

取 $V=10$, $\sigma=1$, $K=5$, $T1=1.1$, $T=1$, $t=0$, $r=0.1$, $m=5$, $n=5$, $F=2$.

如图 19.6 所示, 在有担保的情况下, 创新型权证的价格随利率的增大先减后增; 在无担保的情况下, 创新型权证的价格随利率的增大而增大. 这是因为利率对其价格有两方面影响: 其一是利率的增加降低了在到期日的负债, 增加了可能的获利; 其二是利率的增加减少了敲定价在初始时刻的现值. 在有担保的情况下, 先受后者的影响更大, 表现为其价格随利率的增大而减小; 随着利率的进一步增大, 前者的影响超过后者, 表现为其价格随利率的增大而增大. 在无担保的情况下, 由于更多考虑破产的影响, 前者对利率的影响是中占据主导地位, 表现为其价格始终随利率的增大而增大.

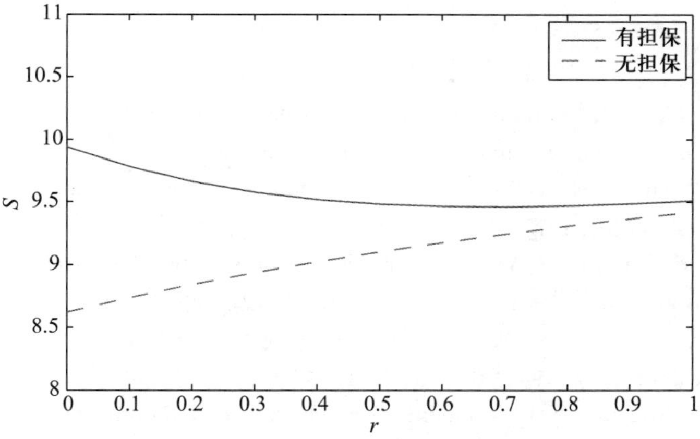


图 19.6　利率对价格的影响

(6) $T$ 与 $S$ 的关系

取 $V=10$, $\sigma=1$, $K=5$, $T1=1.1$, $T=1$, $t=0$, $r=0.1$, $m=5$, $n=5$, $F=8$.

如图 19.7 所示, 在有担保和无担保的情况下, 创新型权证的价格均随其到期日的增大而增大. 这是因为到期日对其价格有两方面影响: 其一是到期日的增大增加了可能的获利; 其二是到期日的增大增大了破产的可能性. 同样由于非

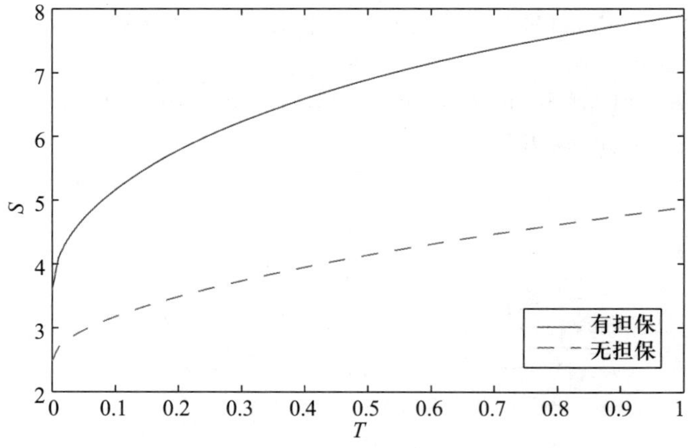


图 19.7　到期日与价格的关系

流通股股东提供的保底, 前者的影响起主导作用, 表现为其价格随到期日的增大而增大.

## 参考文献


[1] Black F, Cox J C. Valuing Corporate Securities: Some Effects of Bond Indenture Provisions. Journal of Finance, 1976: 31, 351–367.

[2] Black F, Scholes M. The Pricing of Options and Corporate Liabilities. Journal of Political Economy, 1973: 81, 637–654.

[3] Briys E, de Varenne F. Valuing Risky Fixed Rate Debt: An Extension. Journal of Financial and Quantitative Analysis, 1997: 32 (2), 239–248.

[4] Hui C H, Lo C F, Tsang S W. Pricing Corporate Bonds with Dynamic Default Barriers. Journal of Risk, 2003: 5 (3), 17–37.

[5] Duffie D, Singleton K L. Modeling Term Structure of Defaultable Bonds. Working paper, Graduate School of Business, Stanford University, 1999.

[6] Jarrow R, Turnbull S. Pricing Derivatives on Financial Securities Subject to Credit Risk. Journal of Finance, 1995: 50, 53–86.

[7] Jarrow R, Lando D, Turnbull S. A Markov Model for the Term Structure of Credit Risk Spreads. Review of Financial Studies, 1997: 10, 481–523.

[8] 姜礼尚. 期权定价的数学模型和方法 (第二版). 北京: 高等教育出版社, 2008.

[9] 姜礼尚, 孙和生, 陈志浩, 管楚诠. 偏微分方程选讲. 北京: 高等教育出版社, 1997.

[10] Longstaff F, Schwartz E. A Simple Approach to Valuing Risky Fixed and Floating Rate Debt. Journal of Finance, 1995: 50, 789–819.

[11] Merton R. On the Pricing of Corporate Debt: The Risk Structure of Interest Rates. Journal of Finance, 1974: 29, 449–470.

[12] Merton R C. Option Pricing When the Underlying Stock Returns are Discontinuous. J. Polit. Econ, 1976: 5, 125–144.

[13] Vasicek O. An Equilibrium Characterization of the Term Structure. The Journal of Financial Economics, 1977: 5, 177–188.

# 第 20 章

# 由股票期权报价计算违约强度[①]

## 20.1 引言

目前次贷危机蔓延, 市场恐慌, 各评级公司相继调低重要企业的信用评级. 在这个背景下, 对信用风险的研究, 尤其是对精确的定量分析模型的研究的重要性日益突显. 在信用风险相关研究中, 有关违约损失 (Loss Given Default, LGD) 的研究是一个热点和难点, 如何恰当地给违约损失建模, 或者从各市场报价中估算违约损失值, 是业界和学界普遍关心的一个问题. 目前主要的信用风险模型有结构化模型和约化模型两种. 结构化模型从公司资产的建模出发, 通过分析公司违约的原因来确定其违约概率和违约损失. 约化模型则不考虑违约的原因, 把违约当成外生变量, 直接对违约强度建模来刻画公司的违约. 在约化模型中, 违约强度和回收率 (等于 1–LGD) 两个变量需要从市场数据中得到. Duffie 和 Singleton ([1], 1999) 指出, 通过债券市场报价只能估计出违约强度和 LGD 的乘积, 无法进一步将二者分开. Jarrow ([2], 2001) 注意到, 在结构化模型中, 人们只利用到了股票市场的数据, 而在约化模型中则只用到债券市场的数据, 他提出了一个将股票市场数据和债券市场数据结合起来估计违约强度和违约损失的方法. 然而在 Jarrow ([2], 2001) 的框架下, 由于股票定价本身的困难, 不得不通过时间序列的方法从股票的历史数据中提取信息, 过程比较复杂. 我们在 Jarrow

①本章由朱钰哲、徐承龙撰写.

([2], 2001) 的启发下, 综合考虑不同市场的报价估算违约参数, 即在债券市场数据的基础上, 我们还考虑引进定价理论已经成熟的股票期权市场报价数据, 本节的关键点主要是涉及标的股票有违约可能性的期权定价建模.

股票期权市场是发展最为成熟的金融衍生品市场之一, 在芝加哥期权交易所 (CBOE) 有很多上市公司的股票期权在进行交易. 股票期权作为股票的衍生品产品, 蕴含了股票所表达的公司的市场信息, 我们认为它也包含公司的违约信息. 假设公司在违约 (或破产) 后股票价格跌至 0, 那么它应当只含有公司的违约强度信息, 如果能从股票期权报价中提取出违约强度, 再结合债券市场的报价, 就可以估计出信用风险中至关重要的两个参数: 违约强度和违约损失. 我们在 Merton ([3], 1976) 的跳 – 扩散模型启发下, 建立了有违约可能的期权定价的新模型, 研究了从期权报价中计算违约强度的方法, 并给出了一种从股票期权报价数据估算违约强度或期限结构的稳定数值算法.

## 20.2 基本模型

### 20.2.1 股票价格模型

供需的暂时不平衡、经济前景的变化等都会引起股价的波动, 这种波动可以看成股票价格的“正常”变化, 此时公司股票价格 $S_t$ 满足几何 Brown 运动

$$dS_t = \mu S_t dt + \sigma S_t dW_t$$

其中 $\mu$ 为回报率, $\sigma$ 为波动率, $W_t$ 为标准 Brown 运动. 相反地, 如果公司发生违约事件, 则会引起股价的“不正常”变化, 假设公司若违约, 其股票价格将跌至 0. 用泊松过程发生第一次跳来刻画此类违约事件, 对应的违约强度记为 $\lambda$, 则在一个较小的时间段 $[t, t+dt]$ 内, 股价跌至 0 的概率为 $\lambda dt$. 因此公司的股价变化可以看成受以上两种情形影响: 一是公司股价 $S_t$ 的常规变化, 用几何布朗运动描述, 二是由公司违约所带来的非常规变化, 用“跳跃”过程描述. 在时间段 $[t, t+\Delta t]$ 内, 违约事件满足

$$\begin{cases} \Pr\{\omega_1\} = 1 - \lambda dt \\ \Pr\{\omega_2\} = \lambda dt \end{cases} \tag{20.1}$$

其中常数 $\lambda$ 称为违约强度, 事件 $\omega_1$ 表示公司不违约, 事件 $\omega_2$ 表示公司违约.

### 20.2.2 标的股票可违约的期权定价模型

下面推导标的股票可违约的欧式看涨期权价格 $V(S,t)$ 满足的数学模型. 构造投资组合 $\Pi_t = V_t - \Delta S_t$, 使得投资组合 $\Pi_t$ 的期望收益为无风险利率, 即

$$E[d\Pi_t] = r\Pi_t dt \tag{20.2}$$

其中 $r$ 为无风险利率. 下面分两种情况考虑, 在时间段 $[t, t+dt]$ 内, 如果股价不发生跳, 由 Itô 公式,

$$\begin{aligned} d\Pi_t &= dV_t - \Delta dS_t \\ &= \left(\frac{\partial V}{\partial t} + \frac{1}{2}\sigma^2 S^2 \frac{\partial^2 V}{\partial S^2}\right) dt + \left(\frac{\partial V}{\partial S} - \Delta S\right) dS_t \end{aligned} \tag{20.3}$$

设 $S_{t+}$ 是股票发生向下跳之后的价格, 假设一旦违约事件发生, 股价将跌至 0, 由于欧式看涨期权始终满足 $V(S,t) \leqslant S$, 所以有 $V(S_{t+},t) = 0$. 从而

$$\begin{aligned} d\Pi_t &= V\left(S_{t+}, t\right) - V(S,t) - \Delta\left(S_{t+} - S_t\right) \\ &= \Delta S - V(S,t) \end{aligned} \tag{20.4}$$

结合 (20.1)—(20.4) 式, 可推出

$$E[d\Pi_t] = (1-\lambda dt)\left[\left(\frac{\partial V}{\partial t} + \frac{1}{2}\sigma^2 S^2 \frac{\partial^2 V}{\partial S^2}\right) dt + \left(\frac{\partial V}{\partial S} - \Delta\right) dS\right] + \lambda dt(\Delta S - V) \tag{20.5}$$

取 $\Delta = \frac{\partial V}{\partial S}$, 并略去 $(dt)^2$ 项, 得到

$$\frac{\partial V}{\partial t} + \frac{1}{2}\sigma^2 S^2 \frac{\partial^2 V}{\partial S^2} + (r+\lambda) S \frac{\partial V}{\partial S} - (r+\lambda) V = 0$$

最终得到欧式看涨期权 $V(S,t)$ 满足以下的定解问题

$$\begin{cases} \dfrac{\partial V}{\partial t} + \dfrac{1}{2}\sigma^2 S^2 \dfrac{\partial^2 V}{\partial S^2} + (r+\lambda) S \dfrac{\partial V}{\partial S} - (r+\lambda) V = 0, & 0 < S < \infty, 0 < t \leqslant T, \\ V(S,T) = (S-K)^+, & 0 < S < \infty \end{cases} \tag{20.6}$$

容易看出, 和原始的 Black-Sholes 模型相比, 模型 (20.6) 用 $r+\lambda$ 代替了 Black-Sholes 模型中的无风险利率 $r$. 我们知道 Black-Sholes 模型说明了期权价格是到期日的价值的期望值乘以无风险利率的贴现值. 相应的, 模型 (20.6) 说

明了当标的股票存在违约风险时, 股票期权的价格可看成期权到期日的期望价值以 $r+\lambda$ 为贴现率的贴现值. 因为假设股票一旦违约, 其价格跌为 0, 故 $\lambda$ 可以看成股票违约的期望损失强度, 此时贴现率即为无风险利率加上相当于违约期望损失的风险溢价. 这个结论与 Duffie 和 Singleton ([1], 1999) 的结论是相符的, 他们指出一张有违约风险的债券的贴现率为无风险利率加上违约的期望损失率.

直接利用 Black-Sholes 公式 (可见参考文献 [4] 等) 得到

$$V(S,t)=SN\left(d_1\right)-Ke^{-(r+\lambda)(T-t)}N\left(d_2\right) \tag{20.7}$$

其中

$$\begin{aligned} d_1 &= \frac{\ln S-\ln K+\left(r+\lambda+\sigma^2/2\right)(T-t)}{\sigma\sqrt{T-t}} \\ d_2 &= d_1-\sigma\sqrt{T-t} \end{aligned} \tag{20.8}$$

$N(\cdot)$ 为标准正态分布的分布函数.

在实际计算中, 当前时刻 $(t=0)$ 的期权报价可以从市场上得到, 我们将其记为 $C$, 无风险利率 $r$ 可以从国债收益率得到, 而常数股票波动率 $\sigma$ 可以由股票价格历史数据估计得到. 为求解违约强度 $\lambda$, 我们需要求解下面关于 $\lambda$ 的非线性方程

$$V_0(\lambda)\equiv S_0N\left(d_1\right)-Ke^{-(r+\lambda)T}N\left(d_2\right)=C \tag{20.9}$$

其中 $d_1$, $d_2$ 由 (20.8) 式定义 (取 $t=0$). 易知

$$\frac{\partial V_0}{\partial\lambda}=KTe^{-(r+\lambda)T}N(d_2)>0 \tag{20.10}$$

从而 $C=V_0(\lambda)>V_0(0)$, 即标的资产有违约风险的期权价格应该高于标的股票没有违约风险的看涨期权价格, 这是因为, 如果标的股票有违约风险, 看涨期权的持有者实际上通过期权合约规避了股票的违约风险, 所以这份期权的价格应该高于标的股票没有违约风险时的看涨期权价格. 另由 Black-Scholes 公式 (20.7) 知存在足够大的 $\bar{\lambda}$, 使得 $C<V_0(\bar{\lambda})$, 从而可知方程 (20.9) 在区间 $(0,\bar{\lambda})$ 存在唯一解, 且可以用 Newton-Raphson 方法 (参考文献 [5]) 对其进行求解.

## 20.3 违约强度的期限结构

### 20.3.1 模型提出

常数违约强度的假设往往无法满足我们利用违约信息进行进一步风险分析

或为更复杂的信用衍生产品建模的需求. 现在我们假设违约强度为时间的函数 $\lambda(t)$, 研究利用期权市场上不同到期日的期权报价信息估算违约强度的期限结构.

考虑和时间相关的无风险利率 $r(t)$, 和时间相关的违约强度 $\lambda(t)$, 以及和时间相关的波动率 $\sigma(t)$, 类似于前面的推导, 一张到期日为 $T$、敲定价格为 $K$ 的欧式看涨期权价格 $V(S,t;K,T)$ 满足

$$\begin{cases} \dfrac{\partial V}{\partial t}+\dfrac{1}{2}\sigma(t)^2S^2\dfrac{\partial^2 V}{\partial S^2}+(r(t)+\lambda(t))S\dfrac{\partial V}{\partial S} & \\ \quad -(r(t)+\lambda(t))V=0, & 0<S<\infty, 0<t\leqslant T \\ V(S,T)=(S-K)^+, & 0<S<\infty \end{cases} \tag{20.11}$$

如果将 $V(S,t;K,T)$ 看成是 $(K,T)$ 的函数, 而将 $(S,t)$ 看成参数, 那么我们可以认为期权市场上任意到期日和敲定价格的期权报价给出了函数 $V(K,T;S,t)$, 以 $V(K,T;S,t)$ 为已知条件, 我们可以从中反求 $\lambda(t)$. 直接引用 Black-Scholes 公式 (参考文献 [4], 其中 $q=0$), 用 $r(t)+\lambda(t)$ 代替 $r(t)$, 得到

$$V(K,T;S,t)=SN(d_1)-Ke^{-\int_t^T[r(s)+\lambda(s)]ds}N(d_2) \tag{20.12}$$

其中

$$d_1=\frac{\ln S-\ln K+\displaystyle\int_t^T[r(s)+\lambda(s)]ds+\int_t^T\frac{\sigma(s)^2}{2}ds}{\sqrt{\displaystyle\int_t^T\sigma(s)^2ds}}$$

$$d_2=d_1-\sqrt{\int_t^T\sigma(s)^2ds}$$

正如前面提到的, 在 (20.12) 式中, 初始时刻不同到期日和敲定价格的期权报价给出了函数 $V(K,T;S_0,0)$, 无风险利率的期限结构 $r(t)$ 可以从国债的收益率曲线得到, 波动率可以根据历史数据利用统计模型得到, 这样违约强度的期限结构 $\lambda(t)$ 就是唯一的待定函数. 在实际问题中, 我们只有有限到期日 $0<T_1<\cdots<T_{n-1}<T_n$ 的期权报价 ($T_n$ 一般为 1 年), 如果选定一个合适的敲定价格 $K$, 那么由 (20.12) 式可得到 $n$ 个非线性方程, 对每一方程我们可以使用 Newton-Raphson 算法解出 $\int_0^{T_i}\lambda(s)ds\triangleq I(T_i)\,(i=1,\cdots,n)$. 为了进一步求解违约强度的期限结构 $\lambda(t)$, 我们需要对离散数据 $I(T_i)$ 进行数值微分, 这是一个不适定问题. 接下来我们讨论如何使用正则化方法对其进行求解.

### 20.3.2 基于正则化方法的数值微分

我们现在的问题是已知 $I(t)$ 在一系列散点 $0 = T_0 = T_1 < \cdots < T_n = T$ 上的值 (为方便起见, 不妨假设 $T = 1$), 要求 $\lambda(t) = I'(t)$. 为此我们采用文献 [6] 中提出的正则化方法求解.

首先引入一些记号, 记 $h_i = T_i - T_{i-1}(i = 1, 2, \cdots, n)$, $h = \max\limits_i h_i$, 记 $I(t)$ 在 $T_i(i = 0, 1, \cdots, n)$ 的估计值为 $I_i$, 且有误差估计 $|I_i - I(T_i)| \leqslant \delta$. 我们假设在两个端点估计值是精确的, 即 $I_0 = I(0), I_n = I(1)$. 定义以下标准函数空间:

$$L^2(0,1) = \left\{ f \left| \left( \int_0^1 f^2(t)dt \right)^{1/2} < \infty \right. \right\},$$
$$H^k(0,1) = \left\{ f \middle| f \in L^2(0,1), f^{(k)} \in L^2(0,1) \right\}$$

以及对应的范数:

$$\|f\|_{L^2(0,1)} = \left( \int_0^1 f(t)^2 \, dt \right)^{1/2}, \quad \|f\|_{H^k(0,1)} = \left( \|f\|_{L^2(0,1)}^2 + \left\| f^{(k)} \right\|_{L^2(0,1)}^2 \right)^{1/2}$$

其中 $f^{(k)}$ 表示对 $f$ 求 $k$ 阶导数.

定义如下正则化泛函, $\forall f \in H^2(0,1)$,

$$\Phi(f) = \sum_{i=1}^{n-1} \frac{h_i + h_{i+1}}{2} \left( f(T_i) - I_i \right)^2 + \alpha \|f''\|_{L^2(0,1)}^2$$

其中 $\alpha > 0$ 为正则化参数. 则数值微分问题可以归结为以下问题:

**问题** 求函数 $f_* \in H^2(0,1)$, 满足 $f_*(0) = I(0), f_*(1) = I(1)$, 使得对所有满足 $f(0) = I(0), f(1) = I(1)$ 的 $f \in H^2(0,1)$, 都成立 $\Phi(f_*) \leqslant \Phi(f)$.

不加证明地引用文献 [6] 的结果:

**定理 20.1** 上述问题存在唯一解 $f_*(t)$, 且

(1) $f_*$ 是一个自然样条函数, 即 $f_*$ 在每一个子区间 $[T_{i-1}, T_i]$ 上都是一个三次多项式, 且 $f_*''(0) = f_*''(1) = 0$;

(2) $f_*$ 连续两次可微, 即

$$f_*^{(p)}(T_i-) = f_*^{(p)}(T_i+), \quad i = 1, 2 \cdots, n-1, p = 0, 1, 2$$

(3) $f_*$ 的三阶导数在节点上满足:

$$f_*'''(T_i+) - f_*'''(T_i-) = \frac{h_i + h_{i+1}}{2\delta^2} \left( I_i - f_*(T_i) \right), \quad i = 1, 2, \cdots, n-1 \tag{20.13}$$

(4) 当 $\alpha=\delta^2$ 时, 如果 $I\in H^2(0,1)$, 则

$$\|f_*'-I'\|_{L^2(0,1)}\leqslant\left(2h+4\sqrt{\delta}+\frac{h}{\pi}\right)\|I''\|_{L^2(0,1)}+h+2\sqrt{\delta}\tag{20.14}$$

定理中的条件 (1)—(3) 唯一确定了一个自然样条函数 $f_*(t)$, 附录中说明了构造 $f_*(t)$ 的方法. 得到 $f_*(t)$ 之后, 其一阶导数即是我们要求的违约强度期限结构, 即 $\lambda(t)=f_*'(t)$.

## 20.4 实例计算

我们对 2008 年 1 月 23 日 CITIGROUP 股票在芝加哥期权交易所 (CBOE) 的期权报价进行了实例计算, 当日 CITIGROUP 的股价为 26.36 美元. 在 CBOE 网站上有到期日分别为 2008 年 2 月, 2008 年 3 月, 2008 年 6 月, 2008 年 9 月, 2009 年 1 月和 2010 年 1 月的期权报价, 每个到期日又有若干不同的敲定价格, 相邻的敲定价格基本相差 2.5 美元. 为了方便起见, 我们忽略了股票分红. 以下的计算中我们始终假设股票的波动率 $\sigma$ 为常数, 波动率的值根据 CITIGROUP 2007—2008 年的股价历史数据, 利用 GARCH (1,1) 模型估计得到, 具体的估计方法请见文献 [7]. 另外提出一点, 在我们的模型中可以将波动率为常数推广为时间的函数, 通过某些统计预测模型 (如 GARCH (1,1)) 预测波动率的期限结构, 以便更好地与实际市场相吻合.

### 20.4.1 基本模型: 常数违约强度

先利用 20.2 节提出的基本模型估计公司的违约强度 $\lambda$, 这里 $\lambda$ 假设为常数. 我们用 GARCH (1,1) 模型估算的股价波动率 $\sigma=23.07\%$, 由一年期的美国国债 (T-Bills) 报价得到无风险利率 $r=2.2\%$. 考虑到人们对长期限产品的违约情况更为关注, 选择到期日为 1 年的期权, 剩下的问题是选择一个合理的敲定价格.

模型的输入变量之一 $\sigma$ 是通过历史数据得到的, 有一定的误差, 所以需要避免估算 $\sigma$ 的误差对最终计算结果有较大的影响, 为此我们选取合适的敲定价格 $K$, 使得 $\frac{\partial V}{\partial\sigma}$ (即人们常说的 Vega) 不是很大. 文献 [2] 中指出欧式看涨期权当 $S=K$ (at-the-money) 时, Vega 达到峰值. 我们的原则之一就是选择 $K$ 避开这个峰值. 同时, 我们要从市场报价中估算 $\lambda$ 的值, 就需要保证 $\frac{\partial V}{\partial\lambda}$ 不致太小, 我们分析了在 CITIGROUP 相关数据下 $\frac{\partial V}{\partial\lambda}$ 与 $K$ 的关系, 发现当 $K=20$ 时可以达到理想的结果 (见图 20.1).

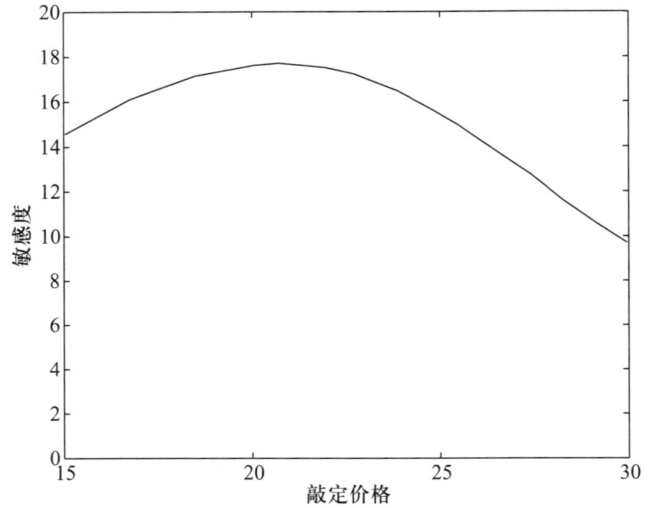


图 20.1　违约强度敏感度

故我们选择期限为 1 年、敲定价格为 20 美元的看涨期权, 取其 Bid-Ask 价格的平均值 7.6 美元为期权报价, 用 Newton-Raphson 方法求解非线性方程 (20.9) 得到 $\lambda = 0.032\,8$, 对应的一年违约概率为 $P = 1 - e^{-\lambda} \approx 3\%$.

### 20.4.2　违约强度的期限结构

下面我们利用 20.3 节提出的算法, 根据 CBOE 公布的 CITIGROUP 的股票期权报价估计违约强度的期限结构. 我们仍选择敲定价格为 $K = 20$ 的期权, CBOE 提供一年内五个不同到期日的期权报价如表 20.1 所示 (取 Bid-Ask 价格的平均值为期权报价).

**表 20.1　CITIGROUP 期权报价表**

| 到期日 | 2008.2.16 | 2008.3.22 | 2008.6.21 | 2008.9.20 | 2009.1.17 |
|---|---|---|---|---|---|
| 报价 (美元) | 6.425 | 6.475 | 6.800 | 7.225 | 7.6 |

我们仍然假设波动率为常数, 通过 GARCH (1,1) 模型估计为 23.07%. 无风险利率的期限结构 $r(t)$ 由 1 个月、3 个月、6 个月和 1 年期美国国债 (T-Bills) 的报价通过线性插值得到. 注意到 (20.14) 式中正则化算法的误差由两部分叠加而成: 取样点的最大间距 $h$ 和取样点上函数估计误差 $\delta$. 实际计算

中我们有五个到期日的期权报价, 通过解方程 $V(K,T_i;S_0,0) = C_i$ 可以得到 $I(T_i) = \int_0^{T_i} \lambda(s)ds\,(i = 1,\cdots,5)$, 在这五个取样点上的函数误差 $\delta$ 是很小的 (Newton-Raphson 算法的误差), 而五个取样点间距 $h$ 则比较大. 为了控制数值微分的最终误差, 我们先对得到的五个 $I$ 值进行分段线性插值, 由于 $I(t)$ 是 $t$ 的递增函数, 这个分段线性插值函数的误差 $\delta$ 是可控的, 同时它显著地减少了取样点的最大间距 $h$, 从而最终控制了数值微分的误差. 最后对插值得到的数据再利用正则化算法进行数值微分, 得到违约强度的期限结构如图 20.2 所示.

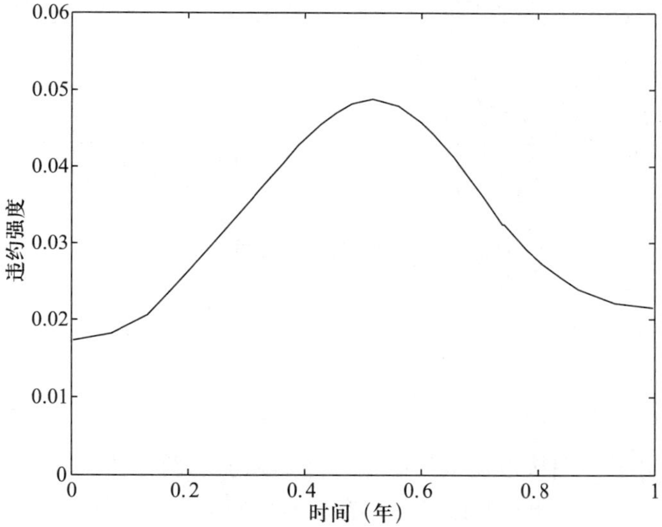


图 20.2　违约强度期限结构图

进一步我们还可以根据违约强度期限结构得到违约概率 $P(t)$,

$$P(t) = 1 - e^{-\int_0^t \lambda(s)ds}$$

通过计算得到违约概率随时间走势如图 20.3.

值得指出的是在 CBOE 交易的股票期权都是美式期权, 由于我们考虑的都是不计分红的看涨期权, 所以美式期权会退化为欧式期权. 实际中红利存在, 我们所考虑的欧式期权价格应该比市场报价低 (因为市场报价是美式期权报价), 前面我们通过计算得到期权报价与违约强度成正相关性, 即 $\frac{\partial V}{\partial \lambda} > 0$, 所以我们实际上高估了违约强度, 进而高估了违约概率.

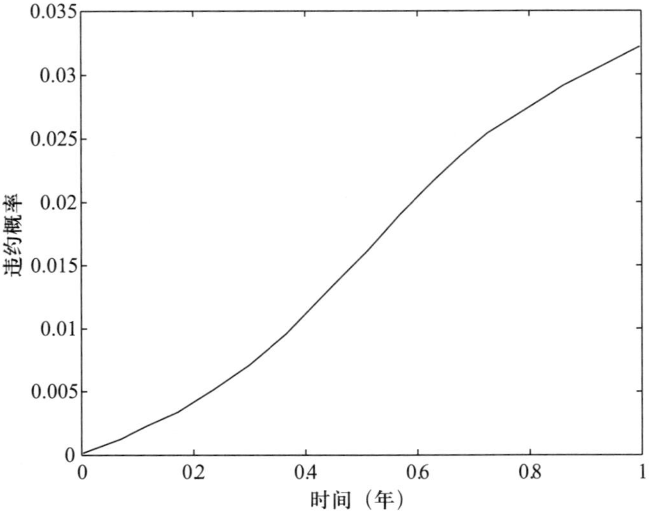


图 20.3 违约概率随时间走势图

## 20.5 结论

我们提出了一种从市场数据中估计违约强度的新方法, 即从股票期权报价中估算公司的违约强度. 我们在跳 - 扩散模型的框架下, 给出了基本的数学模型, 并给出了计算违约强度期限结构的稳定算法. 在估算出公司的违约强度之后, 结合债券市场报价, 我们就可以得到公司的违约损失. 违约强度和违约损失是进行风险分析和复杂信用衍生品定价中起至关重要作用的两个量, 我们提出的结合不同衍生产品市场报价估算违约参数的稳定方法, 为信用风险的深入研究提供了一个新的途径.

## 20.6 附录

这里我们说明如何根据定理中的条件 (1)—(3) 构造 $f_*(t)$. 首先设

$$f''_*(T_i) = M_i, \quad f_*(T_i) = f_i \quad (i = 1, 2 \cdots, n)$$

由于 $f_*(t)$ 在每一个子区间 $[T_{i-1}, T_i]\,(i = 1, 2 \cdots, n)$ 上是三次多项式, 将这个三

次多项式记为 $s_i(t)$, 则易知 $s_i''(t)$ 满足

$$s_i''(t)=\frac{t-T_{i-1}}{h_i}M_i+\frac{T_i-t}{h_i}M_{i-1} \tag{20.15}$$

对 (20.15) 式两次积分并由 $s_i\left(T_{i-1}\right)=f_{i-1}, s_i\left(T_i\right)=f_i$ 得

$$\begin{aligned}s_i(t)=&\frac{\left(T_i-t\right)^3}{6h_i}M_{i-1}+\frac{\left(t-T_{i-1}\right)^3}{6h_i}M_i+\left(f_{i-1}-\frac{M_{i-1}h_i^2}{6}\right)\frac{T_i-t}{h_i}\\&+\left(f_i-\frac{M_ih_i^2}{6}\right)\frac{t-T_{i-1}}{h_i}\end{aligned} \tag{20.16}$$

然后对 (20.16) 式求一阶导数得

$$s_i'(t)=-\frac{\left(T_i-t\right)^2}{2h_i}M_{i-1}+\frac{\left(t-T_{i-1}\right)^2}{2h_i}M_i+\frac{f_i-f_{i-1}}{h_i}-\frac{M_i-M_{i-1}}{6}h_i \tag{20.17}$$

由 $f_*(t)$ 一阶导数连续我们有 $s_i'\left(T_i-\right)=s_{i+1}'\left(T_i+\right)$, 即

$$\begin{aligned}&\frac{h_{i+1}}{h_i+h_{i+1}}M_{i-1}+2M_i+\frac{h_i}{h_i+h_{i+1}}M_{i+1}-\frac{6}{\left(h_i+h_{i+1}\right)h_i}f_{i-1}\\&+\frac{6}{h_ih_{i+1}}f_i-\frac{6}{\left(h_i+h_{i+1}\right)h_{i+1}}f_{i+1}=0,\quad i=1,2\cdots,n-1\end{aligned} \tag{20.18}$$

由 $f_*(t)$ 三阶导数的跳跃限制 (13) 得

$$\begin{aligned}&\frac{1}{h_i}M_{i-1}-\frac{h_{i+1}+h_i}{h_{i+1}h_i}M_i+\frac{1}{h_{i+1}}M_{i+1}+\frac{h_i+h_{i+1}}{2\alpha}f_i\\&-\frac{h_i+h_{i+1}}{2\alpha}I_i=0,\quad i=1,2\cdots,n-1\end{aligned} \tag{20.19}$$

从 (20.19) 式中解出 $f_i$ 得

$$f_i=I_i-\frac{2\alpha}{\left(h_i+h_{i+1}\right)h_i}M_{i-1}+\frac{2\alpha}{h_ih_{i+1}}M_i-\frac{2\alpha}{\left(h_i+h_{i+1}\right)h_{i+1}}M_{i+1},\quad i=1,2\cdots,n-1 \tag{20.20}$$

将 (20.20) 式代入 (20.18) 式并整理得

$$\mu_iM_{i-2}+\lambda_iM_{i-1}+\eta_iM_i+\xi_iM_{i+1}+\psi_iM_{i+2}=\varepsilon_i,\quad i=2,\cdots,n-2 \tag{20.21}$$

其中

$$
\begin{aligned}
\mu_i &= \frac{12\alpha}{(h_{i-1}+h_i)(h_i+h_{i+1})h_{i-1}h_i} \\
\lambda_i &= \frac{h_{i+1}}{h_i+h_{i+1}} - \frac{12\alpha}{(h_i+h_{i+1})h_{i-1}h_i^2} - \frac{12\alpha}{(h_i+h_{i+1})h_{i+1}h_i^2} \\
\eta_i &= 2+\frac{12\alpha}{(h_i+h_{i+1})(h_{i-1}+h_i)h_i^2} + \frac{12\alpha}{h_i^2h_{i+1}^2} + \frac{12\alpha}{(h_i+h_{i+1})(h_{i+1}+h_{i+2})h_{i+1}^2} \\
\xi_i &= \frac{h_i}{h_i+h_{i+1}} - \frac{12\alpha}{(h_i+h_{i+1})h_ih_{i+1}^2} - \frac{12\alpha}{(h_i+h_{i+1})h_{i+2}h_{i+1}^2} \\
\psi_i &= \frac{12\alpha}{(h_i+h_{i+1})(h_{i+1}+h_{i+2})h_{i+1}h_{i+2}} \\
\varepsilon_i &= \frac{6}{(h_i+h_{i+1})h_i}I_{i-1} - \frac{6}{h_ih_{i+1}}I_i + \frac{6}{(h_i+h_{i+1})h_{i+1}}I_{i+1}
\end{aligned}
$$

在 (20.18) 式中取 $i=1$, 并由 $M_0=0, f_0=I_0$, 结合 (20.20) 式我们得到

$$
aM_1+bM_2+cM_3=\varepsilon_1 \tag{20.22}
$$

其中

$$
\begin{aligned}
a &= 2+\frac{12\alpha}{h_1^2h_2^2}+\frac{12\alpha}{(h_1+h_2)(h_2+h_3)h_2^2} \\
b &= \frac{h_1}{h_1+h_2}-\frac{12\alpha}{(h_1+h_2)h_1h_2^2}-\frac{12\alpha}{(h_1+h_2)h_3h_2^2} \\
c &= \frac{12\alpha}{(h_1+h_2)(h_2+h_3)h_2h_3} \\
\varepsilon_1 &= \frac{6}{(h_1+h_2)h_1}\bar{y}_0-\frac{6}{h_1h_2}\bar{y}_1+\frac{6}{(h_1+h_2)h_2}\bar{y}_2
\end{aligned}
$$

类似地在 (20.18) 式中取 $i=n-1$, 并由 $M_n=0, f_n=I_n$, 结合 (20.20) 式得到

$$
pM_{n-3}+qM_{n-2}+lM_{n-1}=\varepsilon_{n-1} \tag{20.23}
$$

其中

$$
\begin{aligned}
p &= \frac{12\alpha}{(h_{n-2}+h_{n-1})(h_{n-1}+h_n)h_{n-2}h_{n-1}} \\
q &= \frac{h_n}{h_{n-1}+h_n}-\frac{12\alpha}{(h_{n-1}+h_n)h_{n-2}h_{n-1}^2}-\frac{12\alpha}{(h_{n-1}+h_n)h_nh_{n-1}^2} \\
l &= 2+\frac{12\alpha}{(h_{n-1}+h_n)(h_{n-2}+h_{n-1})h_{n-1}^2}+\frac{12\alpha}{h_{n-1}^2h_n^2} \\
\varepsilon_{n-1} &= \frac{6}{(h_{n-1}+h_n)h_n}\bar{y}_n-\frac{6}{h_nh_{n-1}}\bar{y}_{n-1}+\frac{6}{(h_{n-1}+h_n)h_{n-1}}\bar{y}_{n-2}
\end{aligned}
$$

(20.21), (20.22) 和 (20.23) 式共有 $n-1$ 个方程, 加上 $M_0 = M_n = 0$ 我们就可以解出所有 $n+1$ 个 $M_i(i=0,1,\cdots,n)$. 然后利用 (20.20) 式并由 $f_0 = I_0, f_n = I_n$ 我们可以得到所有的 $f_i(i=0,1,\cdots,n)$, 这样我们就可以由 (20.16) 式确定所有的 $s_i(t)(i=1,\cdots,n)$, 从而确定 $f_*(t)$.

## 参考文献

[1] Duffie D, Singleton K. Modeling Term Structure of Defaultable Bonds. Review of Financial Studies, 1999: 12 (4), 687–720.

[2] Jarrow R. Default Parameter Estimation Using Market Prices. Financial Analysts Journal, 2001: 57 (5), 75–92.

[3] Merton R C. Option Pricing when underlying Stock Returns are Discontinuous. Journal of Financial Economics, 1976: 3, 125–144.

[4] 姜礼尚. 期权定价的数学模型和方法 (第二版). 北京: 高等教育出版社, 2008.

[5] Press W H, Teukolsky S A, Vetterling W T, Flannery B P. Numerical Recipes in C++: The Art of Scientific Computing (Second Edition). Cambridge University Press, 1992.

[6] Jia Xianzheng, Wang Yanbo, Cheng Jin. The Numerical Differentiation of Scattered Data and it's Error Estimate. Numerical Mathematics A Journal of Chinese Universities, 2003: 25 (1), 81–90.

[7] Hull J C. Options Futures and Other Derivatives (6th Edition). Prentice Hall, 2005.